Das Wandeldarlehen in
Venture Capital-Finanzierungen unter
Beteiligung einer GmbH

Europäische Hochschulschriften

European University Studies

Publications Universitaires Européennes

Reihe II **Rechtswissenschaft**

Series II Law

Série II Droit

Band/Volume **5976**

Minkus Ludwig Dietrich Fischer

Das Wandeldarlehen in Venture Capital-Finanzierungen unter Beteiligung einer GmbH

Bibliografische Information der Deutschen Nationalbibliothek
Die Deutsche Nationalbibliothek verzeichnet diese Publikation in der Deutschen Nationalbibliografie; detaillierte bibliografische Daten sind im Internet über http://dnb.d-nb.de abrufbar.

Zugl.: München, Univ., Diss., 2017

D 19
ISSN 0531-7312
ISBN 978-3-631-73947-1 (Print)
E-ISBN 978-3-631-73987-7 (E-PDF)
E-ISBN 978-3-631-73988-4 (EPUB)
E-ISBN 978-3-631-73989-1 (MOBI)
DOI 10.3726/b12784

Peter Lang – Frankfurt am Main · Bern · Bruxelles · New York · Oxford · Warszawa · Wien

Diese Publikation wurde begutachtet.

www.peterlang.com

Vorwort

Die vorliegende Arbeit wurde im Sommersemester 2017 von der juristischen Fakultät der Ludwig-Maximilians-Universität München als Dissertation angenommen. Rechtsprechung und Literatur wurden bis August 2017 berücksichtigt.

Mein herzlicher Dank gebührt all jenen, die mich bei meinem Promotionsvorhaben und generell auf dem Weg meiner persönlichen Entwicklung unterstützt, gefördert und geprägt haben. Insbesondere möchte ich mich an dieser Stelle bei meinem Doktorvater Herrn Prof. Dr. Mathias Habersack für die Betreuung meiner berufsbegleitenden Promotion sowie bei meinem Vater Herrn Thomas Fischer und bei Herrn Dr. Philipp Kauffmann für die kritische Durchsicht des Manuskripts und die konstruktiven Diskussionen bedanken. Zudem bedanke ich mich von ganzem Herzen bei meiner lieben Ehefrau Dr. Sabrina Fischer, die mir während der Anfertigung der Dissertation stets aufopferungsvoll den Rücken frei hielt und immer ermutigend zur Seite stand. Gleichfalls von ganzem Herzen bedanke ich mich bei meinen Eltern Sabine und Thomas Fischer, die mir eine glückliche und unbeschwerte Kindheit/ Jugend schenkten, meine Ausbildung uneingeschränkt förderten und mir in jeder Lebenslage stets grenzenlos unterstützend zur Seite standen.

Meiner Familie ist diese Arbeit in Liebe und Dankbarkeit gewidmet.

München im August 2017 Minkus L. D. Fischer

Inhaltsübersicht

Inhaltsverzeichnis

§ 1 Einleitung

A. Untersuchungsanlass

„Die Fähigkeit einer Volkswirtschaft, Wohlstand zu generieren, ist immer stärker von Innovation abhängig. [...] Meine Vorhersage lautet, dass wir langsam aber sicher nicht mehr zwischen Industriestaaten und weniger entwickelten Ländern unterscheiden werden, sondern stattdessen eher von innovationsreichen und innovationsarmen Ländern sprechen werden.“[1] Diese, von dem Gründer und Präsidenten des Weltwirtschaftsforums Prof. Dr. Klaus Schwab, anlässlich der Veröffentlichung des Weltwettbewerbsindexes 2013/2014 getätigte Aussage verdeutlicht die immense Bedeutung neuer Entwicklungen und Innovationen für den zukünftigen Wohlstand einer Volkswirtschaft. Als traditionell innovationsstarke Nation liegt die Bundesrepublik Deutschland beim Weltinnovationsindex 2017 auf Rang 9 der innovativsten Nationen der Welt und beim Weltwettbewerbsindex 2016/2017 auf Rang 5 der wettbewerbsstärksten Nationen der Welt.[2]

Auf dem Weg von Forschung und Entwicklung bis zur gewinnbringenden Verwertung von Innovationen liegen viele Hindernisse und Herausforderungen, die es zu bewältigen gilt. Insbesondere reift eine gute Idee oder Erfindung alleine nicht automatisch zu einer erfolgreichen Innovation heran, vielmehr bedarf es meist beträchtlicher Summen an Kapital zu derer Erforschung, Entwicklung, Markteinführung und Marktdurchdringung. Zu diesem Zweck sucht der Jungunternehmer in der Regel den Schulterschluss mit Finanzinvestoren. Auch wenn es sich bei der Venture Capital-Finanzierung von jungen Unternehmen (sog. „Start-ups“) im Regelfall um eine Form der Eigenkapital- und nicht um eine klassische Fremdkapitalfinanzierung handelt, so gibt es unter anderem bei kurzfristigen Finanzierungsengpässen oder Brückenfinanzierungen oft das

---

1 Pressemitteilung des Weltwirtschaftsforums (WEF) vom 03.09.2013, abrufbar unter http://www3.weforum.org/docs/WEF_NR_GCR_2013-2014_DE.pdf (Stand: 1.08.2017).

2 Weltinnovationsindex 2016 der Wirtschaftsschule INSEAD, der Cornell University und der Weltorganisation für geistiges Eigentum der Vereinten Nationen (WIPO), Tabelle S. xviii, abrufbar unter https://www.globalinnovationindex.org/home (Stand: 1.08.2017); Weltwettbewerbsindex 2016/2017 des Weltwirtschaftsforums (WEF), Tabelle S. xiii, abrufbar unter http://www3.weforum.org/docs/GCR2016-2017/05FullReport/TheGlobalCompetitivenessReport2016-2017_FINAL.pdf oder http://www.weforum.org/reports (Stand: 1.08.2017).

Bedürfnis nach Mezzanine-Kapital. In der Venture Capital-Praxis wurde in den vergangenen Jahren gerade in der Wachstumsphase eines Start-ups vermehrt auf das Finanzierungsinstrument des Wandeldarlehens zurückgegriffen.

Allerdings sucht man den Begriff des „Wandeldarlehens" im kodifizierten deutschen Kapitalgesellschaftsrecht vergebens. Auch im juristischen Schrifttum findet eine Auseinandersetzung regelmäßig nicht mit einem „Wandeldarlehen", sondern nur mit semantisch oder systematisch ähnlichen juristischen Begriffen – wie beispielsweise der „Wandelanleihe", dem „Nachrangdarlehen" oder allgemein den „Wandelgenussrechten"– statt.[3] Zudem erfolgt eine solche juristische Auseinandersetzung üblicherweise nur in Bezug auf das Aktienrecht im Hinblick auf § 221 AktG und gerade nicht in Bezug auf das für Venture Capital-Transaktionen typischerweise relevante GmbH-Recht.[4] Dementsprechend intransparent ist die Rechtslage hinsichtlich wesentlicher Aspekte eines „Wandeldarlehens" in Venture Capital-Finanzierungen und dementsprechend oft wird in der juristischen Praxis hierüber unter den Vertragsparteien – teilweise sogar auch vor und mit dem Notar – kontrovers diskutiert. Gegenstand solcher Diskussionen sind dabei regelmäßig die Fragen hinsichtlich der Eigenschaften, Funktionsweisen und Rechtsnatur des Wandeldarlehens als solchem – beziehungsweise des hierin enthaltenen Wandlungsrechts – sowie die Frage hinsichtlich der Organkompetenz und der Vertretungsmacht zum Abschluss des schuldrechtlichen Wandeldarlehensvertrags. Diese Erfahrungen aus der juristischen Praxis haben den Verfasser zur Anfertigung der vorliegenden Arbeit veranlasst.

B. Gegenstand und Gang der Untersuchung

Gegenstand dieser Untersuchung sind die zuvor bereits kurz angesprochenen ausgewählten Rechtsfragen aus der Praxis zum Wandeldarlehen in Venture Capital-Finanzierungen, bezogen auf Gesellschaften mit beschränkter Haftung. Hierfür werden zunächst überblicksartig die Grundlagen einer Venture Capital-Finanzierung sowie die Grundlagen und die Funktionsweise eines Wandeldarlehens dargestellt (§ 2). Anschließend wird auf die Rechtsnatur und die Konstruktionsweise des Wandlungsrechts im GmbH-Recht eingegangen (§ 3). Der Fokus wird hierbei auf die Frage gelegt, inwiefern eine sinngemäße Anwendung des Konstrukts des Wandlungsrechts aus der aktienrechtlichen Wandelanleihe als (atypischen) Ersetzungsbefugnis (sog. *„facultas alternativa"*) auch für das

3 Zu den verschiedenen Begriffen und deren Verwendung im Schrifttum siehe jeweils unten § 3 A I. 1, S. 41 ff., § 3 A II. 1, S. 55 ff., und § 3 B I. 1. a), S. 74 ff.

4 Zur regelmäßig gewählten Rechtsform eines Start-ups siehe unten § 2 A V, S. 31.

Wandeldarlehen im GmbH-Recht erfolgen kann. Sodann wird die zuvor bereits aufgeworfene Frage der Organkompetenz für den Abschluss des Wandeldarlehensvertrags seitens der Gesellschaft anhand folgender Fragestellung untersucht: Bedarf es beim schuldrechtlichen Abschluss des Wandeldarlehensvertrags einer Anpassung der gesetzlichen Organkompetenz und der Vertretungsmacht seitens der GmbH, weil das gesellschaftsrechtlich als (formales) Fremdkapital zu qualifizierende Finanzierungsinstrument auch Eigenkapitalelemente – insbesondere das Wandlungsrecht, eine Rangrücktrittserklärung und Financial-Covenants – beinhaltet und dieses, inhaltlich betrachtet, somit einer (materiellen) Eigenkapitalfinanzierung entspricht (§ 4)? Im Anschluss wird der insolvenzrechtlichen Frage nachgegangen, unter welchen Voraussetzungen der Wandeldarlehensgläubiger im Recht der Gesellschafterdarlehen mit einem (formalen) Gesellschafter gleichgestellt wird (§ 5). Hierbei geht es in erster Linie um die Überlegung, inwiefern ein Wandeldarlehensgläubiger im Falle einer Insolvenz der Gesellschaft mit seiner Rückzahlungsforderung aus dem Wandeldarlehen – oder einem unabhängig von seinem Wandeldarlehen gewährtem weiteren Darlehen – nur nachrangig nach den sonstigen Insolvenzgläubigern befriedigt wird, weil er aufgrund des Wandeldarlehens in den Anwendungsbereich von § 39 Abs. 1 Nr. 5 InsO fällt. Zuletzt werden die Ergebnisse der Untersuchung zusammengefasst (§ 6).

§ 2 Grundlagen

A. Venture Capital

I. Begriff

Der Begriff „Venture Capital“ stammt – wie so viele Begriffe im Private Equity – ursprünglich aus dem Englischen und wird mit Risiko- oder Wagniskapital gleichgesetzt.[5] Hintergrund hierzu ist die Funktionsweise einer typischen Venture Capital-Finanzierung, bei der Investoren ohne Stellung von Sicherheiten bereit sind, ein (innovatives) Geschäftsmodell außerbörslich mit vollhaftendem Eigenkapital in einer frühen Phase der Unternehmensentwicklung zu unterstützen. Durch die Hingabe des Kapitals und der dadurch eingeräumten Gesellschafterstellung haben Investoren die Chance auf die Teilhabe an der Wertsteigerung des Unternehmens, welche aufgrund des in der frühen Phase der Unternehmensentwicklung unter hohem Risiko getätigten Investments signifikant sein kann. Auf der anderen Seite tragen die Investoren jedoch auch das unternehmerische Risiko des Totalverlustes ihrer Investition.

Gleichwohl ist der Begriff des „Venture Capitals“ nicht nur mit der klassischen Eigenkapitalfinanzierung gleichzusetzen, da er vielmehr eine Vielzahl von Finanzierungsarten in der Praxis umfasst.[6] Da Venture Capital eine Unterart von Private Equity in der Frühphase des Unternehmenszyklus darstellt,[7] gehören hierzu letztlich sämtliche Finanzierungsinstrumente, auf welche auch im Private Equity selbst zurückgegriffen wird.

II. Zweck

Im klassischen Verständnis dient Venture Capital der Anschub- beziehungsweise Frühphasenfinanzierung, das heißt der Finanzierung von jungen Unternehmen in der Anfangsphase ihrer Entwicklung.[8] Herkömmliche Finanzierungsarten versagen zu diesem Zeitpunkt. Einerseits wird eine Innenfinanzierung des jungen Unternehmens aufgrund des in den ersten Jahren ihrer Existenz typischerweise

---

5 *Weitnauer*, Handbuch Venture Capital, Teil A Rn. 1.

6 *Göckeler* in Beck'sches Hdb. AG, § 21 Rn. 107.

7 *Gabrysch* in Kompendium Gesellschaftsrecht, Teil I C Rn. 61; *Möllmann/Möllmann*, BWNotZ 2013, S. 75; *Thum/Timmreck/Keul*, Private Equity, S. 11.

8 *Göckeler* in Beck'sches Hdb. AG, § 21 Rn. 107; *Weitnauer*, Handbuch Venture Capital, Teil A Rn. 1.

negativen Cash Flows[9] regelmäßig nicht möglich sein.[10] Andererseits wird eine klassische Außenfinanzierung mittels Fremdkapital – wie beispielsweise einem Bankdarlehen – in der Regel aufgrund der fehlenden besicherbaren Vermögensgegenstände in jungen Unternehmen scheitern.[11] Ganz allgemein ist die Aufnahme von Fremdkapital durch die Eigenkapitalrichtlinien des Baselers Ausschusses für Bankenaufsicht (sog. „Basel II“ und „Basel III“) für Unternehmen erschwert worden, da Banken hiernach Eigenkapital nach Maßgabe ihres eigenen Kreditrisikos vorweisen müssen und somit indirekt deren Fremdkapitalvergabe an die Bonität beziehungsweise Eigenkapitalausstattung der finanzierten Unternehmen geknüpft ist.[12] Die Finanzierung mittels Venture Capital endet regelmäßig mit Erreichen der Gewinnschwelle (sog. „break-even“), da der Gesellschaft ab diesem Zeitpunkt weitere Finanzierungsmöglichkeiten offenstehen.

III. Finanzierungsarten

Mindestens bis zum Erreichen der Gewinnschwelle benötigt ein junges Unternehmen konstant frisches Kapital: anfangs zur Erforschung und Entwicklung der Geschäftsidee (sog. „Seed Phase“), später zum Markteintritt und dem Aufbau der Unternehmensstruktur (sog. „Start-up Phase“) und schlussendlich zum Vertriebsaufbau und der Marktdurchdringung (sog. „Expansions- oder Wachstums-Phase“).[13] Die Finanzierungsarten und deren Funktionsweisen in vorgenannten Finanzierungsphasen sollen in diesem Abschnitt überblicksweise dargestellt werden.

1. Eigenkapital

Klassischerweise wird der konstante Kapitalbedarf stufenweise durch Eigenkapital in sogenannten „Finanzierungsrunden“ gedeckt.[14] Im Rahmen einer solchen Finanzierungsrunde wird eine Barkapitalerhöhung in dem jungen Unternehmen

---

9 Der englische Begriff „Cash Flow“ meint den Nettozufluss liquider Mittel während eines bestimmten Zeitraums.

10 *Möllmann/Möllmann*, BWNotZ 2013, S. 78 und S. 87.

11 *Weitnauer*, Handbuch Venture Capital, Teil A Rn. 1.

12 *Golland/Gehlhaar/Grossmann/Eickhoff-Kley/Jänisch*, Mezzanine-Kapital, BB-Special 4/2005, S. 6 und 14; Kamp/Solmecke, FB 2005, 618, 618; *Kiethe*, DStR 2006, 1763, 1764; zu den Auswirkungen der „Basel III“ Reform vgl. *Becker/Böttger/Ergün/Müller*, DStR 2011, 375, 375 ff., und *Paul/Stein/Kaltofen*, DStR 2013, 1805, 1805 ff.

13 Phaseneinteilung nach *Weitnauer*, Handbuch Venture Capital, Teil A Rn. 19.

14 *Möllmann/Möllmann*, BWNotZ 2013, S. 79; *Weitnauer*, Handbuch Venture Capital, Teil F Rn. 34 ff.

auf Grundlage der gegenwärtigen Unternehmensbewertung durchgeführt. Dabei übernimmt der (neue) Investor Gesellschaftsanteile am Unternehmen gegen Zahlung der Stammeinlage beziehungsweise des Grundkapitals gemäß § 272 Abs. 1 S. 1 HGB zuzüglich einer freiwilligen Zuzahlung in die freie Kapitalrücklage gemäß § 272 Abs. 2 Nr. 4 HGB.[15] Die konkrete Ausgestaltung der Eigenkapitalbeteiligung ist dabei vielfältig und auf die jeweiligen Bedürfnisse des Einzelfalls anzupassen, was nicht zuletzt seinen Niederschlag in den ausführlichen Vertragswerken, bestehend aus Kapitalerhöhungsdokumentation, Satzung und einer schuldrechtlichen Beteiligungs- und Gesellschaftervereinbarung, findet.[16]

Die Eigenkapitalbeteiligung an der Gesellschaft stellt bei Venture Capital-Finanzierungen von Anfang an nur eine Beteiligung auf Zeit – meist drei bis sieben Jahre – dar.[17] Der Investor hat seinen Ausstieg aus der Gesellschaft (sog. „Exit") bereits im Zeitpunkt seiner Beteiligung im Auge, da er seine Renditeerwartungen nur aufgrund einer Wertsteigerung seiner Beteiligung erzielen kann. Eine Dividendenausschüttung kommt bei einer Venture Capital-Finanzierung aufgrund des regelmäßig negativen Cash Flows nicht in Betracht. Dem Investor stehen grundsätzlich folgende Exit-Möglichkeiten offen: (i) durch einen Börsengang der Gesellschaft (sog. „Initial Public Offering" oder kurz „IPO"), (ii) durch einen Verkauf seiner Geschäftsanteile an einen industriellen Investor (sog. „Trade Sale"), (iii) durch einen Verkauf seiner Geschäftsanteile an einen weiteren Private Equity Investor (sog. „Secondary Sale"), (iv) durch einen Verkauf seiner Geschäftsanteile an den ursprünglichen Gründer selbst (sog. „Share Buy Back") oder (v) durch die Liquidation der Gesellschaft, insbesondere nach einem Verkauf der wesentlichen Wertgegenstände der Gesellschaft (sog. „Asset Deal").[18] Aufgrund dieser unmittelbaren Partizipation an der Wertsteigerung des Unternehmens unterstützt der Investor in der Regel auch die Geschäftsführung der Gesellschaft, sei es durch Nutzung seines Netzwerkes oder durch fachlichen Rat.[19]

---

15 Zur generellen Abgrenzung des Agios und der sonstigen Zuzahlung vgl. *Weitnauer*, ZIP 2007, 1932, 1932 ff.

16 Zur näheren Ausgestaltung vgl. *Thum/Timmreck/Keul*, Private Equity, S. 55–69; *Weitnauer*, Handbuch Venture Capital, Teil F Rn. 75 ff.

17 *Gabrysch* in Kompendium Gesellschaftsrecht, Teil I C Rn. 28.

18 *Gabrysch* in Kompendium Gesellschaftsrecht, Teil I C Rn. 28 f.

19 *Weitnauer*, Handbuch Venture Capital, Teil A Rn. 3.

Die Eigenkapitalfinanzierung stellt aus Sicht der Gesellschafter nicht nur die risikoreichste, sondern auch steuerlich die „teuerste" Form der Finanzierung dar.[20] Dies folgt insbesondere daraus, dass im Vergleich zum Fremdkapital (§ 27 5 Abs. 2 Nr. 13, Abs. 3 Nr. 12 HGB) Zinsaufwand nicht gewinnmindernd geltend gemacht werden kann und überdies eine allgemeine Kapitalbindung – bei der GmbH das Stammkapital nach § 30 Abs. 1 GmbHG und bei der Aktiengesellschaft weitergehend das Vermögen als solches im Sinne einer allgemeinen Vermögensbindung nach § 57 Abs. 1 AktG – erfolgt.[21]

2. *Mezzanine-Kapital*

Neben der Eigenkapital-Finanzierung kann es für den Venture Capital-Investor in bestimmten Situationen vorteilhaft sein, zusätzlich Mezzanine-Kapital an die Gesellschaft auszugeben.[22] Dabei dient das Mezzanine-Kapital in erster Linie der Schließung von Finanzierungslücken, welche trotz der regelmäßigen Finanzierungsrunden mit Eigenkapital aus verschiedenen Gründen entstehen können.[23] Zu nennen sind einerseits der fehlende Zugang zum klassischen Fremdkapitalmarkt für Start-ups und andererseits, im Vergleich zu einer (weiteren) Eigenkapitalfinanzierung, die ungewollte Verwässerung der Anteilsverhältnisse der Gesellschafter in einem frühen Stadium der Unternehmensentwicklung im Hinblick auf die zu erwartenden erheblichen Wachstums- und Wertsteigerungen des Start-ups.[24] Überdies sprechen für die zusätzliche Verwendung von Mezzanine-Kapital deren hohe Gestaltungsfreiheit und die damit einhergehende Möglichkeit von maßgeschneiderten Finanzierungsmöglichkeiten.[25]

---

20 *Thum/Timmreck/Keul*, Private Equity, S. 92; *Weitnauer*, Handbuch Venture Capital, Teil D Rn. 7.

21 *Bayer* in MüKo AktG, § 57 Rn. 10 f.; *Thum/Timmreck/Keul*, Private Equity, S. 93; *Weitnauer*, Handbuch Venture Capital, Teil D Rn. 7.

22 *Möllmann/Möllmann*, BWNotZ 2013, 74, 79; *Weitnauer*, Handbuch Venture Capital, Teil F Rn. 259.

23 *Golland/Gehlhaar/Grossmann/Eickhoff-Kley/Jänisch*, Mezzanine-Kapital, BB-Special 4/2005, S. 6 und 14.

24 Zum fehlenden Zugang zum Fremdkapitalmarkt für Start-ups siehe oben § 2 A II, S. 23 f.

25 *Golland/Gehlhaar/Grossmann/Eickhoff-Kley/Jänisch*, Mezzanine-Kapital, BB-Special 4/2005, S. 2.

Mezzanine-Kapital stellt eine hybride Art der Finanzierung dar, welche sowohl Fremdkapital- wie auch Eigenkapitalelemente enthält und – bildlich gesprochen – in einem Zwischengeschoss zwischen der Ebene des Fremdkapitals und der des Eigenkapitals angesiedelt ist.[26] Je nach Ausgestaltung ist das Mezzanine-Kapital eher dem Eigenkapital (sog. „Equity Mezzanine") oder dem Fremdkapital nahe (sog. „Debt Mezzanine").[27] Typische Merkmale einer Mezzaninen Finanzierung sind (i) die Nachrangigkeit zum klassischen Fremdkapital bei zeitgleicher Vorrangigkeit zum Eigenkapital, (ii) das Fehlen von Sicherheiten, (iii) die befristeten, aber im Vergleich zum Fremdkapital verhältnismäßig langen Laufzeiten, (iv) die Endfälligkeit des gesamten zur Verfügung gestellten Kapitals und somit keine Tilgung während der Laufzeit, (v) die steuerliche Abzugsfähigkeit des Kapitalüberlassungsentgelts als Fremdkapitalfinanzierungsaufwand und (vi) die Einräumung von Kontroll-, Informations- und Zustimmungsrechten zu Gunsten des Mezzanine Kapitalgebers.[28] Zum Ausgleich für das erhöhte Risiko des Kapitalgebers im Vergleich zu einem reinen Fremdkapitalinstrument sind eine auflaufende und endfällige Verzinsung sowie eine Partizipation an der Wertsteigerung des finanzierten Unternehmens als zusätzliche Vergütungskomponenten, gegebenenfalls neben einer laufenden Verzinsung, üblich.[29] Die Teilhabe an der Wertsteigerung des Unternehmens wird meist durch Wandlungsrechte, Optionsrechte oder durch schuldrechtliche Ausgleichsansprüche des Kapitalgebers erzielt.[30] Klassische Beispiele der Mezzanine-Finanzierung sind das Gesellschafter- oder Nachrangdarlehen, typische oder atypische stille Beteiligungen, Genussrechte sowie Options- und Wandelschuldverschreibungen.[31]

---

26 *Ekkenga* in MüKo GmbHG, § 29 Rn. 237; *Klingberg* in FS Westermann, 1087, 1090 f.; *Kiethe*, DStR 2006, 1763, 1763 f.; zu den verschiedenen Eigenkapitalbegriffen im Gesellschaftsrecht, HGB, Steuerrecht, IFRS und Rating vgl. *Klingberg* in FS Westermann, 1087, 1096 ff.

27 *Golland/Gehlhaar/Grossmann/Eickhoff-Kley/Jänisch*, Mezzanine-Kapital, BB-Special 4/2005, S. 15.

28 *Weitnauer*, Handbuch Venture Capital, Teil F Rn. 261.

29 *Golland/Gehlhaar/Grossmann/Eickhoff-Kley/Jänisch*, Mezzanine-Kapital, BB-Special 4/2005, S. 15.

30 *Golland/Gehlhaar/Grossmann/Eickhoff-Kley/Jänisch*, Mezzanine-Kapital, BB-Special 4/2005, S. 1 f.; Mit näheren Erläuterungen siehe unten § 3 A II. 2. b), S. 55 f.

31 *Berberich/Haaf* in Beck'sches Hdb. GmbH, § 1 Rn. 41; *Weitnauer*, Handbuch Venture Capital, Teil F Rn. 260; *Kiethe*, DStR 2006, 1763, 1764.

3. *Fremdkapital*

Aus den oben dargestellten Gründen kommt eine klassische Fremdkapital Finanzierung in Venture Capital-Finanzierungen regelmäßig nicht in Betracht.[32]

IV. Bewertungsschwierigkeiten

Eines der zentralen Probleme bei der Venture Capital-Finanzierung stellt sich bereits bei der Bewertung der Start-ups, da die klassischen Verfahren zur Unternehmensbewertung hierbei regelmäßig versagen.[33] Konkurrierend stehen sich bei diesen klassischen Bewertungsmethoden einerseits die zukunftsorientierten und dynamischen Kapitalwertmethoden – wie das Ertragswertverfahren oder die Discounted Cash Flow-Methode (sog. „DCF Methode") – und andererseits die marktorientierten, aber statischen Multiplikatorverfahren gegenüber.[34]

1. *Discounted Cash Flow-Methode*

Die im internationalen Privat Equity Markt gängigste Form der Unternehmensbewertung im Wege der DCF Methode stellt eine zukunftsorientierte Gesamtbewertungsmethode dar, welche – basierend auf internen Unternehmensdaten – den prognostizierten und nachhaltig generierten Cash Flow mit den gewichteten Kapitalkosten abzinst.[35] Die DCF Methode ist in vielerlei Hinsicht zur Bewertung von Start-ups problematisch. Zunächst ist festzuhalten, dass junge Unternehmen zumindest in der Seed Phase und Start-up Phase keine bis nur rudimentär vorhandene Unternehmensdaten aus der Vergangenheit vorweisen können.[36] Somit fehlen die, für eine potentielle Extrapolation in die Zukunft erforderlichen, historischen Cash Flow-Daten und damit bereits die Grundlage für die Anwendung der DCF Methode.[37] Aber selbst wenn solche – beispielsweise bei einer Finanzierung in der späteren Wachstumsphase – vorliegen sollten, dann wären die relevanten Kennzahlen aufgrund der typischen Entwicklung von Start-ups hierfür weitgehend ungeeignet, da die Anfangsphase typischerweise von

---

32 Siehe oben § 2 A II, S. 23 f.

33 *Achleitner*, BB 2001, 927, 927.

34 Allg. zu Bewertungsmethoden im Rahmen der Unternehmensbewertung vgl. Rechtshandbuch Unternehmensbewertung, § 9 und §10; *Thum/Timmreck/Keul*, Private Equity, S. 92 ff.; *Weitnauer*, Handbuch Venture Capital, Teil H Rn. 46 ff.

35 *Thum/Timmreck/Keul*, Private Equity, S. 69 ff.; allg. zur DCF Methode vgl. *Jonas/Wieland-Blöse* in Rechtshandbuch Unternehmensbewertung, § 9 Rn. 1 ff.

36 *Schönhaar*, GWR 2016, 6, 6; *Weitnauer*, Handbuch Venture Capital, Teil H Rn. 81 f.

37 *Weitnauer*, Handbuch Venture Capital, Teil H Rn. 81 f.

Verlusten gekennzeichnet ist und erst in der Zukunft die wirtschaftliche Gewinnschwelle erreicht wird (sog. „Hockey Stick Entwicklung“).[38] Überdies stellen sich bei der DCF Methode auch problematische Fragen zur Ermittlung des sogenannten Beta-Faktors[39], weil relevante Vergleichsgrößen für das konkrete Start-up mit der konkreten innovativen Idee im Regelfall fehlen.[40]

2. *Ertragswertverfahren*

Entsprechende Problematik besteht auch für das gleichfalls zukunftsorientierte Ertragswertverfahren.[41] Im Unterschied zur DCF Methode ermittelt das Ertragswertverfahren den Unternehmenswert anhand des diskontierten Barwerts aller Einnahmeüberschüsse.[42]

3. *Multiplikatorverfahren*

Das Multiplikatorverfahren dient der schnellen Bewertung in Form einer Überschlagsrechnung und basiert, im Gegensatz zu den beiden vorgenannten Kapitalwertverfahren, lediglich auf dem Vergleich von Unternehmenskennzahlen des zu bewertenden Unternehmens mit denen vergleichbarer Unternehmen.[43] Gängige Unternehmenskennzahlen sind hierbei insbesondere Umsatz, EBITDA[44], EBIT[45] oder Gewinn.[46] Im Hinblick auf die Bewertung von Start-ups versagt regelmäßig auch dieses Verfahren. Einerseits können die Start-ups aufgrund

---

38 *Achleitner*, BB 2001, 927, 927; *Weitnauer*, Handbuch Venture Capital, Teil H Rn. 82; Die Hockey-Stick Entwicklung des Start-ups stellt auch einen Grund für das Versagen von alternativen Substanzwertmethoden dar.

39 Zur Berechnung des Beta-Faktors vgl. *Großfeld/Stöver*, BB 2014, 2799, 2802.

40 *Weitnauer*, Handbuch Venture Capital, Teil H Rn. 82.

41 Allg. zum Ertragswertverfahren vgl. *Böcking/Novak* in Rechtshandbuch Unternehmensbewertung, § 4 Rn. 30 ff.

42 *Böcking/Novak* in Rechtshandbuch Unternehmensbewertung, § 4 Rn. 34; *ZitzelsBerger* in Schüppen/Schaub, § 20 Rn. 28.

43 *Thum/Timmreck/Keul*, Private Equity, S. 69; *ZitzelsBerger* in Schüppen/Schaub, § 20 Rn. 59; allg. zum Multiplikatorverfahren vgl. *Franken/Schulte* in Rechtshandbuch Unternehmensbewertung, § 10 Rn. 7 ff.

44 Die englische Abkürzung EBITDA (earnings before interest, taxes, depreciation and amortization) bedeutet übersetzt: Gewinn vor Zinsen, Steuern, Abschreibungen auf Sachanlagen und Abschreibungen auf immaterielle Vermögensgegenstände.

45 Die englische Abkürzung EBIT (earnings before interest and taxes) bedeutet übersetzt: Gewinn vor Zinsen und Steuern.

46 *Thum/Timmreck/Keul*, Private Equity, S. 81.

der typischen Hockey Stick Entwicklung[47] keine belastbaren Zahlen liefern und andererseits wird ein vergleichbares Unternehmen mit vergleichbaren Kennzahlen auf dem Markt üblicherweise aufgrund der innovativen Idee beziehungsweise des neuen Geschäftsmodells gerade nicht zu finden sein. Erschwerend kommt hinzu, dass vergleichbare kleine und mittelständische Unternehmen in der Regel nicht börsennotiert sind, es daher üblicherweise keine öffentlich zugänglichen Informationen gibt und über Transaktionen meistens Stillschweigen vereinbart wird. Insofern ist die Festlegung eines geeigneten Multiplikators kaum möglich. Zudem erscheint das Multiplikatorverfahren im Vergleich zu den Kapitalwertverfahren bereits konzeptionell für Start-ups weniger geeignet zu sein, da das Multiplikatorverfahren statisch ist und gerade nicht die zukünftigen Wachstumspotentiale berücksichtigt, die für potentielle Investoren von elementar Bedeutung sind.[48]

4. *Fazit und Folgerung*

Aufgrund dieser doch beachtlichen Probleme bei der Unternehmensbewertung von Start-ups stellt eine Venture Capital-Finanzierung letztendlich eine Art „Wette auf eine Erfindung, ein neues Produkt oder ein spezielles Geschäftsmodell" dar,[49] die zumindest in der Frühphase des Unternehmens ganz erheblich glaubens-, hoffnungs- und erfahrungsorientiert erfolgt und kaum mit harten Daten belegbar ist. Teilweise am Markt vorkommende (vermeintliche) Lösungsansätze, wie die endwertorientierte „Venture Capital-Methode"[50] oder die Kombination von mehreren Bewertungsmethoden[51], können letztlich auch keinen präzisen Unternehmenswert liefern. Unter anderem auch zur (vorläufigen) Vermeidung dieses Bewertungsproblems ist in den vergangenen Jahren vermehrt auf das Finanzierungsinstrument des Wandeldarlehens in der Venture Capital-Praxis zurückgegriffen worden.[52] Bei entsprechender inhaltlichen Ausgestaltung dieses Finanzierungsinstruments kann der Investor im Falle einer *ex*

---

47 Zum Begriff „Hockey Stick Entwicklung" siehe oben § 2 A IV. 1, S. 28 f.

48 *Weitnauer*, Handbuch Venture Capital, Teil H Rn. 83.

49 *Thum/Timmreck/Keul*, Private Equity, S. 24.

50 *Achleitner*, BB 2001, 927, 927 ff.

51 *Weitnauer*, Handbuch Venture Capital, Teil H Rn. 84 f.

52 Exemplarisch sei die Praxis des High-Tech Gründerfonds genannt, welche ausführlich unten in § 2 B II. 3, S. 37 f., dargestellt wird; *Schönhaar*, GWR 2016, 6, 6. Allg. zur Lösung von Bewertungsdifferenzen in M&A Transaktionen durch Wandeldarlehen vgl. *Helmreich*, GWR 2011, 561, 561 ff.

post betrachtet zu optimistischen Unternehmensbewertung eine angemessene Anzahl zusätzlicher Anteile an der Gesellschaft durch die begünstigte Wandlung des Wandeldarlehens erlangen.[53]

V. Typische Rechtsformwahl

Die in der Venture Capital-Praxis gewählte Rechtsform für ein Start-up stellt typischerweise die der GmbH dar.[54]

Die Erklärung hierfür dürfte insbesondere in der Interessenlage der Investoren liegen. Venture Capital-Investoren tätigen ihr Investment ausschließlich in Kapitalgesellschaften, da sie ihre Haftung auf das investierte Eigenkapital beschränken wollen, eine Mitunternehmerschaft nach § 15 Abs. 1 Nr. 2 EStG aus steuerlichen Gründen nicht gewollt ist und sie bereits im Zeitpunkt des Investments den, bei einer Kapitalgesellschaft einfacher zu vollziehenden, Exit bedenken.[55]

Im Rahmen der Kapitalgesellschaften wiederum wird der GmbH im Vergleich zur Aktiengesellschaft der Vorzug gegeben.[56] Diese Tatsache kann insbesondere dadurch begründet werden, dass bei der personalistisch ausgestalteten GmbH die Investoren ihre Interessen als Gesellschafter, ihren Einfluss auf die Geschäftsführer der Gesellschaft wie auch die gesamte Ausrichtung des Unternehmens aufgrund der im GmbH-Recht nicht geltenden Satzungsstrenge (§ 23 Abs. 5 S. 1 AktG, § 45 GmbHG) unkomplizierter verwirklichen können. Vorgenannte Einflussmöglichkeit wird nicht nur durch die bereits gesetzlich geregelte Weisungsbefugnis der Gesellschafter gegenüber der Geschäftsführung (§ 36 Abs. 1 Alt. 2 GmbHG) ermöglicht, sondern kann durch die Schaffung zusätzlicher Gremien in der Gesellschaft – wie einem beratenden oder überwachenden Beirat – oder durch die Einräumung von Anhörungs- und

53 Allg. zur Lösung von Bewertungsdifferenzen in M&A Transaktionen durch Wandeldarlehen vgl. *Helmreich*, GWR 2011, 561, 561 ff.

54 *Weitnauer*, Handbuch Venture Capital, Teil E Rn. 341. Dahingehend verstanden auch die Auswertung einer Umfrage unter Existenzgründungsberatern durch *Breithecker*, DStR 1998, 219, 220, 222 und 224. Exemplarisch sei auch die diesbezügliche Praxis des High-Tech Gründerfonds („HTGF") genannt; vgl. http://high-tech-gruenderfonds.de/wp-content/uploads/2015/12/Finanzierungskriterien_neu.pdf (Stand: 1.08.2017). Zu allg. Entscheidungskriterien zur Rechtsformwahl vgl. *Weitnauer*, Handbuch Venture Capital, Teil E Rn. 209 ff.

55 *Breithecker*, DStR 1998, 219, 220 und 224; *Weitnauer*, Handbuch Venture Capital, Teil E Rn. 211.

56 *Breithecker*, DStR 1998, 219, 222.

Mitbestimmungsrechten sowie Zustimmungsvorbehalten erweitert werden. Zudem stellt der, insbesondere zur Zeit der New Economy bevorzugte, Börsengang derzeit eher die Ausnahme als den Regelfall für eine Exit-Möglichkeit dar, wobei auch ein solcher selbst bei ursprünglicher Rechtsformwahl der GmbH nachträglich mittels Umwandlung in eine Aktiengesellschaft jederzeit offen steht. Nicht zuletzt sei auch das bei der GmbH wesentlich geringere Stammkapital in Höhe von EUR 25.000 (§ 5 Abs. 1 GmbHG) im Vergleich zum Grundkapital der Aktiengesellschaft in Höhe von EUR 50.000 (§ 7 AktG) genannt, welches gerade in der Frühphase der Geschäftsentwicklung und den dann vorherrschenden knappen finanziellen Mitteln ein wesentliches Kriterium darstellt. Hiermit einhergeht die aus Sicht der Investoren unattraktivere generelle Vermögensbindung bei der Aktiengesellschaft (§ 57 Abs. 1 AktG) gegenüber der reinen (Stamm-) Kapitalerhaltung der GmbH (§ 30 Abs. 1 GmbHG).[57]

B. Wandeldarlehen

I. Charakteristika des Wandeldarlehens in Venture Capital-Finanzierungen

Bereits sprachlich setzt sich das Finanzierungsinstrument des Wandeldarlehens aus seinen zwei Hauptteilen, bestehend aus einem Darlehen und einem Wandlungsmechanismus, zusammen.[58]

Basis dieses schuldrechtlichen Finanzierungsinstruments ist ein Darlehensvertrag gemäß §§ 488 ff. BGB, welcher das zugrunde liegende Rechtsverhältnis zwischen der kreditnehmenden Gesellschaft und dem Darlehensgeber regelt. Aufgrund der im Schuldrecht geltenden Vertragsfreiheit kann dieses Schuldverhältnis in vielfältiger Art und Weise ausgestaltet werden, um es den besonderen Bedürfnissen des Einzelfalls anzupassen.[59] Den typischen Begebenheiten einer Venture Capital-Finanzierung entsprechend, betrifft dies insbesondere (i) die Schonung der Liquidität der Gesellschaft durch Vereinbarung eines periodisch

---

57 Zu Nachweisen siehe oben Fn. 21.

58 In Folgendem soll die grundlegende Ausgestaltung des in Venture Capital-Finanzierungen verwendeten GmbH-rechtlichen Wandeldarlehens als generelle Übersicht und zur besseren Verständlichkeit der Thematik zusammengefasst dargestellt werden. Die ausführliche Darstellung, insb. im Hinblick auf den charakteristischen Wandlungsmechanismus, erfolgt unten in § 3 A II. 2, S. 55 ff.

59 Zur allg. Ausgestaltung eines Private-Debt-Finanzierungsinstruments vgl. *v. Einem/Schmid/Pütz*, BB Beilage 2005, 9, 10 ff.

auflaufenden, aber endfälligen und der Höhe nach festen Fremdkapitalzins,[60] (ii) den Verzicht auf die Stellung von Sicherheiten mangels besicherungsfähigen Werten eines Start-ups, (iii) die Einräumung von Kontroll-, Informations- und Zustimmungsrechten sowie darauf abgestimmte außerordentliche Kündigungsrechte zu Gunsten des Darlehensgebers als atypische Form der Sicherheitenstellung[61] und (iv) die Vereinbarung eines umfassenden Nachrangs von Ansprüchen des Darlehensgebers gegen die Gesellschaft samt einer diesbezüglichen vorinsolvenzrechtlichen Durchsetzungssperre gemäß § 19 Abs. 2 S. 2 i.V.m. § 39 Abs. 2 InsO zur vorsorglichen Vermeidung der Überschuldung des Start-ups.[62]

Charakteristisch für das Wandeldarlehen ist indes dessen Wandlungsmechanismus.[63] Wirtschaftlich partizipiert der Darlehensgeber hierdurch an einer potentiellen Wertsteigerung des Start-ups durch Ausübung des Wandlungsrechts zu einem günstigen Wandlungspreis. Funktional geht es hierbei um einen Mechanismus zur Einräumung der Mitgliedschaft an der Gesellschaft zu Gunsten des Darlehensgebers durch Umtausch von dessen Fremdkapital in Eigenkapital. Die schuldrechtliche Stellung des Kreditgebers als Gläubiger der Gesellschaft wird durch eine dem Darlehensbetrag (regelmäßig inklusive aufgelaufener Zinsen) wertmäßig entsprechende mitgliedschaftliche Beteiligung an der Gesellschaft ersetzt. Mittelbar regelt der Wandlungsmechanismus damit das Recht beziehungsweise die Pflicht des Darlehensgebers, junge Geschäftsanteile an der Gesellschaft zu einem im Wandeldarlehensvertrag entweder bereits festgelegten Wandlungspreis oder einem hierin festgelegten Preisfindungsmechanismus übernehmen zu können beziehungsweise zu müssen. Im Gegenzug erlischt der Darlehensrückzahlungsanspruch (regelmäßig inklusive aufgelaufener Zinsen) des Darlehensgebers ohne dessen Begleichung. In der

---

60 Alternativ kann auch eine Einbeziehung des aufgelaufenen und endfälligen Zinses im Rahmen der Wandlung im Wandeldarlehensvertrag vereinbart sein, sodass überhaupt keine Auszahlung des aufgelaufenen Zinsbetrags erfolgt.

61 Zu dem Begriff und der Ausgestaltung von Covenants in Wandeldarlehensverträgen siehe unten § 4 C I. 2. b) dd) (2), S. 119 ff.

62 Diese umfassende Rangrücktrittsvereinbarung zur vorsorglichen Vermeidung der Passivierung insb. des Darlehensrückzahlungsanspruchs in einer gegebenenfalls erforderlichen Überschuldungsbilanz des Start-ups gemäß § 19 Abs. 2 S. 2 i.V.m. § 39 Abs. 2 InsO darf nicht mit dem sog. Intercreditor Agreement verwechselt werden. Ein Intercreditor Agreement gewährt ein Mezzanine Kreditgeber typischerweise in Unternehmenskäufen gegenüber Senior Loan Kreditgeber. Zum Intercreditor Agreement vgl. *Runge*, Covenants in Kreditverträgen, S. 168. Zum Nachrangdarlehen vgl. *Weitnauer*, Handbuch Venture Capital, Teil D Rn. 32 ff.

63 Im Detail siehe unten § 3 A II. 2. b), S. 55 f.

kautelarjuristischen Venture Capital-Praxis finden sich dementsprechend komplexe Wandlungsbestimmungen in einem Wandeldarlehensvertrag. Dies betrifft insbesondere Regelungen in Bezug auf die den Wandlungsmechanismus auslösende Wandlungsereignisse und der damit verbundenen Wandlungsrechte beziehungsweise Wandlungspflichten. Entsprechend den Venture Capital-Begebenheiten wird das Wandeldarlehen zur Schonung des knappen Eigenkapitals des Start-ups und zur reibungslosen Durchführung der nächsten Finanzierungsrunde regelmäßig Wandlungspflichten im Falle der Durchführung einer Finanzierungsrunde und – falls eine solche nicht während der Laufzeit stattfinden sollte – zum Laufzeitende des Wandeldarlehens enthalten. Derart ausgestaltete Wandeldarlehen mit einer Wandlungsverpflichtung im Falle des Eintritts eines konkreten Ereignisses können entsprechend der Begrifflichkeit im Rahmen von § 221 Abs. 1 S. 1 Var. 1 AktG auch als (bedingte) Pflichtwandeldarlehen bezeichnet werden.[64] Diese Unterfälle des Wandeldarlehens stellen zumindest in Venture Capital-Finanzierungen den absoluten Regelfall dar.[65] Zudem wird das Wandeldarlehen Regelungen in Bezug auf die Durchführung der Wandlung selbst (insbesondere die Art der Kapitalerhöhung) und die Berechnungsformel für die Anzahl der neu zu übernehmenden jungen Geschäftsanteile (gegebenenfalls inklusive einem Preisfindungsmechanismus) vorsehen. Zur Sicherung des Wandlungsmechanismus werden auch der Kreis der Vertragsparteien des Darlehensvertrags üblicherweise um sämtliche Gesellschafter der Gesellschaft erweitert sowie ergänzende Regelungen zur Abtretbarkeit der Ansprüche aus dem Wandeldarlehensvertrag und zur Rechtsnachfolge der Parteien vereinbart.[66]

II. Anwendungsbereiche eines Wandeldarlehens in Venture Capital-Finanzierungen

Ungeachtet der allgemeinen Vorteile von Mezzanine-Finanzierungen[67] beschränkt sich die typische Verwendung eines Wandeldarlehens in Venture Capital-Finanzierungen hauptsächlich auf die Überbrückung von kurzfristigen Liquiditätsengpässen in der Unternehmensfinanzierung. Ansonsten wird das

64 Zum Anwendungsbereich von § 221 Abs. 1 S. 1 Var. 1 AktG siehe § 3 A I. 1, S. 41 f.

65 Siehe unten § 2 B II. 2, S. 36 f.

66 *Seibt* in Scholz GmbHG, § 14 Rn. 83. Zu den ggf. erforderlichen Stimmbindungsvereinbarungen siehe unten § 3 A II. 3, S. 58 ff.

67 Siehe oben § 2 A III. 2, S. 26 f., zu Nachweisen siehe insb. Fn. 22.

Wandeldarlehen in der Venture Capital-Praxis teilweise auch für die (vorläufige) Lösung von Bewertungsschwierigkeiten neben einer klassischen Eigenkapital-Finanzierungsrunde sowie sonstigen Wachstumsfinanzierungen verwendet.

1. Brückenfinanzierung

Die Durchführung einer klassischen Eigenkapital-Finanzierungsrunde[68] zur Deckung des Kapitalbedarfs ist in vielerlei Hinsicht und für alle Beteiligten zeitaufwändig und kostenintensiv. Zunächst bedarf es der Suche nach einem, den Bedürfnissen des Start-ups passendem, neuen Kapitalgeber. Nach dem Abschluss von gewissen vorvertraglichen Vereinbarungen[69] führt der neue Investor zu Bewertungszwecken[70] und zu Risikominimierungszwecken eine umfassende Due Diligence[71] des Start-ups durch. Den Bedürfnissen des jeweiligen Einzelfalls und den Ergebnissen der Due Diligence entsprechend, wird eine Beteiligungs- und Gesellschaftervereinbarung samt diesbezüglichen Begleitdokumenten zwischen der Gesellschaft, dem neuen Investor und sämtlichen Altgesellschaftern (samt deren Beratern) verhandelt und erstellt.[72] Zuletzt erfolgt die technische Durchführung der (nominellen) Barkapitalerhöhung durch Fassung des Kapitalerhöhungsbeschlusses und der Übernahmeverträge samt deren Anmeldung zum Handelsregister. Regelmäßig ist die Verpflichtung zur Zahlung des eigentlichen Investments des neuen Investors aufschiebend bedingt durch die Eintragung beim Handelsregister geregelt. Dieser Vorgang der Finanzierungsrunde zieht sich regelmäßig über zwei bis drei Monate, wobei auch eine längere Zeitdauer von bis zu sechs Monaten keine Seltenheit darstellt.

Dagegen wird eine Mezzanine-Finanzierung mittels eines Wandeldarlehens im Rahmen einer Venture Capital-Finanzierung üblicherweise deutlich unter einem Monat durchgeführt. Insbesondere bedarf es im Vergleich zur Eigenkapital-Finanzierungsrunde weder einer umfangreichen Vertragsdokumentation noch einer zeitaufwändigen Unternehmensbewertung des Start-ups im Zeitpunkt des Vertragsabschlusses. Denn gewöhnlich wird hierbei entweder an die Unternehmensbewertung aus der letzten Eigenkapital-Finanzierungsrunde oder mittels

---

68 Zur für Venture Capital-Finanzierungen typischen Finanzierungsrunde siehe oben § 2 A III. 1, S. 24 f.

69 Zu vorvertraglichen Vereinbarungen wie insb. Vertraulichkeits- und Exklusivitätsvereinbarungen vgl. *Weitnauer*, Handbuch Venture Capital, Teil F Rn. 18 ff.

70 Zur Bewertung von Unternehmen siehe oben § 2 A IV, S. 28 ff.

71 Zur Due Diligence vgl. *Weitnauer*, Handbuch Venture Capital, Teil F Rn. 28 ff.

72 Zur Gesellschafter- und Beteiligungsvereinbarung vgl. *Thum/Timmreck/Keul*, Private Equity, S. 55–69; *Weitnauer*, Handbuch Venture Capital, Teil F Rn. 75 ff.

eines flexiblen Preisfindungsmechanismus an die Unternehmensbewertung der nächsten Eigenkapital-Finanzierungsrunde einschließlich eines Bewertungsabschlags angeknüpft. Auch entfallen regelmäßig die umfassende Due Diligence und die Änderung des Gesellschaftsvertrags im Zeitpunkt des Vertragsabschlusses.[73] Häufig sind die Wandeldarlehensgeber auch personenidentisch mit einem oder mehreren Altgesellschaftern des Start-ups. Neben der Zeit- und Aufwandersparnis gehen hiermit auch geringere Transaktionskosten einher.

Exemplarisch für die Brückenfinanzierung kann die kurzfristige Sicherung der Solvenz des Start-ups, insbesondere aufgrund des oben dargestellten langwierigen Prozesses oder eines temporär auftretenden Hindernisses für die Durchführung einer Eigenkapital-Finanzierungsrunde sowie aufgrund sonstiger unerwarteter Umstände, angeführt werden. Daneben wird eine Brückenfinanzierung durch die Altgesellschafter des Start-ups typischerweise auch zur Hinauszögerung einer Eigenkapital-Finanzierungsrunde beziehungsweise bis zur Verwirklichung eines Börsengangs des Start-ups verwendet, da hierdurch die Altgesellschafter keine Verwässerung ihrer Beteiligungsverhältnisse durch einen neuen Investor erleiden und eine potentiell erhebliche Wertsteigerung des Start-ups bis zu diesen Ereignissen selbst realisieren.

2. *Wachstumsfinanzierung*

Grundsätzlich kann ein Wandeldarlehen auch für eine klassische Wachstumsfinanzierung verwendet werden.[74]

Allerdings stellt dies zumindest in Venture Capital-Finanzierungen den absoluten Ausnahmefall dar, da aus tatsächlichen Gründen eine Rückzahlung des Darlehensbetrags typischerweise ausscheidet und damit dessen Wandlung im Rahmen einer späteren Eigenkapital-Finanzierungsrunde zwingend erforderlich ist. Denn zumindest in der Anfangsphase bis zur Erreichung der Gewinnschwelle erwirtschaftet das Start-up keinen positiven Cash Flow und benötigt regelmäßig frisches Kapital.[75] Ein neuer Venture Capital-Investor wird in den Beteiligungsverträgen im Rahmen einer Eigenkapital-Finanzierungsrunde

---

73 Zur zusätzlichen Absicherung des Wandlungsrechts durch die Schaffung eines genehmigten Kapitals siehe unten § 3 A II. 3. a), S. 59 ff.

74 Allg. zum Aspekt der Wachstumsfinanzierung durch Mezzanine-Kapital vgl. *Bock*, DStR 2005, 1067; *v. Einem/Schmid/Pütz*, BB Beilage 2005, 9, 10 f.; Görtz, Die aktien- und steuerrechtliche Qualifikation von Hybrid-Anleihen – oder der Genussrechtstest, S. 56; *Golland/Gehlhaar/Grossmann/Eickhoff-Kley/Jänisch*, BB Special 4/2005, 1, 7; *Traugott*, ZIP 1997, 1690; *Weitnauer*, Handbuch Venture Capital, Teil F Rn. 304.

75 Siehe oben § 2 A III, S. 24 ff.

darauf achten, dass dessen Investment ausschließlich für das künftige Wachstum beziehungsweise die Entwicklung der Gesellschaft und der damit regelmäßig einhergehenden Wertsteigerung des Start-ups verwendet wird. Eine Tilgung von Verbindlichkeiten ist dagegen nicht in seinem Interesse. Damit existieren zumindest in mit Venture Capital finanzierten Start-ups typischerweise keine liquiden Finanzmittel zur Erfüllung des Rückzahlungsanspruchs aus dem Wandeldarlehen.

Vorbehaltlich der zuvor dargestellten Brückenfinanzierungsszenarien scheidet somit ein vorteilhafter Effekt aus der Vereinbarung eines Wandeldarlehens im Vergleich zur sofortigen Durchführung einer klassischen Eigenkapital-Finanzierungsrunde für die Gesellschaft und die Beteiligten in der Venture Capital-Praxis regelmäßig aus.

3. *Vermeidung von Bewertungsschwierigkeiten*

Vereinzelt wird in der Venture Capital-Praxis zur (vorläufigen) Vermeidung aktueller Bewertungsschwierigkeiten beziehungsweise einer aufwendigen Unternehmensbewertung eines Start-ups auf die (zusätzliche) Vereinbarung eines Wandeldarlehens zurückgegriffen.[76] Exemplarisch sei die Praxis des High-Tech Gründerfonds („HTGF") genannt.[77] Im Rahmen einer Seed Phasen Finanzierung übernimmt der HTGF 15 % des Stammkapitals des Start-ups zum Nominalbetrag der Geschäftsanteile und gewährt zusätzlich ein Nachrangdarlehen in Höhe von bis zu EUR 600.000,00. Dieses Nachrangdarlehen wandelt der HTGF in nachfolgenden Eigenkapital-Finanzierungsrunden sukzessive in Eigenkapital der Gesellschaft, um seine Beteiligungsquote in Höhe von 15 % an dem Stammkapital des betroffenen Start-ups konstant zu halten, bis die Darlehensvaluta aufgebraucht ist. Die Wandlung erfolgt hierbei zu derjenigen Bewertung des Startups, welche auch mit dem in der nachfolgenden Eigenkapital-Finanzierungsrunde einsteigenden Investor vereinbart wird. Insofern ersparen sich die Beteiligten zumindest im Rahmen der Seed Phasen Finanzierung durch den HTGF die Unternehmensbewertung des Start-ups.

---

76 Zu den Bewertungsschwierigkeiten eines Start-ups siehe oben § 2 A IV, S. 28 ff.; allg. zur Lösung von Bewertungsdifferenzen in M&A Transaktionen durch Wandeldarlehen vgl. *Helmreich*, GWR 2011, 561, 561 ff.; *Schönhaar*, GWR 2016, 6, 6.

77 Zur nachfolgend dargestellten Praxis des HTGF vgl. http://high-tech-gruenderfonds.de/wp-content/uploads/2015/12/Finanzierungskriterien_neu.pdf (Stand: 1.08.2017) bzw. http://www.bmwi.de/Redaktion/DE/Artikel/Mittelstand/gruendungsfinanzierung-high-tech-gruenderfonds.html (Stand: 1.08.2017); *Möllmann/Möllmann*, BWNotZ 2013, S. 86; *Weitnauer*, Handbuch Venture Capital, Teil D Rn. 262 ff.

§ 3 Die juristische Konstruktion des Wandlungsmechanismus beim Finanzierungsinstrument des Wandeldarlehens im GmbH-Recht

Mit der gesetzlichen Kodifikation des genehmigten Kapitals im GmbH-Recht durch das Gesetz zur Modernisierung des GmbH-Rechts und zur Bekämpfung von Missbräuchen zum 01.11.2008[78] ist eine neue Möglichkeit zur Absicherung des Wandlungsrechts aus einem GmbH-rechtlichen Wandeldarlehen geschaffen worden. Diese Neuerung stellt eine attraktive Alternative zu den bisherigen Hilfskonstruktion der kautelarjuristischen Praxis bei der Vereinbarung von Wandeldarlehen mit einer GmbH dar, da hierdurch der Beteiligungsprozess beschleunigt und das Wandlungsrecht des Wandlungsberechtigten effektiver abgesichert werden kann.[79] Trotz dieser, im Vergleich zur bisherigen Rechtslage, wesentlichen Erleichterung für die kautelarjuristische Praxis im GmbH-Recht verbleibt dennoch ein Rechtsschutzdefizit im Vergleich zur Rechtslage im Aktienrecht mit der dort zusätzlich vorhandenen Möglichkeit der Schaffung eines bedingten Kapitals.

Einen weit wichtigeren Faktor für die rechtssichere Gestaltung der aktienrechtlichen Wandelanleihe im Vergleich zum GmbH-rechtlichen Wandeldarlehen stellt allerdings das besondere juristische Konstrukt des Wandlungsrechts der aktienrechtlichen Wandelanleihe dar. Dieses aktienrechtliche Konstrukt des Wandlungsrechts bewirkt unter anderem, dass bei Ausübung des Wandlungsrechts die ursprüngliche Barzahlung auf die Anleihe vom Anleihegläubiger an die Gesellschaft nachträglich in dessen Einlageleistung auf junge Aktien umgewidmet wird. Im Zuge dieser Umwidmung des gezahlten Geldbetrags findet zudem keine Werthaltigkeitsprüfung des Rückzahlungsanspruchs aus der Wandelanleihe statt, da das Konstrukt des Wandlungsrechts aus der aktienrechtlichen Wandelanleihe aufgrund ihrer Rechtsnatur konsequenterweise nicht von einer Sacheinlage, sondern von einer Bareinlage ausgeht. Trotz der vergleichbaren Interessenlage in beiden Kapitalgesellschaftsrechten hat ein Diskurs im

78 Im Folgenden soll zur besseren Lesbarkeit der Begriff des „MoMiG" für das Gesetz zur Modernisierung des GmbH-Rechts und zur Bekämpfung von Missbräuchen zum 01.11.2008 verwendet werden.

79 *Weitnauer*, Handbuch Venture Capital, Teil D Rn. 93 ff. und Teil F Rn. 306.

juristischen Schrifttum über eine wertende Übertragung beziehungsweise eine sinngemäße Anwendung dieses Konstrukts des Wandlungsrechts der aktienrechtlichen Wandelanleihe auch auf das Wandlungsrecht des GmbH-rechtlichen Wandeldarlehens bislang nicht stattgefunden.[80] Dabei könnte dies die bisherige kautelarjuristische Praxis erheblich vereinfachen, da insbesondere die schuldrechtlichen Hilfskonstruktionen zur Vermeidung einer zeit- und kostenaufwändigen Werthaltigkeitsprüfung der einzulegenden Rückzahlungsforderung aus dem Wandeldarlehen wegfallen könnten.

Im Folgenden werden zunächst die Finanzierungsinstrumente der aktienrechtlichen Wandelanleihe und des GmbH-rechtlichen Wandeldarlehens rechtsvergleichend dargestellt (A). Dabei wird schwerpunktmäßig auf den literarischen Meinungsstand und die praxisnahe Handhabung der Wandlungsrechte der beiden Finanzierungsinstrumente und dessen Rechtsfolgen eingegangen. Danach wird die rechtliche Zulässigkeit einer wertenden Übertragung beziehungsweise einer sinngemäßen Anwendung des Konstrukts des Wandlungsrechts der aktienrechtlichen Wandelanleihe auf das Wandlungsrecht des GmbH-rechtlichen Wandeldarlehens untersucht (B).

A. Aktien- und GmbH-rechtlicher Vergleich der Finanzierungsinstrumente

I. Die Wandelanleihe im Aktienrecht

Die Wandelanleihe ist im Aktienrecht seit dem Aktiengesetz von 1937 gesetzlich normiert. § 221 AktG regelt unter anderem in seinen Absätzen 1 und 2 die Voraussetzungen an die Ausgabe einer Wandelanleihe seitens der Gesellschaft (insbesondere deren Organkompetenz, die erforderlichen Mehrheitsverhältnisse und die formalen Anforderungen) und in seinem Absatz 4 das Bezugsrecht der Aktionäre auf die Wandelanleihe. Dagegen sind die Rechtsnatur des Wandlungsrechts der aktienrechtlichen Wandelanleihe überhaupt nicht und auch die Rechtswirkungen bei Ausübung des Wandlungsrechts nur partiell in

80 Im Ergebnis haben insb. *Boesebeck, Witteler* und *Maidl* zwar das GmbH-rechtliche Wandeldarlehen der aktienrechtlichen Wandelanleihe schuldrechtlich nachgebildet, allerdings ohne hierbei auf die Übertragung des Kernstücks der aktienrechtlichen Wandelanleihe – nämlich deren besonderen Wandlungsmechanismus – in das GmbH-Recht überhaupt einzugehen; *Boesebeck*, GmbH-Rdsch. 1962, 2 ff.; *Witteler*, Wandeldarlehen bei der GmbH, S. 1 ff.; *Maidl*, NZG 2006, 778 ff.

den §§ 192 Abs. 5, 194 Abs. 1 S. 2, 199 Abs. 2 AktG gesetzlich normiert. Zur Absicherung des Wandlungsrechts der Anleihegläubiger wird üblicherweise ein bedingtes Kapital gemäß §§ 194 ff. AktG geschaffen.

1. Begriff und Konstruktion der Wandelanleihe

Gemäß § 221 Abs. 1 S. 1 Var. 1 AktG ist die Wandelanleihe eine Schuldverschreibung, bei welcher den Gläubigern oder der Gesellschaft ein Umtauschrecht auf Aktien eingeräumt wird. Dabei umfasst der Begriff der Wandelanleihe neben der „klassischen" Wandelanleihe und der „umgekehrten" Wandelanleihe insbesondere auch die Pflichtwandelanleihe und die bedingte Pflichtwandelanleihe.[81] Gesetzessystematisch stellt die Wandelanleihe, welche auch Wandelschuldverschreibung im engeren Sinne genannt wird, zusammen mit der Optionsanleihe gemäß § 221 Abs. 1 S. 1 Var. 2 AktG eine Unterform der Wandelschuldverschreibung dar.

Den Wandelschuldverschreibungen ist gemein, dass diese allesamt als Basiselement eine Schuldverschreibung gemäß §§ 793 ff. BGB beinhalten.[82] Solche Schuldverschreibungen bestehen wiederum aus in Urkunden verbrieften und in der Regel verzinsten, abstrakten Zahlungsansprüchen in Form von Schuldversprechen im Sinne von § 780 BGB.[83] Im Unterschied zur zivilrechtlichen Definition der Schuldverschreibung gemäß § 793 Abs. 1 BGB umfasst die aktienrechtliche Definition der Schuldverschreibung gemäß § 221 Abs. 1 AktG neben der Inhaberschuldverschreibung auch die Orderschuldverschreibung.[84]

Zusätzlich zum Basiselement der Schuldverschreibung beinhaltet die Wandelanleihe ein Umtauschrecht des Gläubigers oder der Gesellschaft auf Aktien, wohingegen die Optionsanleihe ein Bezugsrecht des Gläubigers auf Aktien gewährt.[85] Das Umtauschrecht auf Aktien resultierend aus der aktienrechtlichen Wandelanleihe soll im Folgenden – dem heutigen Sprachgebrauch entsprechend – Wandlungsrecht genannt werden,[86] wobei mit dem Recht auf Wandlung einer Partei eine Verpflichtung zur Durchführung der Wandlung der anderen Partei

81 *Hüffer/Koch* AktG, § 221 Rn. 3 ff.; zur Aktienrechtsnovelle 2016 siehe unten § 3 B I. 1. c), S. 78 ff.

82 *Hirte* in Großkomm. AktG, § 221 Rn. 75; *Hüffer/Koch* AktG, § 221 Rn. 3.

83 *Hirte* in Großkomm. AktG, § 221 Rn. 75; *Lutter* in KK-AktG, § 221 Rn. 6.

84 *Hüffer/Koch* AktG, § 221 Rn. 3.

85 *Hirte* in Großkomm. AktG, § 221 Rn. 13 und 75.

86 Dies soll laut *Schuhmann* auch dem Sprachgebrauch des historischen Gesetzgebers (Aktiengesetz 1937) gerecht werden, da der Begriff des Umtauschs zu jener Zeit synonym wie der Begriffs der Wandlung verstanden wurde; Schuhmann, Optionsanleihen, S. 65 f.

korreliert und somit der Begriff des Wandlungsrechts auch die Komponente der Wandlungspflicht enthält. Bei Ausübung des Wandlungsrechts aus der aktienrechtlichen Wandelanleihe erfolgt faktisch ein Umtausch der Schuldverschreibung gegen den Bezug von Aktien.[87] Dementsprechend muss sich der Gläubiger vor der Ausübung eines ihm zustehenden Wandlungsrechts entscheiden, ob er entweder schuldrechtlicher Gläubiger der Gesellschaft aufgrund des Rückzahlungsanspruchs aus der Schuldverschreibung bleiben oder aber diese schuldrechtliche Gläubigerstellung im Gegenzug zur Einräumung der Gesellschafterstellung aufgeben möchte.[88] Entsprechendes gilt, sofern das Wandlungsrecht der Gesellschaft zusteht und der Gläubiger zur Wandlung verpflichtet ist. Im Gegensatz zu dieser alternativen Konstruktion bei der Wandelanleihe bietet das Finanzierungsinstrument der Optionsanleihe dem Gläubiger das kumulative Recht, neben und unabhängig von der Schuldverschreibung, Aktien an der Gesellschaft zu erwerben.[89]

2. Rechtsnatur des Wandlungsrecht

Die Rechtsnatur des Wandlungsrechts der aktienrechtlichen Wandelanleihe war nicht erst mit der gesetzlichen Kodifikation dieses Finanzierungsinstruments durch das Aktiengesetz von 1937 umstritten.[90] Bereits seit der sinngemäßen Übertragung des Finanzierungsinstruments der „convertible bonds" aus dem US-amerikanischen Aktienrecht in die deutsche Finanzierungspraxis zum Ende des neunzehnten beziehungsweise dem Anfang des zwanzigsten Jahrhunderts existierten diesbezüglich Meinungsstreite.[91] Auch heutzutage wird über die

---

87 *Habersack* in MüKo AktG, § 221 Rn. 29; *Lutter* in KK-AktG, § 221 Rn. 6. Zur Rechtsnatur und dem konkreten Ablauf der Wandlung siehe im Folgenden § 3 A I. 2. d), S. 45 ff.

88 *Habersack* in MüKo AktG, § 221 Rn. 29; *Schlitt/Hemeling* in Unternehmensfinanzierung am Kapitalmarkt, § 10 Rn. 2.

89 *Hirte* in Großkomm. AktG, § 221 Rn. 13; *Schlitt/Hemeling* in Unternehmensfinanzierung am Kapitalmarkt, § 10 Rn. 3.

90 Grundlegende rechtshistorische Darstellungen zur Wandelanleihe nach deutschem Recht und der Rechtsnatur des Wandlungsrechts vgl. *Georgakopoulos*, ZHR 120 (1957), 84, 92 ff. und 131 ff.; *Rasch*, Wandel- Schuldverschreibungen (Covertible Bonds) nach nordamerikanischem und deutschem Recht, S. 1 ff. und S. 11 ff.; *Rusch*, Die Wandelschuldverschreibung, S. 44 f. und 67; *Wilker*, Kann das Umtauschrecht der Wandelschuldverschreibungsgläubiger durch Kapitalverwässerungen oder strukturelle Veränderungen der Gesellschaft wirtschaftlich beeinträchtigt werden?, S. 3 ff. und S. 25 ff.

91 Zu Nachweisen siehe Fn. 90.

Rechtsnatur des Wandlungsrechts der aktienrechtlichen Wandelanleihe in der aktienrechtlichen Literatur noch kontrovers diskutiert, obgleich sich zwischenzeitlich eine herrschende Meinung hierzu gebildet hat:

a) Tauschvertrag

Ein aufgrund des Wortlauts von § 221 Abs. 1 S. 1 Var. 1 AktG (ehemals § 174 Abs. 1 S. 1 Var. 1 AktG a.F.) naheliegender Tauschvertrag im Sinne von § 480 BGB (ehemals § 515 BGB a.F.) wurde bereits frühzeitig abgelehnt.[92] Definitionsgemäß kann bereits kein Austausch von Sachen, Vermögenswerten oder Rechten Zug um Zug erfolgen,[93] da bis zur Ausübung des Wandlungsrecht nur ein Forderungsrecht in Form des Rückzahlungsanspruchs aus der Anleihe, ohne einen eintauschbaren (Gegen-)Wert, existiert.[94] Denn die erst aus einem Zeichnungsvertrag entstehende Einlageforderung hinsichtlich der jungen Aktien ist im Zeitpunkt der Ausübung des Wandlungsrechts noch nicht existent. Entsprechendes gilt für das alternative Bezugspaar von Anleihe und Aktie. Schließlich stellt das Konstrukt des Wandlungsrechts aus der aktienrechtlichen Wandelanleihe ein bereits existentes und einseitig ausübbares Gestaltungsrecht und somit gerade nicht eine noch neu abzuschließende schuldrechtliche Vereinbarung dar.[95]

b) Wahlschuld mit Gläubigerwahlrecht

Insbesondere zu Beginn der Diskussion über die Rechtsnatur des Wandlungsrechts wurde dieses teilweise auch als Wahlschuld mit Gläubigerwahlrecht qualifiziert.[96]

Bei der Wahlschuld werden gemäß §§ 262 ff. BGB mehrere Leistungen in der Weise geschuldet, dass nur die eine oder die andere zu bewirken ist. Dementsprechend werden bei der Wahlschuld von Anfang an mehrere zur Wahl gestellte Leistungen geschuldet, wobei bis zur Ausübung des Wahlrechts eine Erfüllung

---

92 *Habersack* in MüKo AktG, § 221 Rn. 226; *Lutter* in KK-AktG, § 221 Rn. 94; *Meyer*, BB 1955, 549; Schuhmann, Optionsanleihen, S. 65; *Wilker*, Kann das Umtauschrecht der Wandelschuldverschreibungsgläubiger durch Kapitalverwässerungen oder strukturelle Veränderungen der Gesellschaft wirtschaftlich beeinträchtigt werden?, S. 26.

93 *Berger* in Jauernig BGB, § 480 Rn. 1.

94 *Wilker*, Kann das Umtauschrecht der Wandelschuldverschreibungsgläubiger durch Kapitalverwässerungen oder strukturelle Veränderungen der Gesellschaft wirtschaftlich beeinträchtigt werden?, S. 26.

95 *Hueck* in Baumbach/Hueck/Hueck AktG, 13. Auflage 1968, Vorbem § 221 Rn. 5; *Schilling* in Großkomm. AktG, 3. Auflage, § 221 Rn. 1.

96 *Rasch*, Wandel- Schuldverschreibungen (Covertible Bonds) nach nordamerikanischem und deutschem Recht, S. 17.

aufgrund der Ungewissheit der Wahlrechtsausübung hinsichtlich einer der zur Wahl gestellten Leistungen nicht möglich ist.[97] Konträr hierzu besteht bei dem Wandlungsrecht aus der aktienrechtlichen Wandelanleihe zu keinem Zeitpunkt eine solche Ungewissheit, da sowohl bei Ausübung als auch bei Nichtausübung des Wandlungsrechts immer nur eine erfüllbare Leistung geschuldet wird:[98] bis zur Ausübung des Wandlungsrecht ist dies die Rückzahlung der Anleihesumme und im Falle der Ausübung des Wandlungsrechts ist dies der Abschluss eines Zeichnungsvertrags. Zudem entspricht die gesetzliche Ausgestaltung der Wahlschuld mit Gläubigerwahlrecht nicht den von den Parteien an das Wandlungsrecht aus der aktienrechtlichen Wandelanleihe zugrunde gelegten Anforderungen, da per Gesetz ein Übergang des Wahlrechts auf die Gesellschaft bei einer Verletzung der Obliegenheit gemäß §§ 263 Abs. 1, 264 Abs. 2, 130 BGB erfolgt.[99] Zuletzt ist diese Ansicht auch mit dem Anwendungsbereich von § 221 Abs. 1 S. 1 Var. 1 AktG inkompatibel, da neben der „klassischen" Wandelanleihe auch die „umgekehrte" Wandelanleihe sowie (bedingte) Pflichtwandelanleihen erfasst sind und somit nicht in jeder dieser Konstellationen ein Wahlrecht nur des Gläubigers vorliegt.

Folglich widersprechen die gesetzlichen Regelungen zur Wahlschuld mit Gläubigerwahlrecht der Funktionalität und Praktikabilität der aktienrechtlichen Wandelanleihe.

c) *Aufrechnung der Rückzahlungsforderung gegen die Einlageschuld*

Die Ausübung des Wandlungsrechts aus der aktienrechtlichen Wandelanleihe wird teilweise auch als eine Aufrechnungserklärung hinsichtlich der Rückzahlungsforderung aus der Anleihe gegen die Einlageforderung aus dem Zeichnungsvertrag gewertet.[100]

Allerdings gerät diese Konstruktion bereits mit der gesetzlichen Differenzierung in § 221 Abs. 1 S. 1 AktG zwischen der Wandelanleihe, welche ein Umtauschrecht in Aktien vorsieht, und der Optionsanleihe, welche ein Bezugsrecht auf Aktien

97 *Bittner* in Staudinger BGB, § 262 Rn. 11; *Krüger* in MüKo BGB, § 262 Rn. 2, 8 und 10.

98 *Kalisch*, JW 1925, 573, 574; *Wilker*, Kann das Umtauschrecht der Wandelschuldverschreibungsgläubiger durch Kapitalverwässerungen oder strukturelle Veränderungen der Gesellschaft wirtschaftlich beeinträchtigt werden?, S. 28.

99 *Lux*, Die Dogmatik des Umtausches von Wandelanleihen in Aktien, S. 111; *Wilker*, Kann das Umtauschrecht der Wandelschuldverschreibungsgläubiger durch Kapitalverwässerungen oder strukturelle Veränderungen der Gesellschaft wirtschaftlich beeinträchtigt werden?, S. 29.

100 *Georgakopoulos*, ZHR 120 (1957), 84, 132 und 134 mit weiteren Nachweisen.

vorsieht, in Konflikt.[101] Denn würde man das Wandlungsrecht als Aufrechnung hinsichtlich der Rückzahlungsforderung aus der Anleihe gegen die Einlageforderung aus dem Zeichnungsvertrag verstehen, dann bestünde kein Unterschied zur Optionsanleihe mit Verrechnungsabrede mehr.[102] Darüber hinaus ist das Begehren des Wandlungsberechtigten nicht nur auf die Tilgung einer Forderung, sondern auch auf die Umwandlung seines Fremdkapitals in Eigenkapital gerichtet.[103] Mithin verfolgt dieser ein weitergehendes Ziel, da er zugleich den Rechtsgrund des zugrunde liegenden Rechtsverhältnisses zur Gesellschaft ändert und Aktionär der Gesellschaft werden möchte.[104]

*d) Ersetzungsbefugnis (*facultas alternativa*)*

Das Wandlungsrecht aus der Wandelanleihe gemäß § 221 Abs. 1 S. 1 Var. 1 AktG stellt nach herrschender Meinung ein Gestaltungsrecht in Form einer Ersetzungsbefugnis dar (sog. „*facultas alternativa*").[105]

Die Ausübung des Wandlungsrechts geschieht durch Abgabe der beiden folgenden einseitig empfangsbedürftigen Willenserklärungen gegenüber der Gesellschaft mittels Bezugserklärung (vgl. §§ 198, 192 Abs. 5 AktG): Erstens übt der Wandlungsberechtigte sein ihm gesetzlich eingeräumtes Wahl- und

---

101 *Friel*, Wandelanleihen mit Pflichtwandlung, S. 122.

102 *Habersack* in MüKo AktG, § 221 Rn. 226 i.V.m. 34 f. und 238. Zur Abgrenzung von Wandel- und Optionsanleihe siehe oben § 3 A I. 1, S. 41 ff.

103 *Friel*, Wandelanleihen mit Pflichtwandlung, S. 122; *Lux*, Die Dogmatik des Umtausches von Wandelanleihen in Aktien, S. 110; *Wilker*, Kann das Umtauschrecht der Wandelschuldverschreibungsgläubiger durch Kapitalverwässerungen oder strukturelle Veränderungen der Gesellschaft wirtschaftlich beeinträchtigt werden?, S. 27.

104 *Friel*, Wandelanleihen mit Pflichtwandlung, S. 122; *Lux*, Die Dogmatik des Umtausches von Wandelanleihen in Aktien, S. 110; *Wilker*, Kann das Umtauschrecht der Wandelschuldverschreibungsgläubiger durch Kapitalverwässerungen oder strukturelle Veränderungen der Gesellschaft wirtschaftlich beeinträchtigt werden?, S. 27.

105 *Friel*, Wandelanleihen mit Pflichtwandlung, S. 123; *Fuchs* in MüKo AktG, § 194 Rn. 5; *Groß* in Marsch-Barner/Schäfer, § 44 Rn. 42; *Habersack* in MüKo AktG, § 221 Rn. 30 und 226; *Habersack in FS Nobbe, 539, 548; Haberstock/Greitemann* in Hölters AktG, § 221 Rn. 10; *Hirte* in Großkomm. AktG, § 221 Rn. 207; *Holland/Goslar*, NZG 2006, 892, 895; *Hueck* in Baumbach/Hueck/Hueck AktG, 13. Auflage 1968, Vorbem § 221 Rn. 5; Hueck, DB 1963, 1347; *Hüffer/Koch AktG*, § 221 Rn. 4; *Lutter* in KK-AktG, § 194 Rn. 3 und § 221 Rn. 94; *Lutter*, Kapital, Sicherung der Kapitalaufbringung und Kapitalerhaltung in den Aktien- und GmbH-Rechten der EWG, S. 168; *Meyer*, BB 1955, 549; *Merkt* in K. Schmidt/Lutter AktG, § 221 Rn. 26; *Rusch*, Die Wandelschuldverschreibung, S. 44 f. und 67; *Schumann*, Optionsanleihen, S. 31; *Schilling* in Großkomm. AktG, 3. Auflage, § 221 Rn. 1; *Singhof* in FS Hoffmann-Becking, 1163, 1165.

Gestaltungsrecht dahingehend aus, dass er statt Rückzahlung der Anleihesumme nunmehr Aktien begehrt.[106] Der Wandlungsberechtigte ersetzt hiermit den Rückzahlungsanspruch aus der Wandelanleihe durch einen Anspruch auf Abschluss eines Zeichnungsvertrags bezogen auf die noch auszugebenden jungen Aktien an der Gesellschaft.[107] Dies hat gleichfalls zur Folge, dass der Rechtsgrund des zugrunde liegenden Rechtsverhältnisses von dem Rechtsverhältnis der Anleihe zu einem Rechtsverhältnis zur Verschaffung der Mitgliedschaft an der Gesellschaft geändert wird.[108] Zudem hat dies auch eine Umwidmung mit Wirkung für die Zukunft[109] der ursprünglichen Barzahlung auf die Anleihe des Anleihegläubigers an die Gesellschaft in eine Einlageleistung des (zukünftigen) Aktionärs zur Folge.[110] Eine selbstständige Einlageschuld auf die noch auszugebenden Aktien kann damit zu keinem Zeitpunkt entstehen.[111] Zweitens wird mit der Gestaltungserklärung konkludent noch eine Willenserklärung des Wandlungsberechtigten auf Abschluss eines Zeichnungsvertrages abgegeben, wobei diese je nach Ausgestaltung der Anleihebedingungen entweder die Angebots- oder aber die Annahmeerklärung darstellt.[112] In dem aufgrund der detailliert geregelten Wandlungsbestimmungen in der Wandelanleihe[113] atypischen Fall der Abgabe einer Angebotserklärung bedarf es noch der Annahmeerklärung seitens der Gesellschaft, auf welche jedoch ein Anspruch aus dem zugrunde liegenden

---

106 *Habersack* in MüKo AktG, § 221 Rn. 225; *Merkt* in K. Schmidt/Lutter AktG, § 221 Rn. 26 f.

107 *Hüffer/Koch* AktG, § 221 Rn. 4 f.; *Lutter* in KK-AktG, § 221 Rn. 94; *Merkt* in K. Schmidt/Lutter AktG, § 221 Rn. 26; wobei der Anspruch auf Abschluss eines Zeichnungvertrags dogmatisch mit einem vertraglich eingeräumten Bezugsrecht gleichzusetzen ist.

108 *Habersack* in MüKo AktG, § 221 Rn. 226; *Hirte* in Großkomm. AktG, § 221 Rn. 209; *Merkt* in K. Schmidt/Lutter AktG, § 221 Rn. 26.

109 *Habersack* in MüKo AktG, § 221 Rn. 227 und 230; *Habersack* in FS Nobbe, 539, 548; *Kalisch*, JW 1925, 573, 575; *Merkt* in K. Schmidt/Lutter AktG, § 221 Rn. 26; *Singhof* in FS Hoffmann-Becking, 1163, 1165; a.A. *Fuchs* in MüKo AktG, § 194 Rn. 7; *Lutter* in KK-AktG, § 194 Rn. 3; *Wehrhahn*, Finanzierungsinstrumente mit Aktienerwerbsrechten, S. 115.

110 *Habersack* in MüKo AktG, § 221 Rn. 225 und 230.

111 *Habersack* in MüKo AktG, § 221 Rn. 30; *Merkt* in K. Schmidt/Lutter AktG, § 221 Rn. 25.

112 *Habersack* in MüKo AktG, § 221 Rn. 225. Zur Differenzierung zwischen den unterschiedlichen Gestaltungsmöglichkeiten des Wandlungsrechts als Bezugsrecht und Festofferte (sogar Optionsrecht) vgl. *Frey* in Großkomm. AktG, § 192 Rn. 37 ff.

113 *Lux*, Die Dogmatik des Umtausches von Wandelanleihen in Aktien, S. 103 und 258.

Rechtsverhältnis zur Verschaffung der Mitgliedschaft besteht.[114] Das eigentliche Ziel bei Ausübung des Wandlungsrechts – nämlich die Mitgliedschaft in der Gesellschaft – erlangt der Wandlungsberechtigte im Falle der Ausnutzung eines zu diesem Zwecke geschaffenen bedingten Kapitals erst mit Aushändigung der Aktie gemäß § 200 AktG und im Falle einer ordentlichen oder genehmigten Kapitalerhöhung erst mit deren Durchführung und Eintragung im Handelsregister gemäß § 189 (i.V.m. § 203 Abs. 1 S. 1) AktG.[115]

Aufgrund des durch Gestaltungsrecht zugleich geänderten Rechtsverhältnisses und der umgewidmeten Barzahlung auf die Anleihe in eine Einlageleistung wird in Teilen der Literatur auch von einer „Causaänderung kraft Gestaltungsrecht" gesprochen,[116] wobei dies aus noch darzulegenden Gründen keinen Wertungswiderspruch zu der hiesig dargestellten Ansicht der Ersetzungsbefugnis darstellen muss.[117]

e) Bezugsrecht mit gesetzlicher Tilgungsabrede

Eine neuere Ansicht im Schrifttum sieht in dem Wandlungsrecht aus der aktienrechtlichen Wandelanleihe eine Kombination aus einem Bezugsrecht im Sinne der Optionsanleihe gemäß § 221 Abs. 1 S. 1 Var. 2 AktG und einem vertraglich eingeräumten Recht zur Änderung des Rechtsgrunds des zugrunde liegenden Rechtsverhältnisses der Anleihe, welches im Falle der Ausübung eine Tilgung der Einlageschuld durch die ursprüngliche Zahlung auf die Anleihe aufgrund einer gesetzlich geregelten Form der Tilgungsabrede bewirke.[118]

f) Stellungnahme

Nach dem Wortlaut des § 221 Abs. 1 S. 1 Var. 1 AktG gewährt die aktienrechtliche Wandelanleihe dem Wandlungsberechtigten ein gesetzliches Umtauschrecht in Aktien. Somit ist für die Stellung des Wandlungsberechtigten dessen Möglichkeit zur Änderung der schuldrechtlichen Gläubigerstellung in eine

---

114 *Merkt* in K. Schmidt/Lutter AktG, § 221 Rn. 27.

115 *Habersack* in MüKo AktG, § 221 Rn. 227; *Hirte* in Großkomm. AktG, § 221 Rn. 209.

116 *Kalisch*, JW 1925, 573, 574 f.; *Lux*, Die Dogmatik des Umtausches von Wandelanleihen in Aktien, S. 112; *Wilker*, Kann das Umtauschrecht der Wandel-schuldverschreibungsgläubiger durch Kapitalverwässerungen oder strukturelle Veränderungen der Gesellschaft wirtschaftlich beeinträchtigt werden?, S. 29 f.

117 Siehe unten § 3 A I. 2. f), S. 47.

118 *Broichhausen*, Zusammengesetzte Finanzierungsinstrumente der Aktiengesellschaft, S. 53 ff.; ähnliche Konstruktion insb. in Bezug auf die vertragliche Rechtsgrundänderung auch *Frey* in Großkomm. AktG, § 194 Rn. 45 ff.

mitgliedschaftliche Stellung als Aktionär der Gesellschaft kennzeichnend. Die Möglichkeit der Umwandlung des Fremdkapitals in Eigenkapital durch Ausübung des gesetzlich eingeräumten einseitigen Gestaltungsrechts samt dessen reflexartigen Folgen auf das zugrunde liegenden Rechtsverhältnisses des Gläubigers zur Gesellschaft stellt einen für die aktienrechtliche Wandelanleihe typischen Schwebezustand dar.

Juristisch kann dieses Konstrukt des Wandlungsrechts aus der aktienrechtlichen Wandelanleihe grundsätzlich durch die nicht kodifizierte Rechtsfigur der Ersetzungsbefugnis (*facultas alternativa*) umgesetzt werden. Diese stellt ein gesetzlich oder vertraglich eingeräumtes Gestaltungsrecht des Gläubigers oder des Schuldners zur inhaltlichen Änderung eines bestehenden Schuldverhältnisses dergestalt dar, dass hierdurch eine geschuldete Leistung durch eine andere Leistung an Erfüllung statt ersetzt wird.[119] Angewandt berechtigt das Konstrukt des Wandlungsrechts aus der aktienrechtlichen Wandelanleihe den Wandlungsberechtigten, den Anspruch auf Rückzahlung der Anleihesumme aus der Anleihe durch den Anspruch auf den Abschluss eines Zeichnungsvertrags zu ersetzen. Der herrschenden Meinung von der Ersetzungsbefugnis ist folglich dem Grunde nach zuzustimmen.[120]

Gleichwohl wird zu Recht in Teilen des Schrifttums hiergegen der Einwand erhoben, dass das Konstrukt des Wandlungsrechts aus der aktienrechtlichen Wandelanleihe wegen seinen Rechtswirkungen umfangreicher als die Rechtsfigur der Ersetzungsbefugnis ausgestaltet sei.[121] Nicht nur die geschuldete Leistung, sondern auch das zugrunde liegende Rechtsverhältnis werde ersetzt.[122] Fälschlicherweise wird hierbei in der Literatur teilweise angeführt, dass die schuldrechtliche Wandelanleihe dabei unmittelbar in einen korporationsrechtlichen Zeichnungsvertrag statt in einen schuldrechtlichen Vorvertrag geändert wird.[123] Insbesondere wegen dieser zusätzlichen Rechtsfolge von der Änderung des Rechtsgrundes des zugrunde liegenden Rechtsverhältnisses wird in Teilen der Literatur eine hierfür neu geschaffene Rechtsfigur der sogenannten

---

119 *Grüneberg* in Palandt, § 262 Rn. 7 f.; *Krüger* in MüKo BGB, § 262 Rn. 8; *Stadler* in Jauernig BGB, § 262 Rn. 5.

120 Siehe oben § 3 A I. 2. d) S. 45.

121 *Broichhausen*, Zusammengesetzte Finanzierungsinstrumente der Aktiengesellschaft, S. 56; *Lux*, Die Dogmatik des Umtausches von Wandelanleihen in Aktien, S. 112.

122 *Broichhausen*, Zusammengesetzte Finanzierungsinstrumente der Aktiengesellschaft, S. 56; *Lux*, Die Dogmatik des Umtausches von Wandelanleihen in Aktien, S. 112.

123 *Broichhausen*, Zusammengesetzte Finanzierungsinstrumente der Aktiengesellschaft, S. 56; *Frey* in Großkomm. AktG, § 194 Rn. 48.

„Causaänderung durch Gestaltungsrecht" bemüht.[124] In der Tat erfolgt eine Rechtsgrundänderung des zugrunde liegenden Rechtsverhältnisses zwischen der Gesellschaft und dem Wandlungsberechtigten durch die Ausübung eines Gestaltungsrechts in Form der Ersetzungsbefugnis. Allerdings bedarf es nicht sogleich rechtsschöpfend einer vollständig neuen Rechtsfigur. Denn das Fehlen einer Rechtsgrundänderung stellt kein negatives Tatbestandmerkmal der gleichfalls nicht kodifizierten Rechtsfigur der Ersetzungsbefugnis dar.[125] Vielmehr ist es ausreichend, das Wandlungsrecht aus der aktienrechtlichen Wandelanleihe als eine *atypische* Ersetzungsbefugnis einzuordnen, deren Atypik gerade in der zusätzlichen Rechtgrundänderung des schuldrechtlichen Rechtsverhältnisses samt der diesbezüglich reflexartigen Umwidmung der ursprünglich geleisteten Zahlung auf die Anleihe als Einlagenleistung zu sehen ist. Es könnte somit auch von einer Ersetzungsbefugnis mit erweiterten Rechtswirkungen gesprochen werden. Einschränkend muss allerdings bedacht werden, dass diese Rechtsgrundänderung bereits von Anfang an in der Wandelanleihe angelegt ist und deshalb von Anfang an ein einheitliches Schuldverhältnis mit zwei Rechtsgründen vorliegt. Im Ergebnis wird diese juristische Konstruktion, als Sonderfall der Rechtsfigur der Ersetzungsbefugnis, inhaltlich dem eingangs erläuterten typischen Schwebezustand der aktienrechtlichen Wandelanleihe am besten gerecht. Dieser ist folglich zuzustimmen.

Hingegen wird die Ansicht vom Bezugsrecht mit gesetzlicher Tilgungsabrede diesem besonderen Konstrukt des Wandlungsrecht aus der aktienrechtlichen Wandelanleihe bereits deshalb nicht gerecht, weil diese von einer vertraglichen Form der Änderung des zugrundeliegenden Rechtsverhältnis und somit auch der vertraglichen Form der Umwidmung der geleisteten Zahlung auf die Anleihe in eine Einlageleistung ausgeht.[126] Zwar bedarf es wie bei jedem Finanzierungsinstruments des vertraglichen Abschlusses eines Wandeldarlehensvertrags

---

124 *Kalisch*, JW 1925, 573, 574 f.; *Lux*, Die Dogmatik des Umtausches von Wandelanleihen in Aktien, S. 112; *Wilker*, Kann das Umtauschrecht der Wandelschuldverschreibungsgläubiger durch Kapitalverwässerungen oder strukturelle Veränderungen der Gesellschaft wirtschaftlich beeinträchtigt werden?, S. 29 f.

125 A.A. *Broichhausen*, Zusammengesetzte Finanzierungsinstrumente der Aktiengesellschaft, S. 56; allg. zu den Voraussetzungen der Ersetzungsbefugnis vgl. *Bittner* in Staudinger BGB, § 262 Rn. 11 ff.; *Forster* in Soergel BGB, § 362 Rn. 15 ff.; *Grüneberg* in Palandt, § 262 Rn. 7 f.; *Krüger* in MüKo BGB, § 262 Rn. 8 ff.; *Stadler* in Jauernig BGB, § 262 Rn. 5 ff.

126 Im Ergebnis auch *Lux*, Die Dogmatik des Umtausches von Wandelanleihen in Aktien, S. 112 f.

zwischen dem Dritten und der Gesellschaft. Allerdings handelt es sich bei dem Wandlungsrecht aus der aktienrechtlichen Wandelanleihe um ein gesetzlich und nicht vertraglich eingeräumtes Gestaltungsrecht, dessen Rechtsfolgen somit auch gesetzlicher und nicht vertraglicher Natur sind. Soweit die Rechtsfolgen zumindest teilweise abweichend gestaltet oder vertraglich nachgebildet werden, handelt es sich damit nicht mehr um eine aktienrechtliche Wandelanleihe gemäß § 221 Abs. 1 S. 1 Var. 1 AktG mit seinen besonderen gesetzlichen Rechtsfolgen.[127]

g) Zwischenergebnis

Die Rechtsnatur des Wandlungsrechts der aktienrechtlichen Wandelanleihe stellt eine atypische Ausprägung der Ersetzungsbefugnis (*facultas alternativa*) dergestalt dar, dass neben der Ersetzung der geschuldeten Leistung auch eine Änderung des Rechtsgrunds des zugrunde liegenden Rechtsverhältnisses samt einer Umwidmung des ursprünglich in bar geleisteten Betrags auf die Anleihe von Gesetzes wegen vorliegt. Begrifflich könnte deshalb auch von einer Ersetzungsbefugnis mit erweiterten Rechtswirkungen gesprochen werden.

3. Absicherung des Wandlungsrechts

Die Ausübung des Wandlungsrechts aus der aktienrechtlichen Wandelanleihe begründet einen Anspruch des Wandlungsberechtigten auf Abschluss eines Zeichnungsvertrags gegenüber der Gesellschaft, welcher wiederum eine Verpflichtung zur Aushändigung von Aktien zu Gunsten des Wandlungsberechtigten beinhaltet.[128] Problematisch ist hierbei, dass die Hauptversammlung nicht zu einem Kapitalerhöhungsbeschluss zur Schaffung von jungen Aktien gezwungen werden kann.[129] Selbst im Falle der Durchführung einer Kapitalerhöhung ist das gesetzliche Bezugsrecht der derzeitigen Aktionäre gemäß 186 Abs. 1 S. 1 AktG gegenüber dem rechtsgeschäftlichen Bezugsrecht der Wandlungsberechtigten aus der Wandelanleihe vorrangig.[130] Vor diesem Hintergrund und in Anbetracht eines etwaigen Schadensersatzanspruchs wegen Nichterfüllung des Wandlungsrechts gegenüber der Gesellschaft bedarf es einer rechtlichen Absicherung des

---

127 A.A. *Wehrhahn*, Finanzierungsinstrumente mit Aktienerwerbsrechten, S. 115, welcher fälschlicherweise aufgrund der Vertragsfreiheit das Wandlungsrecht aus der aktienrechtlichen Wandelanleihe samt dessen typischer Rechtswirkungen mittels vielfältiger zivilrechtlichen Rechtsfiguren als gestaltbar ansieht.

128 Siehe oben § 3 A I. 2. d), S. 45 ff.

129 *Habersack* in MüKo AktG, § 221 Rn. 214.

130 *Habersack* in MüKo AktG, § 221 Rn. 214.

Wandlungsrechts, selbst wenn diesbezüglich keine Verpflichtung besteht.[131] Die Praxis greift hierfür regelmäßig auf die, bereits gesetzlich präferierte, Variante der Schaffung eines bedingten Kapitals zurück. Alternativ kann eine Absicherung auch durch die Schaffung eines genehmigten Kapitals oder mittels anderer Hilfskonstruktionen erfolgen.

a) Bedingtes Kapital

Gemäß § 192 Abs. 1, Abs. 2 Nr. 1 AktG kann zum Zwecke der Gewährung eines Wandlungsrechts aus Wandelschuldverschreibungen ein bedingtes Kapital gemäß §§ 192 ff. AktG geschaffen werden. Die Besonderheit des bedingten Kapitals liegt in dessen zweckgebundener und bedarfsorientierter Handhabung. Das bedingte Kapital steht dem Vorstand der Aktiengesellschaft bereits nach Fassung des satzungsändernden Beschlusses der Hauptversammlung und dessen Eintragung im Handelsregister zur Ausgabe zur Verfügung. Allerdings ist die Durchführung der Kapitalerhöhung noch durch die Inanspruchnahme eines Wandlungs- beziehungsweise eines Bezugsrechts bedingt.[132]

Die bedingte Kapitalerhöhung hat im Vergleich zum genehmigten Kapital und im Vergleich zur ordentlichen Kapitalerhöhung wesentliche Vorteile in Bezug auf die Absicherung des Wandlungsrechts. Zunächst gibt es bei der bedingten Kapitalerhöhung kein gesetzliches Bezugsrecht der Altaktionäre, sodass auch kein zusätzlicher, dem Risiko der Anfechtbarkeit ausgesetzter Hauptversammlungsbeschluss über den Bezugsrechtsausschluss der Altaktionäre samt dessen Rechtfertigung durch das Vorliegen eines sachlichen Grundes erforderlich ist.[133] Weiterhin wird das bedingte Kapital bei noch ausstehenden Wandlungs- oder Bezugsrechten vor gegenläufigen Hauptversammlungsbeschlüssen gemäß § 192 Abs. 4 AktG geschützt. Auch gibt es keine zeitliche Beschränkung zur Ausnutzung des bedingten Kapitals vergleichbar zu § 202 Abs. 1 AktG. Zudem ist gemäß § 200 AktG das Grundkapital bereits mit der Ausgabe der Bezugsaktien und nicht erst mit der (deklaratorischen) Handelsregistereintragung gemäß § 201 Abs. 1 AktG erhöht.

---

131 Zum Schadensersatzanspruch vgl. *Habersack* in MüKo AktG, § 221 Rn. 214; zum Fehlen einer Absicherungspflicht vgl. *Habersack* in MüKo AktG, § 221 (Rn. 213) Fn. 621, und *Lutter* in KK-AktG, § 187 Rn. 21 i.V.m Rn. 16 ff.

132 Zur Funktionsweise des bedingten Kapitals vgl. *Hüffer/Koch AktG*, § 192 Rn. 2.

133 *Schürnbrand* in MüKo AktG, § 187 Rn. 3.

Folgerichtig stellt es nicht nur die vom Aktiengesetz präferierte, sondern zudem auch die beste Absicherungsmöglichkeit des Wandlungsrechts aus der aktienrechtlichen Wandelanleihe dar.[134]

b) Genehmigtes Kapital

Möglich ist weiterhin die Absicherung des Wandlungsrechts aus der aktienrechtlichen Wandelanleihe durch die Schaffung eines genehmigten Kapitals gemäß §§ 202 ff. AktG. Allerdings wird diese Alternative aufgrund der damit einhergehenden Nachteile regelmäßig nur dann gewählt, wenn die Schaffung eines bedingten Kapitals, insbesondere aufgrund dessen restriktiven gesetzlichen Voraussetzungen, nicht in Betracht kommt.[135]

c) Sonstige atypische Hilfskonstruktionen

In Ausnahmefällen kommt zur Absicherung des Wandlungsrechts aus der aktienrechtlichen Wandelanleihe beispielsweise auch die Einschaltung eines Treuhänders oder die Vereinbarung von Stimmbindungsverträgen mit sämtlichen Gesellschaftern im Hinblick auf die Durchführung einer Kapitalerhöhung und der diesbezüglichen (ausschließlichen) Zulassung des Begünstigten in Betracht.[136]

4. Art der Kapitalerhöhung

Dogmatisch nicht unproblematisch ist auch die Feststellung, dass die im Zuge der Ausübung des Wandlungsrechts aus der aktienrechtlichen Wandelanleihe neu geschaffenen jungen Aktien aus einer Barkapitalerhöhung und nicht einer Sachkapitalerhöhung stammen. Dieses Ergebnis ist unmittelbar mit der Rechtsnatur des Wandlungsrechts aus der aktienrechtlichen Wandelanleihe verbunden.

Gemäß § 27 Abs. 1 S. 1 Alt. 1 AktG wird die Sacheinlage negativ zur Bareinlage abgegrenzt und als Einlage, die nicht durch Einzahlung des Ausgabebetrags der Aktien zu leisten ist, legaldefiniert. Dementsprechend stellt auch die Hingabe einer Forderung eine Sacheinlage dar, hinsichtlich welcher die strengen

---

134 Der Anwendungsbereich von § 192 Abs. 2 Nr. 1 AktG umfasst aufgrund einer schutzzweckorientierten Auslegung sämtliche auf den Aktienerwerb ausgelegte Finanzierungsinstrumente des § 221 AktG; *Habersack* in MüKo AktG, § 221 Rn. 216 und 20.

135 *Habersack* in MüKo AktG, § 221 Rn. 219; *Holland/Goslar*, NZG 2006, 892, 892 ff.

136 Zu sonstigen Hilfskonstruktionen der Absicherung des Wandlungsrechts aus der aktienrechtlichen Wandelanleihe vgl. *Habersack* in MüKo AktG, § 221 Rn. 220 ff.; zu den im Wesentlichen vergleichbaren Konstruktionen im GmbH-Recht siehe unten § 3 A II. 3, S. 58.

Regelungen über die Sachkapitalerhöhung zur Wahrung des Grundsatzes der effektiven Kapitalaufbringung zu beachten sind.[137] Dies dem Grunde nach auf die aktienrechtliche Wandelanleihe angewandt, wäre eigentlich auch die Hingabe der Rückzahlungsforderung aus der Wandelanleihe zur Einzahlung des Ausgabebetrags der jungen Aktien im Rahmen des Wandlungsvorgangs als eine Sachkapitalerhöhung zu qualifizieren. Unter dieser Prämisse müsste dann insbesondere auch die Werthaltigkeit der Rückzahlungsforderung im Zeitpunkt der Wandlung und nicht bereits im Zeitpunkt der Ausgabe der Anleihe durch ein Wertgutachten bewertet werden.

Allerdings wird diese Einordnung als Sachkapitalerhöhung der Rechtsnatur des Wandlungsrechts aus der aktienrechtlichen Wandelanleihe nicht gerecht. Wie bereits dargestellt, stellt das Wandlungsrecht aus der aktienrechtlichen Wandelanleihe eine atypische Ersetzungsbefugnis dar.[138] Mit Ausübung des Wandlungsrechts wird der Rückzahlungsanspruch aus der Wandelanleihe durch einen Anspruch auf Abschluss eines Zeichnungsvertrags ersetzt und der Rechtsgrund des zugrunde liegende Rechtsverhältnisses geändert. Im Zuge dessen wird auch die ursprüngliche Barzahlung auf die Anleihe in eine Bareinlage auf die jungen Aktien umgewidmet. Dies bedeutet, dass der Aktienbezugsberechtigte bereits eine Barzahlung auf die aufgrund des geschlossenen Zeichnungsvertrags auszugebenden jungen Aktien geleistet hat. Auf den Punkt bringt es der von *Lutter* angestrengte Gedanke von der Beibehaltung des ursprünglichen Charakters der geleisteten Barzahlung auf die Schuldverschreibung: „Geld wurde damals gegeben und wird jetzt weiterhin als Geld gewertet."[139] Der Grundsatz der effektiven Kapitalaufbringung gilt von Gesetzes wegen als eingehalten. Konsequenterweise bedarf es dann auch keiner Werthaltigkeitsprüfung der Rückzahlungsforderung im Zeitpunkt der Wandlung mehr, da der ursprünglich auf die Anleihe gezahlte Geldbetrag maßgeblich ist. Im Ergebnis liegen damit eine Bar- und keine Sacheinlage beziehungsweise eine Bar- und keine Sachkapitalerhöhung vor.

Bestätigt wird dieses Ergebnis im Rahmen der bedingten Kapitalerhöhung durch die diesbezügliche Regelung gemäß § 194 Abs. 1 S. 2 AktG, wonach der Umtausch von Schuldverschreibungen gegen Bezugsaktien explizit nicht als Sacheinlage gilt. Zweck dieser Ausnahmeregelung zu den Sacheinlagevorschriften ist die Sicherstellung der Praxistauglichkeit und Funktionsfähigkeit der Wandelanleihe samt deren Wandlungsrecht sowie die damit einhergehenden

---

137 Zur Sacheinlagenprüfung vgl. insb. § 183 Abs. 3 AktG und § 194 Abs. 4 S. 1 AktG.

138 Siehe oben § 3 A I. 2, S. 42 ff.

139 *Lutter* in KK-AktG, § 194 Rn. 4. Zustimmend auch *Busch* in Marsch-Barner/Schäfer, § 44 Rn. 41, und Schuhmann, Optionsanleihen, S. 66 f.

Erleichterung der Fremdkapitalaufnahme.[140] Dabei misst die herrschende Meinung im Schrifttum dem Regelungsgehalt von § 194 Abs. 1 S. 2 AktG aufgrund der Rechtnatur des Wandlungsrechts aus der aktienrechtlichen Wandelanleihe und der hieraus zwingend abgeleiteten Barkapitaleinlage richtigerweise keinen konstitutiven, sondern nur einen deklaratorischen Regelungsgehalt zu.[141] Ferner wird das Ergebnis der Bareinlage auch durch § 199 Abs. 2 AktG bestätigt, da hiernach im Rahmen der bedingten Kapitalerhöhung der Ausgabebetrag der Wandelanleihe maßgeblich ist. Dabei entspricht der Ausgabebetrag dem Bargeldbetrag, der ursprünglich an die Gesellschaft aufgrund des Anleiheverhältnisses gezahlt wurde.[142]

II. Das Wandeldarlehen im GmbH-Recht

Die Konstruktion eines Wandeldarlehens im GmbH-Recht gestaltet sich ungleich schwieriger als im Aktienrecht, da im GmbH-Recht keine explizit auf ein Wandeldarlehen zugeschnittenen Vorschriften existieren. Dies gilt sowohl im Hinblick auf eine Norm vergleichbar mit § 221 AktG als auch im Hinblick auf Normen entsprechend §§ 192 ff. AktG. Nichtsdestotrotz ist die grundsätzliche Existenz einer Wandelanleihe, respektive eines Wandeldarlehens, auch im GmbH-Recht anerkannt.[143] Im Ergebnis wird daher in der Literatur versucht, die Rechtslage zur aktienrechtlichen Wandelanleihe mittels verschiedener Hilfskonstruktionen schuldrechtlich nachzubilden.[144]

---

140 *Fuchs* in MüKo AktG, § 194 Rn. 1 und 7; *Frey* in Großkomm. AktG, § 194 Rn. 27; *Rieckers* in Spindler/Stilz AktG, § 194 Rn. 1.

141 *Habersack* in MüKo AktG, § 221 Rn. 230; *Hirte* in Großkomm. AktG, § 221 Rn. 215; *Holland/Goslar*, NZG 2006, 892, 895; *Merkt* in K. Schmidt/Lutter AktG, § 221 Rn. 28; a.A. im Sinne einer gesetzlichen Fiktion vgl. *Busch* in Marsch-Barner/Schäfer, § 44 Rn. 39 mit weiteren Nachweisen; zur ausnahmsweise konstitutiven Rechtswirkung bei Optionsanleihen mit Inzahlungnahme der Anleihen bzw. Optionsanleihen zur Verrechnung siehe unten § 3 B I. 2, S. 82 ff.

142 *Fuchs* in MüKo AktG, § 199 Rn. 18.

143 *Boesebeck*, GmbH-Rdsch. 1962, 2 ff.; *v. Einem/Schmid* in Achleitner/v. Einem/v. Schröder, S. 162; *Fox/Hüttche/Lechner*, GmbHR 2000, 521, 534; *Habersack* in MüKo AktG, § 221 Rn. 8; *Helmreich*, GWR 2011, 561, 562; *Maidl*, NZG 2006, 778 ff.; *Milch*, BB 2016, 1538 ff.; *Seibt* in Beck'sches Formularbuch M&A, F.V.1 Anm. 5; *Weitnauer*, Handbuch Venture Capital, Teil D Rn. 91; *Witteler*, Wandeldarlehen bei der GmbH, S. 1 ff.

144 *Boesebeck*, GmbH-Rdsch. 1962, 2 ff.; *Maidl*, NZG 2006, 778 ff.; *Milch*, BB 2016, 1538 ff.; *Weitnauer*, Handbuch Venture Capital, Teil D Rn. 91 ff., Teil F Rn. 304 ff. und Anh. X; *Witteler*, Wandeldarlehen bei der GmbH, S. 35 ff.

1. Begriff des Wandeldarlehens

Der Begriff des GmbH-rechtlichen Wandeldarlehens wird in der juristischen Literatur inhaltlich regelmäßig mit demjenigen der aktienrechtlichen Wandelanleihe gleichgestellt und soll dabei durch die Verwendung des Begriffs Darlehen nur auf die Verwendung des Finanzierungsinstruments im Rahmen des GmbH-Rechts statt im Aktienrecht hinweisen.[145] Trotz dieser teilweise synonymen Verwendung des Begriffs ist zu beachten, dass bereits ein juristischer Unterschied zwischen den jeweiligen Basiselementen des GmbH-rechtlichen Wandeldarlehens und der aktienrechtlicher Wandelanleihe – einerseits ein Darlehensvertrag gemäß §§ 488 ff. BGB und andererseits eine Schuldverschreibung gemäß §§ 793 ff. BGB – besteht.[146]

2. Konstruktion des Wandeldarlehens

Vergleichbar zu der Konstruktion der aktienrechtlichen Wandelanleihe kann auch bei dem GmbH-rechtlichen Wandeldarlehen zwischen den zwei Hauptteilen des Finanzierungsinstruments bestehend aus einem Darlehen und einem Wandlungsrecht unterschieden werden.

a) Darlehensvertrag

Wie bereits einleitend in § 2 B I dargestellt,[147] dient als Basis des Finanzierungsinstruments ein Darlehensvertrag gemäß §§ 488 ff. BGB, in welchem das Rechtsverhältnis zwischen der kreditnehmenden Gesellschaft und dem Darlehensgeber geregelt wird.

b) Wandlungsrecht

Die Besonderheit des GmbH-rechtlichen Wandeldarlehens liegt indes in dessen Wandlungsrecht. Funktional geht es bei diesem – wie auch bei dem Wandlungsrecht aus der aktienrechtlichen Wandelanleihe –[148] um die Einräumung

---

145 Zur Differenzierung des Begriffs anhand der unterschiedlichen Kapitalgesellschaftsrechte explizit *Witteler*, welcher allerdings irritierenderweise das GmbH-rechtliche Wandeldarlehen inhaltlich mit dem Oberbegriff der aktienrechtlichen Wandelschuldverschreibung gleichsetzt; *Witteler*, Wandeldarlehen bei der GmbH, S. 6. Implizite Begriffsverwendung vgl. *Boesebeck*, GmbH-Rdsch. 1962, 1 ff.; *Maidl*, NZG 2006, 778 ff.; *Klingberg* in FS Westermann, 1087, 1108 ff.; *Seibt* in Scholz GmbHG, § 14 Rn. 83.

146 Siehe oben § 3 A I. 1, S. 41 f., und unten § 4 C I. 2. a), S. 110 f.

147 Siehe oben § 2 B I, S. 32 f.

148 Siehe oben § 3 A I. 1, S. 41 ff.

der Mitgliedschaft zu Gunsten des Kreditgebers durch Umtausch von dessen Fremdkapital in Eigenkapital. Durch die Ausübung des Wandlungsrechts aus dem GmbH-rechtlichen Wandeldarlehen soll die schuldrechtliche Stellung des Kreditgebers als Gläubiger der Gesellschaft vollständig durch eine, dem Darlehensbetrag wertmäßig entsprechende, mitgliedschaftliche Beteiligung an der Gesellschaft ersetzt werden. Im Unterschied zu der gesetzlichen Konstruktion des Wandlungsrechts aus der aktienrechtlichen Wandelanleihe soll nach der bislang unangefochtenen Meinung im Schrifttum das Wandlungsrecht aus dem GmbH-rechtlichen Wandeldarlehen eine Gestaltungsform eines sogenannten „Equity Kickers" darstellen.[149] Aber welches juristische Konstrukt verbirgt sich hinter diesem englischen Begriff?

Unter einem Equity Kicker wird in der Literatur ein zusätzlicher Baustein für ein Mezzanine-Finanzierungsinstrument verstanden, welcher dem Begünstigten schuldrechtlich die Möglichkeit zum Erwerb einer gesellschaftsrechtlichen Beteiligung an der Gesellschaft und hierdurch auch die Teilhabe am Wertzuwachs der Gesellschaft einräumt.[150] Dabei kann der Equity Kicker entweder durch ein Wandlungsrecht in Geschäftsanteile oder durch ein Optionsrecht auf Geschäftsanteile strukturiert werden.[151] Üblicherweise wird der Wandlungs- beziehungsweise Ausübungspreis im Zeitpunkt des Vertragsabschlusses bereits festgelegt, sodass der Kreditgeber im späteren Zeitpunkt der Ausübung des Equity Kickers an einem zwischenzeitlichen Wertzuwachs der Gesellschaft teilhaben und

---

149 *v. Alvensleben* in Häger/Elkemann-Reusch, Rn. 734; *Bock*, DStR 2005, 1067, 1068; *Hofert/Arends*, GmbHR 2005, 1381, 1383; *Möllmann/Möllmann*, BWNotZ 2013, S. 86; *Seibt* in Beck'sches Formularbuch M&A, F.V.1 Anm. 5; *Weitnauer*, Handbuch Venture Capital, Teil F Rn. 304. Im Ergebnis derart wohl auch: *Ganter*, WM 2011, 1585, 1587; *Golland/Gehlhaar/Grossmann/Eickhoff-Kley/Jänisch*, BB Special 4/2005, 1, 18; *Klingberg* in FS Westermann, 1087, 1110; *Schönhaar*, GWR 2016, 6, 6 f. Widersprüchlich und dennoch im Ergebnis wohl zustimmend *Witteler*, welcher nach heutigem Verständnis dieselbe Rechtsnatur des Wandlungsrechts bei der aktienrechtlichen Wandelanleihe und dem GmbH-rechtlichen Wandeldarlehen annimmt, aber zugleich die Atypik der Ersetzungsbefugnis beim Konstrukt des Wandlungsrechts aus der aktienrechtlichen Wandelanleihe negiert und diese mittels schuldrechtlicher Hilfskonstruktionen bei gleichzeitiger Annahme einer Sachkapitalerhöhung nachbildet; vgl. *Witteler*, Wandeldarlehen bei der GmbH, S. 55 ff. i.V.m. S. 22 f. Zum gesetzlichen Konstrukt des Wandlungsrechts aus der aktienrechtlichen Wandelanleihe siehe oben § 3 A I. 2, S. 42 ff.

150 *v. Alvensleben* in Häger/Elkemann-Reusch, Rn. 732 f.; *Ganter*, WM 2011, 1585, 1587; *Golland/Gehlhaar/Grossmann/Eickhoff-Kley/Jänisch*, BB Special 4/2005, 1, 21 f.

151 *v. Alvensleben* in Häger/Elkemann-Reusch, Rn. 734 f.; *Ganter*, WM 2011, 1585, 1587.

diesen durch den Erwerb von Geschäftsanteilen zu einem geringeren Ausübungspreis als dem im Zeitpunkt der Wandlung gültigen Unternehmenswert realisieren kann.[152] Die zur Befriedigung des Anspruchs aus dem Equity Kicker erforderlichen Geschäftsanteile werden regelmäßig bedarfsgerecht im Rahmen einer Kapitalerhöhung neu geschaffen.[153] Abzugrenzen bleibt der Equity Kicker von dem sogenannten „Non Equity Kicker", welcher lediglich einen, sich am Wertzuwachs des Unternehmens orientierenden, schuldrechtlichen Zahlungsanspruch gegen die Gesellschaft einräumt.[154]

Im Ergebnis handelt es sich nach dieser Meinung im Schrifttum bei dem Wandlungsrecht aus einem GmbH-rechtlichen Wandeldarlehen um einen auf rein schuldrechtlicher Basis eingeräumten Anspruch auf Abschluss eines Übernahmevertrags bezogen auf junge Geschäftsanteile, das heißt ein rein schuldrechtliches Bezugsrecht auf neu auszugebende Geschäftsanteile an der Gesellschaft im Rahmen einer Kapitalerhöhung.[155] Anders als bei der gesetzlichen Konstruktion des Wandlungsrechts aus der aktienrechtlichen Wandelanleihe sollen sich hiernach auch die Rechtswirkungen des ausgeübten GmbH-rechtlichen Wandlungsrechts lediglich aus dem zugrunde liegenden Schuldverhältnis und nicht unmittelbar aus dem Gesetz ergeben.[156] Deshalb sind nach dieser Ansicht alle Rechtswirkungen, welche die Parteien des GmbH-rechtlichen Wandeldarlehensvertrags dem GmbH-rechtlichen Wandlungsrecht zumessen wollen, unter

152 *v. Alvensleben* in Häger/Elkemann-Reusch, Rn. 735.

153 *v. Alvensleben* in Häger/Elkemann-Reusch, Rn. 734. Die Möglichkeit zur Befriedigung des Wandlungsrechts aus bereits existierenden Geschäftsanteilen durch die Gesellschaft oder durch einen Dritten bleibt bei dieser Untersuchung aufgrund folgender zwei Aspekte außer Betracht: Erstens soll eine vergleichbare Ausgangslage zum Wandlungsrecht aus der aktienrechtlichen Wandelanleihe geschaffen werden, bei welcher auch nur der Erwerb von noch nicht existenten mitgliedschaftlichen Beteiligungen erfasst wird; vgl. *Habersack* in MüKo AktG, § 221 Rn. 24 und 24a. Zweitens kommt diese Alternative zumindest in der dieser Arbeit zugrunde liegenden Praxis des Venture Capitals nicht vor, da die (anvisierten) erhebliche Wertsteigerung eines Start-ups zu einer gleichfalls erheblichen und ungewünschten Steuerbelastung des Veräußerers der existenten Geschäftsanteile in Höhe des Veräußerungsgewinns (ggf. alternativ einer Schenkungssteuerbelastung) führen würde. Zur Möglichkeit der Befriedigung des Wandlungsrechts aus bereits existierenden Geschäftsanteilen vgl. *Maidl*, NZG 2006, 778, 780; *Seibt* in Beck'sches Formularbuch M&A, F.V.1 Anm. 5.

154 *v. Alvensleben* in Häger/Elkemann-Reusch, Rn. 733 und 737.

155 Im Ergebnis insb. auch zustimmend *Witteler*, Wandeldarlehen bei der GmbH, S. 52 f. (vgl. auch oben Fn. 149).

156 Explizit insb. auch *Witteler*, Wandeldarlehen bei der GmbH, S. 6.

Berücksichtigung gesetzlicher Schranken vertraglich niederzulegen. Dies gilt insbesondere für die in den nachfolgenden Abschnitten dargestellte Konstruktionen zur Absicherung des Wandlungsrechts und die eigentliche Umsetzung des Wandlungsrechts.

c) Zwischenergebnis

Nach der unangefochtenen Meinung im Schrifttum handelt es sich bei dem GmbH-rechtlichen Wandeldarlehen um ein zusammengesetztes Finanzierungsinstrument, grundsätzlich bestehend aus einem Darlehensvertrag gemäß §§ 488 ff. BGB und einem Equity Kicker. Letzterer stellt nach dieser Ansicht ein auf schuldrechtlicher Basis eingeräumtes Bezugsrecht auf junge Geschäftsanteile der Gesellschaft dar, dessen Rechtswirkungen sich ausschließlich aus dem zugrunde liegenden Schuldverhältnis beziehungsweise der entsprechend gestalteten Satzung ergeben.

3. Absicherung des Wandlungsrechts

Für die Absicherung des Wandlungsrechts aus einem GmbH-rechtlichen Wandeldarlehen bedarf es regelmäßig aufwendiger Hilfskonstruktionen, da das GmbH-Recht im Unterschied zum Aktienrecht ein bedingtes Kapital nicht kennt. Auch die analoge Anwendung von §§ 192 ff. AktG kommt im GmbH-Recht nach herrschender Meinung nicht in Betracht.[157] Für die Absicherung des GmbH-rechtlichen Wandlungsrechts wird im Wesentlichen auf das genehmigte Kapital, auf Stimmbindungsvereinbarungen seitens der Gesellschafter zur Durchführung einer Kapitalerhöhung samt einer diesbezüglichen (ausschließlichen) Zulassung des Begünstigten, auf eine Kapitalerhöhungsverpflichtung seitens der Gesellschaft und einer diesbezüglichen (ausschließlichen) Zusicherung von jungen Geschäftsanteile sowie auf sonstige atypische Hilfskonstruktionen zurückgegriffen.[158]

---

157 *Ulmer/Casper* in Großkomm. GmbHG, § 55 Rn. 9; *Weitnauer*, Handbuch Venture Capital, Teil D Rn. 91. Ein bedingtes Kapital bei der GmbH allg. verneinend: *Helmreich*, GWR 2011, 561, 562; *Witteler*, Wandeldarlehen bei der GmbH, S. 10f und S. 35 ff.

158 Erneut wird auf die Darstellung weiterer Möglichkeiten zur Befriedigung des Wandlungsrechts aus bereits existierenden Geschäftsanteilen aus oben in Fn. 153 aufgeführten Erwägungen verzichtet.

a) Genehmigtes Kapital

Die Absicherung durch ein genehmigtes Kapital im GmbH-Recht kommt der aktienrechtlichen Absicherung durch ein bedingtes Kapital sachlich am nächsten. Ermöglicht wurde dies allerdings erst durch das MoMiG, welches das genehmigte Kapital erstmals im GmbHG in § 55a normiert hat.

Gemäß § 55a Abs. 1 S. 1 GmbHG können die Geschäftsführer der Gesellschaft zur Ausgabe junger Geschäftsanteile im Rahmen einer von ihnen durchgeführten Kapitalerhöhung ermächtigt werden. Für die Schaffung des genehmigten Kapitals bedarf es zunächst eines satzungsändernden Gesellschafterbeschlusses gemäß §§ 55a Abs. 1 S. 1, 53 Abs. 1 und 2, 54 Abs. 1 S. 1 GmbHG. Im Rahmen der späteren Ausnutzung des genehmigten Kapitals ist dagegen kein erneuter Gesellschafterbeschluss mehr zu fassen.

In der Praxis wird das genehmigte Kapital durch eine in der Satzung aufzunehmende explizite Zweckbestimmung vor einer anderweitigen Verwendung als zur Bedienung des Wandlungsrechts aus dem konkreten Wandeldarlehen geschützt.[159] Zudem bedarf es eines Bezugsrechtsausschlusses der Altgesellschafter, sowohl hinsichtlich des Bezugs der Wandeldarlehen selbst,[160] als auch hinsichtlich des Bezugs von jungen Geschäftsanteilen stammend aus dem genehmigten Kapital.[161] Ein diesbezüglicher Verzicht wird üblicherweise zunächst in dem Wandeldarlehensvertrag von sämtlichen Gesellschaftern erklärt und in dem satzungsändernden Gesellschafterbeschluss wiederholt. Zuletzt ist das genehmigte Kapital noch vor diesbezüglichen Aufhebungsbeschlüssen der Gesellschafterversammlung mittels der Vereinbarung von negativen Stimmbindungsvereinbarungen mit sämtlichen Gesellschaftern der Gesellschaft in dem Wandeldarlehensvertrag zu schützen.[162] Ein derart abgesichertes genehmigtes Kapital bildet den effektivsten Schutz für ein Wandlungsrecht aus einem GmbH-rechtlichen Wandeldarlehen.

Trotz Einführung des genehmigten Kapitals im GmbH-Recht dürfte dessen Verwendung in der Venture Capital-Praxis bei Wandeldarlehen nicht der Regelfall sein.[163] Zum einen bestehen inhaltliche Beschränkungen in Form der maximal fünfjährigen Ausübungsfrist nach Handelsregistereintragung gemäß

---

159 *Weitnauer*, Handbuch Venture Capital, Teil F Rn. 306; ders., BKR 2009, 18, 19.

160 Zum gesetzlichen Bezugsrecht auf Wandeldarlehen im GmbH-Recht siehe unten § 4 E II, S. 164 ff.

161 *Helmreich*, GWR 2011, 561, 564.

162 *Helmreich*, GWR 2011, 561, 562 f. Zur Bindungswirkung gegenüber Nichtgesellschafter vgl. im Folgenden § 3 A II. 3. b), S. 60 f.

163 *Kramer*, GmbHR 2015, 1073, 1076.

§ 55a Abs. 1 S. 1, Abs. 2 GmbHG und in Form einer maximalen Höhe von der Hälfte des im Zeitpunkt der Handelsregistereintragung vorhandenen Stammkapitals gemäß § 55a Abs. 1 S. 2 GmbHG. Zum anderen sprechen auch praktische Erwägungen regelmäßig gegen die Absicherung eines GmbH-rechtlichen Wandlungsrechts durch ein genehmigtes Kapital, da ein solches zur lückenlosen Absicherung bereits vor dem Abschluss des Wandeldarlehensvertrags geschaffen sein muss. Allerdings werden Wandeldarlehen – insbesondere bei akuten Finanzierungsproblemen – sehr kurzfristig ausgegeben,[164] sodass teilweise bereits die Zeit zur Fassung eines notariell zu beurkundenden Gesellschafterbeschlusses, zumindest aber die Zeit bis zur Eintragung im Handelsregister, schlicht fehlt.

b) Stimmbindungsvereinbarungen

Zumindest bis zur Einführung des genehmigten Kapitals im GmbHG durch das MoMiG wurde in der Praxis für die Absicherung des Wandlungsrechts eines GmbH-rechtlichen Wandeldarlehens annähernd ausschließlich Stimmbindungsvereinbarungen mit sämtlichen Gesellschaftern der Gesellschaft abgeschlossen.[165] Solche Stimmbindungsvereinbarungen haben mindestens drei Verpflichtungen im Falle der Ausübung des Wandlungsrechts zum Gegenstand: Erstens verpflichten sich die Gesellschafter, einen Kapitalerhöhungsbeschluss gemäß §§ 53 Abs. 1, 55 Abs. 1 GmbHG zu fassen. Zweitens verpflichten sich die Gesellschafter, einen Zulassungsbeschluss zu Gunsten des Kreditgebers gemäß § 55 Abs. 2 S. 1 GmbHG zu fassen. Drittens verpflichten sich die Gesellschafter, auf ihr gesetzliches Bezugsrecht analog[166] § 186 Abs. 1 S. 1 AktG zu verzichten. Zudem sollten sich die Gesellschafter noch allgemein verpflichten, das Wandlungsrecht nicht durch sonstige Maßnahmen zu beeinträchtigen.

Inhaltlich muss die Stimmbindungsvereinbarung zur Satzungsänderung hinreichend bestimmt beziehungsweise bestimmbar sein und bedarf grundsätzlich keiner besonderen Form.[167] Jedoch ist die Wirksamkeit einer Stimmbindungsvereinbarung

---

164 Siehe oben § 2 B II. 1, S. 35 f.

165 Vgl. *v. Einem/Schmid* in Achleitner/v. Einem/v. Schröder, S. 162 f.; *Weitnauer*, Handbuch Venture Capital, Teil D Rn. 92 und Teil F Rn. 307; ders., BKR 2009, 18, 19; *Mülsch/Penzel*, ZIP 2004, 1987, 1988 und 1991; *Seibt* in Beck'sches Formularbuch M&A, F.V.1 Anm. 5; *Boesebeck*, GmbH-Rdsch. 1962, 2, 4 f.

166 Zum gesetzlichen Bezugsrecht auf GmbH Geschäftsanteile siehe unten § 4 E, S. 160 ff.

167 *Ulmer/Casper* in Großkomm. GmbHG, § 55 Rn. 38; *Lieder* in MüKo GmbHG, § 55 Rn. 157; *Priester* in Scholz GmbHG, § 55 Rn. 116. Zur nicht vorausgesetzten Formbedürftigkeit ausführlich Sieger/Schulte, GmbHR 2002, 1050, 1051 f.

zur Satzungsänderung gegenüber dem begünstigten Kreditgeber nicht unproblematisch, sofern dieser im Verhältnis zur Gesellschaft kein Gesellschafter, sondern Dritter ist.[168] Ein Teil der Literatur verneint deren grundsätzliche Wirksamkeit, falls der Begünstigte nicht Gesellschafter ist, wobei dennoch in engen Grenzen Ausnahmen akzeptiert werden.[169] Nach dieser Ansicht werden insbesondere ein Verstoß gegen das Abspaltungsverbot des Stimmrechts von dem Geschäftsanteil,[170] ein latenter Verstoß gegen mitgliedschaftliche Treuepflichten des gebundenen Gesellschafters gegenüber der GmbH[171] sowie eine Kollision mit der ausschließlichen Gesellschafterzuständigkeit hinsichtlich der Satzungsautonomie[172] geltend gemacht. Ausnahmsweise wird deren Wirksamkeit auch nach dieser Ansicht angenommen, wenn dem Dritten ein berechtigtes Interesse an einem Geschäftsanteil zusteht oder der Einfluss des Dritten nur auf einen konkreten Einzelfall beschränkt ist, sodass ein genereller Fremdeinfluss des Dritten auf die Gesellschaft ausscheidet.[173] Im Ergebnis dürfe die Stimmbindung der Gesellschafter keiner allgemeinen Stimmrechtsübertragung auf einen Dritten entsprechen.[174] In dieser Hinsicht soll insbesondere die Durchsetzung eines Eintrittsrechts eines Dritten in die Gesellschaft ein berechtigtes Interesse des Dritten darstellen.[175] Auch zu Gunsten eines schuldrechtlichen Gesellschafters, wie beispielsweise einem Treuhänder oder Unterbeteiligten, soll ein berechtigtes Interesse greifen, sofern die Stimmbindungsvereinbarung zur Durchführung des Vertragsverhältnisses

168 Zum aktuellen Meinungsstand vgl. insb. *Hüffer/Schürnbrand* in Großkomm. GmbHG, § 47 Rn. 78 ff. mit weiteren Nachweisen; konkret zur Frage der Stimmbindung gegenüber Dritten in Bezug auf Satzungsänderungen vgl. Zöllner, ZHR 155 (1991), 181 f.

169 *Hüffer/Schürnbrand* in Großkomm. GmbHG, § 47 Rn. 80 ff., insb. Rn. 78; *Priester* in Scholz GmbHG, § 53 Rn. 36; *K. Schmidt* in Scholz GmbHG, § 47 Rn. 42; *Ulmer/Casper* in Großkomm. GmbHG, § 55 Rn. 38.

170 *Hüffer/Schürnbrand* in Großkomm. GmbHG, § 47 Rn. 80.

171 *Hüffer/Schürnbrand* in Großkomm. GmbHG, § 47 Rn. 80 f.

172 *Priester* in Scholz GmbHG, § 53 Rn. 36; *K. Schmidt* in Scholz GmbHG, § 47 Rn. 42.

173 *Hüffer/Schürnbrand* in Großkomm. GmbHG, § 47 Rn. 82; *Priester* in Scholz GmbHG, § 53 Rn. 36; *K. Schmidt* in Scholz GmbHG, § 47 Rn. 42; mittelbar durch Verweis auch *Ulmer/Casper* in Großkomm. GmbHG, § 55 Rn. 38.

174 *Hüffer/Schürnbrand* in Großkomm. GmbHG, § 47 Rn. 82; mittelbar durch Verweis auch *Ulmer/Casper* in Großkomm. GmbHG, § 55 Rn. 38.

175 OLG Celle, GmbHR 1991, 580, 580 f.; *Hüffer/Schürnbrand* in Großkomm. GmbHG, § 47 Rn. 82; mittelbar durch Verweis auch *Ulmer/Casper* in Großkomm. GmbHG, § 55 Rn. 38.

unentbehrlich ist.[176] Konträr zu den bisherigen Ausführungen nimmt die wohl herrschende Meinung keine der zuvor genannten Einschränkungen vor und erachtet eine Stimmbindung der Gesellschafter gegenüber einem Dritten zur Durchführung einer Satzungsänderung generell für wirksam.[177] Im Ergebnis kann der Meinungsstreit im vorliegenden Fall dahingestellt bleiben, da eine Stimmbindung der Gesellschafter gegenüber dem begünstigten Kreditgeber zur Fassung eines Kapitalerhöhungsbeschlusses im Falle der Ausübung des Wandlungsrechts aus dem GmbH-rechtlichen Wandeldarlehen auch nach der nicht herrschenden Meinung richtigerweise ein berechtigtes Interesse darstellt.[178] Denn zum einen wird hierdurch keinem Dritten generell Einfluss auf die Geschicke der Gesellschaft eingeräumt und zum anderen soll der wandlungsbegünstigte Kreditgeber mithilfe der Stimmbindungsvereinbarungen sein Recht zum Erwerb der Mitgliedschaft an der Gesellschaft durchsetzen können. Im Übrigen sind wirksame Stimmbindungsvereinbarungen mittels Erfüllungsklage und gegebenenfalls einer diesbezüglichen Zwangsvollstreckung gemäß § 894 ZPO durchsetzbar.[179] Unabhängig von der zuvor dargestellten Variante von Stimmbindungsvereinbarungen der Gesellschafter mit und zu Gunsten eines Dritten sind Stimmbindungsvereinbarungen der Gesellschafter untereinander aber zu Gunsten eines Dritten gleichfalls rechtswirksam.[180]

Ansonsten bleibt noch zu beachten, dass das Wandlungsrecht selbst bei der Vereinbarung von schuldrechtlichen Stimmbindungsvereinbarungen mit sämtlichen Gesellschaftern der Gesellschaft nicht auch gegenüber etwaigen Rechtsnachfolgern der Gesellschafter abgesichert ist. Um dies zu verwirklichen, müssen die Stimmbindungsvereinbarungen in die Satzung aufgenommen werden.[181] Allerdings bedarf es für eine solche korporative Absicherung der Fassung eines formbedürftigen satzungsändernden Beschlusses inklusive der Eintragung der Satzungsänderung im Handelsregister gemäß §§ 53 Abs. 1, 54 Abs. 1 S. 1 G

---

176 *K. Schmidt* in Scholz GmbHG, § 47 Rn. 42. Zur Frage nach der materiellen Gesellschaftereigenschaft des Wandeldarlehensgläubigers im Rahmen des Rechts der Gesellschafterdarlehen siehe unten § 5 B, S. 185 ff.

177 *Roth* in Roth/Altmeppen, § 47 Rn. 38 und § 53 Rn. 21a; *Zöllner/Noak* in Baumbach/Hueck GmbHG, § 47 Rn. 113; *Zöllner*, ZHR 155 (1991), 181 f.

178 So auch *Priester* in Scholz GmbHG, § 55 Rn. 116.

179 *Hüffer/Schürnbrand* in Großkomm. GmbHG, § 47 Rn. 87 f. mit weiteren Nachweisen; *K. Schmidt* in Scholz GmbHG, § 47 Rn. 42.

180 *Hüffer/Schürnbrand* in Großkomm. GmbHG, § 47 Rn. 79; *K. Schmidt* in Scholz GmbHG, § 47 Rn. 40.

181 *v. Einem/Schmid* in Achleitner/v. Einem/v. Schröder, S. 162.

mbHG. Hierauf wird in der Praxis aus Gründen der (üblicherweise vorliegenden) Zeitknappheit[182] sowie der zusätzlich anfallenden Kosten regelmäßig verzichtet. Stattdessen kann eine weitere schuldrechtliche Verpflichtung der Gesellschafter vereinbart werden, wonach diese im Falle eigener Anteilsveräußerungen verpflichtet sind, ihre oben genannten Verpflichtungen auch dem Erwerber schuldrechtlich aufzuerlegen.[183] Schließlich kann, trotz Durchsetzbarkeit der Stimmbindungsvereinbarungen, die zusätzliche Vereinbarung einer Vertragsstrafe im Falle der Zuwiderhandlung für den begünstigten Kreditgläubiger vorteilhaft sein.[184]

c) *Zusicherung von jungen Geschäftsanteilen und Kapitalerhöhungsverpflichtung seitens der Gesellschaft*

Zur Absicherung des Wandlungsrechts aus dem GmbH-rechtlichen Wandeldarlehen können nicht nur die Gesellschafter, sondern auch unmittelbar die Gesellschaft selbst verpflichtet werden. Im Unterschied zu der zuvor dargestellten Absicherung mittels Stimmbindungsvereinbarungen, welche lediglich schuldrechtliche Wirkungen zwischen dem begünstigten Kreditgeber und den einzelnen Gesellschaftern entfalten und keine unmittelbaren Auswirkungen auf die Gesellschaft tätigen, wird die Gesellschaft hierdurch selbst unmittelbarer Adressat eines Anspruchs auf Tun oder Unterlassen gegenüber dem begünstigten Kreditgeber.[185]

Dem Wandlungsrecht aus der aktienrechtlichen Wandelanleihe kommt die Zusicherung von jungen Geschäftsanteilen aus einer künftigen Kapitalerhöhung seitens der Gesellschaft inhaltlich am nächsten. Es handelt sich hierbei um eine, auf den Abschluss eines Übernahmevertrags gerichtete, formlose Erklärung der Gesellschaft zu Gunsten des Kreditgebers.[186] Die Zusicherung steht unter der Bedingung der Fassung eines rechtswirksamen Kapitalerhöhungs- und Zulassungsbeschlusses durch die Gesellschafterversammlung unter gleichzeitigem Ausschluss des gesetzlichen Bezugsrechts der Gesellschafter.[187] Mangels

182 Siehe oben § 2 B II. 1, S. 35 f.

183 *Boesebeck*, GmbH-Rdsch. 1962, 2, 5.

184 *Hüffer/Schürnbrand* in Großkomm. GmbHG, § 47 Rn. 86 und 88.

185 *Fleck*, ZGR 1988, 104, 106 f.

186 *Ulmer/Casper* in Großkomm. GmbHG, § 55 Rn. 100; *Lieder* in MüKo GmbHG, § 55 Rn. 163; *Priester* in Scholz GmbHG, § 55 Rn. 118.

187 *Lieder* in MüKo GmbHG, § 55 Rn. 163. Derart wohl auch *Ulmer* und *Priester*, welche aber explizit nur den Kapitalerhöhungsbeschluss aufzählen: *Ulmer/Casper* in Großkomm. GmbHG, § 55 Rn. 100; *Priester* in Scholz GmbHG, § 55 Rn. 118.

analoger Anwendung im GmbH-Recht steht auch § 187 Abs. 2 AktG der Zusicherung vor Fassung eines Kapitalerhöhungsbeschlusses nicht entgegen.[188] Zudem ist die Zusicherung von jungen Geschäftsanteilen gegenüber dem begünstigten Kreditgeber nur wirksam, wenn diese entweder seitens der Mehrheit der Gesellschafter selbst oder seitens eines, von der Mehrheit der Gesellschaftern ermächtigten, Geschäftsführers oder einer dritten Person erklärt wurde.[189] Denn die Zusicherung unterfällt, wie auch die Annahme der körperschaftlichen Übernahmeerklärung im Rahmen des Übernahmevertrags und der Fassung des Zulassungsbeschlusses, der ausschließlichen Kompetenz der Gesellschafterversammlung.[190] Im Übrigen steht dem begünstigten Kreditgeber, entsprechend der Rechtslage beim wirksam abgeschlossenen (korporationsrechtlichen) Übernahmevertrag aus der wirksamen Zusicherung, weder ein Erfüllungsanspruch noch ein Schadensersatzanspruch gerichtet auf das positive Interesse der Durchführung einer Kapitalerhöhung zu.[191] Ein etwaiger Schadensersatzanspruch ist lediglich auf einen Vertrauensschaden begrenzt.[192]

Im Ergebnis wird die Zusicherung von jungen Geschäftsanteilen aus einer künftigen Kapitalerhöhung seitens der Gesellschaft mangels ihrer Durchsetzbarkeit nicht den Interessen des begünstigten Kreditgebers gerecht. Letztlich entspricht die Zusicherung auch lediglich den zuvor bereits dargestellten Anforderungen an das Wandlungsrecht aus dem GmbH-rechtlichen Wandeldarlehen im Sinne eines schuldrechtlich eingeräumten Bezugsrechts auf Geschäftsanteilen seitens der Gesellschaft.[193] Zur effektiven Absicherung bräuchte es zusätzlich einer Vereinbarung von Stimmbindungsvereinbarungen mit sämtlichen Gesellschaftern, insbesondere im Hinblick auf die Durchführung der Kapitalerhöhung samt Zulassung des begünstigten Kreditgebers bei gleichzeitigem Bezugsrechtsausschlusses der Altgesellschafter.[194]

---

188 *Ulmer/Casper* in Großkomm. GmbHG, § 55 Rn. 100; *Lieder* in MüKo GmbHG, § 55 Rn. 162; *Zöllner/Fastrich* in Baumbach/Hueck GmbHG, § 55 Rn. 40.

189 *Fleck*, ZGR 1988, 104, 117; *Priester* in Scholz GmbHG, § 55 Rn. 118; *Ulmer/Casper* in Großkomm. GmbHG, § 55 Rn. 100.

190 *Ulmer/Casper* in Großkomm. GmbHG, § 55 Rn. 100 i.V.m. Rn. 84; *Lieder* in MüKo GmbHG, § 55 Rn. 163; *Priester* in Scholz GmbHG, § 55 Rn. 118 i.V.m. Rn. 75.

191 BGH, Urt. v. 11.1.1999 – II ZR 170–98, NJW 1999, 1252, 1253 f.; *Lieder* in MüKo GmbHG, § 55 Rn. 162 und 164; Raiser/Veil, Recht der Kapitalgesellschaften, § 49 Rn. 9; *Zöllner/Fastrich* in Baumbach/Hueck GmbHG, § 55 Rn. 40 i.V.m. Rn. 38.

192 *Lieder* in MüKo GmbHG, § 55 Rn. 162 und 164; *Zöllner/Fastrich* in Baumbach/Hueck GmbHG, § 55 Rn. 40 i.V.m. Rn. 38.

193 Siehe oben § 3 A II. 2. b), S. 55 f.

194 Siehe oben § 3 A II. 3. b), S. 60 ff.

Alternativ zu der zusätzlichen Vereinbarung von Stimmbindungsvereinbarungen kann sich die Gesellschaft auch selbst zur Durchführung einer Kapitalerhöhung verpflichten.[195] Vertreten wird die Gesellschaft hierbei nach herrschender Meinung durch einen seitens der Gesellschaftergesamtheit ermächtigten Geschäftsführer, da die Kapitalerhöhung als körperschaftlicher Akt in die ausschließliche Zuständigkeit der Gesellschaftergesamtheit gemäß §§ 55 Abs. 1, 53 Abs. 1 GmbHG fällt und ein nicht ermächtigter Geschäftsführer andernfalls keine Vertretungsmacht diesbezüglich hat.[196] Die Ermächtigung bedarf der Beschlussfassung mit satzungsändernder Mehrheit und muss sich auf eine konkrete Satzungsänderung im Einzelfall beschränken.[197] Eine derartig vorweggenommene Verpflichtung zur Satzungsänderung verstößt auch nicht gegen die Satzungsautonomie der Gesellschafter, da der noch umzusetzende Gesellschafterbeschluss bereits vollständig von dem Verbandswillen getragen wird.[198] Umstritten ist jedoch die Frage nach der Formbedürftigkeit eines solchen Ermächtigungsbeschlusses.[199] Nach richtiger Ansicht bedarf dieser allerdings keiner notariellen Beurkundung analog § 53 Abs. 2 S. 1 GmbHG, da bei der Verpflichtung zur späteren Kapitalerhöhung die eigentliche Satzungsänderung noch nicht vorgenommen wurde und somit die von der Norm intendierte Beweisfunktion hinsichtlich der Durchführung der Satzungsänderung nicht einschlägig ist.[200] Auch der Vertrag über die Verpflichtung zur Satzungsänderung bedarf keiner notariellen Beurkundung, sollte aber aus Beweisgründen schriftlich abgeschlossen werden.[201] Hinsichtlich den formalen Anforderungen bedarf es mangels Publizitätsinteresses und mangels eintragungspflichtiger Tatsache zudem keiner Handelsregistereintragung analog § 54 Abs. 1 S. 1 GmbHG.[202] Schließlich

---

195 Ausführlich zur Frage der Verpflichtungsfähigkeit der Gesellschaft zur Satzungsänderung vgl. *Fleck*, ZGR 1988, 104, 109 ff. (insb. 112).

196 *Fleck*, ZGR 1988, 104, 113 f.; *Priester* in Scholz GmbHG, § 53 Rn. 35; *Ulmer/Casper* in Großkomm. GmbHG, § 53 Rn. 42.

197 *Hoffmann* in Michalski GmbHG, § 53 Rn. 49; *Milch*, BB 2016, 1538, 1539.

198 *Fleck*, ZGR 1988, 104, 113; *Priester* in Scholz GmbHG, § 53 Rn. 35.

199 *Herrmanns* in Michalski GmbHG, § 55 Rn. 7 mit weiteren Nachweisen.

200 *Hoffmann* in Michalski GmbHG, § 53 Rn. 50; *Lieder* in MüKo GmbHG, § 55 Rn. 157; Sieger/Schulte, GmbHR 2002, 1050, 1051 f.; *Ulmer/Casper* in Großkomm. GmbHG, § 53 Rn. 42; a.A. *Bayer* in Lutter/Hommelhoff GmbHG, § 53 Rn. 40; *Fleck*, ZGR 1988, 104, 114; *Priester* in Scholz GmbHG, § 53 Rn. 35.

201 *Fleck*, ZGR 1988, 104, 115; *Priester* in Scholz GmbHG, § 53 Rn. 35

202 *Fleck*, ZGR 1988, 104, 114; *Hoffmann* in Michalski GmbHG, § 53 Rn. 50; *Priester* in Scholz GmbHG, § 53 Rn. 35; *Ulmer/Casper* in Großkomm. GmbHG, § 53 Rn. 42; a.A. *Bayer* in Lutter/Hommelhoff GmbHG, § 53 Rn. 40.

steht dem begünstigten Kreditgeber aus einer wirksamen Verpflichtung zur Satzungsänderung gegen die Gesellschaft ein einklagbarer Erfüllungsanspruch zu, welcher gegebenenfalls gemäß § 894 ZPO vollstreckt werden kann.[203]

d) *Übernahmeverpflichtung des Kreditgebers*

Im Übrigen kann auch umgekehrt zum vorherigen Sachverhalt eine Übernahmeverpflichtung seitens des begünstigten Kreditgebers zwischen den Vertragsparteien gewünscht sein. Eine solche Wandlungsverpflichtung liegt zumindest in Venture-Capital-Finanzierungen, beispielsweise am Laufzeitsende zur Schonung des Eigenkapitals der Gesellschaft oder zur reibungslosen Durchführung einer Finanzierungsrunde, im Interesse der Gesellschaft, der bisherigen Gesellschafter oder mittelbar von potentiellen Neuinvestoren.[204] In diesem Fall der Übernahmeverpflichtung verpflichtet sich der begünstigte Kreditgeber gegenüber den aktuellen Gesellschaftern im Rahmen eines schuldrechtlichen Vorvertrags, aufschiebend bedingt durch den Eintritt eines Wandlungsereignisses, zur Abgabe einer Übernahmeerklärung hinsichtlich junger Geschäftsanteilen aus einer künftigen Kapitalerhöhung.[205]

Inhaltlich muss die Übernahmeerklärung hinreichend bestimmt beziehungsweise zumindest richterlich bestimmbar sein, damit sie gegebenenfalls gemäß § 894 ZPO vollstreckt werden kann.[206] Nach der einst herrschenden Meinung bedarf die Verpflichtung zur Abgabe einer Übernahmeerklärung derselben Form wie die Übernahmeerklärung selbst.[207] Demnach wäre zumindest eine notarielle Unterschriftsbeglaubigung des Übernehmers analog § 55 Abs. 1 GmbHG erforderlich. Allerdings ist dieser Ansicht richtigerweise zu widersprechen, weil der Schutzzweck von § 55 GmbHG keine Warn-, Belehrungs- oder Schutzfunktion hinsichtlich des Übernehmers von jungen Geschäftsanteilen, sondern lediglich eine Publizitäts- und Beweisfunktion zum Schutze des Rechtsverkehrs im Hinblick auf die Kapitalverhältnisse der Gesellschaft innehat und dieser Normzweck

---

203 *Fleck*, ZGR 1988, 104, 115; *Priester* in Scholz GmbHG, § 53 Rn. 35; *Ulmer/Casper* in Großkomm. GmbHG, § 53 Rn. 42.

204 Siehe oben § 2 B II. 2, S. 36 f.

205 *Lieder* in MüKo GmbHG, § 55 Rn. 159; *Ulmer/Casper* in Großkomm. GmbHG, § 55 Rn. 99; *Priester* in Scholz GmbHG, § 55 Rn. 117.

206 *Lieder* in MüKo GmbHG, § 55 Rn. 159; *Priester* in Scholz GmbHG, § 55 Rn. 117; *Ulmer/Casper* in Großkomm. GmbHG, § 55 Rn. 99.

207 *Priester* in Scholz GmbHG, § 55 Rn. 117; Sieger/Schulte, GmbHR 2002, 1050, 1053.

sich durch die Identifizierung des Übernehmers in der Übernahmeerklärung selbst erschöpft.[208] Der Normzweck wird von einem diesbezüglichen Vorvertrag nicht tangiert.

e) Sonstige atypische Hilfskonstruktionen

Theoretisch kommen zur Absicherung des Wandlungsrechts aus dem GmbH-rechtlichen Wandeldarlehen weitere atypische Hilfskonstruktionen in Betracht. Neben der in dieser Untersuchung aus thematischen Gründen bereits vorab ausgeschlossenen Variante der Bedienung des Wandlungsrechts aus bereits existenten Geschäftsanteilen[209] wurde insbesondere in der älteren Literatur die Kapitalerhöhung zum Höchstbetrag mit verzögerter Durchführung diskutiert.[210] Hiernach soll bereits vor Abschluss des Wandeldarlehensvertrags eine Kapitalerhöhung zum Höchstbetrag zu Gunsten des Wandeldarlehensgläubiger unter Ausschluss des gesetzlichen Bezugsrechts der Gesellschafter beschlossen werden, wobei der Höchstbetrag mit der Summe der Nennbeträge der neu auszugebenden Wandlungsgeschäftsanteile gleichzusetzen sei.[211] Um dem typischen Schwebezustand des Wandeldarlehens gerecht zu werden, soll die Geschäftsführung den Kapitalerhöhungsbeschluss erst mit der Ausübung des Wandlungsrechts beim Handelsregister gemäß §§ 54 Abs. 1 S. 1, 57 Abs. 1 GmbHG anmelden.[212] Alternativ könne für die Durchführung der Kapitalerhöhung auch an eine aufschiebende Befristung zu einem konkreten Termin beziehungsweise eine (unechte) aufschiebende Bedingung des Eintritts eines konkreten Umstandes gedacht werden.[213] Problematisch an dieser Konstruktion ist allerdings der zeitliche Aufschub bezüglich der Durchführung der Kapitalerhöhung. Es gilt das Verbot der Vorratsänderung.[214] Neu in eine Gesellschaft eintretende

---

208 *Hergeth/Mingau*, DStR 2001, 1217, 1220; *Lieder* in MüKo GmbHG, § 55 Rn. 160; *Ulmer/Casper* in Großkomm. GmbHG, § 55 Rn. 99; *Zöllner/Fastrich* in Baumbach/Hueck GmbHG, § 55 Rn. 40; OLG München, Urt. v. 4.5.2005, NZG 2005, 756, 757.

209 Zur Möglichkeiten der Befriedigung des Wandlungsrechts aus bereits existierenden Geschäftsanteilen und den Gründen des thematischen Ausschlusses dieser Variante siehe oben Fn. 153.

210 *Boesebeck*, GmbH-Rdsch. 1962, 2, 4; *Witteler*, Wandeldarlehen bei der GmbH, S. 35 ff. mit weiteren Nachweisen.

211 *Witteler*, Wandeldarlehen bei der GmbH, S. 36.

212 *Boesebeck*, GmbH-Rdsch. 1962, 2, 4.

213 *Hermanns* in Michalski GmbHG, § 55 Rn. 28; *Lieder* in MüKo GmbHG, § 55 Rn. 54; *Priester* in Scholz GmbHG, § 55 Rn. 34 und § 53 Rn. 185.

214 *Bayer* in Lutter/Hommelhoff GmbHG, § 53 Rn. 42; *Priester* in Scholz GmbHG, § 53 Rn. 186.

Gesellschafter unterliegen einer Bindung an zwar gefasste, aber noch nicht eingetragene Gesellschafterbeschlüsse.[215] Deshalb darf zum Schutz der eintretenden Gesellschafter zwischen der Beschlussfassung und der Handelsregistereintragung keine unangemessene Zeitspanne verstreichen, wobei als zeitlicher Rahmen ein Jahr angenommen wird.[216] Bei Überschreitung der angemessenen Zeitspanne bedarf es (erneut) eines bestätigenden Gesellschafterbeschlusses.[217] Im Ergebnis wird damit die Kapitalerhöhung mit verzögerter Durchführung allerdings dem typischen Schwebezustand des GmbH-rechtlichen Wandeldarlehens nicht gerecht, da das Wandlungsrecht bis zum Ende der Darlehenslaufzeit ausgeübt werden soll und diese üblicherweise länger als ein Jahr ist.[218] Zudem wird nicht erst seit der Einführung des genehmigten Kapitals durch das MoMiG vorgebracht, dass speziell in Bezug auf die Kapitalerhöhung zum Höchstbetrag keine unverhältnismäßig lange Zeichnungsfrist existieren darf, da andernfalls die Regelungen zum genehmigten Kapital unterlaufen werden würden.[219] Die Angemessenheit der Zeichnungsfrist soll in diesem Fall sogar bei maximal sechs Monaten gewahrt sein.[220]

Kurz erwähnt werden soll auch die teilweise diskutierte Treuhandstruktur zur Absicherung des Wandlungsrechts aus dem GmbH-rechtlichen Wandeldarlehen.[221] Dem Treuhänder werden hierbei von sämtlichen Gesellschaftern der Gesellschaft deren Geschäftsanteile übertragen, damit dieser im Falle der Ausübung des Wandlungsrechts eine Kapitalerhöhung zu Gunsten des Kreditgebers durchführen kann. Insofern erhält der Treuhänder die Geschäftsanteile nicht zur Bedienung des Wandlungsrechts, sondern nur zur Gewährleistung der richtigen

215 *Priester* in Scholz GmbHG, § 53 Rn. 186; *Zöllner/Noak* in Baumbach/Hueck GmbHG, § 54 Rn. 17.

216 *Bayer* in Lutter/Hommelhoff GmbHG, § 53 Rn. 42; *Priester* in Scholz GmbHG, § 53 Rn. 186; *Zöllner/Noak* in Baumbach/Hueck GmbHG, § 54 Rn. 17; a.A. Harbarth in MüKo GmbHG, § 54 Rn. 28.

217 *Priester* in Scholz GmbHG, § 53 Rn. 186; *Zöllner/Noak* in Baumbach/Hueck GmbHG, § 54 Rn. 17.

218 Zustimmend *Boesebeck*, GmbH-Rdsch. 1962, 2, 4; a.A. *Witteler*, Wandeldarlehen bei der GmbH, S. 38 ff.

219 *Lieder* in MüKo GmbHG, § 55 Rn. 37; *Bayer* in Lutter/Hommelhoff GmbHG, § 55 Rn. 9; *Priester* in Scholz GmbHG, § 55 Rn. 18 f.; *Ulmer/Casper* in Großkomm. GmbHG, § 55 Rn. 20.

220 *Lieder* in MüKo GmbHG, § 55 Rn. 37; *Lutter* in FS Schilling, 207, 214; *Bayer* in Lutter/Hommelhoff GmbHG, § 55 Rn. 9; *Priester* in Scholz GmbHG, § 55 Rn. 19; *Ulmer/Casper* in Großkomm. GmbHG, § 55 Rn. 20.

221 *Boesebeck*, GmbH-Rdsch. 1962, 2, 4.

Ausübung des Stimmrechts hinsichtlich der satzungsändernden Beschlussfassung über eine zukünftige Kapitalerhöhung. Erst nach Eintragung der Kapitalerhöhung im Handelsregister beziehungsweise andernfalls der Rückzahlung der Darlehensvaluta an den Kreditgeber unter Verzicht auf das Wandlungsrecht wird die Treuhand aufgelöst und die treuhänderisch gehaltenen Geschäftsanteile an die Altgesellschafter zurück abgetreten. Im Ergebnis kommt eine derartig aufwändige und kostenauslösende Treuhandstruktur in der Praxis wegen den oben dargestellten besseren Alternativen üblicherweise nicht in Betracht.

4. Art der Kapitalerhöhung

Das Wandlungsrecht aus dem GmbH-rechtlichen Wandeldarlehen stellt nach unangefochtener Meinung ein auf schuldrechtlicher Basis eingeräumtes Bezugsrecht des Wandeldarlehensgläubigers auf junge Geschäftsanteile dar, dessen Rechtswirkungen sich ausschließlich aus dem zugrunde liegenden Schuldverhältnis beziehungsweise der entsprechend gestalteten Satzung ergeben.[222] Im Zuge des Wandlungsvorgangs bei dem GmbH-rechtlichen Wandeldarlehen übernimmt der Wandeldarlehensgläubiger junge Geschäftsanteile an der Gesellschaft und bringt im Gegenzug die Rückzahlungsforderung aus dem Wandeldarlehen ein. Diesem Sachverhalt entsprechend erfolgt die notwendige Erhöhung des Stammkapitals im Falle der Ausübung des Wandlungsrechts aus dem GmbH-rechtlichen Wandeldarlehen grundsätzlich im Wege der Sacheinlage.[223] Es müssen folglich die besonderen Voraussetzungen der Sachkapitalerhöhung gemäß § 56 GmbHG beachtet werden. Problematisch ist hierbei regelmäßig die Werthaltigkeit der Darlehensrückzahlungsforderung im Zeitpunkt der Anmeldung der Kapitalerhöhung beim Handelsregister, da bei nicht vollständiger Werthaltigkeit der Forderung gegen den Grundsatz der effektiven Kapitalaufbringung verstoßen wird und die Differenzhaftung gemäß §§ 56 Abs. 2, 9 Abs. 1 S. 1 GmbHG droht.[224] Diese Gefahr der Differenzhaftung tritt insbesondere in wirtschaftlich schlechten Zeiten der Gesellschaft oder im Rahmen von Venture Capital-Finanzierungen zu Tage, da die Start-up-Unternehmen typischerweise bis einschließlich der Wachstumsphase

222 Siehe oben § 3 A II. 2. b), S. 55 f.

223 *v. Alvensleben* in Häger/Elkemann-Reusch, Rn. 734; v. Einem/Schmid in Achleitner/v. Einem/v. Schröder, S. 163; *Fox/Hüttche/Lechner*, GmbHR 2000, 521, 534; *Klingberg* in FS Westermann, 1087, 1109 ff.; *Maidl*, NZG 2006, 778; *Seibt* in Beck'sches Formularbuch M&A, F.V.1 Anm. 5; *Weitnauer*, Handbuch Venture Capital, Teil F Rn. 308; *Witteler*, Wandeldarlehen bei der GmbH, S. 55 ff.

224 *Inhester/Diers* in Saenger/Inhester GmbHG, § 56 Rn. 9 und 9a.

noch nicht die Gewinnschwelle erreicht haben.[225] Der Venture Capital-Investor, wie auch die Gesellschaft und die Gesellschafter, rechnen geradezu damit, dass das investierte Kapital für die Weiterentwicklung der Gesellschaft aufgebraucht wird und spätestens bei Fälligkeit auch eine Wandlung des Fremdkapitals in Eigenkapital vorgenommen wird, da keine liquiden Mittel zur Bedienung des (fälligen) Rückzahlungsanspruchs aus dem Wandeldarlehen zur Verfügung stehen. Damit ist die Gefahr der zwischenzeitlich nicht mehr gegebenen Werthaltigkeit des Rückzahlungsanspruchs aus dem Wandeldarlehen im Zeitpunkt der Anmeldung der Kapitalerhöhung im Handelsregister den Venture Capital-Finanzierungen regelmäßig immanent. Somit wird die Sachkapitalerhöhung den Bedürfnissen der Praxis üblicherweise nicht gerecht.

Wie bereits im Rahmen der Konstruktion und Absicherung des Wandlungsrechts aus dem GmbH-rechtlichen Wandeldarlehen muss die kautelarjuristische Praxis in diesem Fall erneut mit einer Hilfskonstruktion arbeiten: vertraglich niedergelegt wird nicht eine Sachkapitalerhöhung, sondern eine Barkapitalerhöhung.[226] Der Wandeldarlehensgläubiger übernimmt eine bestimmte Anzahl an jungen Geschäftsanteile zum Nominalbetrag gegen Bareinlage und bringt die Darlehensrückzahlungsforderung aufschiebend bedingt durch die Eintragung der Kapitalerhöhung im Handelsregister in die sonstige Kapitalrücklage der Gesellschaft gemäß § 272 Abs. 2 Nr. 4 HGB ein.[227] Hierdurch erlischt die Darlehensrückzahlungsforderung durch Konfusion von Schuldner- und Gläubigerstellung in Person der Gesellschaft.[228] Alternativ könnte hinsichtlich der Darlehensrückzahlungsforderung auch ein Erlassvertrag zwischen der Gesellschaft und dem Wandeldarlehensgläubiger geschlossen oder ein einseitiger Forderungsverzicht des Wandeldarlehensgläubiger erklärt werden.[229] Sofern der Nominalbetrag je Geschäftsanteil dem gesetzlichen Minimalbetrag in Höhe von EUR 1,00 entspricht, fällt die zusätzlich zu leistende Bareinlage regelmäßig nicht ins Gewicht. Überdies kann dieser zusätzliche Nominalbetrag vertragsgestaltend im Rahmen der Berechnungsformel für die Anzahl der zu übernehmenden jungen Geschäftsanteile mindernd berücksichtigt und nahezu ausgeglichen werden.

225 Siehe oben § 2 A III § 2 A, S. 23 ff.

226 *Maidl*, NZG 2006, 778, 779; *Weitnauer*, Handbuch Venture Capital, Teil F Rn. 308.

227 Zur allg. Zulässigkeit der Kombination von Barkapitalerhöhung zum Nennbetrag und einer zusätzlichen anderen Zuzahlung in die Kapitalrücklage vgl. *Weitnauer*, ZIP 2007, 1932, 1933 ff.

228 *Weitnauer*, Handbuch Venture Capital, Teil F Rn. 308.

229 *Witteler*, Wandeldarlehen bei der GmbH, S. 57.

Im Ergebnis kann die beim Wandlungsrecht aus dem GmbH-rechtlichen Wandeldarlehen eigentlich vorliegende Sachkapitalerhöhung vertragsgestaltend durch eine Barkapitalerhöhung umgangen werden. Dies führt aber im Vergleich zur Sachkapitalerhöhung zwingend zu einer zusätzlichen Bareinlage. Diese eigenständige Einlagenverpflichtung besteht in Höhe der Summe aller zum Nennbetrag zu übernehmenden jungen Geschäftsanteile.

III. Fazit

Nach derzeitigem Meinungsstand unterscheiden sich die aktienrechtliche Wandelanleihe und das GmbH-rechtliche Wandeldarlehen – unabhängig von der Rechtsnatur der Fremdkapitalkomponente – inhaltlich grundlegend:

Das Konstrukt des Wandlungsrechts der aktienrechtlichen Wandelanleihe stellt eine atypische Ausprägung einer gesetzlich geregelten Ersetzungsbefugnis (*facultas alternativa*) dar. Durch die Ausübung des Gestaltungsrechts ersetzt der Wandelanleihegläubiger den Rückzahlungsanspruch aus der Wandelanleihe durch einen Anspruch auf Abschluss eines Zeichnungsvertrags hinsichtlich junger Aktien. Rechtsfolgenseitig treten mit Wirkung für die Zukunft gleichzeitig eine Rechtsgrundänderung hinsichtlich des zugrunde liegenden Rechtsverhältnisses und eine Umwidmung der ursprünglichen Barzahlung auf die Anleihe in eine Einlageleistung auf die jungen Aktien ein. Eine selbstständige Einlageschuld hinsichtlich der jungen Aktien entsteht damit zu keinem Zeitpunkt. Konkludent gibt der Wandelanleihegläubiger zudem mit der Gestaltungserklärung noch eine weitere Willenserklärung auf Abschluss eines Zeichnungsvertrags ab. Konträr hierzu handelt es sich bei dem Wandlungsrecht aus dem GmbH-rechtlichen Wandeldarlehen nach unangefochtener Meinung um ein auf schuldrechtlicher Basis eingeräumtes Bezugsrecht auf junge Geschäftsanteile der Gesellschaft, dessen sonstige Rechtswirkungen ausschließlich dem zugrunde liegenden Schuldverhältnis – gegebenenfalls der entsprechend gestalteten Satzung – entspringen sollen. Dementsprechend bedürfe es zwingend noch der schuldrechtlichen Gestaltung hinsichtlich des Erlöschens des Rückzahlungsanspruchs aus dem Darlehen und der Einlageleistung hinsichtlich der jungen Geschäftsanteile.

Auch hat diese unterschiedliche Einordnung der Rechtsnatur des Wandlungsrechts Folgen für die Betrachtung des Finanzierungsinstruments des GmbH-rechtlichen Wandeldarlehens. Denn aus der dargestellten unangefochtenen Meinung folgt zwingend, dass es sich bei dem GmbH-rechtlichen Wandeldarlehen um ein aus verschiedenen schuldrechtlichen Bausteinen zusammengesetztes Finanzierungsinstrument handelt.[230] Neben dem Darlehen beinhaltet

230 *Klingberg* in FS Westermann, 1087, 1124.

dieses insbesondere noch das Wandlungsrechts. Im Falle der nichtigen Vereinbarung des nach dieser Ansicht separat eingeräumten schuldrechtlichen Equity Kickers ist, entsprechend der Regelung der Teilnichtigkeit gemäß § 139 BGB, grundsätzlich auch das zugrunde liegende Darlehen nichtig. Denn nach dem mutmaßlichen Parteiwillen ist gerade nicht anzunehmen, dass eine der Parteien im Falle der Kenntnis der Nichtigkeit des schuldrechtlichen Wandlungsrechts an dem Darlehen in seiner Restform (insbesondere im Hinblick auf die Höhe des Fremdkapitalzinses und der zumindest in Venture Capital-Finanzierung typischerweise erforderlichen Wandlung mangels Liquidität)[231] festgehalten hätte. Dagegen wird die aktienrechtliche Wandelanleihe als einheitliches Finanzierungsinstrument behandelt, bei welchem das Wandlungsrecht gesetzesimmanenter Bestandteil der Anleihe ist. Eine Nichtigkeit der (gesamten) aktienrechtlichen Wandelanleihe kann zumindest nicht aus einer Teilnichtigkeit des Konstrukts des Wandlungsrechts resultieren, da dieses gerade gesetzesimmanent ist und sich dessen Rechtsfolgen nicht aus einem – für die Anwendung von § 139 BGB aber zwingend erforderlichen – schuldrechtlichen Rechtsgeschäft, sondern unmittelbar aus dem Gesetz ergeben.

Die Absicherung des Wandlungsrechts der aktienrechtlichen Wandelanleihe erfolgt regelmäßig – aber nicht zwingend – durch die Schaffung eines gesetzlich hierfür explizit vorgesehenen bedingten Kapitals. Konträr hierzu sind zur vergleichbaren Absicherung des Wandlungsrechts aus dem GmbH-rechtlichen Wandeldarlehen aufwändige schuldrechtliche Hilfskonstruktionen – selbst bei der Vereinbarung eines genehmigten Kapitals – erforderlich.

Zur Schaffung der jungen Aktien wird bei der aktienrechtlichen Wandelanleihe eine Barkapitalerhöhung durchgeführt, bei der von Gesetzes wegen die ursprüngliche Barzahlung auf die Anleihe in eine Einlageleistung auf die jungen Aktien umgewidmet wird. Konträr hierzu bedarf es nach der unangefochtenen Meinung im Schrifttum bei dem GmbH-rechtlichen Wandeldarlehen erneut schuldrechtlicher Hilfskonstruktionen, um eine regelmäßig nicht interessengerechte Sachkapitalerhöhung durch die Einlage der Rückzahlungsforderung aus dem Wandeldarlehen zu vermeiden.

Trotz dieser erheblichen (inhaltlichen) Unterschiede verfolgen beide Finanzierungsinstrumente das identische Ziel: die schuldrechtliche Stellung des Kreditgebers als Gläubiger der Gesellschaft soll vollständig durch eine mitgliedschaftliche Beteiligung an der Gesellschaft ersetzt werden. Dieses Ziel soll durch die Ausübung des für beide Finanzierungsinstrumente charakteristischen

231 Zum Regelfall der Wandlung siehe oben § 2 B II. 2, S. 36 f.

Wandlungsrechts erreicht werden, indem der Rückzahlungsanspruch aus der Fremdkapitalkomponente aufgegeben und, vergleichbar zum gesetzlichen Bezugsrecht gemäß beziehungsweise analog[232] § 186 Abs. 1 S. 1 AktG, ein Anspruch auf den Erwerb der Mitgliedschaft in der Gesellschaft eingeräumt wird. Letztlich soll lediglich der Mechanismus zur Einräumung der Mitgliedschaft bei beiden Finanzierungsinstrumenten unterschiedlich ausgestaltet sein.

B. Sinngemäße Anwendung der Rechtsfigur der (atypischen) Ersetzungsbefugnis aus der aktienrechtlichen Wandelanleihe auf das GmbH-rechtliche Wandeldarlehen

Warum aber soll der Mechanismus zur Einräumung der Mitgliedschaft durch den Umtausch von Fremd- in Eigenkapital bei der aktienrechtlichen Wandelanleihe und dem GmbH-rechtlichen Wandeldarlehen derart unterschiedlich ausgestaltet sein? Kann das Konstrukt des Wandlungsrechts aus der aktienrechtlichen Wandelanleihe als (atypische) Ersetzungsbefugnis mitsamt seinen Rechtswirkungen nicht auch auf das Wandlungsrecht des GmbH-rechtlichen Wandeldarlehens übertragen werden? Ist diese Rechtsfigur der (atypischen) Ersetzungsbefugnis für das Wandlungsrecht nicht nur dem Aktiengesetz, sondern auch dem GmbH-Gesetz bereits immanent?

I. Anerkannte und umstrittene Analogien

Im Folgenden werden zunächst anerkannte und umstrittene Anwendungsbereiche beziehungsweise Analogien im Hinblick auf das Konstrukt des Wandlungsrechts aus der aktienrechtlichen Wandelanleihe als (atypische) Ersetzungsbefugnis samt deren Rechtsfolgen dargestellt. Zentraler Anknüpfungspunkt für sämtliche hiermit geführten Diskussionen ist die analoge beziehungsweise sinngemäße Anwendung von § 194 Abs. 1 S. 2 AktG, wonach der Umtausch von Schuldverschreibungen gegen Bezugsaktien nicht als Sacheinlage gilt. Die diesbezüglich gewonnenen Erkenntnisse könnten gegebenenfalls auch für das Wandlungsrecht des GmbH-rechtlichen Wandeldarlehens fruchtbar gemacht werden.

232 Siehe unten § 4 E, S. 160 ff.

1. *Analoge Anwendung der Rechtsfigur der (atypischen) Ersetzungsbefugnis auf das Finanzierungsinstrument des Wandelgenussrechts im Aktienrecht*

Naheliegend erscheint eine Übertragung der Rechtsfigur der (atypischen) Ersetzungsbefugnis aus der aktienrechtlichen Wandelanleihe auf ein mit einem bedingten Kapital abgesichertes Wandelgenussrecht im Aktienrecht. Zunächst soll hierbei auf den speziellen Begriff des Wandelgenussrechts und den allgemeinen Begriff des Genussrechts eingegangen werden, da beide über vorliegendes Kapitel hinaus auch für die weitere Untersuchung von grundlegender Bedeutung sind.

a) Begrifflichkeit

Unter einem Wandelgenussrecht wird ein mit einem Wandlungsrecht ausgestaltetes Genussrecht verstanden.[233] Einschränkend sollen dem Begriff im Rahmen dieser Untersuchung nur gegen Bargeld ausgegebene Wandelgenussrechte unterfallen.[234]

Der grundlegende Begriff des Genussrechts wird undefiniert vom Gesetz in § 221 Abs. 3 AktG vorausgesetzt. Jedoch besteht eine weitgehende Übereinstimmung in Rechtsprechung und Literatur in der grundlegenden Definition, allerdings ohne dabei den Anwendungsbereich abschließend bestimmt zu haben.[235] Ein Genussrecht ist ein auf schuldrechtlicher Basis eingeräumtes Recht mit vermögensrechtlichem Inhalt, welches ohne Einräumung einer mitgliedschaftlichen Stellung typischerweise auch einem Gesellschafter eingeräumt werden könnte.[236] Maßgebliche Kriterien sind im Verhältnis zur Gesellschaft die schuldrechtliche Beziehung und im Verhältnis zu den Gesellschaftern die vermögensrechtliche Konkurrenz.[237] Typische Elemente eines Genussrechts sind das Recht auf Beteiligung am Gewinn und/oder am Liquidationserlös der Gesellschaft

---

233 *Fuchs* in MüKo AktG, § 192 Rn. 47; *Habersack* in MüKo AktG, § 221 Rn. 40; *Hüffer/Koch* AktG, § 192 Rn. 10.

234 Zum unterschiedlich zu bewertenden insolvenzrechtlichen Sachverhalt der Verwendung von Wandelgenussrechten als Sanierungsinstrument, in welchem die Wandelgenussrechte gegen die Einbringung bereits bestehender Kreditforderungen ausgegeben werden, vgl. Stadler, NZI 2003, 579, 579 ff. (insb. 583 f.), und *Meilicke*, DB 1995, 1061.

235 Vgl. die ausführliche Darstellung in *Rid-Niebler*, Genussrechte als Instrument zur Eigenkapitalbeschaffung über den organisierten Kapitalmarkt für die GmbH, S. 3.

236 *Hüffer/Koch AktG*, § 221 Rn. 25; *Seibt* in Scholz GmbHG, § 14 Rn. 67; *K. Schmidt*, Gesellschaftsrecht, S. 521; *Schön*, JZ 1993, 925, 926; *Sethe*, AG 1993, 293, 297.

237 *Schön*, JZ 1993, 925, 926.

sowie Benutzungs- oder Bezugsrechte.[238] In letzterem Fall kann auch von einem Genussrecht mit Aktienbezugsrecht oder einem „Equity-Linked-Genussrecht“ gesprochen werden, da ein solch eigenkapitalähnliches Genussrecht dem begünstigten Gläubiger die Möglichkeit einer späteren Mitgliedschaft im Verband durch die Übernahme von formalem Eigenkapital der Gesellschaft einräumt.[239] Somit stellt das Wandelgenussrecht gleichzeitig auch ein Equity-Linked-Genussrecht dar.

Hinsichtlich der Reichweite von § 221 Abs. 3 AktG ist mittels einer schutzzweckorientierten Auslegung der Norm zu beachten, dass der Begriff des Genussrechts im Sinne des § 221 Abs. 3 AktG letztlich alle Finanzierungsformen erfasst, welche die mitgliedschaftliche Sphäre der Aktionäre auch nur berührt.[240] Potentiell sind damit alle sonstigen Finanzierungsinstrumente erfasst, die strukturell zwischen der Aktie und der reinen Obligation angesiedelt werden können.[241] Einer solchen weiten Begriffsbestimmung wird auch die historische Auslegung des Genussrechtsbegriffs gerecht, da bereits der historische Gesetzgeber bei dem Entwurf der Vorgängernorm des heutigen § 221 AktG, dem § 194 AktG 1937, in seinen erläuternden Bemerkungen zum Entwurf eines Gesetzes über Aktiengesellschaften und Kommanditgesellschaften auf Aktien von 1930 wie auch im überarbeiteten Entwurf von 1931 den Begriff der „Genußscheine“ als „Zwischenformen von Aktien und Schuldverschreibungen“ gesehen und von einer näheren Begriffsbestimmung aufgrund einer hiervon gegebenenfalls hemmenden Wirkung bewusst abgesehen hat.[242] Eine Einengung des

---

238 *Seibt* in Scholz GmbHG, § 14 Rn. 67; *Lutter*, Genussrechtsfragen, ZGR 2003, 291, 305; *Fuchs*, Aktienoptionen für Führungskräfte und bedingte Kapitalerhöhung, DB 1997, 661, 665.

239 Allg. zum Begriff der Equity-Linked-Finanzierungsinstrumente vgl. Fischer, Convertible Bonds und Exchangeables, S. 34 ff.; *Madjlessi/Leopold* in Habersack/Mülbert/Schlitt, § 11 Rn. 1 und 3; *Schäfer*, ZGR Sonderheft 16/2000, 62, 63; *Sickinger/Kuthe* in Schüppen/Schaub, § 33 Rn. 50; *Müller-Eising* in Eilers/Rödding/Schmalenbach, Unternehmensfinanzierung, D Rn. 67.

240 *Habersack* in MüKo AktG, § 221 Rn. 20; *Hirte* in Großkomm. AktG, § 221 Rn. 323; *Merkt* in K. Schmidt/Lutter AktG, § 221 Rn. 12.

241 *Hirte* in Großkomm. AktG, § 221 Rn. 10.

242 Ausführlich heißt es in den erläuternden Bemerkungen zu § 194 Abs. 2 AktG (Entwurf v. 1930 und 1931): „Von einer besonderen Regelung der sonstigen Zwischenformen von Aktien und Schuldverschreibungen, also insbesondere von Gewinn-Schuldverschreibungen, Genußscheinen, Genußaktien sieht der Entwurf ab. Sie sind ihrer Ausgestaltung und ihrem Zwecke nach derart mannigfaltig und ihre weitere Entwicklung ist noch so sehr im Fluß, daß eine ins einzelne gehende Regelung auf

Begriffs war somit historisch gesehen gerade nicht gewollt. Dieser weiten Auffassung des Genussrechts wird auch die heutige Lesart von § 221 Abs. 3 AktG in Abgrenzung zu § 221 Abs. 1 S. 1 AktG gerecht, wonach Absatz 3 als Auffangtatbestand alle „sonstigen", nicht von Absatz 1 erfassten Genussrechte enthält.[243]

Neben den Wandel- und Gewinnschuldverschreibungen nach § 221 Abs. 1 S. 1 AktG unterfallen auch Teilgewinnabführungsverträge gemäß § 292 Abs. 1 Nr. 2 AktG nicht dem Anwendungsbereich von § 221 Abs. 3 AktG.[244] Ein Genussrecht gewährt auch keine mitgliedschaftlichen Teilhabe- beziehungsweise Verwaltungsrechte, wobei diese in engen Grenzen zusätzlich schuldrechtlich nachbildet werden können.[245] Von einem Genussschein wird gesprochen, soweit das Genussrecht in einer Urkunde verbrieft wird.[246]

b) Meinungsstand

Ausgangspunkt des juristischen Meinungsstreits ist die Frage, ob es einer Sacheinlageprüfung bei einem mit bedingtem Kapital abgesicherten Wandelgenussrechts im Aktienrecht bedarf oder eine solche gegebenenfalls analog § 194 Abs. 1 S. 2 AktG entfällt. Problematisch ist dabei, dass § 194 Abs. 1 S. 2 AktG seinem Wortlaut nach lediglich auf aktienrechtliche Wandelanleihen zugeschnitten ist.

Zunächst ist aber festzuhalten, dass nach herrschender Meinung ein bedingtes Kapital für sämtliche, ein Umtausch- oder Bezugsrecht gewährende und von dem Anwendungsbereich des § 221 AktG erfassten Finanzierungsinstrumente

---

diesem Gebiet nur hemmend wirken könnte. Ihre Ausgestaltung bleibt daher einstweilen zweckmäßig der Praxis überlassen. Aus diesem Grunde ist auch von einer Begriffsbestimmung für Genußscheine abgesehen. [...] Hiermit wird dem Umstande Rechnung getragen, daß die Ausgabe derartiger Papiere die Rechte der Aktionäre erheblich beeinflussen kann."; abgedruckt in Schubert, Quellen zur Aktienrechtsreform der Weimarer Republik, Band 2, S. 966 f., und in Schubert/Hommelhoff, Die Aktienrechtsreform am Ende der Weimarer Republik, S. 929. In der nach Machtergreifung der Nationalsozialisten letztlich in Kraft getretenen Fassung des Aktiengesetzes von 1937 schweigt sich die amtliche Begründung zu § 174 AktG 1937 zum Begriff des Genussrechts aus; abgedruckt in Klausing, Gesetz über Aktiengesellschaften und Kommanditgesellschaften auf Aktien Aktien-Gesetz, nebst Einführungsgesetz und „amtlicher Begründung", S. 155 f.

243 *Habersack* in FS Nobbe, 539, 557.

244 *Habersack* in FS Nobbe, 539, 544.

245 *Golland/Gehlhaar/Grossmann/Eickhoff-Kley/Jänisch*, Mezzanine-Kapital, BB-Special 4/2005, S. 18; *Schwaiger* in Beck'sches Hdb. GmbH, § 7 Rn. 227.

246 *Schwintowski* in Handbuch des Aktienrechts, § 6 Rn. 18.

geschaffen werden kann.[247] Die grundsätzlich abschließende Aufzählung der für die Schaffung eines bedingten Kapitals zulässigen Zwecke gemäß § 192 Abs. 2 AktG ist über den Wortlaut der Norm hinaus nicht nur „zur Gewährung von Umtausch- oder Bezugsrechten an Gläubiger von Wandelschuldverschreibungen", sondern auf sämtliche, ein Umtausch- oder Bezugsrecht gewährende und von dem Anwendungsbereich des § 221 AktG erfassten Finanzierungsinstrumente zu erweitern.[248] Denn einer sachlichen Rechtfertigung für den im Rahmen des bedingten Kapitals automatisch eingreifenden Bezugsrechtsausschluss hinsichtlich der jungen Aktien bedarf es nicht, da die Aktionäre bereits zuvor durch ein gesetzliches Bezugsrecht bei der Ausgabe von unter § 221 AktG fallende Finanzierungsinstrumente gemäß § 221 Abs. 4 S. 1 AktG hinreichend geschützt werden.[249] Damit ist der Anwendungsbereich des bedingten Kapitals gemäß §§ 192 ff. AktG generell für aktienrechtliche Wandelgenussrechte eröffnet.

In der Sache wendet die herrschende Meinung § 194 Abs. 1 S. 2 AktG zumindest analog auf Wandelgenussrechte ohne Verlustbeteiligung, das heißt Wandelgenussrechte mit einem verlustunabhängigen Rückzahlungsanspruch auf einen festen Geldbetrag vergleichbar zu demjenigen der Wandelanleihe, an.[250] Ungeschriebene Voraussetzung für die in der Norm geregelte Nichtanwendbarkeit der Sacheinlagevorschriften ist dabei eine Ausgabe des Finanzierungsinstruments gegen Barzahlung der Fremdkapitalkomponente.[251] Eine unterschiedliche Behandlung zur aktienrechtlichen Wandelanleihe sei dann nicht gerechtfertigt, da der Unterschied der beiden Finanzierungsinstrumente letztlich nur in einer gewinnabhängigen statt einer festen Verzinsung liege.[252] Die gesetzgeberische Intention, mit § 194 Abs. 1 S. 2 AktG die Begebung von Wandelanleihen durch die Vermeidung einer aufwändigen Bewertung der Rückzahlungsforderung zum Umwandlungszeitpunkt zu erleichtern, sei auf mit der Wandelanleihe vergleichbare, wandelbare und gegen Barzahlung ausgegebene, Finanzierungsinstrumente übertragbar.[253]

---

247 *Fuchs* in MüKo AktG, § 192 Rn. 33, 38 und 47; *Hüffer/Koch* AktG, § 192 Rn. 9 f.; *Rieckers* in Spindler/Stilz AktG, § 192 Rn. 28 f.; teilweise wird die Einzelanalogie eingeschränkt auf Fremdfinanzierunginstrumente vergleichbar zu den Wandel- und Optionsanleihen.

248 Siehe Angaben in vorheriger Fn. 247.

249 *Fuchs* in MüKo AktG, § 192 Rn. 33.

250 *Fuchs* in MüKo AktG, § 194 Rn. 11; *Habersack* in MüKo AktG, § 221 Rn. 243; *Hüffer/Koch* AktG, § 194 Rn. 4a; *Frey* in Großkomm. AktG, § 194 Rn. 77.

251 *Fuchs* in MüKo AktG, § 194 Rn. 11.

252 *Fuchs* in MüKo AktG, § 194 Rn. 11.

253 *Habersack* in MüKo AktG, § 221 Rn. 230; *Merkt* in K. Schmidt/Lutter AktG, § 221 Rn. 28; zum gesetzgeberischen Zweck von § 194 Abs. 1 S. 2 AktG siehe bereits oben § 3 A I. 4, S. 52 f.

Umstritten ist dagegen die analoge Anwendung von § 194 Abs. 1 S. 2 AktG auf Wandelgenussrechte mit Verlustbeteiligung. Eine Ansicht verneint eine solche Analogie, weil bei Wandelgenussrechten mit Verlustbeteiligung die Werthaltigkeit der Rückzahlungsforderung im Zeitpunkt der Wandlung weder im Bestand noch der Höhe nach sichergestellt sei.[254] Die Norm privilegiere die Wandelanleihe jedoch nur, weil sie gerade pauschal von dieser Prämisse der Werthaltigkeit des Rückzahlungsanspruchs im Zeitpunkt der Wandlung ausgehe.[255] Eine einschränkende Auffassung dieser Ansicht fordert zusätzlich, dass eine Analogie nur dann ausscheide, sofern sich tatsächlich ein Verlust im Zeitpunkt der Wandlung realisiert hat.[256] Dagegen bejaht die Gegenauffassung eine analoge Anwendung auch bei Wandelgenussrechten mit Verlustbeteiligung, weil die Norm die Begebung von Wandelanleihen unabhängig von der Wertentwicklung der Rückzahlungsforderung erleichtern solle.[257] Das Insolvenzrisiko der Gesellschaft und somit auch die Wertlosigkeit der Rückzahlungsforderung gegen die Gesellschaft werde von der Norm bewusst in Kauf genommen, sofern nur eine (werthaltige) Bareinzahlung im Zeitpunkt der Ausgabe der Wandelanleihe erfolgt sei.[258]

c) Stellungnahme

Im Ergebnis ist der Ansicht von der analogen Anwendung von § 194 Abs. 1 S. 2 AktG auf sämtliche mit einem bedingten Kapital abgesicherten und gegen Barzahlung ausgegebenen Wandelgenussrechte unabhängig von der Verlustbeteiligung zuzustimmen.

Zunächst ist allerdings hervorzuheben, dass nach herrschender Meinung § 194 Abs. 1 S. 2 AktG selbst für die mit der Norm originär erfasste Wandelanleihe lediglich einen deklaratorischen Regelungsgehalt aufweist.[259] Denn bereits

---

254 *Hüffer* AktG, 10. Auflage, § 194 Rn. 4; *Drygala*, WM 2011, 1637, 1642; *Krieger* in Münch Hdb GftR AG, 3. Auflage, § 57 Rn. 24; *Lutter* in KK-AktG, § 194 Rn. 7.

255 *Drygala*, WM 2011, 1637, 1642.

256 *Fuchs* in MüKo AktG, § 194 Rn. 13; *Singhof* in FS Hoffmann-Becking, 1163, 1179.

257 *Frey* in Großkomm. AktG, § 194 Rn. 79 ff.; *Gleske/Ströbele*, CFL 2012, 49, 56; *Groß* in Marsch-Barner/Schäfer, § 51 Rn. 8d; *Habersack* in MüKo AktG, § 221 Rn. 244; *Hirte* in Großkomm. AktG, § 221 Rn. 216; *Hüffer/Koch* AktG, § 194 Rn. 4a; *Rieckers* in Spindler/Stilz AktG, § 194 Rn. 11a; *Scholz* in Münch Hdb GftR AG, § 58 Rn. 49.

258 *Habersack* in MüKo AktG, § 221 Rn. 244; *Hüffer/Koch* AktG, § 194 Rn. 4a; *Rieckers* in Spindler/Stilz AktG, § 194 Rn. 11a.

259 Zu Nachweisen siehe Fn. 141. Zur ausnahmsweise konstitutiven Rechtswirkung bei Optionsanleihen mit Inzahlungnahme der Anleihe bzw. Optionsanleihen zur Verrechnung siehe unten § 3 B I. 2, S. 82 ff.

aus der Rechtsnatur des Wandlungsrechts der aktienrechtlichen Wandelanleihe als (atypische) Ersetzungsbefugnis ergibt sich, dass die Umwandlung des Fremdkapitals in Eigenkapital infolge einer Bar- und nicht infolge einer Sachkapitalerhöhung durchgeführt wird.[260] Dem Konstrukt des Wandlungsrechts aus der aktienrechtlichen Wandelanleihe – mit seinem zugrunde gelegten Gedanken der Voreinzahlung der Bareinlage – entsprechend, wird bei Ausübung des Wandlungsrechts die ursprünglich in bar gezahlte Summe auf die Anleihe konsequent in eine Bareinlage auf die jungen Aktien umgewidmet.[261] Eine Barkapitalerhöhung ist demnach bei Annahme der (atypischen) Ersetzungsbefugnis für dic aktienrechtliche Wandelanleihe zwingend. Gegen diese Tatsache spricht auch nicht der fiktiv formulierte Wortlaut von § 194 Abs. 1 S. 2 AktG, da dieser – wie der gesamte Wortlaut der Norm – missraten ist. Sofern die lediglich deklaratorische Vorschrift überhaupt eine Existenzberechtigung hat,[262] müsste zumindest der Wortlaut der Vorschrift inhaltlich dergestalt formuliert sein, dass die Ersetzung des Rückzahlungsanspruchs aus einer gegen Barzahlung ausgegebenen Wandelanleihe durch den Anspruch auf Abschluss eines Zeichnungsvertrags keine Sacheinlage „*ist*" (und nicht als solche fiktiv „*gilt*").

Dies vorausgeschickt kann in dem wissenschaftlichen Diskurs um die analoge Anwendung von § 194 Abs. 1 S. 2 AktG auf Wandelgenussrechte (unabhängig von einer etwaigen Verlustbeteiligung) letztlich nur die Diskussion um die generelle Übertragung des Konstrukts des Wandlungsrechts aus der aktienrechtlichen Wandelanleihe auf Wandelgenussrechte allgemein gesehen werden. Denn zum einen bedarf es der Übertragung des lediglich deklaratorischen Regelungsgehalts der Norm bereits bei der Wandelanleihe nicht und zum anderen soll im Ergebnis eine für das Konstrukt des Wandlungsrecht als (atypische) Ersetzungsbefugnis bereits gesetzesimmanente Rechtsfolge übertragen werden: die Umwidmung der Barzahlung auf die Anleihe in eine Bareinlage auf die jungen Aktien.[263] Entsprechend dem Schutzzweck der Norm wird bei dem Konstrukt des Wandlungsrechts aus der aktienrechtlichen Wandelanleihe als (atypische) Ersetzungsbefugnis

260 Zum Konstrukt des Wandlungsrechts aus der aktienrechtlichen Wandelanleihe siehe oben § 3 A I. 2. d), S. 45 ff.

261 Zu Nachweisen zum Gedanke der Voreinzahlung der Bareinlage siehe Fn. 139.

262 Zum ausnahmsweise konstitutiven Charakter der Norm siehe unten § 3 B I. 2, S. 82 ff.

263 Vgl. insb. *Lutter* in KK-AktG, § 194 Rn. 4, welcher diese Verknüpfung der Ausnahmeregelung mit dem Konstrukt des Wandlungsrechts aus der aktienrechtlichen Wandelanleihe durch die „Qualifizierung der Wandlung als Umwidmung" am deutlichsten anspricht.

zugunsten deren Praxistauglichkeit und Funktionsfähigkeit von dem Grundsatz der effektiven Kapitalaufbringung eine Ausnahme gemacht.[264] Im Übrigen ist die gesetzessystematische Verortung dieser Diskussion im Rahmen des bedingten Kapitals verfehlt, da – wie bereits zuvor dargelegt – die aktienrechtliche Wandelanleihe nicht zwingend mit einem bedingten Kapital abgesichert werden muss und die Rechtsnatur des Wandlungsrechts der aktienrechtlichen Wandelanleihe auch unabhängig vom bedingten Kapital bestimmt wird.[265]

Inhaltlich ist der Übertragung des Konstrukts des Wandlungsrechts aus der aktienrechtlichen Wandelanleihe auf sämtliche gegen Barzahlung ausgegebene Wandelgenussrechte (unabhängig von einer etwaigen Verlustbeteiligung) zuzustimmen. Zunächst ist hierbei der identische Wandlungsmechanismus von (gegen Barzahlung abgeschlossenen) Wandelanleihen und Wandelgenussrechten hervorzuheben.[266] Bei beiden Finanzierungsinstrumenten wird zunächst aufgrund des bestehenden Rechtsverhältnisses ein bestimmter Geldbetrag an die Gesellschaft gezahlt und ein entsprechender Rückzahlungsanspruch des Kreditgebers entsteht. Durch die Ausübung des Wandlungsrechts soll bei beiden Finanzierungsinstrumenten der Rückzahlungsanspruch durch einen Anspruch auf Einräumung der begehrten Mitgliedschaft ersetzt werden. Auch der Gedanke der Voreinzahlung der Bareinlage greift bei beiden Finanzierungsinstrumenten, da die ursprünglich in bar geleistete Zahlung auf die Anleihe in eine Bareinlage auf die jungen Aktien umgewidmet wird. Somit ist auch einem gegen Barzahlung ausgegebenen Wandelgenussrecht aufgrund dessen Wandlungsmechanismus von Gesetzes wegen eine Barkapitalerhöhung zugrunde gelegt. Zudem kann der hinter § 194 Abs. 1 S. 2 AktG stehende gesetzgeberische Zweck der erleichterten Ausgabe und der damit einhergehenden Sicherstellung der Praxistauglichkeit und Funktionsfähigkeit der Wandelanleihe auch für Wandelgenussrechte fruchtbar gemacht werden.[267] Im Ergebnis ist folglich auch die Übertragung des Konstrukts des Wandlungsrechts aus der aktienrechtlichen Wandelanleihe mitsamt seinen gesetzlich zugrunde gelegten Rechtsfolgen – insbesondere der Umwidmung der ursprünglichen Barzahlung der Fremdkapitalkomponente in eine

264 Zu Nachweisen zum Schutzzweck von § 194 Abs. 1 S. 2 AktG siehe Fn. 140.

265 Zu den Absicherungsmöglichkeiten siehe oben § 3 A I. 3, S. 50 ff.; zur Rechtsnatur des Wandlungsrechts aus der aktienrechtlichen Wandelanleihe siehe oben § 3 A I. 2, S. 42 ff.; zur systematisch falschen Einordnung der Norm siehe ferner unten § 3 B I. 3, S. 86 ff.

266 Zum Konstrukt des Wandlungsrechts aus der aktienrechtlichen Wandelanleihe siehe oben § 3 A I. 2. d), S. 45 ff.

267 Zu Nachweisen zum Schutzzweck von § 194 Abs. 1 S. 2 AktG siehe Fn. 140.

Bareinlage auf junge Aktien und die damit gerade in § 194 Abs. 1 S. 2 AktG zum Ausdruck kommende Barkapitalerhöhung – für sämtliche, gegen Barzahlung ausgegebene Wandelgenussrechte verallgemeinerungsfähig.

Dagegen kommt es inhaltlich auf eine Wertbeständigkeit der Fremdkapitalkomponente bis zur Ausübung des Wandlungsrechts gerade nicht an, da ansonsten bereits die Wandelanleihe und folglich – nach der gesetzlich parallel aufgebauten Systematik zu §§ 192 Abs. 2 Nr. 1, 194 Abs. 1 S. 2 AktG – auch der Anwendungsbereich von § 221 AktG diesbezüglich einzuschränken wäre. Dies ist allerdings weder dem Wortlaut von § 221 Abs. 1 S. 1 Var. 1 AktG hinsichtlich der Wandelanleihe, noch dem Wortlaut von § 221 Abs. 3 AktG hinsichtlich des Genussrechts zu entnehmen.[268] Da die Unterschiede von Wandelanleihe und Wandelgenussrecht folglich nicht im Wandlungsmechanismus, sondern regelmäßig nur in den Nebenbestimmungen – wie insbesondere der erfolgsabhängigen statt festen Verzinsung –[269] liegen, ist eine unterschiedliche Behandlung der beiden Finanzierungsinstrumente nicht gerechtfertigt. Zudem steht dieses Verständnis von der inhaltlichen Erweiterung des Anwendungsbereich der Norm auf Wandelgenussrechte auch mit der derzeitigen gesetzgeberischen Entwicklungen in Einklang, da mit der Aktienrechtsnovelle 2016 unter anderem eine explizite Erweiterung der Anwendungsbereiche von §§ 221 Abs. 1 S. 1, 192 Abs. 1 und Abs. 2 Nr. 1 AktG auch auf „umgekehrte" Wandelanleihen, das heißt mit einem Umtauschrecht der Gesellschaft ausgestattete Wandelanleihen, vorgenommen worden sind.[270] In der Sache handelt es sich bei den diesbezüglichen Änderungen durch die Aktienrechtsnovelle 2016 allerdings nur um eine Klarstellung, da auch vor der Aktienrechtsnovelle die „umgekehrte" Wandelanleihe und im Übrigen auch sonstige Sonderformen, wie beispielsweise Pflichtwandelanleihen (sog. „mandatory convertibles"), bedingte Pflichtwandelanleihen (sog. „contingent convertibles") und Anleihen mit Tilgungswahlrecht des Emittenten, bereits *de lege lata* in die Anwendungsbereiche von §§ 221 Abs. 1 S. 1, 192 Abs. 2 Nr. 1 und 194 Abs. 1 S. 2 AktG fielen.[271]

268 Allg. zum Anwendungsbereich von § 221 AktG siehe unten § 4 C I. 1. b), S. 109 ff.

269 Zu Nachweisen siehe Fn. 252.

270 Siehe erweiterten Wortlaut entsprechend Nummern 20 und 24 des Gesetzes zur Änderung des Aktiengesetzes vom 22.12.2015 (Aktienrechtsnovelle 2016), Bundesgesetzblatt Teil I 2015, Nr. 55 vom 30.12.2015, 2565, 2566.

271 *Bader*, AG 2014, 472, 478 und 480; *Habersack* in MüKo AktG, § 221 Rn. 52 und 52a.

d) *Zwischenergebnis*

Im Ergebnis ist der Ansicht von der analogen Anwendung von § 194 Abs. 1 S. 2 AktG auf mit einem bedingten Kapital abgesicherte und gegen Barzahlung ausgegebene Wandelgenussrechte unabhängig von derer Verlustbeteiligung zuzustimmen. Aufgrund des lediglich deklaratorischen Charakters der Norm geht es in der Sache allerdings um die Übertragung des Konstrukts des Wandlungsrechts aus der aktienrechtlichen Wandelanleihe – letztlich der (atypischen) Ersetzungsbefugnis – auf sämtliche, gegen Barzahlung ausgegebene und von § 221 Abs. 3 AktG erfasste, Wandelgenussrechte. Gerechtfertigt ist die Übertragung insbesondere aufgrund der gebotenen Gleichbehandlung der sich im Hinblick auf den Wandlungsmechanismus konzeptionell nicht unterscheidenden Finanzierungsinstrumente, der *ratio legis* von der erleichterten Ausgabe zu Gunsten der Praxistauglichkeit und Funktionsfähigkeit von wandelbaren Finanzierungsinstrumenten sowie der vergleichbaren Gefährdungslage der Gläubiger im Hinblick auf den Grundsatz der effektiven Kapitalaufbringung. Entsprechendes gilt auch für Pflichtwandelanleihen, bedingte Pflichtwandelanleihen und Anleihen mit Tilgungswahlrecht des Emittenten.

2. *Analoge Anwendung von § 194 Abs. 1 S. 2 AktG auf Optionsanleihen mit Inzahlungnahme und Optionsanleihen zur Verrechnung*

Des Weiteren wird die analoge Anwendung von § 194 Abs. 1 S. 2 AktG auch auf mit einem bedingten Kapital abgesicherte Optionsanleihen mit Inzahlungnahme der Anleihe und auf mit einem bedingten Kapital abgesicherte Optionsanleihen zur Verrechnung der Rückzahlungsforderung mit der Einlageschuld diskutiert.

a) *Begrifflichkeit*

Unter einer Optionsanleihe mit Inzahlungnahme der Anleihe wird eine spezielle Form der Optionsanleihe gemäß § 221 Abs. 1 S. 1 Var. 2 AktG verstanden, welche neben den zwei typischen Komponenten von der Schuldverschreibung und dem Aktienbezugsrecht noch zusätzlich eine besondere Regelung zur Tilgung des Einlagepreises der jungen Aktien beinhaltet.[272] Dabei tritt im Falle der Ausübung des Optionsrechts alternativ zum Regelfall der Barzahlung des Bezugspreises der jungen Aktien die Möglichkeit zur Inzahlungsgabe der Schuldverschreibung.[273]

---

272 Allg. zur Wandel- und Optionsanleihe siehe oben § 3 A I. 1, S. 41 ff.

273 *Merkt* in K. Schmidt/Lutter AktG, § 221 Rn. 34.

Dies bedeutet, dass die mit Optionsrechtsausübung bereits entstandene selbstständige Einlagenschuld des Gläubigers zeitlich nachfolgend durch Hingabe der Schuldverschreibung erfüllt wird.[274] Aus juristischer Sicht stellt dieser Vorgang eigentlich eine Sacheinlage aufgrund der Hingabe der Schuldverschreibung dar.[275] Im wirtschaftlichen Ergebnis ist die Optionsanleihe mit Inzahlungnahme der Anleihe jedoch mit der Wandelanleihe vergleichbar.[276]

Im Unterschied zur Optionsanleihe mit Inzahlungnahme der Anleihe sieht die Optionsanleihen zur Verrechnung eine alternative Tilgungsmöglichkeit durch Verrechnung von Einlageschuld und Rückzahlungsanspruch aus der Anleihe vor.[277] Hierfür bedarf es für den Fall der Optionsausübung entweder eines außerordentlichen Kündigungsrechts zur vorzeitigen Fälligstellung des Rückzahlungsanspruchs aus der Schuldverschreibung oder einer im Anleihevertrag bereits geregelten zeitgleichen Fälligkeit des Rückzahlungsanspruchs aus der Schuldverschreibung mit dem Bezugsrecht auf junge Aktien.[278] Streng genommen liegt auch hiermit eine verdeckte Sacheinlage vor.[279]

b) Meinungsstand

Parallel zur vorherigen Fragestellung in Bezug auf das Wandelgenussrecht ist der Ausgangspunkt des Meinungsstreits die Frage, ob es einer Sacheinlageprüfung bei einer mit bedingtem Kapital abgesicherten Optionsanleihe mit Inzahlungnahme beziehungsweise einer mit bedingtem Kapital abgesicherten Optionsanleihe zur Verrechnung im Aktienrecht bedarf oder eine solche gegebenenfalls analog § 194 Abs. 1 S. 2 AktG entfällt. Problematisch dabei ist erneut, dass § 194 Abs. 1 S. 2 AktG seinem Wortlaut nach lediglich auf eine aktienrechtliche Wandelanleihe zugeschnitten ist.

Gleichwohl wendet die herrschende Meinung § 194 Abs. 1 S. 2 AktG sowohl analog auf die mit einem bedingten Kapital abgesicherte Optionsanleihe mit Inzahlungnahme der Anleihe als auch analog auf die mit einem bedingten Kapital abgesicherte Optionsanleihen zur Verrechnung an.[280]

---

274 *Habersack* in MüKo AktG, § 221 Rn. 34; *Merkt* in K. Schmidt/Lutter AktG, § 221 Rn. 34.

275 *Habersack* in MüKo AktG, § 221 Rn. 237; *Merkt* in K. Schmidt/Lutter AktG, § 221 Rn. 38; a.A. *Lutter* in KK-AktG, § 221 Rn. 161.

276 *Merkt* in K. Schmidt/Lutter AktG, § 221 Rn. 34.

277 *Habersack* in MüKo AktG, § 221 Rn. 35; *Merkt* in K. Schmidt/Lutter AktG, § 221 Rn. 35.

278 *Habersack* in MüKo AktG, § 221 Rn. 35; *Merkt* in K. Schmidt/Lutter AktG, § 221 Rn. 35.

279 *Habersack* in MüKo AktG, § 221 Rn. 35 und 238.

280 *Broichhausen*, Zusammengesetzte Finanzierungsinstrumente der Aktiengesellschaft, S. 254 f.; *Habersack* in MüKo AktG, § 221 Rn. 237 f.; *Hirte*, WM 1994, 321, 328 f.;

Hinsichtlich der Optionsanleihe mit Inzahlungnahme der Anleihe wird angeführt, dass diese eine große wirtschaftliche und juristische Ähnlichkeit zur Wandelanleihe aufweise und bereits deshalb deren Rechtswirkungen hinsichtlich der Einlage teilen solle.[281] Auch gehe die Gefährdungslage der Gläubiger bei der Optionsanleihe mit Inzahlungnahme der Anleihe nicht über diejenige bei der Wandelanleihe hinaus, da keine stärkere Bedrohung für den Grundsatz der effektiven Kapitalaufbringung vorliege.[282] Denn die Gesellschaft habe – die gleiche Ausgestaltung der zugrunde liegenden Schuldverschreibung vorausgesetzt – bei der Ausgabe beider Finanzierungsinstrumente ursprünglich denselben Barbetrag erhalten und erwerbe im Zeitpunkt der Options- beziehungsweise Wandlungsrechtsausübung dann dieselbe Anzahl an Aktien.[283] Zudem streite auch der Schutzzweck der Norm für die Erstreckung des Anwendungsbereichs auch auf Optionsanleihen mit Inzahlungnahme der Anleihe.[284] Abweichend von der Rechtslage bei der Wandelanleihe habe § 194 Abs. 1 S. 2 AktG im Falle der analogen Anwendung auf Optionsanleihen mit Inzahlungnahme der Anleihe ausnahmsweise konstitutiven Charakter, da statt der eigentlich vorliegenden Sacheinlage in Form der Schuldverschreibung zur Tilgung der durch Optionsrechtsausübung entstandenen Einlagenschuld fiktiv eine Bareinlage anzunehmen sei.[285]

Hinsichtlich der Optionsanleihe zur Verrechnung wird angeführt, dass diese im wirtschaftlichen Ergebnis mit der Optionsanleihe mit Inzahlungnahme der Anleihe identisch sei und deshalb auch deren Rechtsfolgen teilen müsse.[286] Wenn bereits die Optionsanleihe mit Inzahlungnahme nicht als Sacheinlage analog § 194 Abs. 1 S. 2 AktG gelte, dann dürfe erst recht die Inzahlungnahme zur Verrechnung nicht als verdeckte Sacheinlage gewertet werden.[287] Konsequenterweise

---

Lutter in KK-AktG, § 221 Rn. 161 f.; *Merkt* in K. Schmidt/Lutter AktG, § 221 Rn. 38; *Schumann*, Optionsanleihen, S. 65 ff. und S. 76 ff.; a.A. *Fuchs* in MüKo AktG, § 194 Rn. 14.

281 *Habersack* in MüKo AktG, § 221 Rn. 237.

282 *Habersack* in MüKo AktG, § 221 Rn. 237; *Merkt* in K. Schmidt/Lutter AktG, § 221 Rn. 38; *Schumann*, Optionsanleihen, S. 70.

283 *Schumann*, Optionsanleihen, S. 69.

284 *Habersack* in MüKo AktG, § 221 Rn. 237; *Merkt* in K. Schmidt/Lutter AktG, § 221 Rn. 38; zu Nachweisen zum Schutzzweck von § 194 Abs. 1 S. 2 AktG siehe Fn. 140.

285 *Habersack* in MüKo AktG, § 221 Rn. 237; *Schumann*, Optionsanleihen, S. 71.

286 *Habersack* in MüKo AktG, § 221 Rn. 238.

287 *Schumann*, Optionsanleihen, S. 76.

werde dann analog § 194 Abs. 1 S. 2 AktG auch das Aufrechnungsverbot gemäß § 66 Abs. 1 S. 2 AktG und die Grundsätze über die verdeckte Sacheinlage verdrängt.[288]

c) *Stellungnahme*

Der analogen Anwendung von § 194 Abs. 1 S. 2 AktG auf gegen Barzahlung ausgegebene Optionsanleihen mit Inzahlungnahme der Anleihe und auf Optionsanleihen zur Verrechnung der Rückzahlungsforderung ist mit zuvor dargestellten Argumenten zuzustimmen. Hervorzuheben ist dabei die von der herrschenden Meinung vorgenommene wirtschaftliche beziehungsweise zweckorientierte Betrachtungsweise der Finanzierungsinstrumente, da aus juristischer Sicht gravierende Unterschiede zur aktienrechtlichen Wandelanleihe vorliegen. Denn rechtsfolgenseitig wird über die streng genommen vorliegende Sacheinlage in Form der Schuldverschreibung zur Tilgung der durch Optionsrechtsausübung erst entstandenen selbstständigen Einlagenschuld hinweggegangen. Dasselbe gilt sinngemäß für die verdeckte Sacheinlage in Form der Verrechnung von Einlagenschuld und Rückzahlungsanspruch aus der Anleihe. Im Ergebnis wird hierdurch erneut der auch dem Wandlungsrecht aus der aktienrechtlichen Wandelanleihe zugrunde liegende Gedanke der Voreinzahlung der Bareinlage auf wirtschaftlich oder zweckorientiert der Wandelanleihe vergleichbare Finanzierungsinstrumente übertragen, da unabhängig vom Wert der Anleihe beziehungsweise des Rückzahlungsanspruchs eine Ausnahme von den Grundsätzen zur effektiven Kapitalaufbringung vorgenommen wird. Ausnahmsweise kommt hierbei der eigentlich für Wandelanleihen gedachten Ausnahmevorschrift von § 194 Abs. 1 S. 2 AktG konstitutiven Inhalt zu, wodurch diese überhaupt erst einen eigenständigen Anwendungsbereich erhält.

d) *Zwischenergebnis*

§ 194 Abs. 1 S. 2 AktG ist auf gegen Barzahlung ausgegebene Optionsanleihen mit Inzahlungnahme der Anleihe und auf Optionsanleihen zur Verrechnung analog anzuwenden. Hierbei entfaltet § 194 Abs. 1 S. 2 AktG eine konstitutive Rechtswirkung, da andernfalls aufgrund der konzeptionellen Unterschiede zum Wandlungsmechanismus der Wandelanleihe eine Sacheinlage beziehungsweise eine verdeckte Sacheinlage vorliegen würde. Neben den bei der Diskussion um die

---

288 *Habersack* in MüKo AktG, § 221 Rn. 238.

analoge Anwendbarkeit von § 194 Abs. 1 S. 2 AktG auf Wandelgenussrechte bereits vorgebrachten Argumenten ist insbesondere die wirtschaftliche beziehungsweise zweckorientierte Vergleichbarkeit zur Wandelanleihe hervorzuheben.

3. Entsprechende Anwendung von § 194 Abs. 1 S. 2 AktG auf eine mit genehmigtem Kapital abgesicherte aktienrechtliche Wandelanleihe

Schlussendlich wird die entsprechende Anwendung von § 194 Abs. 1 S. 2 AktG auch bei einer mit genehmigtem Kapital abgesicherten Wandelanleihe im Aktienrecht diskutiert.

a) Problemdarstellung

Abweichend von den beiden bisherigen Konstellationen geht es bei dieser Fragestellung nicht um eine analoge Anwendung von § 194 Abs. 1 S. 2 AktG auf ein vergleichbares Finanzierungsinstrument zur aktienrechtlichen Wandelanleihe, sondern um die Bedienung des Wandlungsrechts aus der aktienrechtlichen Wandelanleihe aus einem genehmigten statt einem bedingten Kapital. Die Maßnahme der Kapitalbeschaffung unterscheidet sich.

Problematisch dabei ist, dass § 194 AktG systematisch im Unterabschnitt der bedingten Kapitalerhöhung (§§ 192 bis 201 AktG) eingegliedert ist und sich auch eine vergleichbare Norm im Unterabschnitt der genehmigten Kapitalerhöhung (§§ 202 bis 206 AktG) oder im sonstigen Aktienrecht nicht auffinden lässt.

b) Meinungsstand

Im Ergebnis bejaht eine Ansicht die entsprechende Anwendbarkeit von § 194 Abs. 1 S. 2 AktG auf mit genehmigtem Kapital abgesicherte Wandelanleihen im Aktienrecht.[289] Angeführt wird insbesondere, dass zumindest der technische Vorgang der Wandlung von Fremd- in Eigenkapital unabhängig von der gewählten Maßnahme der Kapitalbeschaffung beziehungsweise Absicherung durch

---

289 *Broichhausen*, Zusammengesetzte Finanzierungsinstrumente der Aktiengesellschaft, S. 262 f.; *Groß* in Marsch-Barner/Schäfer, § 51 Rn. 60; *Holland/Goslar*, NZG 2006, 892, 895; *Hüffer/Koch* AktG, § 194 Rn. 4a; *Lux*, Die Dogmatik des Umtausches von Wandelanleihen in Aktien, S. 309 ff.; *Schüppen/Tretter*, WPg 2012, 338, 342 f.; derart wohl auch *Seiler* in Spindler/Stilz AktG, § 221 Rn. 77. Im Hinblick auf die Parallelproblematik der mit einem genehmigten Kapital abgesicherten Optionsanleihen mit Inzahlungnahme zustimmend auch *Schumann*, Optionsanleihen, S. 79 ff. Widersprüchlich *Hirte* in Großkomm. AktG, § 205 Rn. 9 (bejahend), und *Hirte*, WM 1994, 321, 329 (verneinend).

bedingtes oder genehmigtes Kapital gleich zu werten sei.[290] Weiter gelte auch der Grundsatz der effektiven Kapitalaufbringung unabhängig von der gewählten Maßnahme der Kapitalbeschaffung.[291] Zudem sei die Schutzbedürftigkeit der Gesellschafter und Gesellschaft beim genehmigten und bedingten Kapital derart ähnlich, dass eine unterschiedliche Behandlung desselben Finanzierungsinstruments in Abhängigkeit von dessen Kapitalbeschaffungsmaßnahme für das Aktienerwerbsrecht nicht gerechtfertigt sei.[292] Zuletzt spreche auch der Schutzzweck von § 194 Abs. 1 S. 2 AktG für die entsprechende Anwendung der Norm auch bei der Verwendung eines genehmigten Kapitals.[293]

Allerdings lehnt auch eine Reihe von Autoren die entsprechende Anwendung von § 194 Abs. 1 S. 2 AktG auf mit genehmigtem Kapital abgesicherte Wandelanleihen im Aktienrecht ab.[294] Angeführt wird unter anderem, dass der Gedanke der Voreinzahlung nur bei der Ausnahmevorschrift des § 194 Abs. 1 S. 2 AktG und bei Sanierungsfällen anerkannt sei, sodass dieser nicht bei sämtlichen Maßnahmen der Kapitalerhöhung fruchtbar gemacht werden könne.[295] Im Unterschied zum genehmigten Kapital entscheide die Hauptversammlung zudem nur im Falle des bedingten Kapitals selbst über die Kapitalerhöhung und handele nur hierbei in dem besonderen Bewusstsein, dessen Durchführung faktisch in die Hände der Wandlungsberechtigten zu legen.[296]

c) *Stellungnahme*

Im Ergebnis ist der Ansicht von der entsprechenden Anwendung von § 194 Abs. 1 S. 2 AktG auf mit einem genehmigten Kapital abgesicherte Wandelanleihen im Aktienrecht zuzustimmen.

---

290 *Groß* in Marsch-Barner/Schäfer, § 51 Rn. 60; *Seiler* in Spindler/Stilz AktG, § 221 Rn. 77; *Schüppen/Tretter*, WPg 2012, 338, 342 f.

291 *Holland/Goslar*, NZG 2006, 892, 895. Im Hinblick auf die Parallelproblematik der mit einem genehmigten Kapital abgesicherten Optionsanleihen mit Inzahlungnahme zustimmend auch *Schumann*, Optionsanleihen, S. 79 ff.

292 *Holland/Goslar*, NZG 2006, 892, 895, mit missverständlichem Verweis auf *Hirte* in Großkomm. AktG, § 205 Rn. 9.

293 *Seiler* in Spindler/Stilz AktG, § 221 Rn. 77.

294 *Apfelbacher/Kopp*, CFL 2011, 21, 28 Fn. 63; *Habersack* in MüKo AktG, § 221 Rn. 230; *Hirte*, WM 1994, 321, 329; *Maier-Reimer* in GS Bosch, S. 85 Fn. 3.

295 *Apfelbacher/Kopp*, CFL 2011, 21, 28 Fn. 63.

296 *Hirte*, WM 1994, 321, 329; vgl. aber auch die diesbezüglich konträre Auffassung von *Hirte* in Großkomm. AktG, § 205 Rn. 9.

Erneut sind hierbei die Rechtsnatur des Wandlungsrechts der aktienrechtlichen Wandelanleihe als (atypische) Ersetzungsbefugnis, die daraus abzuleitende Barkapitalerhöhung und der wiederum hieraus abzuleitende deklaratorische Regelungsgehalt von § 194 Abs. 1 S. 2 AktG hervorzuheben.[297] Folglich wäre mit einer analogen Anwendung der Norm im vorliegenden Sachverhalt kein Erkenntnisgewinn zu erwarten.[298] Vielmehr dürfte es gerade im Hinblick auf die vorgenannte Verkettung bei der Diskussion letztlich um die nunmehr generelle Anerkennung des Konstrukts des Wandlungsrechts aus der aktienrechtlichen Wandelanleihe als (atypische) Ersetzungsbefugnis losgelöst von der Kapitalerhöhungsmaßnahme gehen. Diese Interpretation wird insbesondere durch die von einigen Autoren vorgenommene Anknüpfung an den technischen Vorgang der Wandlung unabhängig von der gewählten Maßnahme der Kapitalbeschaffung verdeutlicht.[299] Wieso sollte auch ein allgemein anerkanntes und vom Gesetzgeber in einem separaten Unterabschnitt zu den Maßnahmen der Kapitalbeschaffung in § 221 Abs. 1 S. 1 Var. 1 AktG geregeltes Finanzierungsinstrument inhaltliche Unterschiede in seiner konzeptionellen Struktur in Abhängigkeit von der jeweiligen Kapitalerhöhungsform aufweisen?

Sachliche Gründe für eine unterschiedliche Behandlung existieren richtigerweise nicht.[300] Zwar ist die Schutzbedürftigkeit der Gläubiger bei dem genehmigten Kapital generell höher als jene beim bedingten Kapital.[301] Allerdings ist konkret in Bezug auf das Konstrukt des Wandlungsrechts aus der aktienrechtlichen Wandelanleihe Gegenteiliges der Fall. Denn der Grundsatz der effektiven Kapitalaufbringung findet sowohl beim bedingten als auch beim genehmigten Kapital gleichfalls Anwendung und wird bei der Wandelanleihe unabhängig von der gewählten Kapitalerhöhungsform als mit der Umwandlung

297 Zum Konstrukt des Wandlungsrechts aus der aktienrechtlichen Wandelanleihe siehe oben § 3 A I. 2. d), S. 45 ff.; zur diesbezüglichen Barkapitalerhöhung siehe oben § 3 A I. 4, S. 52 ff.; zum deklaratorischen Inhalt von § 194 Abs. 1 S. 2 AktG siehe oben Fn. 141 mit Nachweisen; zur ausnahmsweise konstitutiven Rechtswirkung bei Optionsanleihen mit Inzahlungnahme der Anleihen bzw. Optionsanleihen zur Verrechnung siehe oben § 3 B I. 2, S. 82 ff.

298 Vgl. hierzu bereits oben die vergleichbare Problematik um die analoge Anwendung von § 194 Abs. 1 S. 2 AktG auf Wandelgenussrechte § 3 B I. 1. c), S. 78 ff.

299 Siehe oben Fn. 290.

300 Im Ergebnis zustimmend insb. *Holland/Goslar*, NZG 2006, 892, 895, und im Hinblick auf die Parallelproblematik der mit einem genehmigten Kapital abgesicherten Optionsanleihen mit Inzahlungnahme auch *Schumann*, Optionsanleihen, S. 81.

301 Zu den Unterschieden von genehmigtem und bedingtem Kapital – insb. dem wieder aufhebbaren Gesellschafterbeschluss – siehe oben § 3 A I. 3, S. 50 ff.

der ursprünglichen Barzahlung auf die Anleihe in eine Bareinlage auf die jungen Aktien als eingehalten anerkannt.[302] Zudem überzeugt auch das Argument von der Bewusstseinslage der Hauptversammlung über die faktische Delegation der Durchführung der Kapitalerhöhung auf Dritte nur beim bedingten Kapital nicht, da eine Bewusstseinslage ganz allgemein keine Auswirkungen auf den zwingenden Grundsatz der effektiven Kapitalaufbringung haben kann.[303]

Eine gegenteilige Auffassung lässt sich auch nicht anhand der Verortung von § 194 Abs. 1 S. 2 AktG im Unterabschnitt des bedingten Kapitals begründen, da diese Vorschrift wie bereits ausgeführt lediglich deklaratorisch ist und somit keinen für das bedingte Kapital abschließenden Regelungsgehalt beinhalten kann. Der regelmäßig mit § 194 Abs. 1 S. 2 AktG verbundene Gedanke der Voreinzahlung der Bareinlage ist sämtlichen gegen Barkapital ausgegebenen Wandelanleihen im Sinne von § 221 Abs. 1 S. 1 Var. 1 AktG immanent. Die systematische Stellung erklärt sich indes wohl mit der vom historischen Gesetzgeber präferierten Verknüpfung von bedingtem Kapital und Wandelanleihe.[304] Damit kann auch festgehalten werden, dass die systematische Stellung von § 194 Abs. 1 S. 2 AktG verfehlt ist und dessen Inhalt gesetzessystematisch besser als zusätzlicher Absatz von § 221 AktG einzugliedern wäre.

d) Zwischenergebnis

Im Ergebnis bedarf es noch nicht einmal der entsprechenden Anwendung von § 194 Abs. 1 S. 2 AktG auf mit einem genehmigten Kapital abgesicherte Wandelanleihen im Aktienrecht, da dessen Regelungsgehalt bereits dem Finanzierungsinstrument der aktienrechtlichen Wandelanleihe unabhängig von der gewählten Maßnahme der Kapitalerhöhung immanent ist. Die Diskussion dient in der Sache vielmehr der generellen Anerkennung des Konstrukts des Wandlungsrechts aus der aktienrechtlichen Wandelanleihe als (atypische) Ersetzungsbefugnis.

4. Fazit zu den anerkannten und umstrittenen Analogien

Das Konstrukt des Wandlungsrechts aus der aktienrechtlichen Wandelanleihe als (atypische) Ersetzungsbefugnis beinhaltet als zentrale Rechtsfolge die Umwidmung der ursprünglich geleisteten Barzahlung auf die Anleihe in eine Bareinlage auf die jungen Aktien. Dementsprechend liegt der aktienrechtlichen Wandelanleihe

302 Zum Konstrukt des Wandlungsrechts aus der aktienrechtlichen Wandelanleihe siehe oben § 3 A I. 2. d), S. 45 ff.

303 Siehe oben Fn. 296; zustimmend bereits *Holland/Goslar*, NZG 2006, 892, 895.

304 *Fuchs* in MüKo AktG, § 192 Rn. 8; siehe bereits oben § 3 A I. 3. a), S. 51 f.

bereits konzeptionell eine Bar- und keine Sachkapitalerhöhung von Gesetzes wegen zu Grunde. An diese zentrale Rechtsfolge knüpfen sämtliche dargestellten Meinungsstreits an, wenn sie den lediglich deklaratorischen Anwendungsbereich von § 194 Abs. 1 S. 2 AktG analog oder sinngemäß auf vergleichbare Sachverhalte erweitern wollen. Im Ergebnis ist einer solchen Erweiterung sowohl auf mit der aktienrechtlichen Wandelanleihe vergleichbare Finanzierungsinstrumente – wie dem Wandelgenussrecht oder der Optionsanleihe zur Inzahlungnahme beziehungsweise der Optionsanleihe zur Verrechnung – als auch auf unterschiedliche Maßnahmen der Kapitalerhöhung – wie der bedingten, genehmigten oder ordentlichen Kapitalerhöhung – zuzustimmen. In der Sache geht es vielmehr um die grundsätzliche Anerkennung des dem Aktienrecht immanenten Wandlungsmechanismus unabhängig von dem gewählten Finanzierungsinstrument und unabhängig von der gewählten Form der Kapitalerhöhung. Ergo kann – unabhängig von der gewählten Form der Kapitalmaßnahme – das gesetzliche Konstrukt des Wandlungsrechts aus der aktienrechtlichen Wandelanleihe als atypische Ersetzungsbefugnis mitsamt seinen Rechtsfolgen auf gegen Barzahlung ausgegebene Finanzierungsinstrumente mit realen Aktienerwerbsrechten übertragen werden, welche entweder konzeptionell oder sogar nur im wirtschaftlichen Ergebnis vergleichbar zur Wandelanleihe strukturiert sind.

II. Vertragsgestaltende Übernahme oder gesetzesimmanente Anerkennung des Konstrukts des Wandlungsrechts aus der aktienrechtlichen Wandelanleihe auch für das GmbH-rechtliche Wandeldarlehen

Das Konstrukt des Wandlungsrechts aus der aktienrechtlichen Wandelanleihe als (atypische) Ersetzungsbefugnis wird in der GmbH-rechtlichen Praxis bei der Vereinbarung von Wandeldarlehen nicht verwendet.[305] Stattdessen wird mit aufwendigen Hilfskonstruktionen gearbeitet und trotzdem werden nicht annähernd gleichwertige Ergebnisse erzielt.[306]

Naheliegend erscheint deshalb die Übernahme des Konstrukts des Wandlungsrechts aus der aktienrechtlichen Wandelanleihe auch für das Wandlungsrecht aus dem GmbH-rechtlichen Wandeldarlehen. In diesem Zusammenhang gilt es zu beachten, dass mit einem gegebenenfalls vereinbarten Wandlungsrecht zu Gunsten der Gesellschaft automatisch eine Wandlungspflicht zu Lasten des

---

305 Zu Nachweisen siehe Fn. 144.

306 Siehe oben § 3 A II, S. 54 ff.

Wandeldarlehensgläubiger einhergeht. Somit beinhaltet der Begriff des „Wandlungsrechts" im Folgenden – wie bei der aktienrechtlichen Wandelanleihe – auch den Fall einer Wandlungspflicht.[307]

Gedanklich kann entweder an eine vertragsgestaltende Übernahme oder an eine dem GmbH-Recht bereits immanente Anerkennung des aktienrechtlichen Konstrukts des Wandlungsrechts angeknüpft werden. Explizit ausgenommen soll hierbei die Form der Kapitalmaßnahme sein, da diese mit dem Vorgang der Wandlung selbst nicht zwingend verknüpft ist.[308]

1. *Vertragsgestaltende Übernahme*

Zunächst könnte das Konstrukt des Wandlungsrechts aus der aktienrechtlichen Wandelanleihe als (atypische) Ersetzungsbefugnis im Wege der Vertragsgestaltung auch beim GmbH-rechtlichen Wandeldarlehen schuldrechtlich nachgebildet werden.

Einen *numerus clausus* der Finanzierungsinstrumente ist dem GmbHG nicht zu entnehmen; es gilt vielmehr das schuldrechtliche Prinzip der Vertragsfreiheit.[309] Dieses gewährleistet insbesondere die Typen- und Gestaltungsfreiheit, wonach die kontrahierenden Parteien einen schuldrechtlichen Vertrag grundsätzlich bis zur Grenze der zwingenden Gesetzesnormen und der guten Sitten inhaltlich frei gestalten können.[310] Dies vorausgeschickt müsste bei dem GmbH-rechtlichen Wandeldarlehen der Wandlungsmechanismus vergleichbar zum Konstrukt des Wandlungsrechts aus der aktienrechtlichen Wandelanleihe schuldrechtlich nachgebildet werden können.

Inhaltlich stellt das Konstrukt des Wandlungsrechts aus der aktienrechtlichen Wandelanleihe eine (atypische) Ersetzungsbefugnis dar.[311] Zulässig ist die vertragliche Vereinbarung einer Ersetzungsbefugnis zu Gunsten des Gläubigers

---

307 Vergleichbar zum Anwendungsbereich des § 221 AktG bezogen auf klassische und umgekehrte Wandelanleihen sowie (bedingte) Pflichtwandelanleihen kann deshalb auch von klassischen und umgekehrten Wandeldarlehen sowie (bedingten) Pflichtwandeldarlehen gesprochen werden; siehe oben § 2 B I, S. 32 ff. und § 3 A I. 1, S. 41 f.

308 Siehe oben § 3 B I. 3. c), S. 87 f.

309 Ein numerus clausus für wandelbare Wertpapiere existiert auch im Aktienrecht nicht, insb. lässt sich ein solcher allg. nicht für Mezzanine-Finanzierungsinstrumente aus § 221 AktG ableiten; vgl. *Lörsch*, Kompetenzfragen der Mezzanine-Finanzierung, S. 150 f., oder *Wehrhahn*, Finanzierungsinstrumente mit Aktienerwerbsrechten, S. 128 ff.

310 Zur Gestaltungsfreiheit allg. vgl. *Busche* in MüKo BGB, Vor § 145 Rn. 24 ff.

311 Zur Rechtsnatur des Wandlungsrechts der aktienrechtlichen Wandelanleihe siehe oben § 3 A I. 2, S. 42 ff.

(und des Schuldners).[312] Demnach kann im Wege der Vertragsgestaltung der Rückzahlungsanspruch aus dem GmbH-rechtlichen Wandeldarlehen durch einen Anspruch auf Abschluss eines Übernahmevertrags hinsichtlich einer gewissen Anzahl an jungen Geschäftsanteilen ersetzt werden.

Problematisch hierbei ist jedoch die bei der aktienrechtlichen Wandelanleihe vorliegende Atypik der Ersetzungsbefugnis in Form der erweiterten Rechtswirkungen.[313] Über den Regelungsgehalt der typischen Rechtsfigur der Ersetzungsbefugnis hinaus wird mit Ausübung des Wandlungsrechts der Rechtsgrund des zugrunde liegende Rechtsverhältnisses nachträglich geändert und die ursprüngliche Barzahlung auf die Anleihe in eine Bareinlage auf die jungen Geschäftsanteile nachträglich umgewidmet. Diese erweiterten Rechtswirkungen sind wie bereits dargestellt dem Finanzierungsinstrument der aktienrechtlichen Wandelanleihe von Gesetzes wegen bereits immanent. Die Problematik liegt dabei nicht bei der nachträglichen Rechtsgrundänderung, da diese beispielsweise im Wege der Novation schuldrechtlich vereinbart werden könnte. Vielmehr liegt die Problematik in einer rechtsgeschäftlichen Vereinbarung über die Umwandlung der ursprünglichen Barzahlung der Darlehenssumme in eine Bareinlage auf die jungen Geschäftsanteile und der damit intendierten rechtsgeschäftlichen Disposition über die Art der Kapitalmaßnahme als Barkapitalerhöhung.[314] Denn eine vertragliche Vereinbarung über die Art der Kapitalmaßnahme als Sach- oder Barkapitalerhöhung ist im Hinblick auf den zwingenden Grundsatz der effektiven Kapitalaufbringung unzulässig und zugleich unwirksam; §§ 56 Abs. 2, 9 Abs. 1 S. 1 GmbHG.[315] Eine solche rechtsgeschäftliche Vereinbarung über die Art der Kapitalerhöhung würde aber gerade in gegenständlicher Konstellation vorliegen, da mit einer vertraglich eingeräumten Ersetzungsbefugnis junge Geschäftsanteile gegen Einbringung der Rückzahlungsforderung aus dem Wandeldarlehen übernommen werden sollen und dieser Vorgang nur aufgrund einer rechtsgeschäftlich vereinbarten Umwidmung eine Bar- statt einer Sachkapitaleinlage

312 *Forster* in Soergel BGB, § 362 Rn. 19; *Krüger* in MüKo BGB, § 262 Rn. 9 f.

313 Allg. zur Rechtsnatur des Wandlungsrechts der aktienrechtlichen Wandelanleihe als atypische Ersetzungsbefugnis siehe oben § 3 A I. 2. d) und f), S. 45 ff. und S. 47 ff.

314 Zur Art der Kapitalerhöhung bei der aktienrechtlichen Wandelanleihe siehe oben § 3 A II. 4, S. 69 ff.

315 Zum zwingenden Charakter des Grundsatzes der effektiven Kapitalerhöhung vgl. *Fastrich* in Baumbach/Hueck GmbHG, § 9 Rn. 1; *Fleischer*, GmbHR 2008, 673, 679; *Schwandtner* in MüKo GmbHG, § 9 Rn. 1.

darstellen soll.[316] Unabhängig von der (rechtlich wirksamen) Vereinbarung einer Ersetzungsbefugnis ist die vertragsgestaltende Umwidmung der Barzahlung auf die Anleihe in eine Bareinlage auf die jungen Aktien allerdings unzulässig, da mittels dieser vertragsgestaltenden Lösung lediglich eine Umgehung der zwingenden Sacheinlagevorschriften versucht wird. Zudem würde selbst bei gegenteiliger Annahme einer Barkapitalerhöhung die Tilgungswirkung von Vorleistungen auf zukünftige Kapitalerhöhungen nur unter strengen Voraussetzungen anerkannt.[317] Diesbezüglich fordert der BGH insbesondere, dass entweder die Bareinzahlung noch im Zeitpunkt der Fassung des Kapitalerhöhungsbeschlusses und der diesbezüglichen Übernahmeerklärung unverbraucht im Gesellschaftsvermögen vorhanden ist oder dass in akuten Sanierungsfällen ein Kapitalerhöhungsbeschluss im Anschluss an die Bareinzahlung mit gebotener Beschleunigung nachgeholt und alternative Maßnahmen zur Rettung einer sanierungsfähigen Gesellschaft nicht erfolgsversprechend sind.[318] Beide Alternativen werden bei der Verwendung eines GmbH-rechtlichen Wandeldarlehens üblicherweise nicht erfüllt sein, da weder das Fremdkapital im Gesellschaftsvermögen unverbraucht vorhanden sein wird, noch ein Kapitalerhöhungsbeschluss in engem zeitlichen Zusammenhang zur Bareinzahlung gefasst und zugleich die förmliche Übernahmeerklärung abgegeben werden wird. Denn das GmbH-rechtliche Wandeldarlehen wie auch die aktienrechtliche Wandelanleihe werden gerade zur Finanzierung der laufenden Unternehmungen der Gesellschaft aufgenommen und beinhalten bis zum mehrjährigen Laufzeitende eine Schwebelage hinsichtlich der Ausübung des Wandlungsrechts.

Im Ergebnis ist festzuhalten, dass das Konstrukt des Wandlungsrechts aus der aktienrechtlichen Wandelanleihe als (atypische) Ersetzungsbefugnis nicht im Wege der Vertragsgestaltung für ein GmbH-rechtliches Wandeldarlehen schuldrechtlich nachgebildet werden kann.

2. *GmbHG immanentes Prinzip*

Stattdessen könnte das Konstrukt des Wandlungsrechts aus der aktienrechtlichen Wandelanleihe auch dem GmbH-Recht immanent sein. Vergleichbar zu den zuvor bereits thematisierten Erweiterungen des Anwendungsbereichs auf

316 Zur Art der Kapitalerhöhung beim GmbH-rechtlichen Wandeldarlehen unter der von der herrschenden Meinung angenommenen Prämisse der lediglich schuldrechtlichen Einräumung eines Equity Kickers siehe oben § 3 A II. 4, S. 69 ff.

317 *Inhester/Diers* in Saenger/Inhester GmbHG, § 56a Rn. 19 ff.; *Priester* in Scholz GmbHG, § 56a Rn. 16 ff.; *Ulmer/Casper* in Großkomm. GmbHG, § 56a Rn. 20 ff.

318 Leitsatz von BGH, Urt. v. 26.06.2006 – II ZR 43/05, NJW 2007, 515 ff.

Wandelgenussrechte, Optionsanleihen mit Inzahlungnahme und zur Verrechnung sowie beim genehmigten Kapital könnte diese Frage auch unter dem Deckmantel einer analogen Anwendung von § 194 Abs. 1 S. 2 AktG im GmbH-Recht geführt werden.[319]

Ausgangspunkt ist erneut die Feststellung, dass das Finanzierungsinstrument der Wandelanleihe respektive des Wandeldarlehens grundsätzlich auch im GmbHG anerkannt ist.[320] Das Fehlen expliziter Normen im GmbHG entsprechend §§ 221 Abs. 1 S. 1, 192 Abs. 1 S. 2 AktG steht dem nicht entgegen, da diese das Finanzierungsinstrument der Wandelanleihe nicht speziell für das Aktienrecht begründen, sondern dessen Existenz vielmehr voraussetzen und (wenn überhaupt)[321] lediglich formale Regelungen zur Ausgabe des Finanzierungsinstruments anstelle inhaltlicher Regelungen über den Wandlungsmechanismus treffen.[322] Aufgrund der grundsätzlichen Anerkennung des Wandeldarlehens auch im GmbH-Recht ist es umso verwunderlicher, warum nicht dessen zentrales Element des Wandlungsrechts entsprechend der Rechtslage im Aktienrecht auch im GmbH-Recht immanent sein soll und stattdessen dieses mittels verschiedener Hilfskonstruktionen in der kautelarjuristischen Praxis regelmäßig rechtlich nachgebildet wird.[323] Denn sachliche Gründe für die unterschiedliche Behandlung des gleichen Finanzierungsinstruments in den unterschiedlichen Kapitalgesellschaftsrechten sind, wie im Folgenden dargelegt werden soll, nicht ersichtlich.

Für das Aktienrecht konnte bereits dargestellt werden, dass das gesetzliche Konstrukt des Wandlungsrechts aus der aktienrechtlichen Wandelanleihe als (atypische) Ersetzungsbefugnis mitsamt seinen Rechtsfolgen auf gegen Barzahlung ausgegebene Finanzierungsinstrumente mit Aktienerwerbsrechten, welche entweder konzeptionell oder sogar nur im wirtschaftlichen Ergebnis vergleichbar zur aktienrechtlichen Wandelanleihe strukturiert sind, übertragen werden kann.[324] Dabei betrifft ersteren Fall der konzeptionellen Vergleichbarkeit das Wandelgenussrecht und letzteren Fall der lediglich wirtschaftlichen Vergleichbarkeit insbesondere die Optionsanleihe zur Verrechnung des Rückzahlungsanspruchs mit der entstandenen Einlageschuld. Konzeptionell geht es auch beim GmbH-rechtlichen Wandlungsrecht des Wandeldarlehens wie bei dem aktienrechtlichen

---

319 Siehe oben § 3 B I, S. 73 ff.

320 Zu Nachweisen siehe Fn. 143.

321 Zur deklaratorischen Regelung des § 194 Abs. 1 S. 2 AktG siehe oben § 3 A I. 4, S. 52 ff.

322 Siehe oben § 3 A I, S. 40 ff.

323 Siehe oben § 3 A II. 2, S. 55 ff., und § 3 A II. 4, S. 69 ff.

324 Siehe oben § 3 B I, S. 73 ff.

Wandlungsrecht der Wandelanleihe oder des Wandelgenussrechts um die Einräumung der Mitgliedschaft zu Gunsten des Kreditgebers durch Umtausch dessen Fremdkapitals in Eigenkapital. Dem Begehren der Vertragsparteien entspricht es, den Rückzahlungsanspruch aus dem Darlehen durch den Anspruch auf Abschluss eines Übernahmevertrags bezogen auf junge Geschäftsanteile an der Gesellschaft zu ersetzen. Gleichzeitig soll durch Umwidmung keine Sacheinlage in Form des Rückzahlungsanspruchs aus dem Darlehen, sondern eine Bareinlage in Form der ursprünglich gezahlten Darlehensvaluta vorliegen. Folglich wäre konzeptionell die gesetzesimmanente Anerkennung eines dem aktienrechtlichen Konstrukt des Wandlungsrechts aus der Wandelanleihe oder dem Wandelgenussrecht vergleichbaren GmbH-rechtlichen Wandlungsrechts aufgrund des identischen Wandlungsmechanismus wesentlich konsequenter als sämtliche oben dargestellten alternativen Hilfskonstruktionen. Zudem wurde im Aktienrecht bereits dargelegt, dass eine solche Übertragung des Konstrukts des Wandlungsrechts unabhängig von der gewählten Form der Kapitalmaßnahme erfolgt.[325] Insbesondere bedarf es gerade nicht der Absicherung des Wandlungsrechts durch ein bedingtes Kapital. Insofern kann es für die sinngemäße Anerkennung des Konstrukts des Wandlungsrechts aus der aktienrechtlichen Wandelanleihe auch im GmbH-Recht keine Rolle spielen, dass im GmbHG kein bedingtes Kapital existiert.

Weiterhin lässt sich die hinter § 194 Abs. 1 S. 2 AktG stehende und für das Konstrukt des Wandlungsrechts der aktienrechtlichen Wandelanleihe zentrale Wertung von der Voreinzahlung der Bareinlage auch für das GmbH-rechtliche Wandlungsrecht des Wandeldarlehens fruchtbar machen. Denn auch das GmbH-rechtliche Wandeldarlehen wird regelmäßig als Gelddarlehen ausgegeben und somit kann auch hier der ursprünglich in bar gezahlte Darlehensbetrag in eine Bareinlage auf junge Geschäftsanteile umgewidmet werden. Erneut passend kann mit den Worten *Lutters* festgestellt werden, dass Geld „damals gegeben [wurde] und […] jetzt weiterhin als Geld gewertet" wird.[326] Zudem passt der verallgemeinerungsfähige Schutzzweck von § 194 Abs. 1 S. 2 AktG ebenso gut für das GmbH-rechtliche Wandeldarlehen wie für die aktienrechtliche Wandelanleihe, da es für beide Finanzierungsinstrumente von elementarer Bedeutung ist, eine Sachkapitalerhöhung samt der diesbezüglichen Werthaltigkeitsprüfung der Fremdkapitalkomponente im Zeitpunkt der Wandlung zu vermeiden und hiermit die Praxistauglichkeit und die Funktionsfähigkeit des Fremdkapitalfinanzierungsinstruments zu sichern.[327]

325 Siehe oben § 3 B I, S. 73 ff.

326 Zu Nachweisen siehe Fn. 139.

327 Zum Schutzzweck von § 194 Abs. 1 S. 2 AktG siehe Fn. 140 mit Nachweisen.

Zuletzt liegt auch keine stärkere Gefährdungslage vor. Der für beide Kapitalgesellschaftsrechte gleichermaßen geltende Grundsatz der effektiven Kapitalaufbringung ist beim GmbH-rechtlichen Wandeldarlehen nicht stärker als bei der aktienrechtlichen Wandelanleihe gefährdet. Denn nach der zentralen und verallgemeinerungsfähigen Wertung des § 194 Abs. 1 S. 2 AktG gilt dieser Grundsatz bei bestimmten gegen Barzahlung ausgegebenen Finanzierungsinstrumenten mit Aktienerwerbsrechten, welchen von Gesetzes wegen eine Barkapitalerhöhung aufgrund deren Wandelmechanismus zugrunde gelegt wird, pauschal als eingehalten. Zumal auch im Hinblick auf die Kapitalerhaltungsregeln diese im Aktienrecht strenger als im GmbH-Recht ausgestaltet sind. Außerdem besteht eine vergleichbare Gefährdungslage für die (Neu-)Gläubiger der Gesellschaft. Dies gilt auch trotz des lediglich bei der aktienrechtlichen Wandelanleihe geregelten formalen Erfordernisses von der Hinterlegung des Gesellschafterbeschlusses hinsichtlich der Ausgabe der Wandelanleihe und der diesbezüglichen Erklärung des Vorstandes im Handelsregister sowie der Bekanntmachung eines hierauf Bezug nehmenden Hinweises in den Geschäftsblättern gemäß § 221 Abs. 2 S. 2 und 3 AktG. Denn ein Vergleich zur ordentlichen Kapitalerhöhung zeigt, dass die Gläubiger – trotz der hiermit bezweckten Information des Rechtsverkehrs über die Ausgabe von Wandelanleihen und der gegebenenfalls durchzuführenden Kapitalmaßnahme in der Gesellschaft –[328] in keinem Fall von der Unverbrauchtheit des zugeführten Kapitals im Zeitpunkt der Eintragung der Kapitalerhöhung im Handelsregister ausgehen können. Selbst beim Regelfall der ordentlichen Kapitalerhöhung kann die frische Einlage im Zeitraum bis zu der den Rechtsverkehr informierenden Eintragung im Handelsregister bereits vollständig aufgezehrt worden sein.[329]

Das gefundene Ergebnis steht zudem nicht im Widerspruch mit dem Ergebnis zur vertragsgestaltenden Übertragung des Konstrukts des Wandlungsrechts aus der aktienrechtlichen Wandelanleihe,[330] da lediglich auf eine dem Kapitalgesellschaftsrecht immanente Wertung und Rechtsfolge zurückgegriffen und gerade nicht ein gesetzlich zwingender Grundsatz vertragsgestaltend umgangen wird.

---

328 Zum Schutzzweck von § 221 Abs. 2 S. 2 und 3 AktG vgl. *Habersack* in MüKo AktG, § 221 Rn. 147.

329 *Priester* in Scholz GmbHG, § 56a Rn. 19.

330 Siehe oben § 3 B II. 1, S. 91 ff.

3. *Zwischenergebnis*

Das Konstrukt des Wandlungsrechts aus der aktienrechtlichen Wandelanleihe ist auch dem GmbH-Recht immanent. Es existieren keine sachlichen Gründe für eine unterschiedliche Behandlung desselben Finanzierungsinstruments im GmbH-Recht und im Aktienrecht. Demensprechend ist die Rechtsnatur des Wandlungsrechts, sowohl eines gegen Barzahlung ausgegebenen Wandeldarlehens im GmbH-Recht wie auch einer gegen Barzahlung ausgegebenen aktienrechtlichen Wandelanleihe, als (atypische) Ersetzungsbefugnis mitsamt dessen Rechtsfolgen zu qualifizieren. Damit bedarf es insbesondere keiner kosten- und zeitaufwändigen Werthaltigkeitsprüfung des Rückzahlungsanspruchs aus dem Darlehen im Zeitpunkt der Ausübung des Wandlungsrechts, da aufgrund der gesetzlichen Umwidmung der ursprünglichen Barzahlung der Darlehenssumme in eine Bareinlage auf die jungen Geschäftsanteile bereits von Gesetzes wegen eine Barkapitalerhöhung vorliegt.

C. Ergebnis

Die in § 3 der vorliegenden Abhandlung untersuchte These von der sinngemäßen Anwendbarkeit und der zwingenden Anwendung des Konstrukts des Wandlungsrechts aus der aktienrechtlichen Wandelanleihe als (atypische) Ersetzungsbefugnis auf ein gegen Barzahlung vereinbartes GmbH-rechtliches Wandeldarlehen konnte bestätigt werden. Die Anerkennung des Wandeldarlehens auch im GmbH-Recht bezieht sich entgegen der herrschenden Meinung nicht nur auf die Existenz des einheitlichen Finanzierungsinstruments als solchem, sondern auch auf dessen Kernelement des Wandlungsmechanismus mitsamt dessen sich unmittelbar aus dem GmbHG ergebenden Rechtsfolgen. Dementsprechend bedarf es auch im GmbH-Recht keiner diesbezüglichen schuldrechtlichen Hilfskonstruktionen.

Im Zuge der Bestätigung der These wurde dargelegt, dass im Aktienrecht die Rechtsnatur des Konstrukts des Wandlungsrechts aus der aktienrechtlichen Wandelanleihe eine atypische Ausprägung der Ersetzungsbefugnis (*facultas alternativa*) darstellt. Neben der Ersetzung des Rückzahlungsanspruchs aus der Anleihe durch einen Anspruch auf Abschluss eines Zeichnungsvertrags bezogen auf junge Aktien liegt zugleich eine Rechtsgrundänderung des zugrundeliegenden Rechtsverhältnisses und eine Umwidmung der ursprünglichen Barzahlung auf die Anleihe in eine Bareinlage auf junge Aktien vor. Damit liegt diesem Wandlungsmechanismus von Gesetzes wegen eine Barkapitalerhöhung zugrunde, sodass es (im Gegensatz zur Sachkapitalerhöhung) insbesondere keiner Werthaltigkeitsprüfung des Rückzahlungsanspruchs im Zeitpunkt der Ausübung des Wandlungsrechts bedarf.

Weiterhin konnte für das Aktienrecht dargelegt werden, dass das Konstrukt des Wandlungsrechts aus der aktienrechtlichen Wandelanleihe als (atypische) Ersetzungsbefugnis mitsamt seinen dem Gesetz immanenten Rechtsfolgen unabhängig von der gewählten Form der Kapitalmaßnahme auf gegen Barzahlung ausgegebene Finanzierungsinstrumente mit realen Aktienerwerbsrechten, welche entweder konzeptionell oder sogar nur im wirtschaftlichen Ergebnis vergleichbar zur aktienrechtlichen Wandelanleihe strukturiert sind, anzuwenden ist. Dies gilt insbesondere unabhängig von der Schaffung eines bedingten oder genehmigten Kapitals für die Befriedigung von Aktienerwerbsrechten aus gegen Barzahlung ausgegebene Wandelgenussrechten, (bedingten) Pflichtwandelanleihen, Anleihen mit Tilgungswahlrecht des Emittenten, Optionsanleihen mit Inzahlungnahme und Optionsanleihen zur Verrechnung.

Zuletzt wurde dargelegt, dass diese vorgenannten Feststellungen im Aktienrecht auch für das GmbH-Recht entsprechend gelten.

§ 4 Die Kompetenzverteilung beim Abschluss eines Wandeldarlehensvertrags im GmbH-Recht

Mezzanine-Kapital stellt eine hybride Form der Unternehmensfinanzierung dar.[331] Die hiermit einhergehende Vermischung von Eigen- und Fremdkapitalelementen wirft nicht nur rechtsdogmatische Fragen hinsichtlich deren Strukturierung und Rechtsnatur,[332] sondern auch Fragen hinsichtlich der Kompetenzverteilung für die Vereinbarung eines Mezzanine-Finanzierungsinstruments innerhalb der Kapital aufnehmenden Gesellschaft auf. Verallgemeinernd dargestellt, ist im Kapitalgesellschaftsrecht der Vorstand der Aktiengesellschaft respektive die Geschäftsführung der GmbH für die Aufnahme von Fremdkapital und die Hauptversammlung der Aktiengesellschaft respektive die Gesellschaftergesamtheit der GmbH für die Erhöhung des Grund- beziehungsweise des Stammkapitals sachlich zuständig. Wie verhält sich diese streng anhand von Fremd- und Eigenkapital schematisch differenzierende Kompetenzverteilung zwischen Geschäftsführungs- und Gesellschafterorgan nunmehr bei einem Wandeldarlehen, mithin einem Mezzanine-Finanzierungsinstrument, welches sowohl Eigenkapital- wie auch Fremdkapital-Elemente in sich vereint? Insbesondere das Wandlungsrecht gewährt dem Wandeldarlehen eine besondere Stellung unter den Mezzanine-Finanzierungsinstrumenten, da im Zeitpunkt des Vertragsabschlusses bereits ein Anspruch auf oder eine Verpflichtung zum Abschluss eines Übernahme- beziehungsweise Zeichnungsvertrags im Rahmen der späteren Durchführung der Kapitalerhöhung begründet wird.[333] Es drängt sich hierbei die Frage auf, inwiefern die zwingende Kompetenzzuweisung an die Gesellschaftergesamtheit hinsichtlich dieser später erforderlichen Kapitalerhöhung bereits im früheren Zeitpunkt des schuldrechtlichen Vertragsabschlusses eine Art Vorwirkung entfaltet. Eine solche Vorwirkung unterstellt, könnte dies für das Finanzierungsinstrument des GmbH-rechtlichen Wandeldarlehens abweichend von der schematischen Kompetenzverteilung anhand von Fremd- und Eigenkapital zur Folge haben, dass bereits der Akt des schuldrechtlichen

331 Siehe oben § 2 A III. 2, S. 26 f.

332 Insb. zum GmbH-rechtlichen Wandeldarlehen siehe oben § 3, S. 39 ff.

333 Siehe oben § 3 B II. 2, S. 93 ff.

Vertragsabschlusses entweder der Gesellschaftergesamtheit (und nicht der Geschäftsführung) kompetenzmäßig zugewiesen oder zumindest eine Mitwirkung der Gesellschaftergesamtheit erforderlich sein müsste.

Dieser Fragestellung soll in diesem Paragraphen nachgegangen werden, wobei folgende zwei Prämissen bei der diesbezüglichen Untersuchung zugrunde gelegt werden: Erstens wird angenommen, dass keine von der gesetzlichen Kompetenzverteilung abweichenden Regelungen in der Satzung der kapitalnehmenden Gesellschaft getroffen wurde. Zweitens wird unterstellt, dass das Wandeldarlehen im Rahmen einer Venture Capital-Finanzierung vereinbart und somit in einer für diesen Bereich üblichen Strukturierung vorliegt.[334] Letztere Prämisse bedeutet insbesondere, dass die Untersuchung auf eine Gesellschaft mit beschränkter Haftung als Kapitalnehmerin beschränkt ist und der Fokus auf der Verwendung der Eigenkapital-ähnlichen Elemente des Nachrangs, des „Wandlungsrechts"[335] sowie der Vereinbarung von Covenants liegt.[336]

Im Folgenden werden in einem ersten Schritt die für die Untersuchung erforderlichen Grundlagen zur Mitgliedschaft und die allgemeine Organkompetenz im GmbH-Recht abstrakt dargestellt (A). In einem zweiten Schritt wird die Organkompetenz konkret im Hinblick auf die Unternehmensfinanzierung im GmbH-Recht erläutert (B). Zuletzt wird die Kompetenzverteilung konkret beim Abschluss eines Wandeldarlehensvertrags der kapitalnehmenden

334 Zur typischen Strukturierung eines GmbH-rechtlichen Wandeldarlehens in Venture Capital-Finanzierungen siehe oben § 2 B I, S. 32 ff.

335 Im Folgenden soll der Begriff des „Wandlungsrechts" entsprechend dem Ergebnis von § 3 (S. 39 ff.), das heißt dem dargestellten Wandlungsmechanismus mitsamt dessen gesetzesimmanenten Rechtsfolgen, verwendet werden. Insb. ist hierbei erneut unbeachtlich, ob dieses ein Wandlungsrecht oder eine Wandlungspflicht des Wandeldarlehensgläubigers beinhaltet. Vergleichbar zum Anwendungsbereich des § 221 AktG bezogen auf klassische und umgekehrte Wandelanleihen sowie (bedingte) Pflichtwandelanleihen umfasst der verwendete Begriff des „Wandeldarlehens" deshalb im Folgenden gleichfalls klassische und umgekehrte Wandeldarlehen sowie (bedingte) Pflichtwandeldarlehen.

336 Zu Kompetenzfragen ausschließlich beschränkt auf Mezzanine-Finanzierungen bei der Aktiengesellschaft vgl. *Lörsch*, Kompetenzfragen der Mezzanine-Finanzierung (dessen Themenbegrenzung siehe S. 19); zu Kompetenzfragen beschränkt auf vereinzelte Mezzanine-Finanzierungsinstrumente bei der GmbH (ohne auf das Wandeldarlehen einzugehen) vgl. auch *Ebert*, Stille Gesellschaft, Genussrecht und partiarisches Darlehen als Mezzanine Kapitaltitel zur Finanzierung einer GmbH.

GmbH erarbeitet, das heißt vorhandene kapitalgesellschaftsrechtliche Normen angewandt und potentielle Rechtsfortbildungen zum Aktienrecht wie auch dem GmbH-Recht untersucht (C).

A. Grundlagen

I. Die Mitgliedschaft

1. Wesen und Ausprägung

Der Begriff der „Mitgliedschaft" bezeichnet die Summe aller gesellschaftsrechtlich begründeten Rechte und Pflichten des einzelnen Gesellschafters im Verhältnis zur Gesellschaft.[337] Dabei wird die Mitgliedschaft als korporatives Recht in den Geschäftsanteilen der GmbH verkörpert, sodass nur diejenigen Personen Gesellschafter einer GmbH sein können, die mindestens einen Geschäftsanteil halten.[338]

Die korporativen Rechte und Pflichten der Mitgliedschaft werden durch Gesetz, Rechtsprechung und Gesellschaftsvertrag begründet und ausgestaltet.[339] Dabei lassen sich die Mitgliedschaftsrechte schematisch in Vermögens- und Verwaltungsrechte aufteilen.[340] Der Begriff der Vermögensrechte bezeichnet dabei die vermögensrechtliche Seite der Mitgliedschaft zu der unter anderem der Gewinnanspruch gemäß § 29 Abs. 1 GmbHG, der Anspruch auf den Liquidationserlös gemäß § 72 GmbHG, der Abfindungsanspruch bei vorzeitigem Ausscheiden eines Gesellschafters aus der GmbH und das Bezugsrecht auf Geschäftsanteile im Falle einer Kapitalerhöhung analog § 186 Abs. 1 AktG gehören.[341] Der Begriff der Verwaltungsrechte zeigt dagegen den personalistischen Charakter der GmbH auf und beinhaltet Herrschafts- und Organisationsrechte der Gesellschafter.[342] Hierzu zählen insbesondere das Teilnahmerecht an Gesellschafterversammlungen gemäß § 48 Abs. 1 GmbHG, das Stimmrecht gemäß

337 *Altmeppen* in Roth/Altmeppen GmbHG, § 14 Rn. 13; *Bayer* in Lutter/Hommelhoff GmbHG, § 14 Rn. 1; *Reichert/Weller* in MüKo GmbHG, § 14 Rn. 45; *Saenger*, Gesellschaftsrecht, § 17 Rn. 752.

338 *Koch* in Bormann/Kauka/Ockelmann, Kapitel 6 Rn. 2; *Reichert/Weller* in MüKo GmbHG, § 14 Rn. 46.

339 *Koch* in Bormann/Kauka/Ockelmann, Kapitel 6 Rn. 3; *Reichert/Weller* in MüKo GmbHG, § 14 Rn. 61.

340 *Reichert/Weller* in MüKo GmbHG, § 14 Rn. 75; Raiser/Veil, Recht der Kapitalgesellschaften, § 11 Rn. 10.

341 *Altmeppen* in Roth/Altmeppen GmbHG, § 14 Rn. 20; *Reichert/Weller* in MüKo GmbHG, § 14 Rn. 77.

342 *Reichert/Weller* in MüKo GmbHG, § 14 Rn. 78.

§ 47 Abs. 2 GmbHG, das Informationsrecht gemäß § 51a Abs. 1 GmbHG sowie diverse Schutz- oder Kontrollrechte. Neben den Vermögens- und Verwaltungsrechten sind noch die sogenannten Sonderrechte zu nennen, durch welche einzelnen Gesellschaftern oder Gesellschaftergruppen mitgliedschaftliche Vorrechte – wie beispielsweise Vorzugsdividenden oder Vetorechte – eingeräumt werden.[343]

Abzugrenzen sind vorgenannte Mitgliedschaftsrechte von sonstigen schuldrechtlich eingeräumten Rechtspositionen, welche nicht qua Gesellschafterstellung begründet werden.[344] Diese werden zusätzlich zu den Mitgliedschaftsrechten regelmäßig in Gesellschaftervereinbarungen zur Regelung der Beziehungen zwischen den Gesellschaftern untereinander und gegenüber der Gesellschaft selbst vereinbart.

2. Erwerb der Mitgliedschaft

Die Mitgliedschaft wird als korporatives Recht entweder originär durch die Übernahme von neuen Geschäftsanteilen im Rahmen der Errichtung der Gesellschaft beziehungsweise im Rahmen einer späteren Kapitalerhöhung oder derivativ durch Abtretung bereits existierender Geschäftsanteile erworben.[345]

II. Generelle Kompetenzverteilung

Im Vergleich zu anderen Kapitalgesellschaften ist die weitgehende Satzungsautonomie der Gesellschafter für die GmbH kennzeichnend. Hierunter wird die grundsätzliche Gestaltungsfreiheit der Organisationsstruktur der Gesellschaft, der Mitgliedschaftsrechte und der hiermit einhergehenden Kompetenzverteilung innerhalb der Gesellschaft verstanden.[346] Ungeachtet dieser, insbesondere in § 45 GmbHG zum Ausdruck kommenden, weitgehenden Gestaltungsfreiheit wird dieser Untersuchung das gesetzliche Leitbild zu Grunde gelegt.

1. Gesellschaftsverfassung

Die GmbH besteht aus mindestens zwei Organen: der Geschäftsführung als dem zentralen Vertretungs- und Geschäftsführungsorgan sowie der Gesellschaftergesamtheit als oberstem Willensbildungsorgan.[347] Neben dieser Mindestausstattung

---

343 *Altmeppen* in Roth/Altmeppen GmbHG, § 14 Rn. 21; *Verse* in Henssler/Strohn, GmbHG, § 14 Rn. 50 ff.

344 *Altmeppen* in Roth/Altmeppen GmbHG, § 14 Rn. 14.

345 *Bayer* in Lutter/Hommelhoff GmbHG, § 14 Rn. 3.

346 *Bergjan* in Saenger/Inhester GmbHG, § 45 Rn. 1.

347 *Liebscher* in MüKo GmbHG, § 45 Rn. 77; *Zöllner/Noack* in Baumbach/Hueck GmbHG, Vor § 35 Rn. 2. Zu der akademischen Streitfrage, inwiefern die Gesellschaftergesamtheit

an Organen muss in gewissen Fällen ein obligatorischer beziehungsweise kann ansonsten ein fakultativer Aufsichtsrat sowie ein sonstiges Organ (zum Beispiel als beratender beziehungsweise überwachender Beirat) errichtet werden.[348]

Mangels eines abschließenden Gesetzeskatalogs und unter Beachtung der grundsätzlichen Allzuständigkeit der Gesellschafterversammlung erfolgt die Kompetenzabgrenzung zwischen der Gesellschaftergesamtheit und der Geschäftsführung auf negative Art und Weise.[349] Zunächst ist zwischen dem „rechtlichen Können", mithin der Vertretungsmacht im Außenverhältnis der Gesellschaft zu Dritten, und dem „rechtlichen Dürfen", mithin der Geschäftsführungsbefugnis im Innenverhältnis der Gesellschaft zwischen den Gesellschaftern und den Geschäftsführern, zu differenzieren.[350]

2. Organschaftliche Vertretungsmacht

Die GmbH wird im Außenverhältnis gegenüber Dritten durch die Geschäftsführung gemäß § 35 Abs. 1 S. 1 GmbHG vertreten. Gemäß § 37 Abs. 2 S. 1 GmbHG ist diese umfassende organschaftliche Vertretungsmacht der Geschäftsführung gegenüber Dritten unbeschränkbar. Der Grundsatz der Unbeschränkbarkeit der Vertretungsmacht ist dem Rechtsgedanke vom Schutze des Rechtsverkehrs geschuldet.[351] Ein außenstehender Dritter soll sich bei Rechtsgeschäften mit der Gesellschaft ohne Nachforschungen hinsichtlich etwaiger Beschränkungen des Umfangs der Vertretungsmacht des Geschäftsführers darauf verlassen können, dass dieser wirksam für und gegen die Gesellschaft rechtsgeschäftlich handeln kann.[352] Allerdings ist dieser Rechtsgedanke dann nicht mehr einschlägig, wenn der Rechtsverkehr nicht schutzwürdig ist oder der Rechtsverkehr mangels eines echten Außenverhältnisses überhaupt nicht tangiert wird. Ersteres betrifft die

---

oder die Gesellschafterversammlung das Willensbildungsorgan der Gesellschaft ist, vgl. *Liebscher* in MüKo GmbHG, § 45 Rn. 78 ff.

348 Zum obligatorischen Aufsichtsrat siehe *Peres* in Saenger/Inhester GmbHG, § 52 Rn. 3 und 119 ff.; zum fakultativen Aufsichtsrat siehe *Peres* in Saenger/Inhester GmbHG, § 52 Rn. 4 ff.; zum Beirat siehe *Peres* in Saenger/Inhester GmbHG, § 52 Rn. 193 ff.

349 *Zöllner* in Baumbach/Hueck GmbHG, § 46 Rn. 4.

350 *Lenz* in Michalski GmbHG, § 37 Rn. 4.

351 *Lücke/Simon* in Saenger/Inhester GmbHG, § 37 Rn. 3.

352 *Lücke/Simon* in Saenger/Inhester GmbHG, § 37 Rn. 31. Zu beachten ist hierbei insb. auch die richtlinienkonforme Auslegung der Norm gemäß Art. 10 Abs. 1 und 2 RL 2009/101/EG (sog. „Publizitätsrichtlinie"), zuletzt geändert durch Art. 1 ÄndRL 2013/24/EU vom 13.05.2013; siehe unten Fn. 578.

Fälle des Missbrauchs der Vertretungsmacht.[353] Letzteres betrifft satzungs- und gesellschaftsverhältnisbezogene Geschäfte, wie beispielsweise Satzungsänderungen (inklusive Stammkapitalmaßnahmen gemäß §§ 53 ff. GmbHG), die Aufnahme von Gesellschaftern, etwaige Vertretungsmaßnahmen gegenüber der Geschäftsführung oder den Abschluss von Unternehmensverträgen entsprechend §§ 291 ff. AktG.[354] Teilweise werden im Schrifttum sogar gesellschaftsrechtliche Innengeschäfte zwischen der Gesellschaft und einzelnen Gesellschaftern beziehungsweise den Geschäftsführern selbst im Falle von kompetenzwidrigem Handeln als Fall der fehlenden Vertretungsmacht behandelt.[355]

3. *Geschäftsführungsbefugnis*

Im Innenverhältnis erfolgt die eigentliche Differenzierung zwischen der Geschäftsführungsbefugnis der Geschäftsführung und der Zuständigkeit der Gesellschaftergesamtheit im engeren Sinne. Die Geschäftsführungsbefugnis wird definiert als Berechtigung und Verpflichtung der Geschäftsführer zur Führung der Geschäfte der Gesellschaft im Innenverhältnis gegenüber der Gesellschaft.[356] In Anlehnung an § 116 Abs. 1 HGB sind hiervon grundsätzlich alle Maßnahmen erfasst, die zur Verwirklichung des im Gesellschaftsvertrag festgelegten Unternehmensgegenstand gemäß § 3 Abs. 1 Nr. 2 GmbHG getätigt werden.[357]

Ihre Grenzen findet die umfassende Geschäftsführungsbefugnis der Geschäftsführung erstens im satzungsgemäßen Unternehmensgegenstand, zweitens in den gesetzlich normierten Gesellschafterzuständigkeiten, drittens in den Beschränkungen aufgrund der Regelungen im Gesellschaftsvertrag, viertens in den Beschlüssen

---

353 *Altmeppen* in Roth/Altmeppen GmbHG, § 37 Rn. 38 ff.; *Zöllner/Noack* in Baumbach/Hueck GmbHG, § 37 Rn. 43 ff.

354 *Altmeppen* in Roth/Altmeppen GmbHG, § 35 Rn. 17 und 22; *Zöllner/Noack* in Baumbach/Hueck GmbHG, § 35 Rn. 93 ff. und § 37 Rn. 39.

355 *Kleindiek* in Lutter/Hommelhoff GmbHG, § 35 Rn. 23. Differenzierter *Altmeppen* in Roth/Altmeppen GmbHG, § 35 Rn. 19 und § 37 Rn. 47 f., der bei echten Drittgeschäften die allg. Grundsätze über den Missbrauch der Vertretungsmacht anwendet und eine Differenzierung durch die unterschiedlichen Anforderungen der Evidenz hinsichtlich des kompetenzwidrigen Handelns erzielt. A.A. *Zöllner/Noack* in Baumbach/Hueck GmbHG, § 37 Rn. 49, und *U. Schneider/S. Schneider* in Scholz GmbHG, § 35 Rn. 192, die jeweils auf die Einführung der „ultra vires"-Lehre durch die Hintertüre für diesen Fall der Einbeziehung des evident kompetenzwidrigem Handeln hinweisen.

356 *Lücke/Simon* in Saenger/Inhester GmbHG, § 37 Rn. 4.

357 *Saenger*, Gesellschaftsrecht, § 17 Rn. 776.

der Gesellschafterversammlung (gegebenenfalls auch des Aufsichtsrats) sowie fünftens in ungeschriebenen Beschränkungen bei außergewöhnlichen Maßnahmen.[358] Als gesetzlich normierte Gesellschafterzuständigkeiten sind insbesondere die Kompetenzzuweisungen an die Gesellschaftergesamtheit im Falle von Satzungsänderungen nach § 53 GmbHG, den diesbezüglichen Unterfällen der Kapitalerhöhungen nach § 55 GmbHG und der Schaffung eines genehmigten Kapitals gemäß § 55a GmbHG, sowie im Falle sonstiger wesentlicher Kompetenzzuweisungen gemäß dem nicht abschließenden Katalog des § 46 GmbHG zu nennen. Nennenswert ist überdies die im Unterschied zum Aktienrecht vorhandene Möglichkeit der Gesellschafter, durch Fassung von Gesellschafterbeschlüssen die Geschäftsführung zu einem Tun oder Unterlassen gemäß § 37 Abs. 1 Alt. 2 GmbHG anzuweisen. Insoweit verfügt die Gesellschafterversammlung über ein Instrument, der Geschäftsführung der Gesellschaft Weisungen zu erteilen, welchen diese im Innenverhältnis verpflichtet ist nachzukommen. Nicht zuletzt deswegen wird auch von einer Allzuständigkeit der Gesellschafterversammlung gesprochen.[359] Zuletzt sei auf die ungeschriebenen Beschränkungen bei außergewöhnlichen beziehungsweise ungewöhnlichen Maßnahmen hingewiesen, welche mit einer Einberufungspflicht der Gesellschafterversammlung nach § 49 Abs. 2 GmbHG korrespondiert.[360] Hinsichtlich des auslegungsbedürftigen Begriffs der außergewöhnlichen beziehungsweise ungewöhnlichen Maßnahmen haben sich verschiedene Fallgruppen gebildet. Insbesondere werden hiervon Maßnahmen umfasst, die außerhalb des satzungsmäßigen Unternehmensgegenstands oder die im Widerspruch zur festgelegten Unternehmenspolitik stehen, Maßnahmen, die wegen ihrer Bedeutung und der damit verbundenen unternehmerischen Risiken Ausnahmecharakter haben, sowie sonstige Maßnahmen, bei denen die Geschäftsführung mit Widerspruch der Gesellschaftergesamtheit zu rechnen hat.[361]

---

358 *Lücke/Simon* in Saenger/Inhester GmbHG, § 37 Rn. 8 ff.

359 *Liebscher* in MüKo GmbHG, § 49 Rn. 5; *Zöllner* in Baumbach/Hueck GmbHG, § 46 Rn. 89.

360 *Kleindiek* in Lutter/Hommelhoff GmbHG, § 37 Rn. 10; a.A. *Zöllner/Noak* in Baumbach/Hueck GmbHG, § 37 Rn. 7, wobei auch diese im Ergebnis parallel laufende Ausnahmen vornehmen (vgl. enthaltenen Verweis auf § 37 Rn. 10 f.).

361 *Kleindiek* in Lutter/Hommelhoff GmbHG, § 37 Rn. 11; *Marsch-Barner/Diekmann* in Münch Hdb GftR GmbH, § 44 Rn. 58 f.; *U. Schneider/S. Schneider* in Scholz GmbHG, § 37 Rn. 15 ff.; BGH, Urt. v. 05.12.1983 – II ZR 56/82 (KG), NJW 1984, 1461, 1462.

B. Problemdarstellung zur GmbH-rechtlichen Kompetenzverteilung bei Mezzanine-Finanzierungsinstrumenten

Entsprechend der zuvor dargestellten generellen GmbH-rechtlichen Kompetenzverteilung ist somit zwischen der Finanzierung der Gesellschaft mit Eigenkapital im Wege der Kapitalerhöhung und der Finanzierung der Gesellschaft mit Fremdkapital zu unterscheiden.

Die allgemeine Sicherung der Unternehmensfinanzierung stellt als Kernelement der kontinuierlichen Unternehmensführung eine in den Zuständigkeitsbereich der Geschäftsführung fallende Geschäftsführungsmaßnahme dar.[362] Nach dem gesetzlichen Leitbild kann die Geschäftsführung insoweit über das „Ob“ und „Wie“ einer Fremdkapitalfinanzierung frei entscheiden und diese selbstständig aufgrund ihrer umfassenden Vertretungsmacht ausführen.[363]

Anders sieht dies im Hinblick auf Eigenkapitalmaßnahmen der GmbH aus. Denn Satzungsänderungen fallen gemäß §§ 53 ff. GmbHG in den ausschließlichen Kompetenzbereich der Gesellschaftergesamtheit, welche im Rahmen einer Gesellschafterversammlung über die Änderung und die konkrete Ausgestaltung der Satzung zu beschließen hat. Als Unterfall der Satzungsänderung sind damit auch Eigenkapitalmaßnahmen, wie die Erhöhung des Stammkapitals gemäß § 55 GmbHG oder die Herabsetzung des Stammkapitals gemäß § 58 GmbHG, der Geschäftsführungsbefugnis der Geschäftsführer im Sinne einer gesetzlich normierten Beschränkung entzogen. Für die Unternehmensfinanzierung mit gesellschaftsrechtlichem Eigenkapital ist somit sowohl für die Außenfinanzierung wie auch für die Innenfinanzierung die Gesellschaftergesamtheit zuständig.[364] Auch eine organschaftliche Vertretungsmacht der Geschäftsführung zur Durchführung der seitens der Gesellschafterversammlung beschlossenen Kapitalmaßnahmen besteht bei solchen Grundlagengeschäften mit reinem Innenbezug nicht. Vielmehr ist die Gesellschaftergesamtheit selbst für den Abschluss des mitgliedschaftlichen Übernahmevertrags zwischen der GmbH und dem Übernahmeberechtigten zuständig, wobei in der Praxis dennoch regelmäßig die Geschäftsführung hierfür seitens der

---

362 *Klingberg* in FS Westermann, 1087, 1094.

363 *Klingberg* in FS Westermann, 1087, 1094. Aus diesem Grund werden in der kautelarjuristischen Praxis regelmäßig bestimmte Arten und bestimmte Summen einer Fremdkapitalfinanzierung unter einen (ggf. sogar satzungsmäßig fundierten) Zustimmungsvorbehalt gestellt.

364 *Klingberg* in FS Westermann, 1087, 1094; *Lörsch*, Kompetenzfragen der Mezzanine-Finanzierung, S. 64.

Gesellschaftergesamtheit bevollmächtigt wird.[365] Entsprechend verläuft die Schaffung des genehmigten Kapitals gemäß § 55a GmbHG, mit der Ausnahme, dass der Gesellschafterbeschluss bereits konkrete Vorgaben für die Ausnutzung des genehmigten Kapitals vorsehen muss und die Geschäftsführung zur Durchführung der späteren Kapitalerhöhung im Rahmen der erteilten Vorgaben bereits im Vorfeld ermächtigt wird.[366] Lediglich die Anmeldung zum Handelsregister für die konstitutive Eintragung der Kapitalmaßnahme gemäß § 54 Abs. 3 GmbHG fällt in die originäre Kompetenz der gesamten Geschäftsführung gemäß § 57 Abs. 1 GmbHG beziehungsweise § 58 Abs. 1 Nr. 1 GmbHG.

Zusammenfassend kann festgehalten werden, dass das GmbHG lediglich Normen für eine reine Eigenkapitalfinanzierung der Gesellschaft enthält. Gemäß §§ 53, 55 GmbHG ist die Stammkapitalerhöhung der Kompetenz der Gesellschaftergesamtheit zugeordnet. Zur Bestimmung des Anwendungsbereichs einer Stammkapitalerhöhung gemäß §§ 53, 55 GmbHG geht das Gesetz von einem strikt gesellschaftsrechtlich geprägten Eigenkapitalbegriff aus. Im Umkehrschluss und unter Anwendung der umfassenden Geschäftsführungsbefugnis der Geschäftsführung sowie der umfassenden Vertretungsmacht der Geschäftsführung müssten somit sämtliche sonstige Finanzierungsformen in der alleinigen Kompetenz der Geschäftsführung liegen, sofern nicht gesetzesimmanente Schranken des GmbHG eingreifen sollten.

Ausgangspunkt der weiteren Untersuchung ist die Feststellung, dass keine Norm des GmbH-Rechts explizit auf die Kompetenzverteilung zur Aufnahme von Mezzanine-Kapital zugeschnitten ist. Dies gilt sowohl für eine abstrakte Regelung hinsichtlich sämtlicher Mezzanine-Finanzierungsformen, als auch für eine Regelung hinsichtlich nur einer konkreten Form der Mezzanine-Finanzierung. Insbesondere existiert auch keine spezielle Norm zur Regelung der Kompetenzverteilung hinsichtlich des Abschlusses eines GmbH-rechtlichen Wandeldarlehensvertrags.

C. Lösungsansätze

Im Gegensatz zum GmbH-Recht existieren im Aktienrecht mit § 221 AktG und § 292 Abs. 1 Nr. 2 AktG gesetzlich normierte Regelungen, welche zumindest einzelne Mezzanine-Finanzierungsinstrumente zum Gegenstand haben und hierbei auch auf die diesbezügliche Organkompetenz eingehen. § 221 AktG regelt in seinem Absatz 1 Satz 1 Wandel- und Gewinnschuldverschreibungen,

365 *Inhester* in Saenger/Inhester GmbHG, § 55 Rn. 19 und 22.
366 *Harbarth* in MüKo GmbHG, § 53 Rn. 56.

sowie in seinem Absatz 3 Genussrechte. Ferner wird in der Literatur über die generelle Anwendbarkeit von § 221 Abs. 3 AktG auf sämtliche fungiblen Mezzanine-Finanzierungsinstrumente im Hinblick auf das Unterscheidungskriterium der „massenhaften Ausgabe" zumindest für Aktiengesellschaften diskutiert.[367] § 292 Abs. 1 Nr. 2 AktG regelt insbesondere partiarische Darlehen und stille Gesellschaften als Unterfälle der Teilgewinnabführungsverträge.[368]

Es drängt sich nunmehr die Frage auf, inwiefern bei der Vereinbarung eines GmbH-rechtlichen Wandeldarlehensvertrags auf zuvor genannte aktienrechtliche Vorschriften konkret im Hinblick auf die Organkompetenz zurückzugreifen ist.

I. Analogieschluss zu § 221 AktG

Im Folgenden wird nach einer generellen Einführung zur Systematik des § 221 AktG zunächst der Frage nachgegangen, ob das Finanzierungsinstrument des Wandeldarlehens grundsätzlich eine von § 221 AktG umfasste Finanzierungsart darstellt. Sollte diese Frage bejaht werden, wird in einem weiteren Schritt der Frage nach einem möglichen Analogieschluss auf die aktienrechtliche Norm des § 221 AktG im Hinblick auf die Kompetenzverteilung bei dem Abschluss eines GmbH-rechtlichen Wandeldarlehensvertrags nachgegangen.

1. Systematik des § 221 AktG

a) Schutzzweck

Primärer Schutzzweck von § 221 AktG ist der Schutz der Aktionäre vor einer Beeinträchtigung der mitgliedschaftlichen und vermögensmäßigen Struktur der Gesellschaft durch die von der Norm erfassten Finanzierungsinstrumente.[369] Zu diesem Zweck räumt § 221 AktG in seinem Absatz 1 der Hauptversammlung ein qualifiziertes Zustimmungserfordernis für die Ausgabe und in Absatz 4 den Aktionären ein Bezugsrecht auf die vom Anwendungsbereich umfassten Finanzierungsinstrumente ein. Insbesondere durch erstgenanntes Erfordernis eines Hauptversammlungsbeschlusses sollen die Kompetenzen der Aktionäre im Hinblick auf die Beteiligungsstruktur sowie die Ergebnisverwendung gewahrt

---

367 *Lörsch*, Kompetenzfragen der Mezzanine-Finanzierung, S. 165 ff. und 185 f.

368 *Emmerich* in Aktien- und GmbH-Konzernrecht, § 292 Rn. 26 und 29.

369 *Groß* in Marsch-Barner/Schäfer, § 51 Rn. 7; *Habersack* in MüKo AktG, § 221 Rn. 2 f.; *Hirte* in Großkomm. AktG, § 221 Rn. 10; *Hüffer/Koch* AktG, § 221 Rn. 1.

werden.[370] Letztlich regelt § 221 AktG somit das Konkurrenzverhältnis zwischen den vermögensgleichen Rechten der schuldrechtlichen Gläubiger und den Vermögensrechten der Aktionäre.[371]

Sekundär wird auch der ordnungsgemäße Ablauf der Finanzmärkte geschützt, indem in § 221 Abs. 2 AktG Publizitätserfordernisse zur angemessenen Information der Kapitalmärkte aufgestellt werden.[372]

Dagegen wird vom Schutzzweck nicht die Erhaltung des Eigenkapitals der Gesellschaft im Sinne eines Gläubigerschutzes erfasst.[373]

b) Anwendungsbereich

Zu unterscheiden ist zwischen der Wandelschuldverschreibung gemäß § 221 Abs. 1 S. 1 Var. 1 AktG, bestehend aus Wandelanleihe und Optionsanleihe, der Gewinnschuldverschreibung gemäß § 221 Abs. 1 S. 1 Alt. 2 AktG und dem Genussrecht gemäß § 221 Abs. 3 AktG. Hinsichtlich des sachlichen Anwendungsbereichs dieser unterschiedlichen Finanzierungsinstrumente wird auf die obigen Ausführungen verwiesen.[374]

c) Rechtsfolge hinsichtlich eines Kompetenzverstoßes

Bei einem Verstoß gegen die in § 221 Abs. 1 S. 1 AktG angeordnete Kompetenzverteilung bleibt der Finanzierungsvertrag über das zugrunde liegende Finanzierungsinstrument wirksam, da die Norm nur die Geschäftsführungsbefugnis des Vorstands im Innenverhältnis und nicht die Vertretungsmacht des Vorstands im Außenverhältnis beschränkt.[375]

2. Systematische Einordnung des Wandeldarlehens als Finanzierungsart im Sinne von § 221 AktG

Problematisch erscheint bereits die systematische Einordnung eines Wandeldarlehens in die Finanzierungsarten von § 221 AktG.

---

370 *v. Alvensleben* in Häger/Elkemann-Reusch, Rn. 634 und 636; *Habersack* in MüKo AktG, § 221 Rn. 2 f.

371 *v. Alvensleben* in Häger/Elkemann-Reusch, Rn. 636; *Fuchs*, Selbstständige Optionsscheine, AG 1995, 433, 440; *Merkt* in K. Schmidt/Lutter AktG, § 221 Rn. 9.

372 *Merkt* in K. Schmidt/Lutter AktG, § 221 Rn. 11.

373 *v. Alvensleben* in Häger/Elkemann-Reusch, Rn. 634.

374 Zur Wandelschuldverschreibung siehe oben § 3 A I. 1, S. 41 ff., und zum Genussrecht siehe oben § 3 B I. 1. a), S. 74 ff.

375 *Habersack* in MüKo AktG, § 221 Rn. 150; *Hüffer/Koch AktG*, § 221 Rn. 52; *Lutter* in KK-AktG, § 221 Rn. 114.

a) *Wandeldarlehen als Wandelschuldverschreibung im Sinne von § 221 Absatz 1 Satz 1 Alt. 1 AktG*

Eine Wandelschuldverschreibung gemäß § 221 Abs. 1 S. 1 Var. 1 AktG liegt bereits deshalb nicht vor, da das der Finanzierung zu Grunde liegende Wandeldarlehen nicht als Schuldverschreibung im Sinne des § 793 BGB zu qualifizieren ist.[376] Einer solchen Qualifikation als Wertpapier fehlt es an der urkundlichen Verbriefung des privaten Rechts dergestalt, dass das Innehaben der Urkunde zur Geltendmachung des Rechts notwendig ist.[377] Vielmehr baut das Wandeldarlehen auf einem gewöhnlichen Darlehen gemäß § 488 Abs. 1 BGB auf und ist somit ein Dauerschuldverhältnis.[378] Inhaltlich wird der Darlehensgeber durch den Wandeldarlehensvertrag verpflichtet, dem Darlehensnehmer einen Geldbetrag in vereinbarter Höhe zur Verfügung zu stellen. Als Gegenleistung ist der Darlehensnehmer verpflichtet, einen geschuldeten Zins an den Darlehensgeber zu zahlen und bei Fälligkeit ihm das zur Verfügung gestellte Darlehen zurückzuzahlen. Die Besonderheit des Wandeldarlehens besteht lediglich in dem zusätzlich eingeräumten Wandlungsrecht, welches letztlich eine alternative Rückzahlungsmodalität der Darlehensvaluta darstellt. Dieses zusätzliche Wandlungsrecht qualifiziert das zugrunde liegende Darlehen allerdings mitnichten in eine Schuldverschreibung im Sinne von § 221 Abs. 1 S. 1 AktG i.V.m. § 793 BGB um. Vielmehr bleibt die Rechtsnatur als Dauerschuldverhältnis des vom Wandlungsrecht grundsätzlich unabhängigen Darlehens im Sinne von § 488 BGB bestehen.

Sofern man der in dieser Arbeit nicht vertretenen herrschenden Meinung hinsichtlich der Konstruktion des Wandlungsrechts aus einem (GmbH-rechtlichen) Wandeldarlehen als rein schuldrechtliches Bezugsrecht auf junge Geschäftsanteile mit lediglich schuldrechtlich eingeräumten Rechtswirkungen folgt,[379] unterscheidet sich auch das Element des Wandlungsrechts des Wandeldarlehens von demjenigen

376 Zur Definition der Wandelschuldverschreibung siehe oben § 3 A I. 1, S. 41 ff.; a.A. Baums in FS Claussen, 3, 37, und *Wehrhahn*, Finanzierungsinstrumente mit Aktienerwerbsrechten, S. 139.

377 *Hüffer/Koch* AktG, § 221 Rn. 3; *Stadler* in Jauernig BGB, § 793 Rn. 5; a.A. *Müller-Eising* in Eilers/Rödding/Schmalenbach, Unternehmensfinanzierung, D Rn. 70, welcher aufgrund einer weiten Auslegung des Begriffs der Schuldverschreibung auch Darlehensverträge hierunter fallen lässt.

378 Siehe oben § 3 A II. 2. a), S. 55 f.

379 Zur diesbezüglichen Einordnung des Equity Kickers nach unangefochtener Meinung im Schrifttum siehe oben § 3 A II. 2. b), S. 55 ff.; zur damit verbundenen Sach- oder Barkapitalerhöhung und der entsprechenden Einlageverpflichtung der Rückzahlungsforderung siehe oben § 3 A II. 4, S. 69 f.; zum richtigerwei-

der aktienrechtlichen Wandelanleihe gemäß § 221 Abs. 1 S. 1 Var. 1 AktG. Denn das Wandlungsrecht der aktienrechtlichen Wandelanleihe stellt wie bereits dargestellt grundsätzlich ein Wahl- und Gestaltungsrecht des Anleihegläubigers in Form einer (atypischen) Ersetzungsbefugnis dar.[380] Hinsichtlich der diesbezüglichen Unterschiede wird auf obige Ausführungen verwiesen.[381]

Zuletzt sei auch noch darauf hingewiesen, dass das Element des Wandlungsrechts aus dem Wandeldarlehen kein Bezugsrecht aus einer Optionsanleihe im Sinne von § 221 Abs. 1 S. 1 Var. 2 AktG darstellt. Zwar mag das Wandlungsrecht – ungeachtet dessen umstrittener Rechtsnatur im GmbH-Recht –[382] letztlich ein schuldrechtlich eingeräumtes Bezugsrecht auf junge Geschäftsanteile darstellen, welches vergleichbar zum gesetzlichen Bezugsrecht im Rahmen der Optionsanleihe strukturiert ist. Allerdings verliert der Wandeldarlehensgläubiger im Falle der Wandlung seine Darlehensrückzahlungsforderung gegen die Gesellschaft.[383] Das Wandeldarlehen gewährt wie die Wandelanleihe keine zusätzliche mitgliedschaftliche Stellung aus den zu übernehmenden Geschäftsanteilen neben der Beibehaltung der schuldrechtlichen Stellung als Kreditgläubiger der Gesellschaft, wie dies aber bei der Optionsanleihe gemäß § 221 Abs. 1 S. 1 Var. 2 AktG zwingend der Fall ist. Vielmehr enthält der Wandlungsmechanismus des Wandeldarlehens wie auch derjenige der Wandelanleihe ein alternativ ausgestaltetes Wahlrecht zwischen beiden Rechtspositionen.[384]

Im Ergebnis liegt somit keine Wandelschuldverschreibung gemäß § 221 Abs. 1 S. 1 Var. 1 AktG vor und zwar weder in deren Unterform der Wandelanleihe noch in deren Unterform der Optionsanleihe.

b) Wandeldarlehen als Genussrecht im Sinne von § 221 Absatz 3 AktG

Fraglich bleibt, ob das Finanzierungsinstrument des Wandeldarlehens unter den Begriff des Genussrechts gemäß § 221 Abs. 3 AktG fällt.

---

se gesetzesimmanenten Konstrukt des GmbH-rechtlichen Wandlungsrechts als (atypische) Ersetzungsbefugnis siehe oben § 3 B II. 2, S. 93 ff.

380 Siehe oben § 3 A I. 2. d), S. 45 ff.

381 Siehe oben § 3 A, S. 40 ff.

382 Zur Rechtsnatur des GmbH-rechtlichen Wandlungsrechts siehe oben § 3 A II. 2. b), S. 55 ff., und § 3 B II. 2, S. 93 ff.; zur a.A. eines Equity Kickers siehe oben § 3 A II. 2. b), S. 55 ff.

383 Zur Sacheinlage bzw. der Kombination aus Bareinlage und sonstiger Kapitalrücklagenzahlung hinsichtlich der Darlehensrückzahlungsforderung siehe oben § 3 A II. 4, S. 69 f.

384 Zur Definition der Options- und Wandelanleihe siehe oben § 3 A I. 1, S. 41 ff.

Wie in dieser Untersuchung bereits dargelegt,[385] stellt ein Genussrecht im Sinne des § 221 Abs. 3 AktG ein auf schuldrechtlicher Basis eingeräumtes Recht mit vermögensrechtlichem Inhalt dar, welches ohne Einräumung einer mitgliedschaftlichen Stellung typischerweise einem Gesellschafter eingeräumt werden könnte. Dementsprechend müssten im Wandeldarlehensvertrag mitgliedschaftstypische Vermögensrechte schuldrechtlicher Art nachgebildet sein, damit das Wandeldarlehen auch dem Begriff des Genussrechts im Sinne des § 221 Abs. 3 AktG unterfällt. Solche schuldrechtlich nachgebildeten mitgliedschaftstypischen Vermögensrechte beim GmbH-rechtlichen Wandeldarlehen könnten erstens die Verzinsung, zweitens die rechtsgeschäftliche Nachrangabrede, drittens das Wandlungsrecht und viertens die Covenants darstellen.

aa) Verzinsung

Möglicher Anknüpfungspunkt für das Vorliegen eines Genussrechts ist die Konkurrenz des Gewinnanteils des Genussrechtsgläubigers mit dem Dividendenanteil des Gesellschafters.[386] Allerdings wird in diesem Kontext der Begriff des „Gewinn"-Anteils untechnisch als Teilhabe des Gläubigers am wirtschaftlichen Erfolg des Unternehmens verstanden, da es inhaltlich um die Konkurrenz zwischen der wirtschaftlichen Stellung des Genussrechtsgläubigers und derjenigen des formalen Gesellschafters geht.[387] Insbesondere kann eine solche Konkurrenzsituation bei der Teilhabe am laufenden Ertrag und/ oder einer Teilhabe an einem Liquidationserlös vorliegen.[388] Dabei ist eine Teilhabe am laufenden Ertrag der Gesellschaft nicht zwingend erforderlich, wenn auch in unterschiedlichen Ausprägungen für ein Genussrecht üblich.[389] Falls eine Teilhabe am laufenden Ertrag der Gesellschaft schuldrechtlich vereinbart worden ist, kann weitergehend zwischen der gewinnorientierten und der gewinnabhängigen Verzinsung unterschieden werden.[390] Die erste Alternative beinhaltet einen variablen Zinssatz, welcher der Höhe nach von einer Bezugsgröße – wie beispielsweise einem Bilanzgewinn, einer

---

385 Zur Definition des Genussrechts siehe oben § 3 B I. 1. a), S. 74 ff.

386 *Habersack* in MüKo AktG, § 221 Rn. 20 und 95; *Merkt* in K. Schmidt/Lutter AktG, § 221 Rn. 56.

387 Vgl. *Habersack* in MüKo AktG, § 221 Rn. 2 und 20, oder *Merkt* in K. Schmidt/Lutter AktG, § 221 Rn. 56.

388 *Habersack* in MüKo AktG, § 221 Rn. 65, 94 ff. und 114 f.; *Merkt* in K. Schmidt/Lutter AktG, § 221 Rn. 56.

389 *Habersack* in MüKo AktG, § 221 Rn. 94.

390 *Hüffer/Koch* AktG, § 221 Rn. 25a; *Merkt* in K. Schmidt/Lutter AktG, § 221 Rn. 57 ff.

Dividendenauszahlung oder einem Jahresüberschuss – abhängig ist.[391] Dagegen handelt es sich bei der zweiten Alternative um einen festen Zinssatz, welcher allerdings nur im Falle des Vorliegens eines Bilanzgewinns entsteht.[392] Letzteres Finanzierungsinstrument mit einer gewinnabhängigen Verzinsung wird auch als obligationsähnliches Genussrecht bezeichnet.[393] Jedoch ist beim obligationsähnlichen Genussrecht umstritten, ob dieses überhaupt ein Fall des § 221 Abs. 3 AktG darstellt.[394]

Dieser Meinungsstreit kann vorliegend im Ergebnis dahingestellt bleiben, da die Verzinsung des Wandeldarlehens im Rahmen von Venture Capital-Finanzierungen regelmäßig weder gewinnorientiert noch gewinnabhängig ist. Vielmehr handelt es sich hierbei typischerweise um einen unbedingten Fremdkapitalzins mit einer festen Zinshöhe.[395] Die zuvor dargestellte Konkurrenz des Gewinnanteils des Genussrechtsgläubigers mit dem Dividendenanteil des Gesellschafters besteht in diesem Fall nicht.

Somit qualifiziert die typische Ausgestaltung der Verzinsung das Wandeldarlehen nicht als Genussrecht im Sinne des § 221 Abs. 3 AktG.

bb) Nachrangabrede

Eine rechtsgeschäftliche Nachrangabrede bewirkt, dass ein Rückzahlungsanspruch aus einem Finanzierungsinstrument – vorliegend aus dem Wandeldarlehen – dem Gläubiger nicht bedingungslos zusteht, sondern bei Fälligkeit nur abhängig von dem jeweiligen Rang der zugrunde liegenden Forderung bedient wird. Somit kann es im Falle der Insolvenz der Gesellschaft zu einem wirtschaftlichen Ausfall des Rückzahlungsanspruchs gemäß § 39 Abs. 2 InsO kommen, wenn beispielsweise die Insolvenzmasse nur noch zur Befriedigung der einfachen und nicht auch noch der nachrangigen Insolvenzgläubiger ausreicht. Folglich stellt die rechtsgeschäftliche Nachrangabrede eine Form der Verlustteilnahme des Gläubigers am Unternehmensrisiko dar.[396]

---

391 *Merkt* in K. Schmidt/Lutter AktG, § 221 Rn. 57 und 59; *Seiler* in Spindler/Stilz AktG, § 221 Rn. 32.

392 *Merkt* in K. Schmidt/Lutter AktG, § 221 Rn. 57.

393 *Hirte* in Großkomm. AktG, § 221 Rn. 330.

394 Bejahend vgl. *Habersack* in MüKo AktG, § 221 Rn. 100, und *Merkt* in K. Schmidt/Lutter AktG, § 221 Rn. 60 und 78; verneinend vgl. *Lutter* in KK-AktG, § 221 Rn. 217 f., und *Gehling*, WM 1992, 1093, 1095.

395 Siehe oben § 2 B I, S. 32 f.

396 *Habersack* in MüKo AktG, § 221 Rn. 102 und 111; *Merkt* in K. Schmidt/Lutter AktG, § 221 Rn. 62.

Im Rahmen der verschiedenen Finanzierungsinstrumente des § 221 AktG dient das Merkmal der Verlustteilnahme in erster Linie zur Abgrenzung des Genussrechts zur Gewinnschuldverschreibung, da letztere definitionsgemäß einen unbedingten Rückzahlungsanspruch aufweisen muss.[397] Allerdings stellt die Verlustteilnahme eines Finanzierungsinstruments keine zwingende Voraussetzung für die Anwendbarkeit des § 221 AktG dar.[398]

Somit ist das Merkmal der Nachrangabrede für die Qualifikation des Wandeldarlehens als Genussrecht im Sinne des § 221 Abs. 3 AktG unerheblich.

cc) Wandlungsrecht

Funktional ermöglicht der Wandlungsmechanismus – ungeachtet dessen umstrittener Rechtsnatur im GmbH-Recht –[399] dem Wandeldarlehensgläubiger seine schuldrechtliche Beziehung in eine mitgliedschaftliche Stellung als Gesellschafter der Gesellschaft zu „tauschen", indem er im Falle einer positiven geschäftlichen Gesamtentwicklung durch Ausübung des Wandlungsrechts eine gewisse Anzahl von Geschäftsanteilen an der Gesellschaft übernimmt. Der Wandeldarlehensgläubiger profitiert hierdurch an der zwischenzeitlichen Wertsteigerung der Gesellschaft, da er die Geschäftsanteile zu einer für ihn vorteilhafteren Bewertung der Gesellschaft und somit zu einem günstigeren Preis als dem aktuellen Verkehrswert übernehmen kann (beziehungsweise im Falle einer Wandlungsverpflichtung muss).[400] Denn für den Preis pro Geschäftsanteil ist typischerweise entweder die niedrigere Unternehmensbewertung aus der letzten Eigenkapital-Finanzierungsrunde oder die Unternehmensbewertung der nächsten Eigenkapital-Finanzierungsrunde einschließlich eines für den Investor günstigen Bewertungsabschlags maßgeblich.[401]

Bereits diese Analyse der wirtschaftlichen Funktionsweise des Wandlungsrechts im Rahmen einer typischen Venture Capital-Finanzierung zeigt, dass das Wandeldarlehen aufgrund seines Wandlungsmechanismus materiell-rechtlich dem Begriff eines Genussrechts im Sinne von § 221 Abs. 3 AktG unterfallen muss. Denn ein typisches Charakteristikum des Genussrechts ist gerade die Teilhabe am Unternehmenserfolg, welche üblicherweise in Form des laufenden Ertrags oder des Liquidationserlöses erfolgt.[402] Parallel zur zuvor bereits dargestellten

397 *Merkt* in K. Schmidt/Lutter AktG, § 221 Rn. 61.
398 *Habersack* in MüKo AktG, § 221 Rn. 1, 22 und 101.
399 Siehe oben § 3 A II. 2. b), S. 55 ff., und § 3 B II. 2, S. 93 ff.
400 Siehe oben § 2 B II. 1, S. 35 f.
401 Siehe oben § 2 B II. 1, S. 35 f.
402 Vgl. hierzu bereits oben § 4 C I. 2. b) aa), S. 112.

synonymen Begriffsverwendung im Hinblick auf die erforderliche Konkurrenzsituation stellt auch der Begriff des „Liquidationserlöses" nicht nur auf den Erlös resultierend aus einer durchgeführten Liquidation der Gesellschaft, sondern untechnisch pauschal auf die Teilhabe des Gläubigers an den stillen Reserven der Gesellschaft ab.[403] Aufgrund des Wandlungsrechts kann der Wandeldarlehensgläubiger an etwaigen seit dem Abschluss des Wandeldarlehensvertrags aufgehäuften stillen Reserven der Gesellschaft partizipieren. Damit gewährt das Wandeldarlehen letztlich auch eine Teilhabe am Unternehmenserfolg in Form eines Liquidationserlöses.

Auch vom Sinn und Zweck unterfällt das Wandeldarlehen dem Anwendungsbereich des § 221 Abs. 3 AktG. Die Norm soll – wie bereits dargestellt – einen etwaigen Konflikt zwischen schuldrechtlichen Gläubigern und den Aktionären der Gesellschaft zu Gunsten Letzteren auflösen, sofern ein Finanzierungsinstrument die mitgliedschaftliche und vermögensmäßige Struktur der Gesellschaft tangiert.[404] Diese *ratio legis* ist durch das im Wandeldarlehensvertrag schuldrechtlich eingeräumte Bezugsrecht zu Gunsten des Gläubigers einschlägig,[405] da dieses unmittelbar in Konkurrenz zu dem gesetzlichen Bezugsrecht der Gesellschafter analog[406] § 186 Abs. 1 S. 1 AktG tritt. Überdies tangiert bereits die Einräumung eines Wandlungsrechts im Hinblick auf die absehbare Ausübung desselben und der sich hieraus ergebenden Verwässerung der Beteiligungsquote und des mitgliedschaftlichen Stimmrechts der formalen Gesellschafter zumindest mittelbar die mitgliedschaftliche Struktur der Gesellschaft.

Ferner bietet sich ein systematischer Vergleich zu den selbstständigen Optionsscheinen mit Finanzierungscharakter und hierbei insbesondere zu den sogenannten „naked warrants" an. Bei dem Begriff der „naked warrants" handelt es sich um Optionsrechte, die ohne eine Fremdkapitalkomponente ausgegeben werden und für deren Bedienung noch junge Aktien in einer späteren Kapitalerhöhung zu schaffen sind.[407] Auch wenn die rechtliche Behandlung

---

403 *Habersack* in MüKo AktG, § 221 Rn. 114.

404 Siehe oben § 4 C I. 1. a), S. 108.

405 Zum Anspruch auf Abschluss eines Übernahmevertrags hinsichtlich jungen Geschäftsanteilen resultierend aus der atypischen Ersetzungsbefugnis siehe oben § 3 B II. 3, S. 97, i.V.m. § 3 A I. 1 und § 3 A I. 2, S. 42 ff, sowie resultierend aus einem Equity Kicker siehe oben § 3 A II. 2. b), S. 55 ff.

406 Siehe unten § 4 E, S. 160 ff.

407 *Casper*, Der Optionsvertrag, S. 369; *Fuchs*, AG 1995, 433, 433; *Habersack* in FS Nobbe, 539, 556; mit abweichender Definition auch *Steiner*, Isoliert begebene Optionsscheine mit Finanzierungsfunktion, S. 28 ff.

dieses Finanzierungsinstruments umstritten ist,[408] ordnet dennoch eine statthafte Zahl namhafter Autoren die naked warrants als Genussrechte im Sinne des § 221 Abs. 3 AktG ein.[409] Anknüpfend an diese Auffassung bietet sich vorliegend ein Umkehrschluss *a maiore ad minus* an: Wenn sogar selbstständige Optionsscheine in Form der naked warrants dem Begriff des Genussrechts im Sinne des § 221 Abs. 3 AktG unterfallen, dann muss erst Recht das Wandeldarlehen – bestehend aus einem schuldrechtlich eingeräumten Bezugsrecht auf junge Geschäftsanteile plus einer Fremdkapitalkomponente – auch ein Genussrecht im Sinne des § 221 Abs. 3 AktG darstellen.[410]

Darüber hinaus werden die bereits angeführten Argumente durch die schlichte Subsumption des Wandlungsrechts unter die herkömmliche Definition des Genussrechts im Sinne von § 221 Abs. 3 AktG bestätigt:[411] Das Wandlungsrecht stellt – ungeachtet dessen umstrittener Rechtsnatur im GmbH-Recht –[412] letztlich ein schuldrechtlich eingeräumtes Bezugsrecht auf junge Geschäftsanteile vergleichbar dem gesetzlichen Bezugsrecht gemäß § 186 Abs. 1 S. 1 AktG dar.[413] Das gesetzliche Bezugsrecht auf junge Geschäftsanteile im Rahmen einer Kapitalerhöhung schützt zumindest im Falle einer Ausgabe von Geschäftsanteilen unter dem in diesem Zeitpunkt geltenden Unternehmenswert die Vermögensinteressen der Gesellschafter und stellt aufgrund dieses vermögensrechtlichen Inhalts ein Vermögensrecht dar.[414] Dabei wird dem Wandeldarlehensgläubiger im Zeitpunkt des

---

408 Statt aller *Steiner*, Isoliert begebene Optionsscheine mit Finanzierungsfunktion, S. 106 ff.

409 *Casper*, Der Optionsvertrag, S. 375; *Fuchs*, DB 1997, 661, 665; ders., AG 1995, 433, 442 und 445; *Habersack* in MüKo AktG, § 221 Rn. 37; ders. in FS Nobbe, 539, 559 f.; *Hirte* in Großkomm. AktG, § 221 Rn. 316; Kuntz, AG 2004, 480, 483; *Hüffer/Koch AktG*, § 221 Rn. 75; *Schlitt/Löschner*, BKR 2002, 150, 153 f.; a.A. *Hüffer AktG*, 10. Auflage, § 221 Rn. 75; *Lutter* in KK-AktG, § 221 Rn. 185.

410 Vgl. auch *Hirte* in Großkomm. AktG, § 221 Rn. 319.

411 Zum Begriff des Genussrechts siehe oben § 3 B I. 1. a), S. 74 ff.

412 Zur Rechtsnatur des GmbH-rechtlichen Wandlungsrechts als atypische Ersetzungsbefugnis siehe oben § 3 A II. 2. b), S. 55 ff., und § 3 B II. 2, S. 93 ff.; zur a.A. eines Equity Kickers siehe oben § 3 A II. 2. b), S. 55 ff.

413 Zum Anspruch auf Abschluss eines Übernahmevertrags hinsichtlich jungen Geschäftsanteilen resultierend aus der atypischen Ersetzungsbefugnis siehe oben § 3 B II. 3, S. 97, i.V.m. § 3 A I. 1 und § 3 A I. 2, S. 42 ff, sowie resultierend aus einem Equity Kicker siehe oben § 3 A II. 2. b), S. 55 ff.

414 Zur Kategorisierung des gesetzlichen Bezugsrecht auf junge Geschäftsanteile im Rahmen einer Kapitalerhöhung als Vermögensrecht siehe *Ebbing* in Michalski GmbHG, § 14 Rn. 57; *Reichert/Weller* in MüKo GmbHG, § 14 Rn. 77; abweichende

schuldrechtlichen Vertragsabschlusses über das Wandeldarlehen noch keine mitgliedschaftliche Stellung in der Gesellschaft eingeräumt. Somit ist der Begriff des Genussrechts – in Form eines Equity-Linked-Genussrechts – definitionsgemäß erfüllt.

Im Ergebnis qualifiziert das Element des Wandlungsrechts das Wandeldarlehen als Genussrecht im Sinne von § 221 Abs. 3 AktG.

dd) Covenants

Die in dem Wandeldarlehensvertrag vereinbarten Covenants könnten ein Ausschlusskriterium für die Qualifikation des Wandeldarlehens als Genussrecht im Sinne von § 221 Abs. 3 AktG darstellen, sofern solche Covenants als für das Genussrecht schädliche Verwaltungs- und Teilhaberechte zu qualifizieren wären. Zur Beantwortung dieser Frage ist es zunächst elementar die Auswirkungen von schuldrechtlich eingeräumten Verwaltungs- und Teilhaberechten in Genussrechtsverträgen zu untersuchen und die formale Rechtsnatur von Covenants zu bestimmen, bevor die typischerweise in einem Wandeldarlehensvertrag vereinbarten Covenants im Hinblick auf die Ausgangsfrage eingeordnet werden.

(1) Schuldrechtlich eingeräumte Verwaltungs- und Teilhaberechte in Genussrechtsverträgen

Nach herrschender Meinung können Genussrechtsgläubigern schuldrechtlich keine mitgliedschaftstypischen Kontroll- und Mitwirkungsrechte im engeren Sinne, wie beispielsweise Stimmrechte, Anfechtungsrechte oder das Recht zur Einberufung der Haupt- respektive Gesellschafterversammlung, eingeräumt werden.[415] Dies folgt nicht nur bereits aus der Definition des Genussrechts,[416] sondern auch aus dem für Kapitalgesellschaften geltenden Abspaltungsverbot entsprechend § 717 S. 1 BGB.[417] Gemäß dem Abspaltungsverbot dürfen Teilhaberechte nicht von der Mitgliedschaft getrennt werden (enge Auslegung) und eine schuldrechtliche Nachbildung von mitgliedschaftsentkleideten Teilhaberechten

Kategorisierung u.a. *Habersack*, Die Mitgliedschaft – subjektives und sonstiges Recht, S. 258 ff. (insb. S. 261), wonach das gesetzliche Bezugsrecht ein mitgliedschaftliches Recht sui generis darstellt.

415 *Habersack* in MüKo AktG, § 221 Rn. 65 und 119; *Hüffer/Koch* AktG, § 221 Rn. 26; *Lutter* in KK-AktG, § 221 Rn. 219; *Merkt* in K. Schmidt/Lutter AktG, § 221 Rn. 79; *Sethe*, AG 1993, 351, 355.

416 Zur Definition des Genussrechts siehe oben § 3 B I. 1. a), S. 74 ff.

417 *Habersack* in MüKo AktG, § 221 Rn. 119; a.A. *K. Schmidt*, Gesellschaftsrecht, § 19 III 4, der das Abspaltungsverbot aus der Einheitlichkeit der Mitgliedschaft ableitet.

ist verboten (weite Auslegung).[418] Die Inhaberschaft von Kontroll- und Mitwirkungsrechten sowie der damit einhergehende (mitgliedschaftliche) Einfluss auf die Gesellschaft sind nämlich nur dann gerechtfertigt, wenn gleichzeitig eine Bindung des Rechteinhabers an die Interessen der Gesellschaft vorliegt.[419] Eine solche Bindung an die Gesellschaftsinteressen stellt eine unmittelbare Folge der Mitgliedschaft im Verband dar.[420] Deshalb ist auch der unmittelbare Einfluss eines Dritten – wie beispielsweise eines Gläubigers der Gesellschaft – auf die Willensbildung der Gesellschaft grundsätzlich verboten.[421]

Allerdings können sonstige Teilhaberechte, welche die Willensbildung der Gesellschaft beziehungsweise die autonome Verbandsführung im Sinne der Verbandssouveränität nicht unmittelbar tangieren, einem Genussrechtsgläubiger schuldrechtlich eingeräumt werden.[422] Denn der Einfluss des Dritten und somit die Beeinträchtigung der Verbandssouveränität ist bei solchen Rechten wesentlich schwächer ausgeprägt.[423] Dies gilt insbesondere für ein passives Teilnahmerecht in der Hauptversammlung (respektive Gesellschafterversammlung) im Sinne eines Beobachterstatus, ein Rederecht und ein Informationsrecht.[424] Diesen Rechtsgedanken vervollständigend sei erwähnt, dass Auskunfts- und Rechnungslegungsansprüche auch ohne entsprechende schuldrechtliche Vereinbarung im Genussrechtsvertrag bestehen können, sofern kumulativ der Gläubiger über vermögensrechtliche Tatsachen im Unklaren ist, der Schuldner hiervon

418 *Habersack* in MüKo AktG, § 221 Rn. 119; *K. Schmidt,* Gesellschaftsrecht, § 19 III 4. Zu Einzelheiten des Abspaltungsverbots vgl. *Weber*, Privatautonomie und Außeneinfluss im Gesellschaftsrecht, S. 70 ff.; im Hinblick auf die mitgliedschaftlichen Schutz- und Teilhaberechte vgl. auch *Habersack*, Die Mitgliedschaft – subjektives und „sonstiges“ Recht, S. 78 ff.

419 *Merkt* in K. Schmidt/Lutter AktG, § 221 Rn. 79.

420 *Merkt* in K. Schmidt/Lutter AktG, § 221 Rn. 79. Zur Mitgliedschaft generell siehe oben § 4 A I, S. 101 ff.

421 Zu zulässigen Stimmbindungsvereinbarungen gegenüber Dritten vgl. *K. Schmidt*, Gesellschaftsrecht, § 21 II 4 a) cc); zu zulässigen Einschränkungen bei der Treuhand, dem Nießbrauch oder dem Pfandrecht vgl. *Weber*, Privatautonomie und Außeneinfluss im Gesellschaftsrecht, S. 70 ff.

422 *v. Alvensleben* in Häger/Elkemann-Reusch, Rn. 749; *Habersack* in MüKo AktG, § 221 Rn. 120; *Hüffer/Koch* AktG, § 221 Rn. 26; *Lutter* in KK-AktG, § 221 Rn. 220.

423 *Merkt* in K. Schmidt/Lutter AktG, § 221 Rn. 80.

424 *Habersack* in MüKo AktG, § 221 Rn. 120; *Merkt* in K. Schmidt/Lutter AktG, § 221 Rn. 80; *Rid-Niebler*, Genussrechte als Instrument zur Eigenkapitalbeschaffung über den organisierten Kapitalmarkt für die GmbH, S. 51.

Kenntnis hat und diese Tatsachen sein Genussrecht begründen.[425] Das Erfordernis solcher Hilfsansprüche wird insbesondere im Hinblick auf die Berechnung einer gegebenenfalls gewinnabhängigen Verzinsung eines Genussrechts deutlich.[426] Zuletzt wird in der Literatur teilweise auch die Auffassung vertreten, dass Genussrechte mit Verlustbeteiligung gleichzeitig eine stille Gesellschaft darstellen und einem solchen Genussrechtsgläubiger somit die Kontrollrechte nach § 233 HGB zustünde.[427]

(2) Begriff

Der aus dem angelsächsischen Rechtskreis stammende Begriff der „Covenants“ beschreibt eine schuldrechtliche Verpflichtung[428] des Kapitalnehmers, ein konkretes Ereignis mittels eines bestimmten Verhaltens herbei- beziehungsweise nicht herbeizuführen.[429] Dabei sind Aufgrund des Rechtsbindungswillens der Parteien sind Covenants nach richtiger Ansicht als unselbstständige Nebenpflichten zu qualifizieren und als solche nicht mittels Erfüllungsanspruch einklagbar.[430] Allerdings stehen dem Kreditgeber bei absprachewidrigem Verhalten

---

425 *Frantzen*, Genußscheine, S. 224 ff.; *Lutter* in KK-AktG, § 221 Rn. 378 f.

426 *v. Alvensleben* in Häger/Elkemann-Reusch, Rn. 750.

427 *Habersack* in MüKo, AktG, § 221 Rn. 88 ff.; *Meilicke*, BB 1989, 465, 466. Abweichend die h.M., welche den für eine stille Gesellschaft erforderlichen gemeinsamen Zweck verneint und nach der die Stille Gesellschaft in einem Alternativverhältnis zum Genussrecht steht; BGH, Urt. v. 21. 7. 2003 – II ZR 109/02, NJW 2003, 3412, 3413; *v. Alvensleben* in Häger/Elkemann-Reusch, Rn. 619; *Ernst*, Der Genußschein im deutschen und schweizerischen Aktienrecht, 118 f.; *Frantzen*, Genußscheine, S. 15 ff.; *Lutter* in KK-AktG, § 221 Rn. 232; *Rid-Niebler*, Genussrechte als Instrument zur Eigenkapitalbeschaffung über den organisierten Kapitalmarkt für die GmbH, S. 81; *Sethe*, AG 1993, 293, 297.

428 Zur Rechtsnatur der Covenants als schuldrechtliche Verpflichtung vgl. *Kästle*, Rechtsfragen der Verwendung von Covenants in Kreditverträgen, S. 72 f; *Natusch* in Häger/Elkemann-Reusch, Rn. 70; *Renner* in Großkomm. HGB, Das Kreditgeschäft Vierter Teil Rn. 896; *Servatius*, Gläubigereinfluss durch Covenants, S. 33; differenzierend zwischen Obliegenheit und Verpflichtung vgl. Wittig, WM 1996, 1381, 1385.

429 *Natusch* in Häger/Elkemann-Reusch, Rn. 70; *Servatius*, Gläubigereinfluss durch Covenants, S. 33; Für nähere Details zum Begriff „Covenants“ siehe *Heinrich*, Covenants als Alternative zum institutionellen Gläubigerschutz, S. 119 ff.

430 *Kusserow/Dittrich*, WM 2000, 745, 751 f.; *Heinrich*, Covenants als Alternative zum institutionellen Gläubigerschutz S. 123, 308 und 430; a.A. *Kästle*, Rechtsfragen der Verwendung von Covenants in Kreditverträgen, S. 72 f., und *Runge*, Covenants in Kreditverträgen, S. 70 f., die Covenants als grds. einklagbare Nebenleistungspflichten einordnen.

(sog. „breach of covenants“) Gestaltungsrechte, meist in Form von Kündigungs- oder Nachverhandlungsrechten, und Sekundäransprüche in Form von Schadensersatzansprüchen zu.[431] Hierdurch kann die Kapitalnehmerin mittelbar zu einem vom Kapitalgeber gewünschten wirtschaftlichen Tun oder Unterlassen veranlasst werden, da ihr ansonsten das zur Verfügung gestellte Kapital wieder entzogen beziehungsweise die dem Vertrag zugrunde liegenden Parameter nachträglich geändert werden können.[432] Mit der Vereinbarung von Covenants bezweckt der Kapitalgeber mittelbar die Rückzahlung des investierten Kapitals (und gegebenenfalls auch einer erfolgsabhängigen Vergütung) abzusichern und den Kapitalnehmer dahingehend zu beeinflussen.[433] Der Kreditnehmer wird von dem Kreditgeber sprichwörtlich „an der kurzen Leine“ gehalten.[434] Dementsprechend stellen Covenants in Finanzierungsverträgen eine atypische Form der Sicherheitenstellung dar.[435]

(3) Einordnung der in Wandeldarlehensverträgen vereinbarten Covenants

Covenants können in sämtlichen Vertragsarten in unterschiedlichster Form vorkommen.[436] Anerkannt ist, dass Genussrechte mit Kontrollrechten vergleichbar zu jenen eines stillen Gesellschafters gemäß § 233 HGB ausgestaltet werden können.[437] Hingegen werden weitergehende substantiellere Kontrollrechte – neben der gemeinsamen Zweckverfolgung – auch als Merkmal zur Abgrenzung zwischen Genussrecht und einer atypisch stillen Gesellschaft herangezogen.[438] Aufgrund der vielseitigen Gestaltungsmöglichkeiten von Covenants ist ihre Einordnung somit auf Basis der konkreten Ausgestaltung im Einzelfall

---

431 *Kusserow/Dittrich*, WM 2000, 745, 751 f.; *Natusch* in Häger/Elkemann-Reusch, Rn. 74; *Servatius*, Gläubigereinfluss durch Covenants, S. 45.

432 *Fleischer* in Michalski GmbHG, Systematische Darstellung 5 – Die Finanzierung der GmbH, Rn. 57; *Kaulamo* in Habersack/Mülbert/Schlitt, § 17 Rn. 51 und 74.

433 *Servatius*, Gläubigereinfluss durch Covenants, S. 33.

434 *Kästle*, Rechtsfragen der Verwendung von Covenants in Kreditverträgen, S. 28.

435 v. Alvensleben in Häger/Elkemann-Reusch, Rn. 754; *Kästle*, Rechtsfragen der Verwendung von Covenants in Kreditverträgen, S. 27 f.; *Merkel/Richarth* in Schimansky/Bunte/Lwowski, § 98 Rn. 175.

436 *Kästle*, Rechtsfragen der Verwendung von Covenants in Kreditverträgen, S. 27; *Servatius*, Gläubigereinfluss durch Covenants, S. 33.

437 *v. Alvensleben* in Häger/Elkemann-Reusch, Rn. 622 und 626; *Frantzen*, Genußscheine, S. 17 f.

438 *v. Alvensleben* in Häger/Elkemann-Reusch, Rn. 625 und 755; *Ernst*, Der Genußschein im deutschen und schweizerischen Aktienrecht, S. 108 ff.; *K. Schmidt*, Gesellschaftsrecht, § 62 II 1 c) bb.

vorzunehmen. Maßgebliches Kriterium hierbei muss die Verbandssouveränität in Anlehnung an das Abspaltungsverbot des § 717 S. 1 BGB sein.[439] Dies hat zur Folge, dass unmittelbare Entscheidungs- oder Einwirkungsmöglichkeiten auf die Geschicke der Gesellschaft durch den Genussrechtsgläubiger verboten, derselben mittelbaren Beeinflussungsmöglichkeiten des Genussrechtsgläubigers allerdings zulässig sein müssen.

Dies vorweggeschickt sind Covenants nur dergestalt in Genussrechtsverträgen zulässig, soweit sie keine unmittelbare Teilhabe der Genussrechtsgläubiger am Willensbildungsprozess des Genussrechtsschuldners vorsehen und folglich auch keine eigenen Entscheidungsrechte der Genussrechtsgläubiger beinhalten. Die bei Wandeldarlehen regelmäßig vereinbarten Financial-Covenants beinhalten das Gebot, gewisse wirtschaftliche Finanzkennzahlen der Gesellschaft, wie beispielsweise Bilanzkennzahlen (insbesondere EBIT(DA)[440]), Cash Flow oder Verschuldungsgrad, einzuhalten.[441] Bei Nichteinhaltung dieser vereinbarten Finanzkennzahlen (sog. „event of default“) steht dem Gläubiger meist ein außerordentliches Kündigungsrecht zu.[442] Auch wenn hierdurch ein großes Drohpotential zur Einhaltung der vereinbarten Finanzkennzahlen aufgebaut wird, so besteht dennoch keine durchsetzbare Verpflichtung seitens des Schuldners diese auch einzuhalten. Vielmehr kann der Schuldner selbst entscheiden, entweder die Financial-Covenants zu erfüllen oder bei Nicht-Erfüllung die wirtschaftlichen Konsequenzen hieraus zu tragen. In letzter Konsequenz bedeutet dies, dass die kreditnehmende Gesellschaft nicht fremd-, sondern noch selbstbestimmt agieren kann. Der Kapitalgeber kann letztlich nur auf die Entscheidung der kreditnehmenden Gesellschaft reagieren. Somit steht eine solche Gestaltung auch mit der Verbandsautonomie im Einklang.[443]

---

439 Siehe oben § 4 C I. 2. b) dd) (1), S. 117 f.

440 Die englische Abkürzung EBIT(DA) (earnings before interest, taxes, (depreciation and amortization)) bedeutet übersetzt: Gewinn vor Zinsen, Steuern, (Abschreibungen auf Sachanlagen und Abschreibungen auf immaterielle Vermögensgegenstände).

441 *Fleischer* in Michalski GmbHG, Systematische Darstellung 5 – Die Finanzierung der GmbH, Rn. 58 f.; *Merkel/Richarth* in Schimansky/Bunte/Lwowski, § 98 Rn. 174.

442 *Weitnauer*, BKR 2005, 43, 45; *Servatius*, CFL 2013, 14, 15. Der englische Begriff „event of default“ wird im Zusammenhang mit Covenants nicht nur als „Zahlungsverzug“, sondern weitergehend als vertraglich definierte Ereignisse, welche zur Kündigung berechtigen, verstanden. Alternativ zu dieser ultimo ratio Maßnahme könnten auch weniger einschneidende Konsequenzen wie bspw. eine Erhöhung des Zinssatzes oder eine Nachbesicherung vereinbart werden; vgl. *Servatius*, Gläubigereinfluss durch Covenants, S. 45 f.

443 *Weitnauer*, Handbuch Venture Capital, Teil F Rn. 267.

Überdies nimmt der Kreditgeber durch die Aufnahme von Covenants in Finanzierungsverträgen regelmäßig nur sein legitimes Interesse vom Schutz seines Rückzahlungsanspruchs aus dem Finanzierungsinstrument vor Wertverlusten wahr. Denn Covenants stellen wie bereits dargestellt eine atypische Form von Sicherheiten beim Schutz von typischerweise unbesicherten Mezzanine-Finanzierungsinstrumenten dar. Mittels Covenants hat der Gläubiger die Möglichkeit, im Vorfeld der Insolvenz eine Krise zu erkennen und die für ihn günstige Maßnahmen zu treffen, indem er in einem „event of default" seinen Rückzahlungsanspruch aus dem Wandeldarlehen mittels außerordentlicher Kündigung fällig stellt.[444]

Weitergehende Teilhabe- und Verwaltungsrechte, welche die Möglichkeit der unmittelbaren Einflussnahme auf die Geschäftsführung – beispielsweise in Form der Aufnahme des Genussrechtsgläubigers in ein beschließendes Gremium oder in Form von Zustimmungsvorbehalten zu einzelnen Maßnahmen zu Gunsten des Genussrechtsgläubigers – gewähren, sind rechtlich unzulässig.[445] Sofern solche dennoch in Genussrechtsverträgen vereinbart werden, liegt übereinstimmend mit *v. Alvensleben* nicht mehr ein Genussrecht, sondern vielmehr – bei Vorliegen der sonstigen Voraussetzungen – eine atypische stille Gesellschaft gemäß §§ 230 ff. HGB vor.[446] Eine solche Schlussfolgerung ergibt sich aus der konsequenten Anwendung des Abspaltungsverbots und der Rechtsnatur des Genussrechts als lediglich schuldrechtliches Gläubigerrecht ohne Einräumung einer Mitgliedschaft. Nur die atypisch stille Gesellschaft vermag aufgrund der hierdurch existierenden Innengesellschaft und des gemeinsamen Zwecks weitergehende, unmittelbar wirkende Teilhaberechte begründen.[447]

---

444 *Merkel/Richarth* in Schimansky/Bunte/Lwowski, § 98 Rn. 174; *Servatius*, Gläubigereinfluss durch Covenants, S. 32.

445 *v. Alvensleben* in Häger/Elkemann-Reusch, Rn. 752. M.E. muss eine abweichende Beurteilung vorgenommen werden, sofern die Erforderlichkeit der Zustimmung nur als „event of default" definiert ist und ein Verstoß hiergegen regelmäßig nur zum Kündigungsrecht führt.

446 *v. Alvensleben* in Häger/Elkemann-Reusch, Rn. 625 und 755.

447 Zur Abgrenzung zwischen Genussrechten und (atypisch) stiller Gesellschaft anhand des gemeinsamen Zwecks vgl. *v. Alvensleben* in Häger/Elkemann-Reusch, Rn. 619; *Ernst*, Der Genußschein im deutschen und schweizerischen Aktienrecht, 118 f.; *Frantzen*, Genußscheine, S. 15 ff.; *Lutter* in KK-AktG, § 221 Rn. 232; *Harbarth* in Großkomm. HGB, § 230 Rn. 27; *Rid-Niebler*, Genussrechte als Instrument zur Eigenkapitalbeschaffung über den organisierten Kapitalmarkt für die GmbH, S. 81; *Sethe*, AG 1993, 293, 297.

(4) Zwischenergebnis zu Covenants in Genussrechtsverträgen

Die beim Wandeldarlehen üblicherweise vereinbarten Financial-Covenants disqualifizieren das Wandeldarlehens nicht als Genussrecht im Sinne von § 221 Abs. 3 AktG, da diese keine schädlichen mitgliedschaftsgleichen Teilhabe- und Verwaltungsrechte darstellen. Soweit Covenants jedoch eine unmittelbare Teilhabe am Willensbildungsprozess der schuldnerischen Gesellschaft in Form von unmittelbaren Entscheidungs- oder Einwirkungsmöglichkeiten vorsehen, liegt nicht mehr ein Genussrecht, sondern regelmäßig eine atypisch stille Gesellschaft vor.

c) Zwischenergebnis zur systematischen Einordnung des Wandeldarlehens als Finanzierungsart von § 221 AktG

Als Zwischenergebnis kann festgehalten werden, dass ein Wandeldarlehen zwar keine Wandelschuldverschreibung im Sinne von § 221 Abs. 1 S. 1 Var. 1 AktG darstellt, jedoch unter den Begriff der Genussrechte im Sinne von § 221 Abs. 3 AktG fällt. Dies folgt aus dem vermögensrechtlichen Element des schuldrechtlich eingeräumten Wandlungsrechts, dessen Rechtswirkungen – ungeachtet der umstrittenen Rechtsnatur des GmbH-rechtlichen Wandlungsrechts –[448] vergleichbar zu denjenigen des in § 186 Abs. 1 Abs. 1 S. 1 AktG normierten Bezugsrechts sind. Eine gegenteilige Wertung ergibt sich auch nicht aus den in Wandeldarlehen vereinbarten Financial-Covenants, sofern diese dem Wandeldarlehensgläubiger keine mitgliedschaftsgleichen Teilhabe- und Verwaltungsrechte einräumen.

Dem Grunde nach kommt somit eine analoge Anwendung der aktienrechtlichen Regelungen zur Kompetenzverteilung bei Genussrechten nach § 221 Abs. 3 i.V.m. Abs. 1 S. 1 AktG für ein mit einer GmbH vereinbartes Wandeldarlehen in Betracht.

3. Analogieschluss vom GmbH-rechtlichen Finanzierungsinstrument auf die aktienrechtliche Norm des § 221 Abs. 3 i.V.m. Abs. 1 S. 1 AktG

a) Voraussetzungen einer Analogie

Zur Schließung einer Gesetzeslücke kann es im Wege der Rechtsfortbildung geboten sein, auf die Methode der Analogie zurückzugreifen. Dabei wird ein Sachverhalt, welcher eigentlich nicht von dem Wortlaut einer Norm erfasst ist, aufgrund der Ähnlichkeit der Interessenlage dennoch als von der Norm erfasst

448 Zur Rechtsnatur des GmbH-rechtlichen Wandlungsrechts als atypische Ersetzungsbefugnis siehe oben § 3 A II. 2. b), S. 55 ff., und § 3 B II. 2, S. 93 ff.; zur a.A. eines Equity Kickers siehe oben § 3 A II. 2. b), S. 55 ff.

angesehen.[449] Hierfür bedarf es einer planwidrigen Regelungslücke bei Vorliegen einer vergleichbaren Interessenlage.[450] Ihre Grenze findet die Rechtsfortbildung in der Bindung des Richters an Gesetz und Recht gemäß Art. 20 Abs. 3 GG.[451]

b) Meinungsstand

Die vorherrschende Meinung im Schrifttum wendet § 221 Abs. 3 i.V.m. Abs. 1 S. 1 AktG nicht analog auf die mit einer GmbH vereinbarten Genussrechte an.[452]

Rid-Niebler lehnt eine solche Analogie bereits mangels Vorliegen einer Regelungslücke zumindest für Genussrechte mit Eigenkapital-Charakter ab.[453] Aufgrund des durch die Ausgabe von Genussrechten mit Eigenkapital-Charakter bestehenden Eingriffs in das Gewinnrecht gemäß § 29 Abs. 1 GmbHG sowie die Vermögensverteilung gemäß § 72 GmbHG erfordere eine diesbezügliche Vereinbarung auch eine entsprechende satzungsrechtliche Regelung oder einen entsprechenden satzungsändernden beziehungsweise satzungsdurchbrechenden Gesellschafterbeschluss.[454] Ein solcher Gesellschafterbeschluss bedürfe dann gemäß § 53 Abs. 2 GmbHG einer satzungsändernden qualifizierten Mehrheit.[455] Zudem stellt *Rid-Niebler* klar, dass aus Ihrer Sicht bei der Ausgabe von Genussrechten mit Eigenkapitalcharakter nur in den Randbereich der mehrheitsfesten

---

449 *Looschelders/Olzen* in Staudinger BGB, § 242 Rn. 348; BVerfG, Entscheidung vom 03.04.1990 – 1 BvR 1186/89, BVerfGE 82, 6, 12 = NJW, 1990, 1593, 1594.

450 *Grüneberg* in Palandt, Einleitung Rn. 46; BGH, Urt. v. 14. 12. 2006 – IX ZR 92/05, NJW, 2007, 992, 993. Dabei wird weit überwiegend nicht zwischen den Merkmalen der „Planwidrigkeit" und der „Regelungslücke" unterschieden, sondern die Planwidrigkeit als zusätzliches Merkmal der Regelungslücke neben deren Unvollständigkeit behandelt; vgl. *Canaris*, Die Feststellung von Lücken im Gesetz, S. 35 und 39; ferner die Ausführungen unter § 4 C I. 3. a), S. 123 f.

451 *Grüneberg* in Palandt, Einleitung Rn. 57.

452 *Berghaus/Bardelmeier* in Habersack/Mülbert/Schlitt, § 14 Rn. 27; *Ebert*, Stille Gesellschaft, Genussrecht und partiarisches Darlehen als Mezzanine Kapitaltitel zur Finanzierung einer GmbH, S. 234; *Klingberg* in FS Westermann, 1087, 1112 f.; *Rid-Niebler*, Genussrechte als Instrument zur Eigenkapitalbeschaffung über den organisierten Kapitalmarkt für die GmbH, S. 85 ff.

453 *Rid-Niebler*, Genussrechte als Instrument zur Eigenkapitalbeschaffung über den organisierten Kapitalmarkt für die GmbH, S. 85 ff.

454 *Rid-Niebler*, Genussrechte als Instrument zur Eigenkapitalbeschaffung über den organisierten Kapitalmarkt für die GmbH, S. 86 ff.

455 *Rid-Niebler*, Genussrechte als Instrument zur Eigenkapitalbeschaffung über den organisierten Kapitalmarkt für die GmbH, S. 89 ff.

Kernbereiche von §§ 29 und 72 GmbHG eingegriffen würde, weshalb vorliegend keine Zustimmung aller Gesellschafter unter dem Gesichtspunkt des relativen Zustimmungsvorbehalts erforderlich sei.[456]

Klingberg lehnt eine solche Analogie zu § 221 AktG gleichfalls ab, wobei sie Ihre Auffassung letztlich mit dem Fehlen eines vergleichbaren Sachverhalts aufgrund der strukturellen Unterschiede zwischen Aktiengesellschaft und GmbH begründet.[457] Im Unterschied zu den drei zwingenden Organen der Aktiengesellschaft bestünde die GmbH im Regelfall nur aus zwei Organen, nämlich der Geschäftsführung und der Gesellschaftergesamtheit.[458] Auch die Stellung der Geschäftsführung gegenüber der Gesellschaftergesamtheit sei vergleichsweise schwach ausgeprägt, da diese anders als im Verhältnis von Vorstand und Aufsichtsrat gemäß § 37 Abs. 1 Alt. 2 GmbHG weisungsgebunden ist und zudem gemäß §§ 51a und 51b GmbHG diversen Kontrollrechten unterliegt.[459] Dieser vergleichsweisen schwachen Stellung der Geschäftsführung (respektive der starken Stellung der Gesellschaftergesamtheit) in der Kompetenzverfassung der GmbH stünde die vergleichsweise starke Stellung des Vorstands (respektive die schwache Stellung der Aktionäre in der Hauptversammlung) der Aktiengesellschaft gegenüber.[460] Die aufgezeigten strukturellen Unterschiede zwischen der GmbH und der Aktiengesellschaft führen *Klingberg* letztlich zu der Annahme, dass die Gesellschafter der GmbH im Vergleich zu den Aktionären der Aktiengesellschaft weniger schutzwürdig seien und nicht der zusätzlichen Übertragung des aktienrechtlichen Schutzes analog § 221 AktG bedürften.[461]

Dieser Argumentation *Klingbergs* schließt sich *Ebert* dem Grunde nach an.[462] Darüber hinaus verneint er bereits die planwidrige Regelungslücke, weil bereits die allgemeinen „Mitwirkungserfordernisse“ der GmbH-Gesellschafter einen ausreichenden Schutz derselben im GmbHG begründeten.[463]

---

456 *Rid-Niebler*, Genussrechte als Instrument zur Eigenkapitalbeschaffung über den organisierten Kapitalmarkt für die GmbH, S. 89 ff.

457 *Klingberg* in FS Westermann, 1087, 1112 f.

458 *Klingberg* in FS Westermann, 1087, 1113.

459 *Klingberg* in FS Westermann, 1087, 1113.

460 *Klingberg* in FS Westermann, 1087, 1113.

461 *Klingberg* in FS Westermann, 1087, 1113.

462 *Ebert*, Stille Gesellschaft, Genussrecht und partiarisches Darlehen als Mezzanine Kapitaltitel zur Finanzierung einer GmbH, S. 234.

463 *Ebert*, Stille Gesellschaft, Genussrecht und partiarisches Darlehen als Mezzanine Kapitaltitel zur Finanzierung einer GmbH, S. 234.

Berghaus/Bardelmeier verneinen gleichfalls eine Analogie, weil auch aus ihrer Sicht eine Regelungslücke fehle.[464] Die Ausgabe von Genussscheinen bedürfe lediglich eines zustimmenden Gesellschafterbeschlusses mit einfacher Mehrheit im Innenverhältnis, sofern diese im Einzelfall ein außergewöhnliches Rechtsgeschäft für die konkrete GmbH darstellt.[465]

Das Argument des außergewöhnlichen Rechtsgeschäfts greifen auch *Pentz, Sethe, Seibt, Winter* und *v. Alvensleben* auf, ohne allerdings auf eine Analogie zu § 2 21 Abs. 3 i.V.m. Abs. 1 S. 1 AktG explizit einzugehen.[466] Weitergehend führen dabei *Seibt* und *Winter* aus, dass eine verallgemeinernde Aussage über das (rechtsfolgenseitig gedachte) Bedürfnis nach einem Gesellschafterbeschluss für die Ausgabe von Genussrechten nicht möglich sei, weil Genussrechte mannigfaltig ausgestaltet werden könnten.[467] Eine satzungsmäßige Regelung beziehungsweise das hierdurch implizierte Erfordernis eines satzungsändernden beziehungsweise eines satzungsdurchbrechenden Gesellschafterbeschlusses sei bei Genussrechtsausgaben an die Gesellschafter aufgrund des Gesellschafterverhältnisses („*societatis causa*") erforderlich.[468] Andere Genussrechtsverträge bedürften im Innenverhältnis nur eines mit einer einfachen Mehrheit gefassten Gesellschafterbeschlusses, soweit ein außergewöhnliches Rechtsgeschäft vorläge.[469] Eines weitergehenden Schutzes durch einen satzungsändernden beziehungsweise satzungsdurchbrechenden Gesellschafterbeschlusses bei eigenkapitalähnlichen Finanzierungsgenussrechten sei nicht erforderlich, da ein Eingriff in §§ 29 und 72 GmbHG nicht vorläge und die Minderheitsgesellschafter bereits ausreichend durch den Gleichbehandlungsgrundsatz sowie die gesellschaftliche Treuepflicht vor rein wirtschaftlichen Beeinträchtigungen ihrer Vermögensrechte geschützt seien.[470] *Von Alvensleben* lässt

---

464 *Berghaus/Bardelmeier* in Habersack/Mülbert/Schlitt, § 14 Rn. 27.

465 *Berghaus/Bardelmeier* in Habersack/Mülbert/Schlitt, § 14 Rn. 27.

466 *v. Alvensleben* in Häger/Elkemann-Reusch, Rn. 654 f.; *Pentz* in Rowedder/Schmidt-Leithoff GmbHG, § 14 Rn. 44 und § 29 Rn. 140; *Sethe*, AG 1993, 293, 314; *Seibt* in Scholz GmbHG, § 14 Rn. 69 f.; *Winter* in Scholz GmbHG, 9. Auflage, § 14 Rn. 69 f.

467 *Seibt* in Scholz GmbHG, § 14 Rn. 69; *Winter* in Scholz GmbHG, 9. Auflage, § 14 Rn. 69.

468 *W. Müller* in Großkomm. GmbHG, Anh. § 29 Rn. 29; *Seibt* in Scholz GmbHG, § 14 Rn. 69; *Winter* in Scholz GmbHG, 9. Auflage, § 14 Rn. 69.

469 *Seibt* in Scholz GmbHG, § 14 Rn. 70; *Winter* in Scholz GmbHG, 9. Auflage, § 14 Rn. 70.

470 *Seibt* in Scholz GmbHG, § 14 Rn. 70; *Winter* in Scholz GmbHG, 9. Auflage, § 14 Rn. 70; a.A. *Rid-Niebler*, Genussrechte als Instrument zur Eigenkapitalbeschaffung über den organisierten Kapitalmarkt für die GmbH, S. 85 ff.; siehe bereits oben § 4 C I. 3. b), S. 124 ff.

dagegen letztere Frage über die Erforderlichkeit eines satzungsändernden beziehungsweise satzungsdurchbrechenden Gesellschafterbeschlusses bei eigenkapitalähnlichen Finanzierungsgenussrechten im Ergebnis weitgehend offen, spricht aber eine diesbezügliche Empfehlung für die kautelarjuristische Praxis aus.[471]

Entgegen der bislang dargestellten vorherrschenden Meinung im Schrifttum bejahen beispielsweise *Lutter* und *Bayer* einen grundsätzlichen Analogieschluss zu § 221 AktG im GmbH-Recht.[472] Durch die vorrangigen Ansprüche der Genussrechtsinhaber sei eine Beeinträchtigung der Vermögensrechte der Gesellschafter im Bereich des Möglichen, sodass die Interessenlage zumindest bei echten Genussrechten „völlig identisch" sei.[473] Als „Grundlagen-Kompetenz" bedürfe es „fraglos" eines Gesellschafterbeschlusses analog § 221 Abs. 1 und 3 AktG.[474] Bei obligationsähnlichen Genussrechten hingegen verneinen sie den Analogieschluss mangels Konkurrenz zu den Vermögensrechten der Gesellschafter, da in einem solchen Fall die Gläubiger nie mehr als die vereinbarte feste aber gewinnabhängige Verzinsung erzielen könnten.[475]

c) Stellungnahme

Auf den ersten Blick erscheint eine Analogie zu § 221 Abs. 3, Abs. 1 S. 1 AktG für GmbH-rechtliche Wandeldarlehen als Unterform des (Equity-Linked-) Genussrechts nahe zu liegen. Primär bezweckt § 221 AktG den Schutz der Aktionäre vor Beeinträchtigung ihrer mitgliedschaftlichen Vermögensrechte ab.[476] Das Wandeldarlehen beinhaltet – ungeachtet der umstrittenen Rechtsnatur des GmbH-rechtlichen Wandlungsrechts –[477] letztlich ein schuldrechtlich eingeräumtes Bezugsrecht auf junge Geschäftsanteile und beeinträchtigt hierdurch die mitgliedschaftlichen Vermögensrechte der Gesellschafter. Somit scheint die

---

471 *v. Alvensleben* in Häger/Elkemann-Reusch, Rn. 655. Eine entsprechende Empfehlung wird in der Literatur gleichfalls unter dem Stichwort der Wahrung der Sorgfaltspflichten der Geschäftsführung nach § 43 GmbHG und eines hierdurch bedingten Vorlageerfordernisses angenommen; vgl. bspw. *W. Müller* in Großkomm. GmbHG, Anh. § 29 Rn. 29, oder *Golland/Gehlhaar/Grossmann/Eickhoff-Kley/Jänisch*, Mezzanine-Kapital, BB-Special 4/2005, S. 18.

472 *Bayer* in Lutter/Hommelhoff GmbHG, § 55 Rn. 53; *Lutter* in FS Döllerer, 383, 384 f.

473 *Bayer* in Lutter/Hommelhoff GmbHG, § 55 Rn. 53; *Lutter* in FS Döllerer, 383, 384 f.

474 *Lutter* in FS Döllerer, 383, 384 f.

475 *Bayer* in Lutter/Hommelhoff GmbHG, § 55 Rn. 53.

476 Siehe oben § 4 C I. 1. a), S. 108 f.

477 Zur Rechtsnatur des GmbH-rechtlichen Wandlungsrechts als atypische Ersetzungsbefugnis siehe oben § 3 A II. 2. b), S. 55 ff., und § 3 B II. 2, S. 93 ff.; zur a.A. eines Equity Kickers siehe oben § 3 A II. 2. b), S. 55 ff.

Interessenlage identisch zu sein. Zudem fehlt eine § 221 AktG vergleichbare Norm im GmbHG. Allerdings muss auf den zweiten Blick diese Feststellung zur analogen Anwendung von § 221 Abs. 3, Abs. 1 S. 1 AktG bei GmbH-rechtlichen Wandeldarlehen nicht nur relativiert, sondern letztlich aufgrund der fehlenden planwidrigen Regelungslücke sogar verneint werden. Denn der primäre Schutzzweck von § 221 AktG wird auch ohne eine explizit das Genussrecht adressierende Vorschrift bereits ausreichend im GmbHG berücksichtigt.

Zunächst ist festzuhalten, dass eine vollständige Analogie zu § 221 AktG nicht in Betracht kommt. § 221 AktG bezweckt nicht nur den Schutz der Aktionäre, sondern nach seinem Absatz 2 auch den Schutz des funktionierenden Kapitalmarkts.[478] Letzterer Schutzzweck geht in der GmbH-rechtlichen Praxis jedoch regelmäßig ins Leere, da die Geschäftsanteile der GmbH nach § 2 Abs. 1 S. 1 N rn. 1 und 2 WpHG nicht am Kapitalmarkt handelbar sind und auch der Handel mit an der Börse zugelassenen Schuldtiteln nach § 2 Abs. 1 S. 1 Nr. 3 lit. a oder lit. b WphG gewöhnlich nicht erfolgt.[479] Der Grund hierfür dürfte in der im Regelfall personalistisch ausgeprägten Struktur der GmbH liegen.[480] Zudem handelt es sich bei einem Wandeldarlehen um ein schuldrechtliches Dauerschuldverhältnis und nicht um ein an der Börse zulassungsfähigen Schuldtitel nach § 2 Abs. 1 S. 1 Nr. 3 lit. a oder lit. b WphG.[481]

Folgerichtig kann nur eine punktuelle Analogie zu dem (Einzel-)Rechtssatz der Kompetenzverteilung bei der Ausgabe von Genussrechten nach § 221 Abs. 3, Abs. 1 S. 1 AktG in Betracht kommen. Als problematisch stellt sich hierbei das Vorliegen einer Regelungslücke dar.

Eine solche Regelungslücke liegt bei einer „planwidrige[n] Unvollständigkeit" vor.[482] Dabei bezieht sich das Merkmal der Unvollständigkeit auf das positive Recht, das heißt eine gesetzlich fixierte Norm und deren Auslegung anhand ihres Wortsinnes.[483] Das Merkmal der Planwidrigkeit ist nur dann gegeben, wenn die

---

478 Siehe oben § 4 C I. 1. a), S. 108.

479 *Müller* in Beck'sches Hdb. GmbH, § 6 Rn. 107.

480 Zur Rechtswirklichkeit im Hinblick auf die personalistisch ausgeprägte GmbH vgl. *Fleischer*, GmbHR 2008, 673, 674, und *Saenger* in Saenger/Inhester GmbHG, Einführung Rn. 18 und 49.

481 Siehe oben § 4 C I. 2. a), S. 110 f.

482 *Bydlinski*, Juristische Methodenlehre und Rechtsbegriff, S. 473; *Canaris*, Die Feststellung von Lücken im Gesetz, S. 16; *Grüneberg* in Palandt, Einleitung Rn. 55; BGH, Urt. v. 14. 12. 2006 – IX ZR 92/05, NJW, 2007, 992, 993.

483 *Canaris*, Die Feststellung von Lücken im Gesetz, S. 20 ff.

Wertung des gesamten Gesetzes eine Regelung erfordert.[484] Zur Bestimmung der Planwidrigkeit ist mithin die geltende Rechtsordnung insgesamt als Maßstab zu untersuchen. Dazu gehören auch die dem Gesetz zugrunde gelegten Wertungen und Zwecke sowie Rechtsprinzipien.[485] Festgestellt wird die Planwidrigkeit insbesondere im Wege der historischen und teleologischen Auslegung.[486]

Gemessen an diesen Anforderungen stellt das schlichte Fehlen einer dem § 221 Abs. 3, Abs. 1 S. 1 AktG entsprechenden Norm im GmbH-Gesetz mitnichten bereits eine Regelungslücke dar, weil hierdurch allenfalls eine Unvollständigkeit für die Kompetenzverteilung konkret im Hinblick auf Genussrechte aufgezeigt werden kann. Für die Annahme einer Regelungslücke müsste noch die Planwidrigkeit einer solchen Unvollständigkeit des GmbH-Gesetzes hinzukommen. Die Planwidrigkeit wäre allerdings nur dann anzunehmen, wenn die Wertung des GmbH-Gesetzes positiv eine entsprechende Regelung auch erfordert. Eine solche ist der zugrunde liegenden Wertung des GmbH-Gesetzes jedoch wegen mehreren Gründen nicht zu entnehmen:

Erstens sprechen – im Ergebnis übereinstimmend mit *Klingberg*[487] – die strukturellen Unterschiede zwischen der GmbH und der Aktiengesellschaft gegen die Planwidrigkeit der Unvollständigkeit im GmbHG. Dabei kann es aber nicht generell auf die unterschiedliche Struktur der beiden Kapitalgesellschaften ankommen, da ansonsten überhaupt kein Analogieschluss im GmbH-Recht zum AktG möglich wäre. Vielmehr muss es maßgeblich auf die Auswirkungen der strukturellen Unterschiede konkret im Hinblick auf den zu übertragenden Regelungsbereich ankommen. Vorliegend ist im Hinblick auf die Kompetenzverteilung bei der Vereinbarung von Genussrechten im GmbHG festzustellen, dass die GmbH-Gesellschafter weniger schutzwürdig als die Aktionäre der Aktiengesellschaft sind, weil die GmbH-Gesellschafter bereits einen ausreichenden Schutz durch das GmbHG aufgrund der hierin enthaltenen unmittelbaren Eingriffsmöglichkeiten zu Gunsten der GmbH-Gesellschafter genießen.[488] Erwähnt seien an dieser Stelle nur das Weisungsrecht durch Beschlussfassung der Gesellschafterversammlung gemäß § 37 Abs. 1 Alt. 2 GmbHG und die individuellen Kontrollbefugnisse der einzelnen Gesellschafter gemäß §§ 51a und 51b GmbHG. Zudem sei im Hinblick auf die strukturelle Verschiedenheit der beiden Kapitalgesellschaften noch die in der

484 *Canaris*, Die Feststellung von Lücken im Gesetz, S. 32.
485 *Bydlinski*, Juristische Methodenlehre und Rechtsbegriff, S. 473; *Larenz*, Methodenlehre der Rechtswissenschaft, S. 374.
486 *Larenz*, Methodenlehre der Rechtswissenschaft, S. 373.
487 Siehe oben § 4 C I. 3. b), S. 124 ff.
488 *Klingberg* in FS Westermann, 1087, 1113.

Rechtswirklichkeit meist personalistische Ausgestaltung der GmbH genannt.[489] Eine solche personalistische Ausgestaltung schlägt sich üblicherweise auch anhand weniger Gesellschafterwechsel einhergehend mit der persönlichen Kenntnis der Gesellschafter untereinander nieder. Hierdurch ist es den Gesellschaftern der GmbH im Vergleich zu den Aktionären der Aktiengesellschaft wesentlich einfacher möglich das Innenverhältnis zu den Geschäftsführern flexibel zu gestalten, insbesondere zustimmungsbedürftige Geschäfte, wie beispielsweise den Abschluss von Mezzanine-Finanzierungsinstrumenten, mit Wirkung für das Innenverhältnis zu vereinbaren. Folglich ist es für die Gesellschafter der GmbH auch einfacher die Rechtsfolgen des § 221 Abs. 3 und Abs. 1 AktG nachzubilden. Dem steht die regelmäßig anonymere Kapitalstruktur der Aktiengesellschaft gegenüber, welche überdies strengeren formalen Anforderungen im Hinblick auf die aktienrechtliche Satzungsstrenge und gegebenenfalls sogar noch einer kapitalmarktrechtlichen Regulierung unterliegt.

Zweitens kann dort keine planwidrige Unvollständigkeit vorliegen, wo die intendierte Rechtsfolge des § 221 Abs. 3 und Abs. 1 AktG – das heißt die Erforderlichkeit eines Gesellschafterbeschlusses im Innenverhältnis – bereits gesetzlich vorgesehen ist. Gemäß § 49 Abs. 2 GmbHG ist eine Gesellschafterversammlung einzuberufen, wenn es im Interesse der Gesellschaft erforderlich erscheint. Eine solche Erforderlichkeit im Interesse der Gesellschaft liegt unter anderem dann vor, wenn aus Sicht der Geschäftsführung ein Geschäft zwar im Interesse der Gesellschaft liegt und die Geschäftsführung im Außenverhältnis hierfür auch vertretungsberechtigt ist, sie aber im Innenverhältnis einen Gesellschafterbeschluss für dessen Abschluss bedarf.[490] Dies trifft unter anderem auf außergewöhnliche oder ungewöhnliche Maßnahmen zu. Insbesondere sind hiervon Maßnahmen erfasst, welche wegen ihrer Bedeutung und der damit verbundenen unternehmerischen Risiken Ausnahmecharakter haben, und solche, bei welchen der Geschäftsführer mit Widerspruch der Gesellschaftergesamtheit zu rechnen hat.[491] Übertragen auf die Vereinbarung eines Wandeldarlehens als Unterform eines Genussrechts liegen diese Voraussetzungen vor:[492] Die Ausgabe von Wandeldarlehen dient der Finanzierung der Gesellschaft und liegt

489 *Fleischer*, GmbHR 2008, 673, 674; *Saenger* in Saenger/Inhester GmbHG, Einführung Rn. 18 und 49.

490 *Bergjan* in Saenger/Inhester GmbHG, § 49 Rn. 12; *Zöllner/Noak* in Baumbach/Hueck GmbHG, § 49 Rn. 17.

491 *U. Schneider/S. Schneider* in Scholz GmbHG, § 37 Rn. 19 f.; im Übrigen siehe oben § 4 A II. 3, S. 104 f.

492 Im Ergebnis gleich auch *Sethe*, AG 1993, 293, 314, oder *Seibt* in Scholz GmbHG, § 14 Rn. 70.

mithin grundsätzlich im Interesse der Gesellschaft. Allerdings beinhaltet das Wandeldarlehen – ungeachtet der umstrittenen Rechtsnatur des GmbH-rechtlichen Wandlungsrechts –[493] letztlich auch ein schuldrechtlich eingeräumtes Bezugsrecht auf junge Geschäftsanteile an der Gesellschaft zu Gunsten des Wandeldarlehensgebers. Damit tangiert dieses Equity-Linked-Genussrecht die mitgliedschaftlichen Interessen der bisherigen Gesellschafter, sodass potentiell mit dem Widerspruch der Gesellschaftergesamtheit zu rechnen ist. Gerade aufgrund der Besonderheit des Wandlungsrechts hat das Finanzierungsinstrument des Wandeldarlehens auch einen Ausnahmecharakter unter den Finanzierungsinstrumenten. Das Wandlungsrecht beinhaltet ein wirtschaftliches Risiko für die Gesellschaft. Zudem beinhaltet das Wandlungsrecht mittelbar auch ein Risiko für die Gesellschafter aufgrund der Verwässerung ihrer Beteiligungsquoten im Falle der durchgeführten Wandlung. Zuletzt besteht bei Zweifeln hinsichtlich der Kompetenzüberschreitung eine Einberufungspflicht der Gesellschafterversammlung gemäß § 49 Abs. 2 GmbHG.[494] Zweifel hinsichtlich der Kompetenzüberschreitung für die Geschäftsführung müssen schon aufgrund der in dieser Untersuchung dargestellten Diskussion um die analoge Anwendung von § 221 Abs. 1 AktG zu bejahen sein. Dementsprechend stellt das Wandeldarlehen als Unterform des Equity-Linked-Genussrechts eine außergewöhnliche beziehungsweise ungewöhnliche Maßnahme dar, sodass ein Gesellschafterbeschluss im Innenverhältnis bereits gemäß § 49 Abs. 2 GmbHG vorgesehen ist.

Nicht zielführend ist hingegen die Ansicht *Rid-Nieblers*[495], dass bereits die §§ 29 und 72 GmbHG einen satzungsändernden beziehungsweise satzungsdurchbrechenden Gesellschafterbeschluss für die Vereinbarung von Genussrechten mit Eigenkapitalcharakter erforderlich machen würden. Denn selbst bei der Einräumung einer schuldrechtlichen Gewinn- und Ergebnisbeteiligung liegt kein unmittelbarer Eingriff in das Gewinnrecht der Gesellschafter nach § 29 Abs. 1 GmbHG vor, da die Zahlungen an die Genussrechtsinhaber bereits bei der Berechnung des den Gesellschaftern zustehenden Jahresüberschusses zu berücksichtigen sind und diesen somit zuvor als Aufwand mindern.[496] Entsprechendes gilt im Hinblick auf § 72 GmbHG.

---

493 Zur Rechtsnatur des GmbH-rechtlichen Wandlungsrechts als atypische Ersetzungsbefugnis siehe oben § 3 A II. 2. b), S. 55 ff., und § 3 B II. 2, S. 93 ff.; zur a.A. eines Equity Kickers siehe oben § 3 A II. 2. b), S. 55 ff.

494 *Seibt* in Scholz GmbHG, § 49 Rn. 22.

495 Siehe oben § 4 C I. 3. b), S. 124 ff.

496 *Seibt* in Scholz GmbHG, § 14 Rn. 70; *W. Müller* in Großkomm. GmbHG, Anh. § 29 Rn. 29.

4. *Ergebnis zum Analogieschluss zu § 221 AktG*

Das Wandeldarlehen stellt aufgrund des schuldrechtlich eingeräumten Wandlungsrechts zwar ein (Equity-Linked-)Genussrecht im Sinne von § 221 Abs. 3 AktG dar. Dennoch ist eine Analogie zur aktienrechtlichen Norm des § 221 Abs. 3, Abs. 1 S. 1 AktG im Hinblick auf die Kompetenzverteilung bei der Vereinbarung eines GmbH-rechtlichen Wandeldarlehens zu verneinen, da mangels planwidriger Unvollständigkeit keine Regelungslücke im GmbHG vorliegt. Erstens bestehen strukturelle Unterschiede zwischen der GmbH und der Aktiengesellschaft gerade im Hinblick auf die Kompetenzverteilung der Gesellschaftsorgane. Zweitens stellt die Vereinbarung eines Wandeldarlehens ein außergewöhnliches Rechtsgeschäft gemäß § 49 Abs. 2 GmbHG dar, sodass die intendierte Rechtsfolge der Analogie zu § 221 Abs. 3, Abs. 1 S. 1 AktG vom zustimmungsbedürftigen Gesellschafterbeschluss mit reiner Innenwirkung bereits im GmbHG vorgesehen ist.

II. Analogieschluss zu § 292 Abs. 1 Nr. 2 AktG

In Betracht kommt auch eine Analogie zu § 292 Abs. 1 Nr. 2 AktG. Hierfür müsste das Wandeldarlehen neben seiner Eigenschaft als Genussrecht zudem als Teilgewinnabführungsvertrag im Sinne von § 292 Abs. 1 Nr. 2 AktG zu qualifizieren sein und die Voraussetzungen einer Analogie im Rahmen des GmbHG vorliegen.

1. *Systematik des § 292 Abs. 1 Nr. 2 AktG*

a) *Schutzzweck*

Ratio legis von § 292 Abs. 1 Nr. 2 AktG ist der Schutz des Gewinnverwendungsrechts der Hauptversammlung.[497] Der Schutz dieser Kompetenzzuweisung ist der Besonderheit des Teilgewinnabführungsvertrags geschuldet, da dieser nicht nur ein schuldrechtlicher Austauschvertrag, sondern zugleich einen die internen Strukturen der Gesellschaft tangierenden Organisationsvertrag darstellt.[498]

b) *Anwendungsbereich*

Der Begriff des Teilgewinnabführungsvertrags ist gesetzlich gemäß § 292 Abs. 1 Nr. 2 AktG definiert als Vertrag, durch den eine Aktiengesellschaft oder Kommanditgesellschaft auf Aktien sich verpflichtet, einen Teil ihres Gewinns oder den

---

497 *Emmerich* in Aktien- und GmbH-Konzernrecht, § 292 Rn. 23a; *Kopp/Steiner* in KK-AktG, § 292 Rn. 12; *Seiler* in Spindler/Stilz AktG, § 221 Rn. 67.

498 *Veil* in Spindler/Stilz AktG, § 292 Rn. 1.

Gewinn einzelner ihrer Betriebe ganz oder zum Teil an einen anderen abzuführen. Dabei muss der Vertragspartner der Gesellschaft kein Unternehmen sein.[499] Kennzeichnendes Element ist letztlich die (teilweise) Abführung des Gewinns. Vollständigkeitshalber sei auf die in § 292 Abs. 2 AktG vorhandenen – aber für vorliegende Untersuchung nicht relevanten – Ausnahmefälle hingewiesen.

Die ganz herrschende Meinung wendet § 292 Abs. 1 Nr. 2 AktG nicht auf Genussrechte an, da die Norm durch § 221 Abs. 3 AktG als *lex specialis* verdrängt werde.[500] Nach dieser Ansicht sei zwar die Definition des Teilgewinnabführungsvertrags bei am Gewinn der Gesellschaft orientierten Genussrechten grundsätzlich erfüllt.[501] Allerdings sei eine alternative Anwendung der Normen aufgrund mehrerer Gründe geboten. Zum einen habe der Gesetzgeber im Rahmen des § 221 Abs. 3 AktG bewusst auf einen Verweis auf das Konzernrecht verzichtet.[502] Zum anderen sei eine parallele Anwendung sinnlos, da die Kompetenzerhaltung der Hauptversammlung durch beide Normen geregelt werde und somit eine parallele Anwendung beider Normen aufgrund der weitergehenden Rechtsfolge beim Teilgewinnabführungsvertrag in Form der Unwirksamkeit auch im Außenverhältnis den § 221 Abs. 3, Abs. 1 S. 1 AktG faktisch überflüssig mache.[503] Deshalb seien Genussrechte von § 221 Abs. 3 AktG eigenständig und abschließend geregelt.[504] Dieser Ansicht ist insbesondere unter dem Gesichtspunkt des gleichen Schutzzwecks beider Normen von der Kompetenzerhaltung der Hauptversammlung zuzustimmen.

c) Rechtsfolgen hinsichtlich eines Kompetenzverstoßes

Der Teilgewinnabführungsvertrag stellt einen „anderen Unternehmensvertrag" im Sinne von § 292 Abs. 1 Nr. 2 AktG als einen Beherrschungs- und Gewinnabführungsvertrag im Sinne von § 291 AktG dar, sodass für dessen Abschluss,

---

499 *Altmeppen* in MüKo AktG, § 292 Rn. 46.

500 *Altmeppen* in MüKo AktG, § 292 Rn. 71; *Berghaus/Bardelmeier* in Habersack/Mülbert/Schlitt, § 14 Rn. 32; *Habersack* in MüKo AktG, § 221 Rn. 72 und 74; *Habersack* in FS Happ, 49, 54; *Hirte* in Großkomm. AktG, § 221 Rn. 375; *Mülbert* in Großkomm. AktG, § 292 Rn. 102; *Seiler* in Spindler/Stilz AktG, § 221 Rn. 67; *Sethe*, AG 1993, 293, 310; BGH, Urt. v. 21. 7. 2003 – II ZR 109/02, NJW 2003, 3412, 3413; a.A. *Emmerich* in Aktien- und GmbH-Konzernrecht, § 292 Rn. 31; *Emmerich* in Scholz GmbHG, 9. Auflage, § 29 Rn. 55; *W. Müller* in Großkomm. GmbHG, Anh. § 29 Rn. 29.

501 Vgl. *Berghaus/Bardelmeier* in Habersack/Mülbert/Schlitt, § 14 Rn. 32.

502 *Berghaus/Bardelmeier* in Habersack/Mülbert/Schlitt, § 14 Rn. 32.

503 *Sethe*, AG 1993, 293, 310.

504 *Habersack* in MüKo AktG, § 221 Rn. 72.

Änderung und Beendigung gleichfalls die für Unternehmensverträge geltenden §§ 293 bis 299 AktG anwendbar sind. Dies hat insbesondere zur Folge, dass ein qualifizierter Hauptversammlungsbeschluss nach § 293 Abs. 1 AktG erforderlich ist. Überdies entfaltet dieser Beschluss als strukturändernde Maßnahme und im Unterschied zu der bei Genussrechten anwendbaren Norm des § 221 Abs. 3, Abs. 1 AktG Außenwirkung.[505] Weitere maßgeblichen Unterschiede zu den Rechtsfolgen beim Genussrecht bestehen darin, dass anders als §§ 221 Abs. 4, 186 Abs. 1 S. 1 AktG dem Aktionär bei Abschluss des Teilgewinnabführungsvertrags kein gesetzliches Bezugsrecht zusteht, eine Handelsregistereintragung gemäß § 294 Abs. 2 AktG für den Teilgewinnabführungsvertrag konstitutiv ist und die Unangemessenheit von Leistung und Gegenleistung bei Begünstigung eines Aktionärs sogar zur Nichtigkeit des Vertrags gemäß § 134 BGB führt.[506]

2. *Wandeldarlehen ungleich Teilgewinnabführungsvertrag*

Ein in Venture Capital-Finanzierungen vereinbartes Wandeldarlehen ist nicht als Teilgewinnabführungsvertrag im Sinne von § 292 Abs. 1 Nr. 2 AktG zu qualifizieren. Dies folgt bereits aus der Tatsache, dass beim Wandeldarlehen keine periodische Gewinnausschüttung erfolgt. Vielmehr erzielt der Wandeldarlehensgläubiger in Venture Capital-Finanzierungen typischerweise nur einen periodisch auflaufenden aber endfälligen Fremdkapitalzins[507] und partizipiert ansonsten nur an einer potentiellen Wertsteigerung des Unternehmens im Falle der Ausübung des Wandlungsrechts. Zudem wäre das Merkmal der periodischen Gewinnausschüttung selbst bei atypischen Abreden zum Fremdkapitalzins im Rahmen des Darlehens zu verneinen.[508]

Überdies würde das Wandeldarlehen als Genussrecht grundsätzlich in den Anwendungsbereich von § 221 Abs. 3 AktG fallen, welche als *lex specialis* nach richtiger Ansicht § 292 Abs. 1 Nr. 2 AktG verdrängt. Diese Wertung zur Rechtslage im Aktienrecht kann durch eine lediglich teilweise analoge Anwendung der Norm im GmbH-Recht nicht umgangen werden.

---

505 *Hüffer/Koch* AktG, § 293 Rn. 12.

506 Zur Unangemessenheit der Gegenleistung vgl. *Hüffer/Koch* AktG, § 293 Rn. 16.

507 In Venture Capital-Finanzierungen wird typischerweise die Einbeziehung des aufgelaufenen und endfälligen Zinses im Rahmen der Wandlung im Wandeldarlehensvertrag vereinbart, sodass überhaupt keine Auszahlung des Zinsbetrags erfolgt.

508 *Mülbert* in Großkomm. AktG, § 292 Rn. 86.

3. *Ergebnis eines Analogieschlusses zu § 292 Abs. 1 Nr. 2 AktG*

Ein Analogieschluss zur aktienrechtlichen Norm des § 292 Abs. 1 Nr. 2 AktG im Hinblick auf die Kompetenzverteilung bei dem Abschluss eines GmbH-rechtlichen Wandeldarlehensvertrags ist bereits aufgrund des nicht eröffneten Anwendungsbereichs der Norm zu verneinen. Das Wandeldarlehen stellt mangels periodischer Gewinnausschüttung keinen Teilgewinnabführungsvertrag im Sinne des § 292 Abs. 1 Nr. 2 AktG dar. Im Übrigen würde § 292 Abs. 1 Nr. 2 AktG auch von § 221 Abs. 3 AktG verdrängt werden.

III. Rechtsfortbildende Beschränkung der Vertretungsmacht

Nach den bislang gewonnenen Erkenntnissen bedarf die Geschäftsführung zum Abschluss eines GmbH-rechtlichen Wandeldarlehens eines zustimmenden Beschlusses der Gesellschafterversammlung, da die Vereinbarung eines derart strukturierten Mezzanine-Finanzierungsinstruments eine außergewöhnliche Geschäftsführungsmaßnahme darstellt und damit in den Anwendungsbereich von § 49 Abs. 2 GmbHG fällt.[509] Der diesbezüglich zu fassende Gesellschafterbeschluss entfaltet lediglich eine Innen- und keine Außenwirkung, sodass ein etwaiger Verstoß nicht zugleich die Vertretungsmacht der Geschäftsführung tangiert und somit auch nicht die Nichtigkeit des Rechtsgeschäfts insgesamt zur Folge hätte. Dieses Zwischenergebnis entspricht letztlich den Rechtsfolgen der aktienrechtlichen Norm von § 221 Abs. 3, Abs. 1 S. 1 AktG,[510] auch wenn diese hinsichtlich der Kompetenzverteilung nicht analog im GmbH-Recht anwendbar ist.[511]

1. *Grundsätzliche Erwägungen*

Insbesondere im Hinblick auf die Rechtsstellung und Interessen der GmbH-Gesellschafter wie auch im Hinblick auf die Systematik der GmbH-rechtlichen Kompetenzverteilung könnte dieses Zwischenergebnis jedoch einer tiefgreifenden Korrektur dahingehend bedürfen, dass entweder die organschaftliche Vertretungsmacht der Geschäftsführung beim Akt des Vertragsabschlusses eingeschränkt oder umfassend die Organkompetenz bei der Vereinbarung eines GmbH-rechtlichen Wandeldarlehens zu Gunsten der Gesellschaftergesamtheit entzogen wird.[512]

---

509 Siehe oben § 4 C I. 3. c), S. 127 ff.

510 Siehe oben § 4 C I. 1, S. 108 f.

511 Siehe oben § 4 C I. 3, S. 123 ff.

512 Zu den zwei alternativen dogmatischen Konstruktionen siehe unten § 4 C III. 3. c), S. 149 ff., insb. auch Fn. 583.

Hinsichtlich der Rechtsstellung und Interessen der GmbH-Gesellschafter ist zu bedenken, dass die Geschäftsführung ansonsten ein GmbH-rechtliches Wandeldarlehen (gegebenenfalls auch gegen den Willen der Gesellschafter) rechtswirksam für und gegen die Gesellschaft abschließen und die Gesellschafter somit faktisch vor vollendete Tatsachen bezüglich sie selbst tangierende gesellschaftsrechtliche Belange stellen könnte. Zwar wären die Gesellschafter in diesem Fall weder zur Fassung eines Kapitalerhöhungsbeschlusses noch zur Fassung eines Zulassungsbeschlusses zu Gunsten des Wandeldarlehensgläubigers verpflichtet, da für Kapitalerhöhungen als Unterform der Satzungsänderung ausschließlich die Gesellschafter gemäß §§ 55, 53 Abs. 1 GmbHG zuständig sind und diesbezüglich die Satzungsautonomie der Gesellschafter gilt. Jedoch wären die Gesellschafter im Rahmen der jeweiligen Beschlussfassung zumindest mittelbar einer psychischen Zwangslage ausgesetzt, da im Falle der verweigerten Fassung der für die Umsetzung des Wandlungsrechts notwendigen Gesellschafterbeschlüsse Schadensersatzansprüche[513] zu Lasten der Gesellschaft drohen und diese mittelbar auch eine Minderung ihrer ökonomischen Beteiligung an der Gesellschaft nach sich ziehen würden. Eine solche psychische Zwangslage der Gesellschafter unterminiert die Maxime der Satzungsautonomie, sodass ein zeitlich vorwirkender Schutz der (freien) Entscheidungskompetenz der Gesellschafter in diesem Fall gerechtfertigt erscheint.

Dieses Bedürfnis nach effektivem Schutz der Entscheidungsfreiheit der Gesellschafter wird bei einem wertenden Vergleich zum Aktienrecht noch verstärkt. Zwar wird die im GmbH-Recht nicht analog anwendbare Norm des § 187 AktG bereits von § 221 AktG für alle in dessen sachlichen Anwendungsbereich fallenden Finanzierungsinstrumente verdrängt,[514] sodass im einschlägigen

---

513 BGH, Urt. v. 11. 1. 1999 – II ZR 170–98, NJW 1999, 1252, 1253; *Hirte* in Großkomm. AktG, § 221 Rn. 171; *Lutter* in KK-AktG, § 185 Rn. 19; *Zöllner/Fastrich* in Baumbach/Hueck GmbHG, § 55 Rn. 40; a.A. u.a. *Priester* in Scholz GmbHG, § 53 Rn. 35, nach dessen Ansicht sogar eine Klage auf Erfüllung und ggf. Vollstreckung nach § 894 ZPO möglich ist. Zur parallel geführten Diskussion im Aktienrecht zum Schadensersatzanspruch bei Nichterfüllung von Bezugsrechten im Rahmen von Wandel- oder Umtauschanleihen vgl. *Habersack* in MüKo AktG, § 221 Rn. 131.

514 Zur verdrängenden Wirkung vgl. *Habersack* in MüKo AktG, § 221 Rn. 214; *Hüffer/Koch* AktG, § 187 Rn. 2; *Schürnbrand* in MüKo AktG, § 187 Rn. 3; zur abgelehnten Analogie vgl. *Maidl*, NZG 2006, 778; *Zöllner/Fastrich* in Baumbach/Hueck GmbHG, § 55 Rn. 40.

Fall ausnahmsweise die Aktiengesellschaft gleichfalls nicht vor Schadensersatzansprüchen wegen Nichterfüllung von zugesicherten Bezugsrechten geschützt wäre.[515] Allerdings ist die in der Rechtswirklichkeit regelmäßig personalistische Ausgestaltung der GmbH zu berücksichtigen.[516] Der Gesellschafterkreis der personalistischen GmbH ist geprägt von der persönlichen Kenntnis der Mitgesellschafter untereinander sowie von der überschaubaren Anzahl der Gesellschafter. Mit der personalistischen Ausgestaltung geht damit auch eine gesteigerte Schutzwürdigkeit der GmbH-Gesellschafter einher, da diese ein großes Interesse an einem konstanten und kontrollierbaren Gesellschafterkreis im Vergleich zu demjenigen bei der anonymen Aktiengesellschaft haben. Dies zeigt sich unter anderem anhand den in personalistisch ausgestalteten GmbH-Satzungen grundsätzlich vorhandenen Zustimmungsbedürfnissen zur rechtsgeschäftlichen Übertragung von Geschäftsanteilen (sog. „Vinkulierung“). In diesem Kontext ist allgemein auch die GmbH-rechtliche Struktur mit dem vorhandenen Weisungsrecht der Gesellschaftergesamtheit per Gesellschafterbeschluss und dem gleichfalls im Unterschied zum Aktienrecht kompetenzmäßig der Gesellschaftergesamtheit zugewiesenen Abschluss der Übernahmeerklärung im Rahmen von Kapitalerhöhungen zu nennen.[517] Insofern dürfte auch eine vom Aktienrecht abweichende Stärkung der Kompetenzverteilung zu Gunsten der GmbH-Gesellschafter für die Vereinbarung von Mezzanine-Finanzierungsinstrumenten gerechtfertigt sein.

Hinsichtlich der eingangs angeführten Systematik der GmbH-rechtlichen Kompetenzverteilung zur Vereinbarung von Finanzierungsinstrumenten mit der Gesellschaft erscheint eine Abgrenzung derselben anhand einer formalen Unterscheidung zwischen gesellschaftsrechtlichem Eigen- und Fremdkapital weder interessengerecht noch zeitgemäß. Es droht ansonsten eine schuldrechtliche Entkernung der Mitgliedschaft potentiell entgegen dem Willen der Gesellschafter. Zudem wurde in jüngerer Zeit aus verschiedenen Gründen vermehrt Mezzanine-Finanzierungsinstrumente eingesetzt, die wie bereits dargestellt eine Zwitterstellung zwischen Eigenkapital und Fremdkapital einnehmen.[518]

---

515 Zur Verneinung von Schadensersatzansprüche wegen Nichterfüllung einer Zusicherung von Bezugsrechten aufgrund § 187 Abs. 2 AktG vgl. *Schürnbrand* in MüKo AktG, § 187 Rn. 16, und *Seiler* in Spindler/Stilz AktG, § 221 Rn. 84.

516 *Fleischer*, GmbHR 2008, 673, 674; *Saenger* in Saenger/Inhester GmbHG, Einführung Rn. 18 und 49.

517 Siehe oben § 4 A II. 3, S. 104 f., und § 4 B, S. 106 ff.

518 Zu den Gründen für eine Mezzanine-Finanzierung siehe oben § 2 A III. 2, S. 26 f.

Gesellschaftsrechtlich zu qualifizierendes Fremdkapital wird unter handelsrechtlichen und Rating-Gesichtspunkten dem gesellschaftsrechtlichen Eigenkapital dergestalt angenähert, damit Divergenzen zwischen den verschiedenen Eigenkapitalbegriffen im Handels- und Steuerrecht sowie im Rating wirtschaftlich optimal ausgenutzt werden können.[519] Es liegt nahe, dass diese unter wirtschaftlichen Gesichtspunkten sinnvolle Praxis zu willkürlichen Ergebnissen im Hinblick auf die gesellschaftsrechtliche Kompetenzverteilung aufgrund deren formellen Betrachtungsweise führt. Zur Vermeidung solcher willkürlichen Ergebnisse könnte es gerechtfertigt sein, eine am materiellen Gehalt der Finanzierungsinstrumente abgrenzende Kompetenzverteilung den Vorzug zu geben.

Im Gegensatz zur aktienrechtlichen Kompetenzverteilung im Hinblick auf den Abschluss eines Mezzanine-Finanzierungsinstruments (insbesondere der Wandelanleihe oder dem Genussrecht) ist die Literatur zu der entsprechenden GmbH-rechtlichen Thematik dürftig. Teilweise spricht die Literatur aufgrund diesbezüglich bestehender Rechtsunsicherheit lapidar eine Empfehlung dahingehend aus, dass sicherheitshalber ein zustimmender (gegebenenfalls auch satzungsdurchbrechender) Gesellschafterbeschluss einzuholen sei beziehungsweise eine entsprechende Regelung unmittelbar im Gesellschaftsvertrag aufgenommen werden solle.[520] Im Folgenden wird deshalb zunächst abstrakt der Meinungsstand zur Berücksichtigung von materiellen (inhaltlichen) Elementen im Rahmen der GmbH-rechtlichen Kompetenzverteilung zum Abschluss von Genussrechten als typischem Mezzanine-Finanzierungsinstrumenten dargestellt, bevor die gewonnenen Erkenntnisse dann auf das dieser Arbeit zugrunde gelegte Finanzierungsinstrument des GmbH-rechtlichen Wandeldarlehens übertragen werden.

---

519 Vgl. *Fleischer* in Michalski GmbHG, Systematische Darstellung 5: Die Finanzierung der GmbH, Rn. 98, oder *Klingberg* in FS Westermann, 1087, 1104 f.

520 *v. Alvensleben* in Häger/Elkemann-Reusch, Rn. 655; *Heinemann/Kraus* in Mezzanine Finanzierung, S. 178; *Hofert/Arends*, GmbHR 2005, 1381, 1383. Eine entsprechende Empfehlung wird von *W. Müller* in Großkomm. GmbHG, Anh. § 29 Rn. 29, oder *Golland/Gehlhaar/Grossmann/Eickhoff-Kley/Jänisch*, Mezzanine-Kapital, BB-Special 4/2005, S. 18, im Hinblick auf die Wahrung der Sorgfaltspflichten der Geschäftsführung nach § 43 GmbHG gegeben. Selbige inhaltliche Feststellung von der vorliegenden Rechtsunsicherheit tätigt auch *Klingberg* in FS Westermann, 1087, 1125.

2. *Meinungsstand zur materiellen Betrachtungsweise im Rahmen der GmbH-rechtlichen Kompetenzverteilung*

Ungeachtet etwaiger Sonderkonstellationen[521] lassen sich in der Literatur verschiedene Meinungsgruppen in Bezug auf die Berücksichtigung der inhaltlichen Ausgestaltung eines Genussrechts als typischem (Mezzanine-)Finanzierungsinstruments bei der GmbH-rechtlichen Kompetenzverteilung herausarbeiten.

Zunächst gibt es die bereits dargestellte herrschende Meinung von der strengen Differenzierung der Kompetenzverteilung anhand gesellschaftsrechtlichem Fremdkapital und gesellschaftsrechtlichem Eigenkapital, welche aber im konkreten Einzelfall die inhaltliche Ausgestaltung eines Finanzierungsinstruments im Rahmen einer potentiellen Qualifikation als ungewöhnliche Maßnahme berücksichtigt (sofern nicht bereits eine diesbezügliche Regelung in der Satzung vorhanden ist).[522] Maßgebliches Kriterium für das Vorliegen einer ungewöhnlichen Maßnahme gemäß § 49 Abs. 2 GmbHG stellt hierbei die (schwerwiegende) mittelbare[523] Beeinträchtigung mitgliedschaftlicher Rechte durch das vereinbarte

521 Übereinstimmend wird die Festsetzung aller wesentlichen Bestimmungen eines Genussrechts unmittelbar in der Satzung (beziehungsweise das hierdurch implizierte Erfordernis eines satzungsändernden beziehungsweise eines satzungsdurchbrechenden Gesellschafterbeschlusses) als Wirksamkeitserfordernis angesehen, sofern Genussrechte aufgrund des Gesellschaftsverhältnisses („societatis causa") zum Beispiel im Zusammenhang mit der Gesellschaftsgründung als Gründervorteil oder als Nebenleistung sowie im Zusammenhang mit einer Sacheinlage vereinbart werden; vgl. v. *Alvensleben* in Häger/Elkemann-Reusch, Rn. 654; *Berghaus/Bardelmeier* in Habersack/Mülbert/Schlitt, § 14 Rn. 27; *Ebert*, Stille Gesellschaft, Genussrecht und partiarisches Darlehen als Mezzanine Kapitaltitel zur Finanzierung einer GmbH, S. 242; *Pentz* in Rowedder/Schmidt-Leithoff GmbHG, § 14 Rn. 44; *Sethe*, AG 1993, 293, 313 f.; *Seibt* in Scholz GmbHG, § 14 Rn. 70; *Winter* in Scholz GmbHG, 9. Auflage, § 14 Rn. 70.

522 v. *Alvensleben* in Häger/Elkemann-Reusch, Rn. 654; *Berghaus/Bardelmeier* in Habersack/Mülbert/Schlitt, § 14 Rn. 27; *Ebert*, Stille Gesellschaft, Genussrecht und partiarisches Darlehen als Mezzanine Kapitaltitel zur Finanzierung einer GmbH, S. 242; *Pentz* in Rowedder/Schmidt-Leithoff GmbHG, § 14 Rn. 44; *Sethe*, AG 1993, 293, 313 f.; *Seibt* in Scholz GmbHG, § 14 Rn. 70; *Winter* in Scholz GmbHG, 9. Auflage, § 14 Rn. 70.

523 Zur lediglich mittelbar (wirtschaftlich) wirkenden Beeinträchtigung von Mitgliedschaftsrechten, insb. dem richtigerweise rechtlich zu verneinenden unmittelbaren Eingriff in die Gewinn- und/ oder Ergebnisbeteiligung durch Genussrechte, siehe bereits oben § 4 C I. 3. b) und § 4 C I. 3. c), S. 127 ff.

Finanzierungsinstrument dar.[524] Der gemäß § 49 Abs. 2 GmbHG im Interesse der Gesellschaft einzuholende Gesellschafterbeschluss entfaltet eine reine Innenwirkung. Dasselbe Ergebnis von einem einzuholenden Gesellschafterbeschluss mit reiner Innenwirkung bei ungewöhnlichen Maßnahmen wird teilweise auch mit der allgemeinen Sorgfaltspflicht der Geschäftsführung gemäß § 43 GmbHG begründet.[525] Ungeachtet dieser unterschiedlichen Konstruktionen ist die Feststellung einer ungewöhnlichen Maßnahme aufgrund der mannigfaltigen Gestaltbarkeit von Genussrechten im jeweiligen Einzelfall zu bestimmen.[526] Weitreichend sieht zum Beispiel *Sethe* selbst die Verpflichtung zur Satzungsänderung, insbesondere die „Option auf einen Gesellschafteranteil", als Unterfall der ungewöhnlichen Maßnahme mit reiner Innenwirkung an.[527]

Abweichend hiervon entwickelt *Klingberg* in überzeugender Art und Weise ein lediglich am materiellen Gehalt des konkreten Finanzierungsinstruments der GmbH abgeleitetes Konzept zur Kompetenzverteilung.[528]

Die Rechtslage in Bezug auf die Geschäftsführungsbefugnis der Geschäftsführung verläuft nach *Klingberg* parallel zur zuvor dargestellten herrschenden Meinung: Ein Gesellschafterbeschluss mit reiner Innenwirkung ist lediglich bei ungewöhnlichen Maßnahmen gemäß § 49 Abs. 2 GmbHG notwendig.[529] Eine solche ungewöhnliche Maßnahme bejaht *Klingberg*, wenn substantiell in mitgliedschaftliche Interessen eingegriffen wird.[530] Dies sei jedenfalls dann der Fall, wenn im Einzelfall eine vermögensmäßige Gleichstellung des konkreten Gläubigers des Finanzinstruments mit einem Gesellschafter vorliege.[531] Bei der Feststellung einer solchen vermögensmäßigen Gleichstellung orientiert sich *Klingberg* sowohl an der aktienrechtlichen Differenzierung zwischen obligationsähnlichen und beteiligungsähnlichen Genussrechten als auch an der steuerlichen Differenzierung zu

---

524 *Sethe*, AG 1993, 293, 313 f.; *Seibt* in Scholz GmbHG, § 14 Rn. 70; *Winter* in Scholz GmbHG, 9. Auflage, § 14 Rn. 70.

525 v. *Alvensleben* in Häger/Elkemann-Reusch, Rn. 654; *W. Müller* in Großkomm. GmbHG, Anh. § 29 Rn. 29.

526 Vgl. u.a. *Sethe*, AG 1993, 293, 313.

527 *Sethe*, AG 1993, 293, 313; konträr hierzu die h.M. vgl. *Bayer* in Lutter/Hommelhoff GmbHG, § 53 Rn. 40 und § 35 Rn. 20; *Fleck*, ZGR 1988, 104, 113 f.; *Kleindiek* in Lutter/Hommelhoff GmbHG, § 35 Rn. 19 f.; *U. Schneider/S. Schneider* in Scholz GmbHG, § 35 Rn. 47; *Ulmer* in FS Werner, 911, 928; *Zöllner/Noack* in Baumbach/Hueck GmbHG, § 35 Rn. 94.

528 *Klingberg* in FS Westermann, 1087, 1125 ff.

529 *Klingberg* in FS Westermann, 1087, 1127.

530 *Klingberg* in FS Westermann, 1087, 1127.

531 *Klingberg* in FS Westermann, 1087, 1127.

Genussrechten gemäß § 8 Abs. 3 S. 2 KStG.[532] Im Ergebnis bedeutet dies, dass eine Beteiligung lediglich am laufenden Ergebnis nicht ausreiche, sondern zusätzlich eine Beteiligung am Geschäftswert und an den stillen Reserven erforderlich sei.[533] Erst dann liege in Bezug auf die Geschäftsführungsbefugnis der Geschäftsführung zur Vereinbarung eines GmbH-rechtlichen Finanzierungsinstruments ein substantieller Eingriff in die Gesellschafterrechte und eine vermögensmäßige Gleichstellung des Gläubigers mit einem Gesellschafter vor.[534]

Die Rechtslage in Bezug auf die Vertretungsmacht der Geschäftsführung skizziert *Klingberg* dagegen abweichend von der zuvor dargestellten herrschenden Meinung: Grundsätzlich könne die Geschäftsführung die Gesellschaft bei der Vereinbarung eines GmbH-rechtlichen Mezzanine-Finanzierungsinstruments aufgrund ihrer umfassenden organschaftlichen Vertretungsmacht rechtswirksam vertreten.[535] Von diesem Grundsatz macht *Klingberg* zwei Ausnahmen jeweils in Bezug auf faktisch satzungsändernde Maßnahmen.[536] Erstens habe die Geschäftsführung keine Vertretungsmacht in Bezug auf Finanzierungsinstrumente, welche eine „gegenwärtige oder rechtlich abgesicherte spätere Begründung einer ‚echten' Gesellschafterstellung" beinhalte.[537] Aufgrund der „satzungsändernden Qualität der Maßnahme" sei eine solche Vereinbarung zur Begründung eines mitgliedschaftlichen Gesellschafterverhältnisses bis zur Genehmigung per Gesellschafterbeschluss schwebend unwirksam.[538] Beispielshaft zählt *Klingberg* den Equity Kicker auf, wobei sie die Rechtsfolge der schwebenden Unwirksamkeit grundsätzlich nur auf das Element des Equity Kicker begrenzt und eine Nichtigkeit des hiermit verbundenen Finanzierungsinstruments nur bei Vorliegen der zusätzlichen Voraussetzungen der Teilnichtigkeit gemäß § 139 BGB

532 *Klingberg* in FS Westermann, 1087, 1127. Gemäß § 8 Abs. 3 S. 2 KStG mindern Ausschüttungen auf Genussrechte das Einkommen der Gesellschaft nicht, soweit das zugrundeliegende Genussrecht dem Gläubiger kumulativ eine Beteiligung am Gewinn und eine Beteiligung am Liquidationserlös der Gesellschaft einräumt. Sämtliche Zahlungen auf derart strukturierte Genussrechte sind somit nicht als Betriebsausgaben abzugsfähig. Hintergrund dieses zu Gewinnausschüttungen vergleichbaren Ergebnisses ist, dass eine steuerliche Gleichbehandlung für die in diesem Fall wirtschaftlich vergleichbare Stellung von Genussrechtsgläubiger und Gesellschafter erforderlich ist; vgl. *Gosch* in Gosch KStG, § 8 Rn. 148.

533 *Klingberg* in FS Westermann, 1087, 1127.

534 *Klingberg* in FS Westermann, 1087, 1127.

535 *Klingberg* in FS Westermann, 1087, 1126.

536 *Klingberg* in FS Westermann, 1087, 1126 und 1128 ff.

537 *Klingberg* in FS Westermann, 1087, 1126.

538 *Klingberg* in FS Westermann, 1087, 1126.

bejaht.[539] Zweitens habe die Geschäftsführung keine Vertretungsmacht in Bezug auf Finanzierungsinstrumente, welche dem Gläubiger auf schuldrechtlicher Basis Vermögens- und Verwaltungsrechte wie einem formalen Gesellschafter einräumen.[540] Eine solche Stellung des Gläubigers als schuldrechtlicher Gesellschafter wirke faktisch wie eine satzungsändernde Maßnahme, da ein solcher schuldrechtlicher Gesellschafter aufgrund seiner schuldrechtlich nachgebildeten Verwaltungsrechte seine schuldrechtlich nachgebildeten Vermögensrechte einfordern könne und dies zur Einschränkung der Handlungsfreiheit der formalen Gesellschafter führe.[541] Gestärkt in ihrer Meinung sieht sich *Klingberg* durch *Karsten Schmidt*, welcher in Bezug auf eine atypisch stille Gesellschaft – ausgestattet mit der Teilhabe am Gesellschaftsvermögen und/oder mit einem Widerspruchsrecht eines Kommanditisten vergleichbar zu demjenigen nach § 164 HGB – feststellt, dass diese wie eine „Kapitalerhöhung ohne Bezugsrecht" wirke.[542] Eine Vereinbarung von derart ausgestalteten Finanzierungsinstrumenten bedürfe entweder einer satzungsmäßigen Ermächtigung oder der Zustimmung aller Gesellschafter, da hierdurch faktisch die Grundlagen der Gesellschaft durch einen Eingriff in die Struktur derselben betroffen seien.[543] Aufgrund der mannigfaltigen Ausgestaltungsmöglichkeiten von Mezzanine-Finanzierungsinstrumenten orientiert sich *Klingberg* für die Annahme eines schuldrechtlichen Gesellschafters an dem Begriff der steuerrechtlichen Mitunternehmerschaft gemäß § 15 Abs. 1 Nr. 2 EStG.[544] Gemäß der Rechtsprechung des Bundesfinanzhofs liegt eine Mitunternehmerschaft vor, wenn kumulativ von dem Betroffenen Mitunternehmerinitiative entfaltet und Mitunternehmerrisiko getragen wird.[545]

---

539 *Klingberg* in FS Westermann, 1087, 1126.

540 *Klingberg* in FS Westermann, 1087, 1128 ff.

541 *Klingberg* in FS Westermann, 1087, 1128.

542 *K. Schmidt* in MüKo HGB, § 230 Rn. 115; zustimmend im Ergebnis auch *Ebert*, Stille Gesellschaft, Genussrecht und partiarisches Darlehen als Mezzanine Kapitaltitel zur Finanzierung einer GmbH, S. 222 f., und *Gehrlein* in Ebenroth/Boujong/Joost/Strohn HGB, § 230 Rn. 30.

543 *K. Schmidt* in MüKo HGB, § 230 Rn. 115.

544 *Klingberg* in FS Westermann, 1087, 1129; zur Rechtsprechung des Bundesfinanzhofs zur Mitunternehmerschaft gemäß § 15 Abs. 1 Nr. 2 EStG vgl. BFH, Beschluss vom 25.06.1984 – GrS 4/82, NJW 1985, 93 ff.; BFH, Urt. v. 13.07.1993 – VIII R 50/92, DStR 1994, 385 ff.; BFH, Urt. v. 28.10.1999 – VIII R 66-70-97, DStR 2000, 193 ff.; zur allg. steuerlichen Mitunternehmerschaft überblicksmäßig *BezzenBerger/Keul* in Münch Hdb GftR PersGft, § 73 Rn. 45 ff., und detailliert *Wacker* in Schmidt EStG, EStG, § 15 Rn. 257 ff.

545 BFH, Beschluß vom 25.06.1984 – GrS 4/82, NJW 1985, 93, 96.

Mitunternehmerinitiative ist gleichzusetzen mit der Teilhabe an unternehmerischen Entscheidungen.[546] Hierbei sei die Möglichkeit zur Ausübung von Gesellschaftsrechten, entweder angenähert zu den Stimm-, Kontroll- und Widerspruchsrechten denen eines Kommanditisten nach §§ 164, 166 HGB, oder solche vergleichbar zu den Kontrollrechten aus § 716 Abs. 1 BGB, ausreichend.[547] Das Mitunternehmerrisiko ist gleichbedeutend mit der gesellschaftsrechtlichen oder einer wirtschaftlich vergleichbaren Teilhabe am Unternehmenserfolg und Unternehmensmisserfolg.[548] Dies sei insbesondere der Fall, wenn eine Teilhabe am Gewinn und Verlust sowie den stillen Reserven vorliegt.[549] Im Ergebnis kann eine solche Ausgestaltung der Rechtsposition dazu führen, dass formelle Gesellschafter steuerrechtlich nicht als Mitunternehmer ergo nicht als Gesellschafter anerkannt werden.[550] Andererseits können auch schuldrechtliche Gläubiger bei entsprechender Strukturierung steuerrechtlich als Mitunternehmer ergo schuldrechtliche Gesellschafter angesehen werden.[551] *Klingberg* stellt fest, dass die Anforderungen an die schuldrechtlichen Vermögensrechte niedrig ausfallen können, sogar „klassischen Ansprüche eines Fremdkapitalgebers" ausreichen würden, sofern die schuldrechtlichen Verwaltungsrechte zur Einflussnahme des Gläubigers auf die Geschäftsführung berechtigen würden.[552] Auch bei einem Finanzierungsinstrument bestehend aus Vermögensrechten wie beispielsweise einer gewinnabhängigen Vergütung oder einem Equity Kicker kombiniert mit entsprechend ausgestalteten Covenants zur Einflussnahme auf die Geschäftsführung fordert *Klingberg* aufgrund der bei wirtschaftlicher Betrachtung erfolgenden Beeinträchtigung von Gesellschafterrechten vergleichbar zu satzungsändernden Maßnahmen einen zustimmenden Gesellschafterbeschluss mit Außenwirkung.[553]

Zuletzt wird teilweise in Anlehnung an die Thematik des nach dieser Ansicht vorhandenen (unmittelbaren) Eingriffs von eigenkapitalähnlichen Finanzierungsgenussrechten in die Gewinn- und/ oder Ergebnisbeteiligung gemäß

---

546 BFH, Beschluß vom 25.06.1984 – GrS 4/82, NJW 1985, 93, 96; *Wacker* in Schmidt EStG, EStG, § 15 Rn. 263.

547 BFH, Beschluß vom 25.06.1984 – GrS 4/82, NJW 1985, 93, 96.

548 BFH, Beschluß vom 25.06.1984 – GrS 4/82, NJW 1985, 93, 96; *Wacker* in Schmidt EStG, EStG, § 15 Rn. 264.

549 BFH, Beschluß vom 25.06.1984 – GrS 4/82, NJW 1985, 93, 96.

550 Vgl. BFH, Urt. v. 28.10.1999 – VIII R 66-70-97, DStR 2000, 193 ff.; *Wacker* in Schmidt EStG, EStG, § 15 Rn. 259.

551 Vgl. BFH, Urt. v. 13.07.1993 – VIII R 50/92, DStR 1994, 385 ff.

552 *Klingberg* in FS Westermann, 1087, 1129.

553 *Klingberg* in FS Westermann, 1087, 1130.

§§ 29 und 72 GmbHG sogar generell eine Satzungsermächtigung als Wirksamkeitserfordernis gefordert.[554] Zu dieser Thematik darf auf obige Ausführungen in § 4 C I. 3. b) und § 4 C I. 3. c) im Rahmen der teilweise befürworteten analogen Anwendung von § 221 Abs. 3 AktG verwiesen werden.[555]

3. *Stellungnahme*

a) *Schutzsystem der Mitgliedschaft im GmbHG*

Ausgangspunkt für die oben dargestellten grundsätzlichen Erwägungen[556] im Hinblick auf eine etwaige Einschränkung der organschaftlichen Vertretungsmacht der Geschäftsführung beim Akt des Vertragsabschlusses oder einer umfassenden Entziehung der Organkompetenz der Geschäftsführung zu Gunsten der Gesellschaftergesamtheit bei der Vereinbarung von Mezzanine-Finanzierungsinstrumenten muss das im Folgenden dargestellte Schutzsystem der Mitgliedschaft im GmbH-Recht sein.[557]

Das GmbHG nimmt eine eindeutige Grenzziehung bei satzungsändernden Maßnahmen vor, welche aufgrund ihres unmittelbaren Eingriffs in die Mitgliedschaft zwingend der Gesellschaftergesamtheit gemäß § 53 ff. GmbHG kompetenzmäßig vorbehalten ist. Die Geschäftsführung hat diesbezüglich keine organschaftliche Vertretungsmacht.

Darüber hinaus unterscheidet das GmbHG in absolut und relativ unentziehbare Mitgliedschaftsrechte.[558] Absolut unentziehbare Rechte bilden den unantastbaren Kern der Mitgliedschaft, welche selbst bei Zustimmung des betroffenen

---

554 *Fastrich* in Baumbach/Hueck GmbHG, § 29 Rn. 91; *Rid-Niebler*, Genussrechte als Instrument zur Eigenkapitalbeschaffung über den organisierten Kapitalmarkt für die GmbH, S. 85 ff.; *Roth* in Roth/Altmeppen GmbHG, § 29 Rn. 66; dahingehende Empfehlung ohne Stellungnahme in der Sache auch *Golland/Gehlhaar/Grossmann/Eickhoff-Kley/Jänisch*, Mezzanine-Kapital, BB-Special 4/2005, S. 18.

555 Zur richtigerweise abzulehnenden Ansicht des unmittelbaren Eingriffs in die Gewinn- und/ oder Ergebnisbeteiligung durch Genussrechte sowie zur richtigerweise abzulehnenden Ansicht der analogen Anwendung von § 221 Abs. 3 AktG auf die Vereinbarung von GmbH-rechtlichen Genussrechte siehe jeweils oben § 4 C I. 3. b) und § 4 C I. 3. c), S. 127 ff.

556 Siehe oben § 4 C III. 1, S. 135 ff.

557 Zu den zwei alternativen dogmatischen Konstruktionen siehe unten § 4 C III. 3. c), S. 149 ff., insb. auch Fn. 583.

558 *Altmeppen* in Roth/Altmeppen GmbHG, § 14 Rn. 16; *Reichert/Wellert* in MüKo GmbHG, § 14 Rn. 81 ff.; *Verse* in Henssler/Strohn, GmbHG, § 14 Rn. 59 ff.

cht entziehbar sind.[559] Relativ unentziehbare Rechte sind dagegen des betroffenen Gesellschafters grundsätzlich entziehbar.[560] Dies für die Mitgliedschaft als solche.[561] Ungeachtet dessen können tsrechte in begrenztem Umfang modifiziert werden, wobei auch behandlungsgrundsatz und die Treuepflicht zu beachten sind.[562] Für den Entzug und die Änderung von Mitgliedschaftsrechten ist als *actus contrarius* zur ursprünglichen Begründung dieser Rechte ein satzungsändernder Gesellschafterbeschluss zwingend notwendig.[563] Ein Verstoß gegen die Unentziehbarkeit führt im Falle der absolut unentziehbaren Gesellschafterrechte zur Nichtigkeit analog § 241 Nr. 3 AktG beziehungsweise im Falle der relativ unentziehbaren Gesellschafterrechte zur schwebenden Unwirksamkeit des diesbezüglichen Beschlusses.[564] Zu beachten ist hierbei, dass die Mitgliedschaft ein subjektives Recht jedes Gesellschafters ist, welches im Geschäftsanteil verkörpert und durch diesen den grundgesetzlichen Schutz des Eigentums nach Art. 14 GG genießt.[565]

Aus dem dargestellten Schutzsystem für die Mitgliedschaft im GmbH-Recht lässt sich für diese Untersuchung zweierlei ableiten:

Erstens genießt die Mitgliedschaft einen abgestuften Schutz, wobei die Mitgliedschaft grundsätzlich mittels Satzungsänderungsbeschluss durch die Gesellschaftergesamtheit modifiziert und somit in Grenzen auch eingeschränkt werden kann. Dieser Satzungsänderungsbeschluss richtet sich nach §§ 53 ff. GmbHG, wonach die Gesellschaftergesamtheit für die Gestaltung der Satzung zwingend und ausschließlich nach ihrem eigenen Ermessen zuständig ist (sog. Satzungsautonomie der Gesellschafter)[566] und hierfür nur eine qualifizierte Mehrheit und gerade keine Zustimmung aller Gesellschafter erforderlich ist. Als Ausdruck der Selbstständigkeit des Verbandes weicht im Kapitalgesellschaftsrecht nach Errichtung der Gesellschaft das Konsensprinzip dem Mehrheitsprinzip.[567] Aufgrund der

559 *Reichert/Wellert* in MüKo GmbHG, § 14 Rn. 81.

560 *Ebbing* in Michalski GmbHG, § 14 Rn. 63.

561 *Seibt* in Scholz GmbHG, § 14 Rn. 36.

562 *Ebbing* in Michalski GmbHG, § 14 Rn. 66; *Priester* in Scholz GmbHG, § 53 Rn. 47; *Reichert/Wellert* in MüKo GmbHG, § 14 Rn. 81.

563 *Reichert/Wellert* in MüKo GmbHG, § 14 Rn. 82.

564 *Ebbing* in Michalski GmbHG, § 14 Rn. 62 und 67; *Reichert/Wellert* in MüKo GmbHG, § 14 Rn. 88 und 94; *Verse* in Henssler/Strohn, GmbHG, § 14 Rn. 63, 67 i.V.m. 57.

565 *Reichert/Wellert* in MüKo GmbHG, § 14 Rn. 53; grundlegend vgl. *Habersack*, Die Mitgliedschaft – subjektives und sonstiges Recht, S. 21 ff.

566 *Priester* in Scholz GmbHG, § 53 Rn. 62.

567 *Inhester* in Saenger/Inhester GmbHG, § 53 Rn. 2.

Satzungsautonomie der Gesellschafter können etwaige Verpflichtungen der G schaft zur Satzungsänderung nicht von dem Grundsatz der unbeschränkten u unbeschränkbaren Vertretungsmacht der Geschäftsführer nach §§ 35 Abs. 1 S. 1, 37 Abs. 2 S. 1 GmbHG erfasst sein.[568] Die organschaftliche Vertretungsmacht regelt nur Maßnahmen der Unternehmensleitung, nicht aber gesellschaftsintern die Grundlagen der Gesellschaft strukturell ändernde Maßnahmen.[569]

Zweitens wird die Mitgliedschaft vor rechtswidrigen Eingriffen in die Unentziehbarkeit dergestalt geschützt, dass diese rechtswidrigen Maßnahmen keine Außenwirkung gegenüber Dritten entfalten. Ein Gesellschafterbeschluss, welcher ein absolut unentziehbares Mitgliedschaftsrecht entzieht, ist nichtig. Ein Gesellschafterbeschluss, welcher ein relativ unentziehbares Mitgliedschaftsrecht entzieht, ist bis zur nachträglichen Genehmigung durch den betroffenen Gesellschafter schwebend unwirksam.

b) Mittelbare Beeinträchtigung mitgliedschaftlicher Interessen

Auch die Vereinbarung von Mezzanine-Finanzierungsinstrumenten muss sich an dem Schutzsystem der Mitgliedschaft im GmbHG und der hieraus aufgezeigten Schlussfolgerungen messen lassen, sofern sich hierdurch eine wie auch immer auswirkende Beeinträchtigung mitgliedschaftlicher Interessen ergibt.

Zunächst ist klarzustellen, dass durch ein Mezzanine-Finanzierungsinstrument nur eine mittelbare Beeinträchtigung von mitgliedschaftlicher Interessen und kein unmittelbarer Eingriff in die Mitgliedschaft vorliegen kann. Ein unmittelbarer Eingriff in die Mitgliedschaft liegt lediglich dann vor, wenn mitgliedschaftliche Rechte unmittelbar durch einen satzungsändernden Gesellschafterbeschluss modifiziert werden, insbesondere im Falle der diesbezüglichen Einschränkung oder vollständigen Entziehung. Dagegen räumen Eigenkapital-ähnliche Elemente eines Mezzanine-Finanzierungs-instruments dem Gläubiger lediglich schuldrechtlich nachgebildete Mitgliedschaftsrechte ein, wodurch die formalen Gesellschafter allenfalls als Reflex eine (regelmäßig wirtschaftliche) Einbuße in ihrer mitgliedschaftlichen Stellung erleiden.[570] Nichtsdestotrotz kann die faktische Wirkung

---

568 Im Ergebnis zustimmend: *Bayer* in Lutter/Hommelhoff GmbHG, § 53 Rn. 40 und § 35 Rn. 20; *Fleck*, ZGR 1988, 104, 113 f.; *Kleindiek* in Lutter/Hommelhoff GmbHG, § 35 Rn. 19 f.; *U. Schneider/S. Schneider* in Scholz GmbHG, § 35 Rn. 47; *Ulmer* in FS Werner, 911, 928; *Zöllner/Noack* in Baumbach/Hueck GmbHG, § 35 Rn. 94.

569 *U. Schneider/S. Schneider* in Scholz GmbHG, § 35 Rn. 47.

570 Vgl. hierzu die bereits oben in § 4 C I. 3. b) und § 4 C I. 3. c) (S. 127 ff.) dargestellte Thematik des nach einer Ansicht fälschlicherweise angenommenen (unmittelbaren)

für die betroffenen Gesellschafter bei mittelbaren Beeinträchtigungen mitgliedschaftlicher Interessen annähernd vergleichbar zu derjenigen eines unmittelbaren Eingriffs in die Mitgliedschaft sein. Insofern kann auch von einer faktisch satzungsändernden Maßnahme gesprochen werden.

Inhaltlich weisen *Karsten Schmidt* und *Klingberg* zu Recht darauf hin, dass einem Gläubiger der Gesellschaft durch die entsprechende Strukturierung von gesellschaftsrechtlich zu qualifizierendem Fremdkapital mit schuldrechtlich eingeräumten Vermögens- und Verwaltungsrechten letztlich eine Position in der Gesellschaft vergleichbar zu derjenigen eines formalen Gesellschafters im gesellschaftsrechtlichen Sinne eingeräumt werden kann.[571] Gleichfalls zu Recht schlussfolgern *Karsten Schmidt* und *Klingberg* aus dieser Einräumung der Stellung als schuldrechtlicher Mitgesellschafter, dass ein derart ausgestaltetes Mezzanine-Finanzierungsinstrument die Grundlagen der Gesellschaft vergleichbar zu einer Satzungsänderung beeinträchtigt und deshalb in Anbetracht der diesbezüglichen Kompetenz der Gesellschaftergesamtheit die Vertretungsmacht der Geschäftsführung zu verneinen ist.[572] Beispielsweise könnte ein Gläubiger hierdurch eine Stellung innerhalb der Gesellschaft erlangen, durch welche er wie ein Gesellschafter seine schuldrechtlich nachgebildeten Vermögensrechte mit Hilfe seiner schuldrechtlich nachgebildeten Verwaltungsrechte faktisch durchsetzen kann. Eine derart starke Stellung eines Dritten beeinträchtigt – trotz bloß schuldrechtlicher Gestaltung und trotz der hieraus eigentlich nur ableitbaren Innenwirkung im Verhältnis zu der Gesellschaft – die Struktur der Gesellschaft. Im Übrigen droht ansonsten eine schuldrechtliche Entkernung der Kernkompetenz der Gesellschafter zur Entscheidung über Satzungsmaßnahmen nach §§ 53 ff. GmbHG und darüber hinaus droht mit jeder weiteren Vereinbarung eines solchen Mezzanine-Finanzierungsinstruments eine sukzessive Entwertung der Mitgliedschaft potentiell ohne Wissen oder sogar gegen den Willen der formalen Gesellschafter. Im Ergebnis werden die mitgliedschaftlichen Interessen der Gesellschafter durch

---

Eingriffs von eigenkapitalähnlichen Finanzierungsgenussrechten in die Gewinn- und/ oder Ergebnisbeteiligung gemäß §§ 29 und 72 GmbHG.

571 *K. Schmidt* in MüKo HGB, § 230 Rn. 115; *Klingberg* in FS Westermann, 1087, 1128; siehe zusammenfassende Darstellung oben § 4 C III. 2, S. 139 ff.

572 *K. Schmidt* in MüKo HGB, § 230 Rn. 115; *Klingberg* in FS Westermann, 1087, 1128; im Ergebnis speziell für Genussrechte mit Eigenkapitalcharakter auch zustimmend *Rid-Niebler*, Genussrechte als Instrument zur Eigenkapitalbeschaffung über den organisierten Kapitalmarkt für die GmbH, S. 94 ff.

die Vereinbarung eines Mezzanine-Finanzierungsinstruments mit schuldrechtlichen Vermögens- und Verwaltungsrechten vergleichbar zu denjenigen eines formalen Gesellschafters erheblich beeinträchtigt.

Darüber hinaus könnte eine mittelbare Beeinträchtigung von mitgliedschaftlichen Interessen durch eine faktische Satzungsänderung auch bereits ohne die Einräumung einer (vollwertigen) Stellung als schuldrechtlicher Mitgesellschafter mit schuldrechtlichen Vermögens- *und* Verwaltungsrechten möglich sein. Zumindest denkbar wäre dies letztlich für jedwede schuldrechtliche Nachbildung von Gesellschafterrechten im Sinne einer (einfachen) faktischen Satzungsänderung.[573] Insofern drängt sich unweigerlich die Frage nach einer einschlägigen Einschränkung, zum Beispiel durch die Forderung nach einer gewissen Erheblichkeit der mittelbaren Beeinträchtigung mitgliedschaftlicher Interessen, auf.

Klingberg beschränkt ihre oben dargestellten Überlegungen durch die Forderung nach Vermögens- und Verwaltungsrechten vergleichbar zu denjenigen eines formalen Gesellschafters und orientiert sich an der maßgeblich von der Rechtsprechung geprägten Rechtsfigur der steuerrechtlichen Mitunternehmerschaft gemäß § 15 Abs. 1 Nr. 2 EStG.[574] In ähnlicher Weise schränkt auch *Karsten Schmidt* in Bezug auf eine (atypische) stille Gesellschaft die Vertretungsmacht der Geschäftsführung nur bei zusätzlicher Vereinbarung einer Teilhabe des stillen Gesellschafters am Gesellschaftsvermögen und/oder der zusätzlichen Vereinbarung eines Widerspruchsrechts zu Gunsten des stillen Gesellschafters vergleichbar zu demjenigen nach § 164 HGB ein.[575] Nach beiden Ansichten reicht eine schuldrechtliche Nachbildung von einzelnen Gesellschafterrechten im Sinne einer (einfachen) faktischen Satzungsänderung für die Verneinung der Vertretungsmacht der Geschäftsführung nicht aus. Richtigerweise ist in einem solchen Fall regelmäßig nur die Geschäftsführungsbefugnis der Geschäftsführung

573 Im Ergebnis entspricht dieser Gedanke demjenigen von *Fastrich* zu Finanzierungsgenussscheinen, welcher aufgrund der wirtschaftlichen Annäherung von Finanzierungsgenussscheinen an das Gewinnrecht der Gesellschafter entsprechend § 29 Abs. 1 GmbHG eine satzungsmäßige Grundlage für deren Ausgabe fordert; *Fastrich* in Baumbach/Hueck GmbHG, § 29 Rn. 91. Zur richtigerweise zu verneinenden Thematik des unmittelbaren Eingriff in die Gewinn- und/ oder Ergebnisbeteiligung durch Genussrechte siehe oben § 4 C I. 3. b) und § 4 C I. 3. c), S. 127 ff.

574 *Klingberg* in FS Westermann, 1087, 1128 f.

575 *K. Schmidt* in MüKo HGB, § 230 Rn. 115. In diesem Kontext bleibt darauf hinzuweisen, dass eine stille Gesellschaft gemäß §§ 231, 233 HGB zumindest eine gewinnabhängige Vergütung als vermögensrechtliches Element und rudimentäre Kontrollrechte vergleichbar zu einem Kommanditisten (vgl. § 166 HGB) als verwaltungsrechtliches Element beinhaltet.

aufgrund des Vorliegens einer außergewöhnlichen Maßnahme beschränkt. Dem Ausnahme-Charakter entsprechend bedarf es für die Verneinung der Vertretungsmacht der Geschäftsführung vielmehr einer besonderen schuldrechtlichen Ausgestaltung von Vermögens- *und* Verwaltungsrechten vergleichbar zu einem formalen Gesellschafter im Sinne einer faktischen Kapitalerhöhung (als Sonderfall der Satzungsänderung). Denn Finanzierungsinstrumente haben erst dann keinen reinen Finanzierungscharakter mehr und nähern sich erst dann einer (schuldrechtlichen) Gesellschafterstellung an, wenn dem Gläubiger neben vermögensrechtlichen Aspekten auch noch die Möglichkeit der unmittelbaren Einflussnahme auf die Geschäftsführung mittels schuldrechtlichen Mitwirkungs- und/oder Kontrollrechten eingeräumt wird. Diese personenrechtliche Seite der Gesellschafterstellung kommt auch in dem Element der Mitunternehmerinitiative der steuerrechtlichen Mitunternehmerschaft zum Ausdruck. Der Fokus muss deshalb insbesondere auf die durch das jeweilige Finanzierungsinstrument schuldrechtlich eingeräumten Verwaltungsrechte gelegt werden. Gleichwohl bedarf es vergleichbar zur steuerrechtlichen Mitunternehmerschaft immer zusätzlich auch eines Elements des Mitunternehmerrisikos, ergo eines schuldrechtlich eingeräumten Vermögensrechts. Entsprechend der Rechtsprechung zur steuerrechtlichen Mitunternehmerschaft darf das schuldrechtlich eingeräumte Vermögensrecht allerdings bei vergleichsweisen stärkeren Ausgestaltung der Mitunternehmerinitiative, ergo des schuldrechtlich eingeräumten Verwaltungsrechts, auch schwächer ausgestaltet sein.[576]

c) *Einschränkende Berücksichtigung des Schutzzwecks von §§ 35 Abs. 1 S. 1, 37 Abs. 2 S. 1 GmbHG*

Möglicherweise steht die dargestellte Wirksamkeitsbeschränkung bezüglich des Handelns der Geschäftsführung bei der Vereinbarung von Mezzanine-Finanzierungsinstrumenten mit Vermögens- und Verwaltungsrechten vergleichbar zu denjenigen eines Gesellschafters im Konflikt mit dem Grundsatz der unbeschränkten und unbeschränkbaren Vertretungsmacht gemäß §§ 35 Abs. 1 S. 1, 37 Abs. 2 S. 1 GmbH.[577]

Allerdings ist der Grundsatz von der unbeschränkten und unbeschränkbaren Vertretungsmacht der Geschäftsführung lediglich dann einschlägig, wenn die konkrete Maßnahme nach der gesetzlichen Kompetenzverteilung auch der

576 *Wacker* in Schmidt EStG, EStG, § 15 Rn. 262.
577 Zur organschaftlichen Vertretungsmacht siehe oben § 4 A II. 2, S. 103 f.

Geschäftsführung zugeordnet ist.[578] Insbesondere fallen Kapitalmaßnahmen als Unterfall der Satzungsänderung originär in die Zuständigkeit der Gesellschaftergesamtheit gemäß §§ 53 ff. GmbHG. Für (gesellschaftsinterne) Grundlagengeschäfte ist gerade nicht die Geschäftsführung zuständig, sodass ihr diesbezüglich auch die Vertretungsmacht fehlt. Im Ergebnis geht in diesem Fall der Schutz der auch von Artikel 14 des Grundgesetzes umfassten Mitgliedschaft dem Schutz des redlichen Rechtsverkehrs aus §§ 35 Abs. 1 S. 1, 37 Abs. 2 S. 1 GmbH vor. Dem Schutzzweck von §§ 35, 37 GmbH entsprechend kann auch ein außenstehender Dritter nicht darauf vertrauen, dass die Geschäftsführung für gesellschaftsinterne Grundlagengeschäfte wie eine Satzungsänderung zuständig ist.

Parallel hierzu muss auch für die Aufnahme eines schuldrechtlichen Mitgesellschafters mit Vermögens- und Verwaltungsrechten vergleichbar zu denjenigen eines Gesellschafters aufgrund des Charakters der Maßnahme als faktisches Grundlagengeschäft entweder die Gesellschaftergesamtheit entsprechend §§ 53, 55 GmbHG originär zuständig sein oder ihr muss zumindest ein echtes Vetorecht im Sinne einer Letztentscheidungskompetenz (im Hinblick auf ein von der Geschäftsführung vereinbartes Mezzanine-Finanzierungsinstrument) zustehen.

Die gesetzliche Abstufung des oben dargestellten[579] Schutzsystems der Mitgliedschaft fortführend, bedarf eine mittelbare Beeinträchtigung mitgliedschaftlicher Interessen im Vergleich zu dem unmittelbaren Eingriff in absolut oder relativ unentziehbare Mitgliedschaftsrechte eines niedrigeren Schutzniveaus. Nicht ein formal zu fassender Satzungsänderungsbeschluss entsprechend §§ 53 ff. GmbHG vergleichbar zu der inhaltlichen Modifizierung von Gesellschafterrechten, sondern ein nicht formbedürftiger Zustimmungsbeschluss der Gesellschaftergesamtheit zu dem von der Geschäftsführung der Gesellschaft abzuschließenden Mezzanine-Finanzierungsinstruments mit Vermögens- und Verwaltungsrechten vergleichbar zu denjenigen eines Gesellschafters erscheint daher

---

578 *Paefgen* in Großkomm. GmbHG, § 35 Rn. 60 und 62 f., § 37 Rn. 75; zu den Grundsätzen der unbeschränkten und unbeschränkbaren Vertretungsmacht gemäß §§ 35 Abs. 1 S. 1, 37 Abs. 2 S. 1 GmbH siehe oben § 4 A II. 2, S. 103 f.; zur richtigerweise zu bejahenden unionsrechtlichen Vereinbarkeit dargestellter Einschränkungen des Grundsatzes der unbeschränkten Vertretungsmacht auf Basis und lediglich im Rahmen der jeweiligen gesetzlichen Zuständigkeitsordnung der Gesellschaftsorgane im betroffenen Mitgliedstaats mit Art. 10 Abs. 1 RL 2009/101/EG (sog. „Publizitätsrichtlinie“), zuletzt geändert durch Art. 1 ÄndRL 2013/24/EU vom 13.05.2013, vgl. *Habersack/Verse*, EuGesR, 5 Rn. 34.

579 Siehe oben § 4 C III. 3. a), S. 144 ff.

bei der mittelbaren Beeinträchtigung mitgliedschaftlicher Interessen erforderlich und angemessen.[580] Die effektive Absicherung der Satzungsautonomie der Gesellschafter gewährleistend und eine psychische Zwangslage der Gesellschafter durch den seitens der Geschäftsführung vorgenommenen Vertragsabschluss vermeidend,[581] bedarf dieser zustimmende Gesellschafterbeschluss jedoch einer Außenwirkung. Dies bedeutet, dass das mitwirkungsbedürftige Vertretungsgeschäft (das heißt der seitens der Geschäftsführung vorgenommene Vertragsabschluss) bis zur Fassung eines zustimmenden Beschlusses durch die Gesellschaftergesamtheit schwebend unwirksam ist.[582] Insofern bleibt – entsprechend der gesetzlichen Systematik zur Kompetenzverteilung anhand der formalen Trennung zwischen gesellschaftsrechtlichen Eigenkapital und Fremdkapital sowie entsprechend der tatsächlichen Praxis zum Abschluss eines Mezzanine-Finanzierungsinstruments – die Geschäftsführung für die organschaftliche Vertretung der Gesellschaft für den Akt des Vertragsabschlusses zuständig und dieser bedarf zur Wirksamkeitserlangung lediglich noch eines zustimmenden Gesellschafterbeschlusses.[583]

d) Einschränkende Berücksichtigung der Wertung von § 221 AktG

Fraglich ist, ob trotz der Ablehnung einer Analogie zu § 221 Abs. 1 S. 1, Abs. 3 AktG zumindest dessen Wertung einschränkend zu berücksichtigen ist.[584]

Gemäß § 221 Abs. 3, Abs. 1 S. 1 AktG dürfen Genussrechte nur auf Grund eines Beschlusses der Hauptversammlung ausgegeben werden. Im Gegensatz zur zuvor dargelegten Wirksamkeitsbeschränkung bei der GmbH tangiert ein Verstoß gegen die Kompetenzverteilung gemäß § 221 Abs. 3, Abs. 1 S. 1 AktG nicht die

---

580 Zu den formalen Anforderungen des Gesellschafterbeschlusses siehe unten § 4 C III. 6, S. 157 f.

581 Siehe oben § 4 C III. 1, S. 135 ff.

582 Zum Begriff des mitwirkungsbedürtigen Vertretungsgeschäfts vgl. *Bayer* in Lutter/Hommelhoff GmbHG, § 53 Rn. 40 und § 35 Rn. 20, oder OLG Zweibrücken, Urt. v. 13.3.2001 - 8 U 91/00, NZG 2001, 763, 763.

583 Anknüpfend an die Regelungen zur Satzungsänderung gemäß §§ 53 ff. GmbHG hätte aus dogmatischer Sicht auch insgesamt die Organkompetenz der Geschäftsführung zu Gunsten der Gesellschaftergesamtheit verdrängt werden können (d.h. Innen- und Außenverhältnis). In diesem Fall hätten entweder alle einzelne Gesellschafter oder aber ein von der Gesellschaftergesamtheit per Beschluss ermächtigte Person für die Gesellschaft beim Abschluss des Finanzierungsinstruments handeln müssen.

584 Zur richtigerweise abzulehnenden Ansicht der analogen Anwendung von § 221 Abs. 3, Abs. 1 S. 1 AktG auf die Vereinbarung von GmbH-rechtlichen Genussrechte siehe oben § 4 C I. 3. c), S. 127 ff.

Vertretungsmacht des Vorstandes, da die Norm nur die Geschäftsführungsbefugnis im Innenverhältnis und nicht die Vertretungsmacht im Außenverhältnis beschränkt.[585]

Allerdings stehen die bereits dargestellten strukturellen Unterschiede zwischen der GmbH und der Aktiengesellschaft konkret im Hinblick auf die Kompetenzverteilung auch einer Übertragung der aktienrechtlichen Wertung von § 221 Abs. 1 S. 1, Abs. 3 AktG auf einen parallelen GmbH-rechtlichen Sachverhalt entgegen.[586] Im Gegenteil ist eine vom Aktienrecht abweichende Stärkung der Kompetenzverteilung zu Gunsten von GmbH-Gesellschafter bei der Vereinbarung von Mezzanine-Finanzierungs-instrumenten mit einer GmbH gerechtfertigt.

Zunächst spricht hierfür, dass GmbH-Gesellschafter im Vergleich zu Aktionären der Aktiengesellschaft bereits einen qualitativ hochwertigeren Schutz durch das GmbHG aufgrund der zu ihren Gunsten enthaltenen unmittelbaren Eingriffs- und Mitwirkungsmöglichkeiten genießen.[587] Anzuführen sind insbesondere das Weisungsrecht durch Beschlussfassung der Gesellschafterversammlung gemäß § 37 Abs. 1 Alt. 2 GmbHG, die individuellen Kontrollbefugnisse der einzelnen Gesellschafter gemäß §§ 51a und 51b GmbHG sowie der gleichfalls im Unterschied zum Aktienrecht kompetenzmäßig der Gesellschaftergesamtheit zugewiesene Abschluss von Übernahmeerklärungen im Rahmen von Kapitalerhöhungen.[588]

Zudem kann erneut auf die in der Rechtswirklichkeit meist personalistische Ausgestaltung der GmbH verwiesen werden,[589] welche typischerweise mit einem kleinen Gesellschafterkreis und einer engen Abstimmung zwischen Geschäftsführung und Gesellschaftern gerade auch im Hinblick auf Finanzierungsmaßnahmen einhergeht. Gleichfalls geht mit der personalistischen Ausgestaltung eine gesteigerte Schutzwürdigkeit der GmbH-Gesellschafter einher, da diese ein großes Interesse an einem konstanten und kontrollierbaren Gesellschafterkreis im Vergleich zu demjenigen bei der anonymen Aktiengesellschaft haben.

---

585 Siehe oben § 4 C I. 1. c), S. 109.

586 Siehe bereits oben § 4 C I. 3. c), S. 127 ff., und § 4 C III. 1, S. 135 f.

587 *Klingberg* in FS Westermann, 1087, 1113.

588 Siehe oben § 4 A II. 3, S. 104 f., und § 4 B, S. 106 ff.

589 *Fleischer*, GmbHR 2008, 673, 674; *Saenger* in Saenger/Inhester GmbHG, Einführung Rn. 18 und 49.

e) Sonderfall der Verpflichtung der Gesellschaft zur Satzungsänderung

Einen Sonderfall bildet die Verpflichtung der Gesellschaft gegenüber einem Gläubiger zur Satzungsänderung.

Auch diese stellt keinen unmittelbaren Eingriff in die Mitgliedschaft dar. Die eigentliche Satzungsänderung erfolgt nicht im Zeitpunkt des schuldrechtlichen Abschlusses des Finanzierungsinstruments, sondern erst im Zuge der Erfüllung der konkreten Verpflichtung zur Satzungsänderung.

Die mittelbare Beeinträchtigung von mitgliedschaftlichen Interessen zeigt sich jedoch deutlich darin, dass die Erfüllung der Verpflichtung in den ausschließlichen Kompetenzbereich der Gesellschafter gemäß § 53 Abs. 1 GmbHG fällt. Die Gesellschaftergesamtheit muss zur Umsetzung einen Kapitalerhöhungs- und Zulassungsbeschluss unter gleichzeitigem Ausschluss des gesetzlichen Bezugsrechts der übrigen Gesellschafter fassen und den Übernahmevertrag seitens der Gesellschaft mit dem begünstigten Gläubiger abschließen.

Zum effektiven Schutz der Satzungsautonomie der Gesellschafter darf die Vertretungsmacht der Geschäftsführung nicht schuldrechtliche Vereinbarungen umfassen, welche eine Verpflichtung der Gesellschaft zur Vornahme einer Satzungsänderung beinhalten.[590] Andernfalls wäre die freie Entscheidungsfindung der Gesellschafter in nachfolgend zu fassenden Beschlüssen aufgrund drohender Schadensersatzansprüche gegen die Gesellschaft und damit auch mittelbar einer drohenden Minderung ihrer ökonomischen Beteiligung an der Gesellschaft gefährdet.[591] Eine solche psychische Zwangslage widerspricht der Satzungsautonomie der Gesellschafter.

Damit stellt die Vereinbarung von Mezzanine-Finanzierungsinstrumenten ausgestaltet mit einer Verpflichtung der Gesellschaft zur Satzungsänderung ein mitwirkungsbedürftiges Rechtsgeschäft dar.[592]

---

590 *Fleck*, ZGR 1988, 104, 113 f.; *Priester* in Scholz GmbHG, § 53 Rn. 35; *Ulmer/Casper* in Großkomm. GmbHG, § 53 Rn. 42.

591 Zum drohenden Schadensersatz siehe oben § 4 C III. 1, S. 135.

592 Zum selben Ergebnis eines mitwirkungsbedürftigen Rechtsgeschäfts bei der Verpflichtung zur Satzungsänderung vgl. *Bayer* in Lutter/Hommelhoff GmbHG, § 53 Rn. 40 und § 35 Rn. 20, sowie *U. Schneider/S. Schneider* in Scholz GmbHG, § 35 Rn. 47. Dagegen meiden *Fleck*, ZGR 1988, 104, 113 f., *Kleindiek* in Lutter/Hommelhoff GmbHG, § 35 Rn. 19 f., *Priester* in Scholz GmbHG, § 53 Rn. 35 oder *Zöllner/Noack* in Baumbach/Hueck GmbHG, § 35 Rn. 94, den Begriff des mitwirkungsbedürftigen Rechtsgeschäfts und fordern inhaltlich eine Ermächtigung der Geschäftsführung seitens der Gesellschaftergesamtheit für diesen Fall.

4. *Zwischenergebnis*

Die Vereinbarung eines Mezzanine-Finanzierungsinstruments mit Vermögens- und Verwaltungsrechten vergleichbar zu denjenigen eines formalen Gesellschafters beeinträchtigt die mitgliedschaftlichen Interessen der Gesellschafter in erheblicher Art und Weise. Als faktische Kapitalerhöhung zu Gunsten eines schuldrechtlichen Mitgesellschafters der GmbH stellt sie ein mitwirkungsbedürftiges Vertretungsgeschäft dar. Bis zur Fassung eines zustimmenden Gesellschafterbeschlusses sind derartige von der Geschäftsführung der GmbH abgeschlossene Rechtsgeschäfte schwebend unwirksam. Letztlich bedarf das bislang gefundene Zwischenergebnis dahingehend einer Korrektur, dass dem bereits aufgrund der Qualifikation als ungewöhnliche Maßnahme gemäß § 49 Abs. 2 GmbHG notwendigen Gesellschafterbeschluss statt einer reinen Innenwirkung eine Außenwirkung zukommen muss. Dasselbe gilt für Finanzierungsinstrumente, welche eine Verpflichtung der Gesellschaft zur Satzungsänderung beinhalten.

5. *Anwendung der gewonnenen Erkenntnisse auf das GmbH-rechtliche Wandeldarlehen*

Die eingangs noch generell formulierte Ausgangsfrage nunmehr durch die gewonnenen Erkenntnisse konkretisiert erscheint es fraglich, ob ein GmbH-rechtliches Wandeldarlehen dem Gläubiger Vermögens- und Verwaltungsrechte vergleichbar zu denjenigen eines formalen Gesellschafters einräumt, sodass die mitgliedschaftlichen Interessen der Gesellschafter erheblich beeinträchtigt sind. Als Maßstab kann hierfür die von der Rechtsprechung geprägte Rechtsfigur der steuerrechtlichen Mitunternehmerschaft gemäß § 15 Abs. 1 Nr. 2 EStG herangezogen werden. Falls dies der Fall sein sollte, wäre der diesbezügliche Vertragsabschluss durch die Geschäftsführung der GmbH bis zur Fassung eines zustimmenden Gesellschafterbeschlusses schwebend unwirksam. Andernfalls läge eine ungewöhnliche Maßnahme gemäß § 49 Abs. 2 GmbHG vor, sodass die diesbezügliche Vertretungsmacht der Geschäftsführung nicht eingeschränkt und lediglich im Innenverhältnis zu den Gesellschaftern ein zustimmender Gesellschafterbeschluss erforderlich wäre.

Auf der vermögensrechtlichen Seite der schuldrechtlichen Mitgliedschaft ist hierfür grundsätzlich die Ausgestaltung der Fremdkapitalverzinsung, der rechtsgeschäftlichen Nachrangabrede und des GmbH-rechtlichen Wandlungsrechts relevant. Zumindest aus dem in Venture Capital-Finanzierungen typischerweise vereinbarten Fremdkapitalzins mit gewinnunabhängiger fester Zinshöhe lassen sich für eine schuldrechtliche Gesellschafterstellung keine Anhaltspunkte ableiten.[593] Dagegen enthalten die rechtsgeschäftliche Nachrangabrede und das Wandlungsrecht eine zu einem formalen Gesellschafter wirtschaftlich vergleichbare Teilhabe am Unternehmenserfolg und Unternehmensmisserfolg. Die rechtsgeschäftliche Nachrangabrede bewirkt, dass der fällige Rückzahlungsanspruch aus dem Wandeldarlehen lediglich entsprechend seines Ranges zu bedienen ist. Im Falle der Insolvenz der Gesellschaft kann es somit zu einem wirtschaftlichen Ausfall des Rückzahlungsanspruchs des Gläubigers gemäß § 39 Abs. 2 InsO kommen. Folglich stellt die rechtsgeschäftliche Nachrangabrede eine Form der Verlustteilnahme des Gläubigers am Unternehmensrisiko dar.[594] Das Wandlungsrecht – ungeachtet der verschiedenen Auffassungen zu dessen Rechtsnatur –[595] ermöglicht es funktional die schuldrechtliche Beziehung des Gläubigers zur Gesellschaft in eine mitgliedschaftliche Stellung desselben als Gesellschafter der Gesellschaft auszuwechseln.[596] Der Wandeldarlehensgläubiger profitiert hierdurch an einer seit dem Vertragsabschluss möglicherweise eingetretenen zwischenzeitlichen Wertsteigerung der Gesellschaft, da er die Wandlungs-Geschäftsanteile zu einem für ihn günstigeren Preis als dem aktuellen Verkehrswert im Zeitpunkt der Wandlung übernehmen kann (beziehungsweise im Falle einer Wandlungsverpflichtung muss).[597] Aufgrund dieses Wandlungsmechanismus hat der Gläubiger im Falle der Wandlung teil an den seit dem Abschluss des Wandeldarlehensvertrags angefallenen Gewinnen und aufgehäuften stillen Reserven der Gesellschaft. Folglich stellt das Wandlungsrecht eine Form der Beteiligung des Gläubigers am Unternehmenserfolg dar.[598] Aufgrund der aufgezeigten Teilhabe am Unternehmenserfolg und Unternehmensmisserfolg beinhaltet das Wandeldarlehen Vermögensrechte vergleichbar zu denjenigen eines formalen Gesellschafters.

Für die personenrechtliche Seite der schuldrechtlichen Mitgliedschaft ist die Ausgestaltung der Covenants im Wandeldarlehensvertrag maßgeblich. Angelehnt an die Voraussetzungen der Mitunternehmerinitiative bedürfte es einer Teilhabe des Gläubigers an unternehmerischen Entscheidungen der Geschäftsführung. In Anbetracht dessen dürfte die Einräumung von gewöhnlichen Informations-,

---

593 Vgl. parallele Ausführungen bereits oben § 4 C I. 2. b) aa), S. 112.

594 Vgl. parallele Ausführungen bereits oben § 4 C I. 2. b) bb), S. 113.

595 Zur Rechtsnatur des Wandlungsrechts siehe oben § 3 A II. 2. b), S. 55 ff., und § 3 B II. 2, S. 93 ff.

596 Zur Funktionsweise des Wandlungsrechts siehe oben § 2 B I, S. 32 f., und § 3 A II. 2. b), S. 55.

597 Zum typischerweise günstigeren Wandlungspreis siehe oben § 2 B II. 1, S. 35 f.

598 Vgl. parallele Ausführungen bereits oben § 4 C I. 2. b) cc), S. 114 f.

Auskunfts- und Einsichtsnahmerechten vergleichbar zu jenen eines Kommanditisten beziehungsweise (typisch) stillen Gesellschafters gemäß §§ 166, 233 HGB hierfür regelmäßig nicht ausreichen. Sie tangieren die Willensbildung im Verband nur unwesentlich. Weiterhin gilt es zu beachten, dass Covenants dem Wandeldarlehensgläubiger aufgrund des Abspaltungsverbots zwar keine unmittelbare, wohl aber mittelbare Einflussnahmerechte auf die Geschäftsführung der Gesellschaft gewähren können.[599] Dementsprechend beinhalten Wandeldarlehensverträge regelmäßig neben den zuvor genannten gewöhnlichen Informations-, Auskunfts- und Einsichtsnahmerechten auch Financial-Covenants, welche die Verpflichtungen der Gesellschaft zur Einhaltung von bestimmten Finanzkennzahlen statuieren.[600] Als unselbstständige Nebenpflichten sind solche schuldrechtlichen Verpflichtungen für die Gesellschaft nicht unmittelbar bindend.[601] Nichtsdestotrotz wird ein Verstoß hiergegen vertraglich regelmäßig als ein „event of default" definiert, welches den Gläubiger berechtigt das Wandeldarlehen außerordentlich zu kündigen.[602] Ein solches außerordentliches Kündigungsrecht bei Nicht-Einhaltung von Financial-Covenants stellt ein erhebliches Risiko für die Gesellschaft im Hinblick auf den Abzug des Fremdkapitals und einem daraus resultierenden Finanzierungsengpass dar. Insofern können Financial-Covenants ein erhebliches Drohpotential beinhalten, welches zumindest mittelbar einen Einfluss des Gläubigers auf die Geschäftsführung darstellt. Letztlich liegt damit zwar keine unmittelbare Teilnahme, jedoch eine mittelbare Teilhabe an unternehmerischen Entscheidungen der Geschäftsführung vor. Damit beinhaltet das Wandeldarlehen Verwaltungsrechte vergleichbar zu denjenigen eines formalen Gesellschafters.

Im Ergebnis beinhaltet das GmbH-rechtliche Wandeldarlehen somit Vermögens- und Verwaltungsrechte vergleichbar denjenigen eines formalen Gesellschafters, sofern das GmbH-rechtliche Wandeldarlehen – wie in Venture Capital-Finanzierungen üblich – eine rechtsgeschäftliche Nachrangabrede und mit effektiven Sanktionsmechanismen abgesicherte Financial-Covenants beinhaltet. In diesem Fall stellt die Vereinbarung eines GmbH-rechtlichen Wandeldarlehens als faktische Kapitalerhöhung zu Gunsten eines schuldrechtlichen Mitgesellschafters und aufgrund der erheblichen Beeinträchtigung mitgliedschaftlichen Interessen der Gesellschafter ein mitwirkungsbedürftiges Vertretungsgeschäft dar.

599 Siehe oben § 4 C I. 2. b) dd) (1), S. 117 ff., und § 4 C I. 2. b) dd) (3), S. 120 ff.
600 Zu Financial-Covenants siehe oben § 4 C I. 2. b) dd) (3), S. 120 ff.
601 Siehe oben § 4 C I. 2. b) dd) (2), S. 119 f.
602 Siehe oben § 4 C I. 2. b) dd) (3), S. 120 ff.

Darüber hinaus nimmt das Wandeldarlehen bereits aufgrund seines Wandlungsrechts eine besondere Stellung unter den Mezzanine-Finanzierungsinstrumenten ein. Wie oben bereits dargestellt handelt es sich bei dem GmbH-rechtlichen Wandeldarlehen wie bei der aktienrechtlichen Wandelanleihe um ein einheitliches Finanzierungsinstrument, dessen Wandlungsrecht eine atypische Ausprägung einer gesetzlich geregelten Ersetzungsbefugnis (*facultas alternativa*) darstellt.[603] Letztlich wird dem Gläubiger bereits im Zeitpunkt des Abschlusses des Wandeldarlehens ein Anspruch auf den Erwerb der Mitgliedschaft unmittelbar gegen die Gesellschaft eingeräumt. Zur Erfüllung dieser vertraglichen Verpflichtung bedarf es der Durchführung einer Kapitalerhöhung in der Gesellschaft.[604] Zum effektiven Schutz der Satzungsautonomie der Gesellschafter und somit zur Gewährleistung deren freien Entscheidungsfindung bedarf bereits die Eingehung einer solchen Verpflichtung der Gesellschaft zur Satzungsänderung zwingend eines zustimmenden Gesellschafterbeschlusses als Wirksamkeitsvoraussetzung.[605] Aufgrund der Einheitlichkeit des Finanzierungsinstruments ist ein durch die Geschäftsführung ohne zustimmenden Gesellschafterbeschluss vereinbartes GmbH-rechtliches Wandeldarlehen insgesamt (und nicht lediglich die Verpflichtung zur Kapitalerhöhung) bereits aufgrund des enthaltenen Wandlungsrechts schwebend unwirksam.

6. *Sonstige formale Anforderungen*

Der zustimmende Gesellschafterbeschluss zum mitwirkungsbedürftigen Vertretungsgeschäft bedarf als faktische Kapitalerhöhung einer Mehrheit von 3/4 entsprechend § 53 Abs. 2 S. 1 GmbHG.

Eine notarielle Beurkundung ist hingegen nicht erforderlich, da § 53 Abs. 2 S. 1 GmbHG nach richtiger Ansicht nur der Beweissicherung beziehungsweise der formellen und materiellen Richtigkeitsgewähr der Satzungsänderung und nicht gleichzeitig auch der diesbezüglichen Belehrung der Gesellschafter dient.[606]

---

603 Zur Rechtsnatur des Wandlungsrechts siehe oben § 3 B II. 2, S. 93 ff.

604 Im Hinblick auf die (theoretisch) weitere Möglichkeit zur Befriedigung des Wandlungsrechts aus bereits existierenden Geschäftsanteilen wird auf obige Ausführungen in Fn. 153 verwiesen.

605 Siehe oben § 4 C III. 3. e), S. 153.

606 *Zöllner/Noack* in Baumbach/Hueck GmbHG, § 53 Rn. 71; *Harbarth* in MüKo GmbHG, § 53 Rn. 68; zum vergleichbaren Sachverhalt bei der Verpflichtung zur zukünftigen Satzungsänderung vgl. *Hermanns* in Michalski GmbHG, § 55 Rn. 7 mit weiteren Nachweisen.

Dieser Schutzzweck der Norm wird jedoch im Rahmen der zeitlich nachfolgenden Kapitalerhöhung im Falle der Ausübung und Durchführung des Wandlungsrechts bereits gewahrt.

Fraglich bleibt, ob die Geschäftsführung den zustimmenden Gesellschafterbeschluss und die tatsächliche Vereinbarung eines GmbH-rechtlichen Wandeldarlehens analog § 221 Abs. 2 S. 2 AktG im Handelsregister zu hinterlegen hat und ein diesbezüglicher Hinweis analog § 221 Abs. 2 S. 3 AktG in den Gesellschaftsblättern bekanntzumachen ist. Zweck dieser Regelungen ist die Information des Rechtsverkehrs über eine Ausgabe der von § 221 AktG erfassten Finanztiteln und einer gegebenenfalls bevorstehenden Veränderung der Kapitalstruktur der Gesellschaft.[607] Im Hinblick auf diesen Schutzzweck ist die Interessenlage bei der Vereinbarung eines GmbH-rechtlichen Wandeldarlehens zu derjenigen bei Ausgabe einer aktienrechtlichen Wandelanleihe identisch. Insbesondere ist dabei der Rechtsverkehr schutzwürdig, da im Zeitpunkt der Wandlung aufgrund der auch im GmbHG gesetzesimmanent geltenden (atypischen) Ersetzungsbefugnis kein frisches Barkapital mehr zugeführt wird.[608] Deshalb sind eine entsprechende Hinterlegung im Handelsregister und ein entsprechender Hinweis im elektronischen Bundesanzeiger (§ 12 S. 1 GmbHG) in Analogie zu § 221 Abs. 2 S. 2 und S. 3 AktG erforderlich.

D. Ergebnis

Die in § 4 der vorliegenden Abhandlung aufgestellte These von dem Erfordernis eines zustimmenden Gesellschafterbeschlusses innerhalb der Kapital aufnehmenden Gesellschaft bei der Vereinbarung eines GmbH-rechtlichen Wandeldarlehens konnte bestätigt werden. Die Vereinbarung eines GmbH-rechtlichen Wandeldarlehens stellt ein mitwirkungsbedürftiges Rechtsgeschäft dar. Zum einen ergibt sich dies unmittelbar aus der Einräumung des Wandlungsrechts, da die (freie) Satzungsautonomie der Gesellschafter vor der, mit dem Wandlungsrecht einhergehenden, Verpflichtung der Gesellschaft zur Satzungsänderung geschützt werden muss. Letztlich entfaltet die zwingende Kompetenzzuweisung an die Gesellschaftergesamtheit hinsichtlich der erforderlichen Kapitalerhöhung

607 *Habersack* in MüKo AktG, § 221 Rn. 147; zur zweckmäßigen Erstreckung des Anwendungsbereichs auf sämtliche von § 221 AktG erfassten Finanztiteln vgl. *Habersack* in MüKo AktG, § 221 Rn. 149, und *Haberstock/Greitemann* in Hölters AktG, § 221 Rn. 81.

608 Zur Rechtsnatur des Wandlungsrecht resultierend aus dem GmbH-rechtlichen Wandeldarlehen siehe oben allg. § 3, S. 39 ff., und konkret § 3 B II. 2, S. 93 ff.

gemäß §§ 55, 53 Abs. 1 GmbHG bereits im früheren Zeitpunkt des schuldrechtlichen Vertragsabschlusses eine Art Vorwirkung. Zum anderen kann sich dies aus der spezifischen Ausgestaltung eines Wandeldarlehens mit – wie in Venture Capital-Finanzierungen üblich – einer rechtsgeschäftlichen Nachrangabrede und mit durch effektive Sanktionsmechanismen abgesicherte Financial-Covenants ergeben. Denn eine solche Ausgestaltung des Finanzierungsinstruments mit Vermögens- und Verwaltungsrechten vergleichbar zu denjenigen eines formalen Gesellschafters stellt faktisch eine Kapitalerhöhung zu Gunsten eines schuldrechtlichen Mitgesellschafters dar und beeinträchtigt damit die mitgliedschaftlichen Interessen der Gesellschafter in erheblicher Art und Weise. Rechtsfolgenseitig beinhaltet die Annahme eines mitwirkungsbedürftigen Rechtsgeschäfts (insbesondere im Hinblick auf und im Unterschied zur Rechtslage bei der aktienrechtlichen Wandelanleihe), dass ein durch die Geschäftsführung der GmbH vereinbartes Wandeldarlehen bis zur Fassung eines zustimmenden Gesellschafterbeschlusses insgesamt schwebend unwirksam ist. Es liegt gerade nicht nur eine sich lediglich im Innenverhältnis auswirkende außergewöhnliche Geschäftsführungsmaßnahme gemäß § 49 Abs. 2 GmbHG vor.

Im Zuge der Bestätigung der These wurde zunächst dargelegt, dass das GmbHG keine explizite Norm zur Kompetenzverteilung bei der Vereinbarung von Mezzanine-Finanzierungsinstrumenten enthält und in Bezug auf die Kompetenzverteilung bei der Unternehmensfinanzierung grundsätzlich schematisch zwischen der Finanzierung der Gesellschaft mit Eigenkapital und der Finanzierung der Gesellschaft mit Fremdkapital unterscheidet. Im Hinblick auf die Geschäftsführungsbefugnis der Geschäftsführung gibt es eine Durchbrechung dieser Dichotomie bei außergewöhnlichen Geschäftsführungsmaßnahmen gemäß § 49 Abs. 2 GmbHG, wonach ein Gesellschafterbeschluss im Innenverhältnis einzuholen ist. Im Außenverhältnis gilt, mit wenigen Einschränkungen insbesondere bei Kapitalerhöhungen, der Grundsatz der unbeschränkten und unbeschränkbaren Vertretungsmacht der Geschäftsführung gemäß §§ 35 Abs. 1 S. 1, 37 Abs. 2 S. 1 GmbHG.

Weiterhin konnte im Hinblick auf die Kompetenzverteilung dargelegt werden, dass bei der Vereinbarung eines GmbH-rechtlichen Wandeldarlehens § 221 Abs. 3, Abs. 1 S. 1 AktG nicht analog anwendbar ist. Eine planwidrige Regelungslücke liegt diesbezüglich im GmbHG nicht vor, da die Vereinbarung eines Wandeldarlehens ein außergewöhnliches Rechtsgeschäft im Sinne des § 49 Abs. 2 GmbHG darstellt und somit die von § 221 Abs. 3, Abs. 1 S. 1 AktG intendierte Rechtsfolge vom zustimmungsbedürftigen Gesellschafterbeschluss mit reiner Innenwirkung bereits im GmbHG vorgesehen ist. Zudem bestehen strukturelle Unterschiede zwischen der GmbH und der Aktiengesellschaft konkret im Hinblick auf die Kompetenzverteilung der Gesellschaftsorgane. Darüber hinaus war ein Analogieschluss zur aktienrechtlichen Norm des § 292 Abs. 1 Nr. 2 AktG insbesondere aufgrund des nicht einschlägigen Anwendungsbereichs gleichfalls zu verneinen.

E. Exkurs: Das gesetzliche Bezugsrecht auf Wandeldarlehen respektive Genussrechte im GmbH-Recht

Fraglich ist, ob den Gesellschaftern der GmbH ein gesetzliches „Bezugsrecht" auf ein Wandeldarlehen *pro rata* zu ihrem Beteiligungsverhältnis an der Gesellschaft zusteht. Ein solches könnte als Ausgleich zu dem in Ziffer C III. 3 festgestellten Eingriff in die Mitgliedschaft der Gesellschafter erforderlich und dem GmbH-Recht strukturell immanent sein.

Dieser Frage nachgehend bietet sich in einem ersten Schritt ein kurzer Blick auf die Rechtslage im GmbHG hinsichtlich des regulären Bezugsrechts der Altgesellschafter auf junge Geschäftsanteile im Rahmen einer Kapitalerhöhung an, um dann in einem zweiten Schritt die gewonnenen Erkenntnisse auf das Bezugsrecht auf Wandeldarlehen respektive Genussrechte im GmbH-Recht übertragen zu können.

I. Das gesetzliche Bezugsrecht auf junge Geschäftsanteile im GmbH-Recht

1. Meinungsstand

Das GmbH-Recht kennt im Gegensatz zum Aktienrecht keine § 186 Abs. 1 S. 1 AktG entsprechende Norm, welche explizit ein Bezugsrecht der Altgesellschafter auf junge Geschäftsanteile *pro rata* zu den aktuellen Beteiligungsverhältnissen an der Gesellschaft regelt.

Die Meinungen im Schrifttum sind hinsichtlich der Anerkennung eines gesetzlichen Bezugsrechts auf junge Geschäftsanteile analog § 186 Abs. 1 S. 1 AktG in zwei Lager gespalten.

Die traditionelle Meinung lehnt eine solche Analogie zum Aktienrecht ab und sieht die Fassung eines zusätzlichen Zulassungsbeschluss gemäß § 55 Abs. 2 S. 1 GmbHG als zwingend an.[609] Allerdings bestehe bei Fassung dieses Zulassungsbeschlusses zum Zwecke der Realisierung des Anwartschaftsrechts der Altgesellschafter auf Teilnahme an der Kapitalerhöhung eine Bindung hinsichtlich der quotenmäßigen Zulassung

---

609 *Roth* in Roth/Altmeppen GmbHG, § 55 Rn. 20 ff.; *Schnorbus* in Rowedder/Schmidt-Leithoff GmbHG, § 55 Rn. 35; *Ulmer/Casper* in Großkomm. GmbHG, § 55 Rn. 52.

der Altgesellschafter als Ausfluss des Minderheitenschutzes.[610] Insbesondere der Gleichbehandlungsgrundsatz (im Falle der Zulassung eines Altgesellschafters) und die gesellschaftsrechtliche Treuepflicht (im Falle der ausschließlichen Zulassung von Dritten) setzten der grundsätzlich freien Mehrheitsentscheidung dergestalt Grenzen, dass eine Verwässerung des Stimmrechts und des Gewinnrechts sowie des Beteiligungswerts im Falle einer Kapitalerhöhung unter der aktuellen Bewertung der Gesellschaft vermieden werden.[611]

Als befürwortendes Argument wird insbesondere auf den Wortlaut des § 55 Abs. 2 S. 1 GmbHG rekurriert, welcher einen separaten Zulassungsbeschluss gesetzlich voraussetze und folglich auch keine Regelungslücke vorliegen könne.[612] Zudem sei die zum Aktienrecht unterschiedliche Kompetenzverteilung im GmbH-Recht zu berücksichtigen, wonach vor allem der Übernahmevertrag nicht durch den Geschäftsführer der GmbH, sondern durch die Gesellschaftergesamtheit gegenüber dem Neugesellschafter, zu unterzeichnen ist.[613]

Demgegenüber bejaht die moderne Meinung eine Analogie zu § 186 Abs. 1 S. 1 AktG und mithin ein gesetzliches Bezugsrecht der Altgesellschafter, sodass ein separater Zulassungsbeschluss bei ausschließlicher quotenmäßiger Übernahme der jungen Geschäftsanteile durch die Altgesellschafter nicht mehr erforderlich ist.[614] Ein solcher sei nur dann konstitutiv und somit weiterhin erforderlich, soweit das Bezugsrecht der Altgesellschafter insgesamt oder zumindest teilweise ausgeschlossen werde.[615]

Im Gegensatz zur traditionellen Meinung legt die moderne Ansicht den Wortlaut des § 55 Abs. 2 S. 1 GmbHG dahingehend aus, dass dieser nur eine deklaratorische Feststellung über die Möglichkeit der Erweiterung des Gesellschafterkreises durch die Zulassung Dritter zur Übernahme junger Geschäftsanteile neben den Altgesellschafter beinhalte.[616] Bei der Wortlautauslegung der

---

610 *Schnorbus* in Rowedder/Schmidt-Leithoff GmbHG, § 55 Rn. 33; *Ulmer/Casper* in Großkomm. GmbHG, § 55 Rn. 56.

611 *Schnorbus* in Rowedder/Schmidt-Leithoff GmbHG, § 55 Rn. 36.

612 *Ulmer/Casper* in Großkomm. GmbHG, § 55 Rn. 52.

613 *Ulmer* in Großkomm. GmbHG, 1. Auflage, § 55 Rn. 47; vgl. bereits entsprechende Ausführungen oben in § 4 B, S. 106 ff.

614 *Heckschen*, DStR 2001, 1437, 1438; *Herrmanns* in Michalski GmbHG, § 55 Rn. 39; *Inhester* in Saenger/Inhester GmbHG, § 55 Rn. 28; *Lieder* in MüKo GmbHG, § 55 Rn. 70; *Bayer* in Lutter/Hommelhoff GmbHG, § 55 Rn. 19; *Priester*, GmbHR 2005, 1013, 1013 f.; *Priester* in Scholz GmbHG, § 55 Rn. 42; *Rottnauer*, ZGR 2007, 401, 409; *Zöllner/Fastrich* in Baumbach/Hueck GmbHG, § 55 Rn. 20.

615 *Priester* in Scholz GmbHG, § 55 Rn. 42.

616 *Zöllner/Fastrich* in Baumbach/Hueck GmbHG, § 55 Rn. 20.

Norm sei zu beachten, dass diese aus dem Jahre 1892 stamme und ein gesetzliches Bezugsrecht im Aktienrecht gemäß § 186 AktG auch erst zum 1.01.1900 in Kraft getreten sei.[617] Zudem stehe auch die zum Aktienrecht unterschiedliche Kompetenzverteilung einem gesetzlichen Bezugsrecht nicht entgegen, da eine Ermächtigung der Geschäftsführer möglich sei und konkludent mit dem Kapitalerhöhungsbeschluss auch regelmäßig in der Praxis erteilt werde.[618] Vielmehr bedürfe es gerade eines Analogieschlusses, da aufgrund der personalistischeren Struktur der GmbH im Vergleich zur Aktiengesellschaft nicht nur eine vergleichbare Interessenlage, sondern darüber hinaus ein gesteigertes Erfordernis an einem gesetzlichen Bezugsrecht der Altgesellschafter bestünde.[619] Auch sei eine Analogie im Hinblick auf den effizienten Schutz der Minderheitsgesellschafter geboten, da bei Anerkennung eines gesetzlichen Bezugsrecht der von einem Bezugsrechtsausschluss betroffene Altgesellschafter nur den zwingend einheitlich zu fassenden Kapitalerhöhungs- und Bezugsrechtsausschlussbeschluss anfechten müsse, um eine Kapitalerhöhung und deren Eintragung zu verhindern.[620] Die Auffassung der traditionellen Ansicht hingegen beinhalte ein Rechtsschutzdefizit, da der rechtswidrig ausgeschlossene Altgesellschafter den Zulassungsbeschluss anfechten müsste, welcher nicht zugleich den Kapitalerhöhungsbeschluss zu Fall bringen würde.[621]

Die Rechtsprechung hat zu dem im Schrifttum aufgezeigten Meinungsstreits aufgrund des faktisch vergleichbaren Ergebnisses nicht Stellung genommen und lässt diesen vielmehr im Ergebnis dahingestellt.[622]

2. *Stellungnahme*

Ausgangspunkt der Überlegung muss die von beiden Ansichten unbestrittene Feststellung sein, dass den Altgesellschaftern grundsätzlich ein anerkennenswertes Recht der Besitzstandswahrung hinsichtlich ihrer mitgliedschaftlichen Stellung in der Gesellschaft zusteht und die Normen des GmbHG dieses Interesse

---

617 *Priester* in Scholz GmbHG, § 55 Rn.47.

618 *Priester* in Scholz GmbHG, § 55 Rn. 42 und 48.

619 *Priester* in Scholz GmbHG, § 55 Rn. 48; *Zöllner/Fastrich* in Baumbach/Hueck GmbHG, § 55 Rn. 20.

620 *Inhester* in Saenger/Inhester GmbHG, § 55 Rn. 28; *Zöllner/Fastrich* in Baumbach/Hueck GmbHG, § 55 Rn. 20.

621 *Rottnauer*, ZGR 2007, 401, 409.

622 BGH Urt. v. 18. 4. 2005 – II ZR 151/03, NZG 2005, 551, 552; zum letztlich vergleichbaren Ergebnis beider Ansichten siehe *Lieder* in MüKo GmbHG, § 55 Rn. 72, und *Ulmer/Casper* in Großkomm. GmbHG, § 55 Rn. 53 f.

der Altgesellschafter nicht ausreichend schützen. Denn auch die traditionelle Ansicht behilft sich mit der anhand von Gleichbehandlungs- und Treuepflichtaspekten festgestellten Bindungswirkung der Altgesellschafter hinsichtlich des positiven Zulassungsbeschlusses letztlich nur einer Hilfskonstruktion für ein interessengerechtes Ergebnis. Zu dieser nicht zufriedenstellenden Situation im GmbHG findet sich im Regierungsentwurf für ein neues GmbHG vom 26.02.1973 in der Begründung zu § 157 die – zumindest hinsichtlich dem Fehlen von expliziter Normen – zutreffende Feststellung, dass nach geltendem Recht den Gesellschaftern „kein Recht auf anteilige Zuteilung von Anteilen an dem neuen Stammkapital" zustünde.[623]

Diesem Rechtsschutzdefizit wird richtigerweise durch die Anerkennung eines gesetzlichen Bezugsrechts analog § 186 Abs. 1 S. 1 AktG im GmbH-Recht Rechnung getragen. § 55 Abs. 2 S. 1 GmbHG enthält lediglich die deklaratorische Feststellung, dass die Erweiterung des Gesellschafterkreises durch Zulassung Dritter möglich ist. Eine sonstige, das Bezugsrecht statuierende explizite Norm existiert im GmbH-Recht nicht. Aufgrund der – anhand der historischen Auslegung bereits zuvor festgestellten – Planwidrigkeit dieser Unvollständigkeit liegt eine Regelungslücke vor. Zudem ist die vergleichbare Interessenslage übereinstimmend mit der oben genannten Regierungsbegründung zu § 157 nicht nur gegeben, sondern aufgrund der personalistischen Struktur der GmbH und der dadurch noch engeren Bindung der Gesellschafter untereinander vergleichsweise größer als im Aktienrecht zu bewerten.[624] Sinn und Zweck des Bezugsrechts gemäß § 186 Abs. 1 S. 1 AktG ist der Bestandsschutz des einzelnen Aktionärs im Hinblick auf seine relative Beteiligung an der Gesellschaft und der damit einhergehenden mitgliedschaftlichen Stellung und Rechte.[625] Dem Aktionär wird durch das gesetzliche Bezugsrecht ein subjektives Recht zur anteilsmäßigen Teilnahme an Kapitalerhöhungen eingeräumt, um damit sowohl sein Stimmgewicht wie auch seinen Vermögensanteil an der Gesellschaft zu wahren.[626] Das eingangs beschriebene Rechtsschutzdefizit wird somit durch die analoge Anwendung des § 186 Abs. 1 S. 1 AktG behoben.

---

623 Vgl. Begründung zu § 157 des Regierungsentwurfs für ein neues GmbHG vom 26.02.1973, BT-Drucks. 7/253, S. 179.

624 Vgl. auch die Begründung zu § 157 des Regierungsentwurfs für ein neues GmbHG vom 26.02.1973, BT-Drucks. 7/253, S. 180.

625 *Hüffer/Koch AktG*, § 186 Rn. 2; *Schürnbrand* in MüKo AktG, § 186 Rn. 1–3; *Rid-Niebler*, Genussrechte als Instrument zur Eigenkapitalbeschaffung über den organisierten Kapitalmarkt für die GmbH, S. 48; *Rottnauer*, ZGR 2007, 401, 404 f.

626 *Schürnbrand* in MüKo AktG, § 186 Rn. 1–3.

Letztlich ist der Analogieschluss im GmbH-Recht zur aktienrechtlichen Norm des § 186 Abs. 1 S. 1 AktG konsequent, da auch die Rechtsprechung zum Bezugsrechtsausschluss (respektive zum Zulassungsbeschluss) ursprünglich im Aktienrecht entwickelt wurde und mittlerweile für das gesamte Kapitalgesellschaftsrecht gilt.[627]

3. *Fazit zum gesetzlichen Bezugsrecht*

Festzuhalten bleibt, dass es eine rechtsformübergreifende Maxime der Wahrung des Besitzstandes gibt.[628] Eine Ausprägung dieser Maxime stellt das gesetzliche Bezugsrecht analog § 186 Abs. 1 S. 1 AktG im GmbH-Recht dar. Dieses berechtigt jeden Altgesellschafter bei einer Kapitalerhöhung grundsätzlich so viele junge Geschäftsanteile zu übernehmen, damit er sein Stimmgewicht in der Gesellschaft und seine Vermögensbeteiligung an der Gesellschaft (auch im Hinblick auf das Gewinnbezugsrecht) halten kann und somit keine Verwässerung seines relativen Besitzstandes gegen seinen Willen durch eine Kapitalerhöhung erleiden muss. Ein schleichender Verlust an mitgliedschaftlichen Rechten durch sukzessiv durchgeführte Kapitalerhöhungen wird folglich verhindert.[629] Dieser Gedanke muss als Leitschnur auch für ein gesetzliches Bezugsrecht auf Wandeldarlehen respektive Genussrechten gelten, da auch durch diese Finanzierungsinstrumente ein vergleichbarer, den Besitzstand verwässernder Effekt droht.

II. Gesetzliches Bezugsrecht auf Wandeldarlehen respektive Genussrechte

1. *Meinungsstand*

Hinsichtlich der Anerkennung eines gesetzlichen Bezugsrechts der GmbH-Gesellschafter auf Genussrechte respektive Wandeldarlehen im Zuge deren Vereinbarung ist das Schrifttum erneut in zwei Lager gespalten.

Die laut mehreren Verfassern im Schrifttum herrschende Meinung verneint ein solches gesetzliches Bezugsrecht auf Genussrechte ohne nähere Begründung.[630]

---

627 *Lieder* in MüKo GmbHG, § 55 Rn. 72; *Rottnauer*, ZGR 2007, 401, 412.

628 Vgl. auch *Rottnauer*, ZGR 2007, 401, 404.

629 Vgl. hierzu auch *Hirte*, der bezogen auf die AG den Bezugsrechtsausschluss als „Gesellschafterausschluß auf Raten“ bezeichnet; *Hirte*, Bezugsrechtsausschluß und Konzernbildung, S. 31.

630 *Berghaus/Bardelmeier* in Habersack/Mülbert/Schlitt, § 14 Rn. 27; *Fastrich* in Baumbach/Hueck GmbHG, § 29 Rn. 91; *Goerdeler/Müller* in Hachenburg, 8. Auflage, Anh. § 29 Rn. 25; *W. Müller* in Großkomm. GmbHG, Anh. § 29 Rn. 30; *Seibt* in Scholz GmbHG, § 14 Rn. 72.

Zumindest *Fastrich* gibt zu bedenken, dass bei (eigenkapitalnahen) Finanzierungsgenussrechten ein solches „immerhin erwägenswert“ sei.[631] Einigkeit besteht im Rahmen dieser Ansicht, dass aufgrund des Gleichheitsgrundsatzes kein willkürlicher Ausschluss einzelner Gesellschafter bei der Ausgabe von Genussrechten an Gesellschafter erfolgen dürfe.[632] Eine darüber hinausgehende Diskussion zur gesellschaftsrechtlichen Treuepflicht bei der Ausgabe von Genussrechte an Dritte vergleichbar zur Argumentation der traditionellen Meinung zum gesetzlichen Bezugsrecht auf junge GmbH-Geschäftsanteile findet aber nicht statt.[633]

Die Gegenansicht bejaht ein gesetzliches Bezugsrecht der Gesellschafter auf Genussrechte analog § 221 Abs. 4 S. 1 und 2 AktG i.V.m. § 186 Abs. 1 S. 1 AktG.[634] Der Analogieschluss im GmbH-Recht sei aufgrund der modernen Ansicht zum gesetzlichen Bezugsrecht auf junge GmbH-Geschäftsanteile analog § 186 Abs. 1 S. 1 AktG angezeigt und in sich stimmig.[635] Darüber hinaus argumentiert *Lutter* – entsprechend der aus seiner Sicht völlig identischen Interessenlagen zwischen Aktionären und GmbH-Gesellschaftern bei der Kompetenzverteilung hinsichtlich der Vereinbarung von Genussrechten –[636], dass eine Beeinträchtigung der Vermögensrechte der Gesellschafter durch die Ausgabe von eigenkapitalnahen Genussrechten möglich sei.[637] Wandel- und Optionsanleihen sei sogar begriffsnotwendig die Gefahr eines Eingriffs in die Beteiligungsstruktur und dadurch auch die Gefahr der Verwässerung immanent.[638]

Aufgrund dieser von den divergierenden Meinungen hervorgerufenen rechtlichen Unsicherheit fordert *Häger/Elkemann-Reusch*, dass mittels eines Gesellschafterbeschlusses zumindest vorsorglich ein (mögliches) gesetzliches

---

631 *Fastrich* in Baumbach/Hueck GmbHG, § 29 Rn. 91.

632 *Berghaus/Bardelmeier* in Habersack/Mülbert/Schlitt, § 14 Rn. 27; *Fastrich* in Baumbach/Hueck GmbHG, § 29 Rn. 91; *Goerdeler/Müller* in Hachenburg, 8. Auflage, Anh. § 29 Rn. 25; *W. Müller* in Großkomm. GmbHG, Anh. § 29 Rn. 30; *Seibt* in Scholz GmbHG, § 14 Rn. 72.

633 Siehe oben § 4 E I, S. 160 ff.

634 *Lutter* in FS Döllerer, 383, 385; *Bayer* in Lutter/Hommelhoff GmbHG, § 55 Rn. 53; *Rid-Niebler*, Genussrechte als Instrument zur Eigenkapitalbeschaffung über den organisierten Kapitalmarkt für die GmbH, S. 48; *Schwaiger* in Beck'sches Hdb. GmbH, § 7 Rn. 222; *Sethe*, AG 1993, 293, 315.

635 *Lutter* in FS Döllerer, 383, 385; *Sethe*, AG 1993, 293, 315; zur modernen Meinung zum gesetzlichen Bezugsrecht auf junge GmbH-Geschäftsanteile siehe oben § 4 E I, S. 160 ff.

636 Siehe oben § 4 C I. 3. b), S. 124 ff.

637 *Bayer* in Lutter/Hommelhoff GmbHG, § 55 Rn. 53.

638 *Lutter* in KK-AktG, § 221 Rn. 44.

Bezugsrecht der Gesellschafter ausgeschlossen werden sollte.[639] In der Sache selbst wird allerdings keine Stellung bezogen.

2. *Stellungnahme*

Im Ergebnis ist mit der vermeintlichen Mindermeinung den GmbH-Gesellschaftern ein gesetzliches Bezugsrecht auf Genussrechte analog § 221 Abs. 4 S. 1 und S. 2 AktG i.V.m. § 186 Abs. 1 S. 1 AktG einzuräumen. Dies folgt letztlich in Konsequenz aus dem beim gesetzlichen Bezugsrecht auf junge GmbH-Geschäftsanteile herausgearbeiteten und zu übertragenden Leitgedanken von der rechtsformübergreifenden Maxime des Bestandsschutzes der Gesellschafter vor ungewollter sukzessiver Verwässerung ihrer Mitgliedschaft.[640]

Zwar erfolgt die Verwässerung der Beteiligungsverhältnisse bei Equity-Linked-Genussrechten erst mit Durchführung der Wandlung beziehungsweise der Optionsrechtsausübung und nicht bereits mit der vorherigen schuldrechtlichen Vereinbarung solcher Genussrechte, da die Kapitalerhöhung erst durch Eintragung im Handelsregister gemäß §§ 57 Abs. 1, 54 Abs. 3 GmbHG wirksam wird. Allerdings sind die GmbH-Gesellschafter bereits zum Zeitpunkt der Vereinbarung der Equity-Linked-Genussrechten schutzwürdig, weil zumindest faktisch eine Beeinträchtigung der Mitgliedschaft anzunehmen ist. Eine solche faktische Beeinträchtigung der Mitgliedschaft folgt aus realitätsnahen und praktischen Überlegungen. Bei Nichteinhaltung von vertraglichen Verpflichtungen schädigt die Gesellschaft nicht nur ihren Ruf am Kapitalmarkt und bei potentiell zukünftigen Kapitalgebern. Vielmehr macht sie sich nach allgemeinem Schuldrecht schadensersatzpflichtig,[641] wenn sie im Wandlungs-beziehungsweise Optionsfall ihrer schuldrechtlichen Pflicht zur Fassung eines entsprechenden Kapitalerhöhungsbeschlusses gegenüber den Genussrechtsgläubigern nicht nachkommt. Somit sind die Gesellschafter im Zeitpunkt der Kapitalerhöhung faktisch an den Genussrechtsvertrag hinsichtlich Ihrer Stimmabgabe gebunden, da ein psychischer Zwang zur Erfüllung der Verpflichtung mit dem Genussrechtsvertrag geschaffen wurde. Das gesetzliche Bezugsrecht analog § 186 Abs. 1 S. 1 AktG bei der nachfolgenden Kapitalerhöhung ist folglich nur theoretischer Natur. Zudem

---

639 *v. Alvensleben* in Häger/Elkemann-Reusch, Rn. 656 und 739.

640 Siehe oben § 4 E I. 3, S. 164.

641 BGH, Urt. v. 11.1. 1999 – II ZR 170–98, NJW 1999, 1252, 1953; *Hirte* in Großkomm. AktG, § 221 Rn. 171; *Lutter* in KK-AktG, § 185 Rn. 19; a.A. *Priester* in Scholz GmbHG, § 53 Rn. 35, nach dessen Ansicht sogar eine Klage auf Erfüllung und ggf. Vollstreckung nach § 894 ZPO möglich ist.

wird regelmäßig das gesetzliche Bezugsrecht bei der nachfolgenden Kapitalerhöhung ausgeschlossen, sodass ein vorgeschaltetes Bezugsrecht auf Genussrechte bei deren Vereinbarung sogar zwingend erforderlich ist. Denn die Ausgabe von Equity-Linked-Genussrechten könnte einen sachlichen Grund für den Bezugsrechtsausschluss bei der nachfolgenden Kapitalerhöhung darstellen, welcher im Interesse der Gesellschaft liegt und den Kriterien der Erforderlichkeit und Verhältnismäßigkeit genügt.[642] Diese im Aktienrecht beim Fehlen eines bedingten Kapitals geführte Diskussion lässt sich – zwar mit abweichenden Argumenten – auch bei der GmbH führen.[643] Für die Rechtfertigung eines Bezugsrechtsausschlusses würde unter anderem die ansonsten in praktischer Hinsicht kaum überwindbaren Schwierigkeiten der Erfüllung der schuldrechtlichen Bezugsrechte aus dem Wandlungs- beziehungsweise Optionsrecht sprechen. Denn die Überlassung von jungen Geschäftsanteilen ist gerade nur möglich, wenn die Altgesellschafter die jungen Geschäftsanteile nicht durch ihr gesetzliches Bezugsrecht den Genussrechtsgläubiger jeweils vorweg nehmen können. Zudem ist für das Schutzbedürfnis der Gesellschafter bereits die latente Möglichkeit ausreichend, dass es bei der nachfolgenden Kapitalerhöhung zu einer Veränderung der Beteiligungsverhältnisse kommen kann.[644] Aus diesen Gründen bedarf es der zeitlichen Vorverlagerung beziehungsweise der Erweiterung des Schutzbereiches des gesetzlichen Bezugsrechts auf junge Geschäftsanteile bereits bei und bezogen auf die Vereinbarung von Equity-Linked-Genussrechten und somit insbesondere auch bei GmbH-rechtlicher Wandeldarlehen.

Auch dogmatisch liegen die Voraussetzungen für einen Analogieschluss zu §§ 221 Abs. 4 S. 1 und S. 2 AktG i.V.m. § 186 Abs. 1 S. 1 AktG vor:

Die Unvollständigkeit des GmbHG ist durch das Fehlen einer § 221 Abs. 4 S. 1 AktG entsprechenden positiven Norm, welche ein gesetzliches Bezugsrecht

---

642 Vgl. die durch den BGH in seinen Entscheidungen *Kali&Salz* (BGH, Urt. v. 13.3.1978 – II ZR 142/76, NJW 1978, 1316), *Holzmann* (BGH, Urt. v. 19.4.1982 – II ZR 55/81, NJW 1982, 2444), *Deutsche Bank* (BGH, Urt. v. 7.3.1994 – II ZR 52/93, NJW 1994, 1410) und *Siemens/Nold* (BGH, Urt. v. 23.6.1997 – II ZR 132/93, NJW 1997, 2815) aufgestellten Kriterien zur materiellen Beschlussrechtskontrolle, welche dem Schutze der Minderheitsgesellschafter vor schweren Nachteilen in ihrer Gesellschafterstellung durch Mehrheitsentscheidungen in Kapitalgesellschaften dienen soll.

643 Zur Diskussion um den Bezugsrechtsausschluss beim genehmigten Kapital im Aktienrecht vgl. *Holland/Goslar*, NZG 2006, 894; *Schäfer*, ZGR Sonderheft 16/2000, 62, 71; *Schumann*, Optionsanleihen, S. 175; *Seiler* in Spindler/Stilz AktG, § 221 Rn. 76; zum Ausschluss des Bezugsrechts bei bedingtem Kapital vgl. *Habersack* in MüKo AktG, § 221 Rn. 162.

644 *Seiler* in Spindler/Stilz AktG, § 221 Rn. 86.

unter anderem für Genussrechte regelt, gegeben. Hierzu sei auch auf die entsprechenden Ausführungen zur Unvollständigkeit des GmbHG im Hinblick auf Genussrechte im Allgemeinen verwiesen.[645]

Im Unterschied zur abgelehnten Analogie zu § 221 Abs. 1 S. 1 AktG im Hinblick auf die GmbH interne Kompetenzverteilung bei der Vereinbarung von Genussrechten[646] ist die Planwidrigkeit der Unvollständigkeit im Hinblick auf ein gesetzliches Bezugsrecht auf Genussrechte bei der GmbH analog § 221 Abs. 4 S. 1 AktG allerdings zu bejahen. Da der Gesetzgeber weder eine explizite Regelung für Genussrechte noch ein gesetzliches Bezugsrecht auf junge Geschäftsanteile im GmbHG implementiert hat, liegt der Schluss nahe, dass er auch den Fall des gesetzlichen Bezugsrechts auf Genussrechte im GmbHG nicht bedacht hat. Eine Subsumption unter vorhandene Normen aus dem GmbHG misslingt, wie auch gegenteilige Ausführungen nicht in den Gesetzes- beziehungsweise Reformgesetzesbegründungen gefunden werden können.

Zuletzt liegt neben der Regelungslücke auch eine vergleichbare Interessenlage vor, da der hinter § 221 Abs. 4 AktG stehende Sinn und Zweck im Aktienrecht wie im GmbH-Recht die gleiche Bedeutung zukommt und eine unterschiedliche Behandlung nicht zu rechtfertigen ist. Die *ratio legis* des § 221 Abs. 4 S. 1 AktG bezweckt einen interessengerechten Ausgleich für die durch Ausgabe der von § 221 AktG erfassten Finanzierungsinstrumente verursachten (faktischen) Beeinträchtigung mitgliedschaftlicher Rechte der Gesellschafter.[647] Bezogen auf Equity-Linked-Genussrechte konkurrieren insbesondere das gesetzliche Bezugsrecht der Aktionäre auf junge Aktien gemäß § 186 Abs. 1 S. 1 AktG und die Einräumung eines schuldrechtlichen Bezugsrechts auf Aktien im Wandlungs- beziehungsweise Optionsfall.[648] Nichts anderes gilt für die durch eine GmbH ausgegebenen Equity-Linked-Genussrechte wie beispielsweise ein Wandeldarlehen. In den Worten von *Lutter* ausgedrückt ist die Interessenlage im GmbH-Recht „völlig identisch".[649]

645 Siehe oben § 4 C I. 3. c), S. 127 ff.

646 Siehe oben § 4 C I. 3. c), S. 127 ff.

647 *Habersack* in MüKo AktG, § 221 Rn. 162; *Hüffer/Koch AktG*, § 221 Rn. 38; *Lutter* in KK-AktG, § 221 Rn. 44.

648 *Habersack* in MüKo AktG, § 221 Rn. 162.

649 Siehe oben § 4 C I. 3. b), S. 124 ff.

III. Ergebnis des Exkurses

Der Exkurs hat gezeigt, dass im GmbH-Recht nicht nur ein gesetzliches Bezugsrecht der Gesellschafter auf junge Geschäftsanteile in Folge einer Kapitalerhöhung analog § 186 Abs. 1 S. 1 AktG, sondern darüber hinaus auch ein gesetzliches Bezugsrecht auf Wandeldarlehen beziehungsweise Genussrechte analog §§ 221 Abs. 4 S. 1, 186 Abs. 1 S. 1 AktG existiert. Das gesetzliche Bezugsrecht ist ein das Kapitalgesellschaftsrecht übergreifender Ausfluss von der verbandsrechtlichen Maxime der Besitzstandswahrung, wonach Gesellschafter keine schleichende Verwässerung ihrer Mitgliedschaft insbesondere im Hinblick auf ihre Beteiligungsquote, ihr anteiliges Gewinnbezugsrecht und ihr Stimmgewicht durch sukzessive Kapitalerhöhungen zu dulden brauchen. Aufgrund des gesetzlichen Bezugsrechts hat jeder Gesellschafter unabhängig von den sonstigen Gesellschaftern die Möglichkeit das gegenständliche Genussrecht beziehungsweise Wandeldarlehen entsprechend seiner Beteiligungshöhe an der Gesellschaft (mit)abzuschließen, um selbstbestimmt auf Mehrheitsentscheidungen des Verbands reagieren und eine Verwässerung seiner Mitgliedschaft vermeiden zu können.

§ 5 Der Wandeldarlehensgläubiger als Quasi-Gesellschafter im Recht der Gesellschafterdarlehen

Bereits in § 4 dieser Untersuchung stand die besondere Eigenschaft des GmbH-rechtlichen Wandeldarlehens als Mezzanine-Finanzierungsinstrument im Mittelpunkt. Es wurde dargelegt, dass die Ausgestaltung von (formalem) Fremdkapital mit besonderen Eigenkapital-Elementen – vorliegend insbesondere mit einem Wandlungsrecht, einer rechtsgeschäftlichen Nachrangabrede und mit durch effektive Sanktionsmechanismen abgesicherte Financial-Covenants – zu einer Anpassung der GmbH-rechtlichen Kompetenzverteilung aufgrund der erforderlichen materiellen Betrachtung des Finanzierungsinstruments führen kann.

Anknüpfend an diese hybride Stellung des Wandeldarlehens soll in diesem § 5 der Frage nachgegangen werden, ob im Recht der Gesellschafterdarlehen ein Wandeldarlehensgläubiger mit einem Gesellschafter gleichgestellt werden muss.[650] Damit geht es in erster Linie um die Überlegung, inwiefern ein Wandeldarlehensgläubiger im Falle einer Insolvenz der Gesellschaft mit seiner Rückzahlungsforderung aus dem Wandeldarlehen oder einem unabhängig von seinem Wandeldarlehen gewährtem weiteren Darlehen nur nachrangig nach den sonstigen Insolvenzgläubigern befriedigt wird, weil er aufgrund seines Wandeldarlehens in den Anwendungsbereich von § 39 Abs. 1 Nr. 5 InsO fällt. Eine solche Einbeziehung des Quasi-Gesellschafters würde sich allerdings nicht nur auf den gesetzlichen Rangrücktritt gemäß § 39 Abs. 1 Nr. 5 InsO, sondern auch auf die Möglichkeit der Nicht-Passivierung der Darlehensrückzahlungsforderung in der Überschuldungsbilanz gemäß § 19 Abs. 2 S. 2 InsO sowie der Anfechtbarkeit einer Rechtshandlung in Bezug auf den Darlehensrückzahlungsanspruch gemäß § 135 InsO und gemäß § 6 AnfG auswirken.[651]

---

650 Im Folgenden soll zur besseren Lesbarkeit im Falle einer Gleichstellung des Fremdkapitalgebers mit einem Gesellschafter im Rahmen des Eigenkapitalersatzrechts und des Rechts der Gesellschafterdarlehen der Begriff des „Quasi-Gesellschafter" verwendet werden.

651 Im Folgenden soll zur besseren Unterscheidung der Begriff „Eigenkapitalersatzrecht" nur für die Rechtslage vor Inkrafttreten des MoMiG und der Begriff des „Rechts der Gesellschafterdarlehen" für die Rechtslage nach Inkrafttreten des MoMiG verwendet werden. Dies ist auch terminologisch angezeigt, da eine Umqualifizierung der Eigenkapital ersetzenden Darlehen nach Inkrafttreten des

Im Folgenden sollen zunächst die Grundlagen zum (ehemaligen) Eigenkapitalersatzrecht und der reformierten Rechtslage im Recht der Gesellschafterdarlehen nach Inkrafttreten des MoMiG dargestellt werden (A), bevor die obige These von der Gleichstellung eines Wandeldarlehensgläubiger mit einem Gesellschafter im Recht der Gesellschafterdarlehen begründet wird (B).

A. Grundlagen

I. Ehemaliges Eigenkapitalersatzrecht

Das (ehemalige) Eigenkapitalersatzrecht beschäftigte sich im Rahmen der Unternehmensfinanzierung mit der Unterscheidung zwischen Eigen- und Fremdkapital und stellte aufgrund von Wertungsaspekten Fremdkapital unter bestimmten Voraussetzungen Eigenkapital gleich, beziehungsweise qualifizierte Ersteres in Letzteres um.[652]

1. Rechtsgrundlagen

Historisch betrachtet entstanden der Begriff sowie das Eigenkapitalersatzrecht als solches aus einer von der Rechtsprechung vorgenommenen Analogie zu den Kapitalerhaltungsvorschriften gemäß §§ 30, 31 GmbHG a.F. (sog. „Rechtsprechungsregeln").[653] Dementsprechend wurde ein Gesellschafterdarlehen in haftendes Eigenkapital umqualifiziert, weil die Gesellschafter in der Krise der Gesellschaft dieser statt Fremdkapital vielmehr Eigenkapital hätten zuführen müssen.[654] Das Gesellschafterdarlehen war mithin eigenkapitalersetzend.[655]

Mit der Gesetzesnovelle von 1980 sollten die Rechtsprechungsregeln insbesondere durch die neu eingefügten §§ 32a und 32b GmbHG a.F. für die GmbH

MoMiG nicht mehr stattfindet und deshalb der Begriff vom „Eigenkapitalersatzrecht" nicht mehr stimmig ist.

652 *K. Schmidt* in Scholz GmbHG, 10. Auflage, §§ 32a, 32b Rn. 2; *Selzner/Leuering* in MAH GmbH-Recht, Teil B § 7 Rn. 2 und 6.

653 BGH, Urt. v. 14.12.1959 – II ZR 187/57, NJW 1960, 258; BGH, Urt. v. 24.03.1980 – II ZR 213/77, NJW 1980, 1524; BGH, Urt. v. 21.09.1981 – II ZR 104/80, NJW 1982, 383; BGH, Urt. v. 28.09.1981 – II ZR 223/80, NJW 1982, 386; zu weiteren Nachweisen siehe *Hirte* in Uhlenbruck InsO, § 135 Rn. 2.

654 *Hirte* in Uhlenbruck InsO, § 135 Rn. 2; *Selzner/Leuering* in MAH GmbH-Recht, Teil B § 7 Rn. 10.

655 *Hirte* in Uhlenbruck InsO, § 135 Rn. 2.

kodifiziert werden („Novellenregeln").[656] Allerdings wurden die Rechtsprechungsregeln aufgrund der nur mangelhaften Umsetzung derselben weiterhin neben den Novellenregeln angewandt.[657] Eine Umqualifizierung sollte gemäß § 32a Abs. 1 GmbHG a.F. immer dann vorgenommen werden, wenn ein Gesellschafter der Gesellschaft ein Darlehen gewährt oder stehen lässt, obwohl ein ordentlicher Kaufmann zu diesem konkreten Zeitpunkt der Gesellschaft Eigenkapital zugeführt hätte (sog. „Krise der Gesellschaft").

2. *Dogmatische Begründung*

Die dogmatische Begründung der Umqualifizierung ließ sich – positiv formuliert – auf ein „ganzes Bündel von Erwägungen" stützen, wobei diese Begründungsansätze überwiegend unter dem Begriff der „Finanzierungs*folgen*verantwortung" der Gesellschafter zusammengefasst wurden.[658] Der Begriff der Finanzierungsfolgenverantwortung beschreibt die Verantwortung der Gesellschafter für die Gesellschaft aufgrund einer von ihnen in der Krise der Gesellschaft vorgenommenen Finanzierungsentscheidung, bei der sie anstelle einer eigentlich notwendigen Finanzierung mit haftendem Eigenkapital oder einer ansonsten notwendigen Liquidation der Gesellschaft für eine Fremdkapitalfinanzierung optiert haben.[659] Maßgebliche Aspekte waren, dass die Gesellschafter hinsichtlich des „ob" der Finanzierung in ihrer Entscheidung frei und nur hinsichtlich einer etwaigen Folgeentscheidung, dem „wie", in Bezug auf die Wahl der Finanzierungsart gebunden sind.[660] Die Finanzierungsfreiheit der Gesellschafter wurde zu Gunsten des Gläubigerschutzes und der Finanzierungsverantwortung der Gesellschafter

---

656 *K. Schmidt*, Gesellschaftsrecht, § 18 III 4 a). Von dem Begriff der Novellenregeln wurden neben §§ 32a und 32b GmbHG a.F. zudem die §§ 129a, 172a HGB a.F., § 32a KO a.F. (heute: § 135 InsO) und § 3b AnfG a.F. (heute: § 6 AnfG) erfasst.

657 BGH, Urt. v. 26.03.1984 – II ZR 14/84, NJW 1984, 1891; *Gehrlein* in MüKo InsO, § 135 Rn. 2 und 3; zu weiteren Nachweisen siehe *Hirte* in Uhlenbruck InsO, § 135 Rn. 3.

658 Mit weiteren Nachweisen siehe *Lutter/Hommelhoff* in Lutter/Hommelhoff GmbHG, 16. Auflage, §§ 32a/b Rn. 3; zu den verschiedenen Begründungsansätze vgl. auch *Cahn*, AG 2005, 217, 226 f.

659 Zum Begriff der Finanzierungsfolgenverantwortung grundlegend BGH, Urt. v. 13.07.1981 – II ZR 256/79, NJW 1981, 2570, 2571: „Muß der Gesellschafter erkennen, daß die Gesellschaft in Zukunft ohne seine Hilfe nicht mehr lebensfähig sein wird, so muß er ihr entweder seine weitere Unterstützung versagen und dadurch die Liquidation herbeiführen, oder er hat, wenn er sich zur Fortsetzung seiner Hilfe entschließt, diese auf eigene Gefahr der Gesellschaft zu belassen, bis ihr Stammkapital wieder auf andere Weise gedeckt ist."

660 *Lutter/Hommelhoff* in Lutter/Hommelhoff GmbHG, 16. Auflage, §§ 32a/b Rn. 3.

beschränkt.[661] Hinter dieser Wertung verbarg sich insbesondere der Gedanke, dass die Gesellschafter den aus ihrer Doppelstellung als Gesellschafter und Gläubiger der Gesellschafter resultierenden Informationsvorsprung über die wirtschaftlichen Begebenheiten der Gesellschaft gegenüber den sonstigen Gesellschaftsgläubigern nicht ausnutzen können sollten.[662] Eine Abwälzung ihres Finanzierungsrisikos auf die sonstigen Gesellschaftsgläubiger durch die Wahl einer ihnen vorteilhafteren – da im Insolvenzfall verglichen mit der Eigenkapital-Finanzierung gesetzlich vorrangig zu befriedigenden – Fremdkapitalfinanzierung sollte damit zum Schutze der sonstigen Gesellschaftsgläubiger nicht möglich sein.[663] Auch sollten etwaige neue Fremdkapitalgeber nicht zu einer neuen Fremdkapitalfinanzierung dadurch veranlasst werden, dass die Gesellschaft dem Anschein nach ausreichend finanziell ausgestattet war.[664]

II. Neuregelung durch MoMiG: Recht der Gesellschafterdarlehen

1. Rechtsgrundlagen

Mit Inkrafttreten des MoMiG ist das ehemalige Eigenkapitalersatzrecht grundlegend reformiert worden. Die Rechtsprechungsregeln wurden durch den neu geschaffenen Satz 3 in § 30 Abs. 1 GmbHG beziehungsweise Satz 4 in § 57 Abs. 1 AktG explizit aufgehoben. Gleiches gilt für die ehemals zentralen Normen der Novellenregeln von §§ 32a und 32b GmbHG a.F. wie auch §§ 129a und 172a HGB a.F. Im Gegenzug wurde deren materieller Gehalt überwiegend – aber mit der sogleich dargestellten signifikanten Änderung – in die neue zentrale Vorschrift des § 39 InsO überführt.[665] Gemäß § 39 Abs. 1 Nr. 5 InsO sind nunmehr „Forderungen auf Rückgewähr eines Gesellschafterdarlehens oder Forderungen aus Rechtshandlungen, die einem solchen Darlehen wirtschaftlich entsprechen", nachrangig zu den Forderungen sonstiger Insolvenzgläubiger

---

661 *K. Schmidt* in Scholz GmbHG, 10. Auflage, §§ 32a, 32b Rn. 4; *Selzner/Leuering* in MAH GmbH-Recht, Teil B § 7 Rn. 6.

662 *K. Schmidt* in Scholz GmbHG, 10. Auflage, §§ 32a, 32b Rn. 4; *Lutter/Hommelhoff* in Lutter/Hommelhoff GmbHG, 16. Auflage, §§ 32a/b Rn. 1; *Selzner/Leuering* in MAH GmbH-Recht, Teil B § 7 Rn. 6.

663 *K. Schmidt* in Scholz GmbHG, 10. Auflage, §§ 32a, 32b Rn. 4; *Selzner/Leuering* in MAH GmbH-Recht, Teil B § 7 Rn. 6 f.

664 *Priester* in FS Helmrich, 721, 730.

665 Weitere für diesen Themenbereich einschlägige Novellierungen sind in §§ 6, 6a AnfG und §§ 19, 44a, 135, 143 InsO vorgenommen worden; *Hirte* in Uhlenbruck InsO, § 135 Rn. 4 f.

(Nrn. 1 - 4), aber vorrangig zu den Forderungen von Gesellschaftern zu befriedigen (§ 199 S. 2 InsO). Richtungsweisend für die Neuregelung vom ehemals gesellschaftsrechtlich geprägtem Eigenkapitalersatzrecht hin zum neuen insolvenzrechtlich geprägten Recht der Gesellschafterdarlehen ist, dass das zentrale Merkmal der „Krise" aus § 32a Abs. 1 GmbHG a.F. nicht in § 39 Abs. 1 Nr. 5 InsO übernommen wurde.

2. *Dogmatische Grundlage*

Die dogmatische Begründung für die Subordination sämtlicher Gesellschafterdarlehen und „Rechtshandlungen, die einem solchen Darlehen wirtschaftlich entsprechen", gemäß § 39 Abs. 1 Nr. 5 InsO ist umstritten.[666] Aufgrund des auslegungsbedürftigen Tatbestandes und des für diese Untersuchung zentralen Begriffs der wirtschaftlich gleichgestellten Rechtshandlung soll im Folgenden zunächst die dogmatische Grundlage des neuen Rechts der Gesellschafterdarlehen herausgearbeitet werden.

a) Fortgeltung der Finanzierungsfolgenverantwortung

Eine Ansicht im Schrifttum knüpft weiterhin an die Finanzierungsfolgenverantwortung an.[667] Hiernach werde trotz der ausdrücklichen Entscheidung des Gesetzgebers[668], das Tatbestandmerkmal der „Krise" nicht bei der Novellierung des § 39 Abs. 1 Nr. 5 InsO zu übernehmen, eine solche auch weiterhin vorausgesetzt und nunmehr sogar gesetzlich unwiderleglich vermutet.[669] Der Gesetzgeber habe zum Zwecke der Vereinfachung des Rechts nur auf die aufwendige Prüfung des Merkmals der „Krise" verzichten wollen.[670]

---

666 *Ehricke* in MüKo InsO, § 39 Rn. 38; *Hirte* in Uhlenbruck InsO, § 39 Rn. 35; *Bitter* in Scholz GmbHG, Anh. 64 Rn. 19 ff.

667 *Altmeppen*, NJW 2008, 3601, 3602 f.; *Bork*, ZGR 2007, 250, 257; *Hölzle*, ZIP 2009, 1939, 1944; ders., ZIP 2010, 913, 914; *Spliedt*, ZIP 2009, 149, 153; *Thiessen* in Bork/Schäfer GmbHG, Anh. § 30 Rn. 6.

668 Vgl. auch die Begründung der RegE-MoMiG zu § 39 InsO, BT-Drucks. 16/6140, S. 56: „Auf das Merkmal ‚kapitalersetzend' wird verzichtet. Es gibt nach dem neuen Konzept keine kapitalersetzenden Gesellschafterdarlehen mehr. Jedes Gesellschafterdarlehen ist bei Eintritt der Insolvenz nachrangig."

669 *Altmeppen*, NJW 2008, 3601, 3603; *Bork*, ZGR 2007, 250, 257; *Spliedt*, ZIP 2009, 149, 153.

670 *Altmeppen*, NJW 2008, 3601, 3602 f.

b) Paradigmenwechsel

Eine andere Ansicht im Schrifttum sieht gerade im Wegfall des zentralen Merkmals der „Krise" einen „Paradigmenwechsel"[671] eingeläutet und gibt damit einhergehend das dahinter stehende Konzept der Finanzierungsfolgenverantwortung auf. Als neue dogmatische Grundlage des Rechts der Gesellschafterdarlehen werden verschiedene Konzepte ins Spiel gebracht:

Habersack und *Huber*, welche mit ihren „zwölf Thesen" den Gesetzgeber inspiriert und die Neuregelung des Rechts der Gesellschafterdarlehen maßgeblich mitgeprägt haben,[672] sehen die neue rechtsdogmatische Grundlage in der *Vermeidung des Missbrauchs der Haftungsbeschränkung*.[673] Das Prinzip der Haftungsbeschränkung erfordere zu dessen eigenen Rechtfertigung die Festlegung einer Mindesthöhe von dem seitens der Gesellschafter beizubringendem Stammkapital sowie absichernde Regelungen zur Kapitalaufbringung und -erhaltung.[674] Das Eigenkapital diene einerseits der Risikovorsorge und andererseits der Eigenbeteiligung der Gesellschafter am wirtschaftlichen Risiko des haftungsbeschränkten Unternehmens, wobei diese Eigenbeteiligung quasi als Ausgleich zum Wegfall der persönlichen Haftung der Gesellschafter zu sehen sei.[675] Allerdings seien die gesellschaftsrechtlichen Regelungen zum Eigenkapitalschutz dergestalt unzulänglich, dass zur Deckung des regelmäßig über dem Mindeststammkapital liegenden höheren Kapitalbedarfs der Gesellschaft weiteres Kapital von den Gesellschaftern – da vom Markt zur Gewinnung von echtem Fremdkapital Dritter vorausgesetzt – in Form von Eigen- oder Fremdkapital notwendig sei und keine spezielle Regelungen zu den von Gesellschaftern begebenem Fremdkapital bestünden.[676] Das Prinzip der Haftungsbeschränkung sei aber nur dann zu rechtfertigen, wenn sämtliches von den Gesellschaftern an die Gesellschaft überlassene Kapital – unabhängig von dessen formeller Rechtsnatur – den

671 Zu dem in diesem Zusammenhang regelmäßig verwendeten Begriff siehe ursprünglich *Habersack*, ZIP 2007, 2145, 2147.

672 *Huber/Habersack*, BB 2006, 1; vgl. auch *Huber/Habersack* in Das Kapital der Aktiengesellschaft in Europa, 370.

673 *Habersack* in Großkomm. GmbHG, Anh. § 30 Rn. 21; ders., ZIP 2007, 2145, 2147; *Huber* in FS Priester, 259, 277; dem Grunde nach zustimmend u.a. *Gehrlein* in MüKo InsO, § 135 Rn. 7; ders., BB 2011, 3, 7 f.; *Runge*, Covenants in Kreditverträgen, S. 183; *Schultze de la Cruz*, Der neue Normzweck des Rechts der Gesellschafterdarlehen und seine Auswirkungen auf den persönlichen Anwendungsbereich, S. 188 ff.

674 *Huber* in FS Priester, 259, 275.

675 *Huber* in FS Priester, 259, 275 f.

676 *Huber* in FS Priester, 259, 276.

Gläubigern in der Insolvenz als Haftungsmasse diene und so die gesellschaftsrechtlichen Eigenkapitalvorschriften zum Schutze der Gläubiger ergänzten.[677] Mithin müsse auch das von den Gesellschaftern überlassene Fremdkapital einer Sonderbehandlung unterfallen.[678] Letztlich gewährleiste die insolvenzrechtliche Subordination den Gläubigern der Gesellschaft einen Ausgleich für die Beschränkung des unternehmerischen Risikos der Gesellschafter auf das Gesellschaftsvermögen der Gesellschaft.[679]

Dagegen sieht eine Reihe von Autoren die neue rechtsdogmatische Grundlage in der *Doppelrolle des Kapitalgebers als Gesellschafter und Fremdkapitalgeber* in einer Person.[680] Aus dieser vom Gesetzeswortlaut des § 39 Abs. 1 Nr. 5 Alt.1 InsO vorausgesetzten Doppelrolle wird mit unterschiedlicher Begründung ein *Vorwurf der Inkompatibilität* abgeleitet:

Die gängigste Ansicht hierbei ist, dass der Kapitalgeber in seiner Eigenschaft als Gesellschafter „näher an der Gesellschaft dran" sei als sonstige nicht an der Gesellschaft beteiligte Kreditgläubiger und er hierdurch einen *Informationsvorsprung und größere Einwirkungsmöglichkeiten* habe.[681] Diese Vorteile der Doppelrolle, welche der Kapitalgeber auch zu Gunsten seiner Eigenschaft als Fremdkapitalgeber nutzen könne, würden durch das Recht der Gesellschafterdarlehen zum Schutze der sonstigen einfachen Gläubiger ausgeglichen.

Aus einer rein ökonomischen Perspektive argumentiert *Engert.*[682] Er sieht in der Subordination gemäß § 39 Abs. 1 Nr. 5 InsO eine *Stärkung der verhaltenssteuernden Funktion von Eigenkapital,* indem die Subordination der Gläubigeransprüche den Risikoanreiz der kreditgewährenden Gesellschafter verringere. Generell habe ein Fremdkapitalgeber einen Risikovermeidungs- und ein Eigenkapitalgeber einen Risikoanreiz. Dies gelte grundsätzlich unabhängig von dem Vorliegen einer Krise, wobei eine solche den Risikoanreiz des Gesellschafters noch steigere. Denn es sei ökonomisch bewiesen, dass Gesellschafter

---

677 *Huber* in FS Priester, 259, 277 und 283.

678 *Habersack,* ZIP 2007, 2145, 2147.

679 *Habersack,* ZIP 2007, 2145, 2147; *Huber* in FS Priester, 259, 277 f.

680 *Engert*, ZGR 2012, 835, 847 ff.; *Haas*, ZinsO 2007, 617, 618; *Servatius*, CFL 2013, 14, 19 ff.; *Kampshoff*, GmbHR 2010, 897, 899; *Kleindiek* in Lutter/Hommelhoff GmbHG, Anh. zu § 64 Rn. 115; *Krolop*, GmbHR 2009, 397, 399; dem Grunde nach anschließend auch *Ehricke* in MüKo InsO, § 39 Rn. 38.

681 *Breidenstein*, ZinsO 2010, 273, 275; *Ehricke* in MüKo InsO, § 39 Rn. 38; *Eidenmüller* in FS *Canaris*, 49, 64; *Haas*, ZinsO 2007, 617, 618; *Kampshoff*, GmbHR 2010, 897, 899.

682 *Engert*, ZGR 2012, 835, 850 f.

bei geringem Eigenkapitaleinsatz (typischerweise in der Krise) einem höheren Risikoanreiz unterlägen. Dem wirke die Subordination wirtschaftlich betrachtet entgegen, indem sie das von den Gesellschaftern zur Verfügung gestellte Fremdkapital in die Nähe von Eigenkapital rücke. Eine solche gesetzliche Regelung sei auch notwendig, da Gesellschafter die Gesellschaft ansonsten vorzugswürdig mit (bestenfalls) gesichertem Fremdkapital statt Eigenkapital ausstatten würden.

Servatius sieht die Inkompatibilität der Doppelrolle in dem *Vorwurf des widersprüchlichen Gläubigerverhaltens in der Insolvenz* begründet, welche durch die Subordination gemäß § 39 Abs. 1 Nr. 5 InsO sanktioniert werde.[683] Der Kapitalgeber könne sich in der Insolvenz nicht auf seine Stellung als Fremdkapitalgeber zurückziehen, soweit er in der Vor-Insolvenz-Phase in seiner Eigenschaft als Gesellschafter eine Herrschaftsposition inne gehabt habe, mit der er die Unternehmenssteuerung und folglich auch das Insolvenzrisiko beeinflussen konnte.[684] Ein solches Verhalten sei in sich widersprüchlich. Diese Wertung entspreche der Risikozuweisung nach Herrschaftsbereichen, wie sie bereits im materiellen Recht für Fremdkapitalinstrumente in § 490 Abs. 1 BGB zum Ausdruck komme.[685] Hiernach stünde nur demjenigen Fremdkapitalgeber ein außerordentliches Kündigungsrecht im Falle der Vermögensverschlechterung in der Gesellschaft zu, welcher keinen Einfluss auf die Unternehmensführung ausüben konnte.[686] Überdies werde der Vorwurf des widersprüchlichen Gläubigerverhaltens in der Insolvenz durch die ökonomische Ingangsetzungsfunktion des Eigenkapitals bestätigt.[687] Diese gewährleistet die „typisierte Erwartung des Rechtsverkehrs, dass diejenigen, die die unternehmerischen Entscheidungen treffen, von den negativen Folgen ihres Handelns zumindest dann vorrangig betroffen sind, wenn es wegen der Knappheit des Schuldnervermögens um eine Verhinderung der Quotenschmälerung geht."[688] Somit könnten reine Fremdkapitalgeber bereits in der Vor-Insolvenz-Phase darauf vertrauen, dass die in ihrer Doppelrolle gefangenen Kapitalgeber aufgrund ihrer durch die gesetzliche

---

683 *Servatius*, CFL 2013, 14, 19 ff.; ders., Gläubigereinfluss durch Covenants, S. 426 ff., insb. S. 459 und 493; zustimmend auch *Fastrich* in Baumbach/Hueck GmbHG, 20. Auflage, § 30 Anh. Rn. 6, welcher denselben Gedanken unter dem (ggf. missverständlichen) Begriff der „Steuerungsfunktion des Eigenkapitalrisikos" zusammenfasst.

684 *Servatius*, CFL 2013, 14, 20 f.

685 *Servatius*, CFL 2013, 14, 21.

686 *Servatius*, CFL 2013, 14, 21.

687 *Servatius*, Gläubigereinfluss durch Covenants, S. 301 ff. und 490 f.

688 *Servatius*, Gläubigereinfluss durch Covenants, S. 490.

Subordination verursachte vorrangige Haftung in der Insolvenz auch ihre Interessen angemessen bei der Herrschaftsausübung und dem unternehmerischen Risiko mitberücksichtigten.[689]

c) Vermittelnde Ansicht

Vermittelnde Ansichten halten grundsätzlich an dem Begriff der Finanzierungs(folgen)verantwortung fest, modifizieren aber dessen Inhalt.[690] Insbesondere *Karsten Schmidt* plädiert dem Grunde nach für die Weiterverwendung des Begriffs der Finanzierungs(folgen)verantwortung[691], wobei er diesen aufgrund des Wegfalls des Merkmals der Krisenfinanzierung inhaltlich auf seine Grundbedeutung zurückführen möchte.[692] Übrig bliebe die „Finanzierungszuständigkeit" der Gesellschafter als „geborene Investoren", welche für die finanzielle Ausstattung der Gesellschaft zuständig seien, sowie die „Finanzierungsentscheidung" der Gesellschafter im Sinne einer unternehmerischen Entscheidung der Gesellschafter über die Vornahme einer Fremdkapitalfinanzierung (in Abgrenzung zu einer sonstigen Gesellschafterforderung).[693] Die unternehmerische Haftungsbeschränkung sei dagegen nur ein Tatbestandmerkmal gemäß § 39 Abs. 4 S. 1 InsO.[694]

d) Stellungnahme

Das Konzept der *Finanzierungsfolgeverantwortung* ist mit dem Inkrafttreten des MoMiG obsolet geworden. Ausweislich des Regierungsentwurfes zum MoMiG hat der Gesetzgeber das Merkmal der „Krise" bewusst nicht in das neue Recht der Gesellschafterdarlehen übernommen.[695] Eine kapitalersetzende Umqualifizierung von gesellschaftsrechtlichem Fremdkapital in Eigenkapital findet nicht mehr statt.

---

689 *Servatius*, CFL 2013, 14, 21.

690 *Krolop*, GmbHR 2009, 397, 398 ff.; *K. Schmidt*, GmbHR 2009, 1009, 1009 ff.

691 *K. Schmidt* verwendet den Begriff der „Finanzierungsverantwortung" statt dem vom BGH neu geschöpftem Begriff der „Finanzierungsfolgenverantwortung" mit selbigem Inhalt; *ders.* in FS Winter, 601, 608.

692 *K. Schmidt* in Scholz GmbHG, §§ 32a, 32b a.F. Rn. 10; *ders.*, GmbHR 2009, 1009, 1009 ff.; *ders.* in FS Winter, 601, 608 ff.

693 *K. Schmidt*, GmbHR 2009, 1009, 1016. Inhaltlich synonym verwendet *Krolop* statt des Begriffs der reinen „Finanzierungszuständigkeit" den Begriff der „Risikoübernahmeverantwortung", d.h. die Beteiligung an unternehmerischen Chancen und Risiken; *Krolop*, GmbHR 2009, 397, 399.

694 *K. Schmidt*, GmbHR 2009, 1009, 1017.

695 Begründung der RegE-MoMiG zu § 39 InsO, BT-Drucks. 16/6140, S. 56: „Auf das Merkmal „kapitalersetzend" wird verzichtet. Es gibt nach dem neuen Konzept keine kapitalersetzenden Gesellschafterdarlehen mehr."

Vielmehr wurde das ehemalige Eigenkapitalersatzrecht auf ein neues Fundament gestellt, was nicht zuletzt auch an der vollständigen Verlagerung der Rechtsmaterie – unter anderem vom Gesellschaftsrecht in das Insolvenzrecht – oder des gesetzlich[696] expliziten Verbots der weiteren Anwendung der Rechtsprechungsregelungen offensichtlich ist. Bereits aus diesen grundsätzlichen Erwägungen ist ein Festhalten an dem Konzept der Finanzierungsfolgeverantwortung, welchem die Finanzierungsentscheidung in einer Krisensituation zentral zu Grund liegt,[697] contra legem und somit nicht mehr vertretbar.[698]

Dagegen ist die *Modifizierung des Begriffs der Finanzierungsfolgeverantwortung* durch die Befreiung desselben „von dem Ballast des vormaligen Kapitalersatzrechts"[699] zwar dem Grunde nach zu begrüßen, aber letztlich in der Sache nicht zielführend. Denn welche neuen dogmatischen Erkenntnisse sind für das neue Recht der Gesellschafterdarlehen gewonnen, wenn man die Finanzierungsfolgeverantwortung beispielsweise auf die „Finanzierungszuständigkeit"[700] respektive „Risikoübernahmeverantwortung"[701] der Gesellschafter reduziert? Diese Begriffe beschreiben letztlich nur die allgemeine Zuständigkeit der Gesellschafter für die im Sinne der Aufbringung und Erhaltung des Stammkapitals notwendige Finanzierung der Gesellschaft mit Eigenkapital, mithin die Beteiligung an den unternehmerischen Chancen und Risiken, mithin dem sogenannten Risikokapital in Abgrenzung zum Fremdkapital. Sinngemäß gilt dies für die „Finanzierungsentscheidung" im Sinne einer Entscheidung der Gesellschafter zur Kreditgewährung.[702] Gemein ist diesen Begriffen, dass sie letztlich nur die Voraussetzungen beziehungsweise die grundlegenden Tatbestandsmerkmale der zentralen Norm des neuen Rechts der Gesellschafterdarlehen gemäß § 39 Abs. 1 Nr. 5, Abs. 4 S. 1 InsO – bestehend aus Gesellschafter, Kredit und beschränkter Haftung – wiedergeben. Die dahinter stehende dogmatische Begründung für die Verbindung von Tatbestand und Rechtsfolge wird hiermit noch nicht geboten.

---

696 Begründung der RegE-MoMiG zu § 30 GmbHG, BT-Drucks. 16/6140, S. 42: „Durch die Anfügung eines neuen Satzes 3 soll die Fortgeltung der sog. Rechtsprechungsregeln zu den eigenkapitalersetzenden Gesellschafterdarlehen aufgegeben werden [...]". Vgl. auch die parallele Novellierung von § 57 Abs. 1 S. 4 AktG.

697 Siehe oben § 5 A I. 2, S. 173 f.

698 Im Ergebnis zustimmend u.a. *Kleindiek* in Lutter/Hommelhoff GmbHG, Anh. zu § 64 Rn. 116.

699 *K. Schmidt*, GmbHR 2009, 1009, 1016.

700 *K. Schmidt*, GmbHR 2009, 1009, 1016.

701 *Krolop*, GmbHR 2009, 397, 399.

702 *K. Schmidt*, GmbHR 2009, 1009, 1016.

Eine derart tragfähige dogmatische Begründung liefert das Konzept von der *Vermeidung des Missbrauchs der Haftungsbeschränkung*. Diesem Konzept ist besonderes Gewicht beizumessen, da es von den geistigen Schöpfern des neuen Rechts der Gesellschafterdarlehen herrührt.[703] Einschränkend muss allerdings beachtet werden, dass der Gesetzgeber die „Zwölf Thesen“ nicht vollständig übernommen und insbesondere deren zweite These zum Tatbestand von §§ 39 Abs. 1 Nr. 5, 135 InsO nicht wie gefordert auf alle Gesellschafterforderungen, sondern nur auf Gesellschafterdarlehen und wirtschaftlich gleichgestellte Handlungen beschränkte.[704] Bereits dies könnte für die Einschränkung dieses Konzept sprechen. Wesentlich schwerer wiegt jedoch der – auch gegen die Modifizierung des Begriffs der Finanzierungsfolgenverantwortung bereits angestrengte – Einwand von der bloßen Tatbestandsmäßigkeit der Haftungsbeschränkung.[705] Zu Recht ist in der Haftungsbeschränkung erneut nur ein Tatbestandsmerkmal gemäß § 39 Abs. 4 S. 1 InsO und nicht die dem Recht der Gesellschafterdarlehen zu Grunde liegende dogmatische Rechtfertigung zu sehen. Denn die insolvenzrechtliche Subordination von Gesellschafterdarlehen ist für die Rechtfertigung des gesellschaftsrechtlichen Prinzips der Haftungsbeschränkung nicht zwingend notwendig. Eine solche liegt bereits in den gesetzlichen Regelungen zur Mindesthöhe des Stammkapitals sowie der Kapitalaufbringung und -erhaltung. Zudem werden Missbräuche der Haftungsbeschränkung grundsätzlich mit der Durchgriffshaftung adressiert.[706] Handlungen, welche hiervon nicht erfasst werden, sind aufgrund der gesetzlichen Konzeption der Haftungsbeschränkung auf das Gesellschaftsvermögen gemäß § 13 Abs. 2 GmbHG beziehungsweise § 1 Abs. 2 AktG hingegen hinzunehmen.[707] Dies gilt auch für das (rechtmäßige) Ausnutzen der Finanzierungsfreiheit dergestalt, dass die Gesellschafter der Gesellschaft Fremdkapital anstelle von Eigenkapital zur Verfügung stellen, ohne welches die Gesellschaft am Markt selbst kein Fremdkapital aufnehmen hätte

---

703 Siehe oben § 5 A II. 2. b), S. 176 f.

704 So auch *K. Schmidt* in FS Winter, 601, 615. Zur zweiten These von *Huber/Habersack* vgl. *Huber/Habersack*, BB 2006, 1, 2: „Die Rangrückstufung gemäß § 39 Abs. 1 Nr. 5 InsO und die Anfechtbarkeit gemäß § 135 InsO ist auf alle Vermögensansprüche zu erstrecken, die den Gesellschaftern gegen die insolvente GmbH zustehen […]“.

705 *K. Schmidt*, GmbHR 2009, 1009, 1015 und 1017; zustimmend auch *Fastrich* in Baumbach/Hueck GmbHG, 20. Auflage, § 30 Anh. Rn. 6.

706 *K. Schmidt*, GmbHR 2009, 1009, 1014; a.A. Bitter, ZIP 2010, 1, 9; zur Durchgriffshaftung allg. vgl. *Lieder* in Michalski GmbHG, § 13 Rn. 376 ff.

707 So auch *Kampshoff*, GmbHR 2010, 897, 899.

können.[708] Ein Missbrauchsgedanke kann hieran nicht geknüpft werden, da dies lediglich die rechtmäßige Ausschöpfung des rechtlichen Rahmens darstellt.[709] Auf den Punkt gebracht hat dies *Karsten Schmidt* mit seiner Feststellung, dass „[weder] die Kreditvergabe durch einen Kapitalgesellschafter noch die hiervon unberührt bleibende Haftungsbeschränkung [...] etwas mit einem Missbrauch zu tun" hat.[710] Aus diesen Gründen eignet sich das Konzept von der *Vermeidung des Missbrauchs der Haftungsbeschränkung* als dogmatische Begründung des Rechts der Gesellschafterdarlehen nicht. Dieses wird als (willkommener) Nebeneffekt durch die Subordination lediglich insolvenzrechtlich ergänzt.

Zumindest für die reinen Ansichten zur *Doppelrolle* beziehungsweise der *Nähebeziehung* gelten die obigen Ausführungen zur bloßen Tatbestandsmäßigkeit für deren Begründung entsprechend, da auch hier nur an die Tatbestandsmerkmale des „Gesellschafters" und des hinter dem „Kredit" stehenden Fremdkapitalgebers angeknüpft wird. Anderes muss für den *ökonomischen Ansatz von der verhaltenssteuernden Funktion des Eigenkapitals* wie auch dem Konzept vom *Vorwurf des widersprüchlichen Verhaltens in der Insolvenz* aufgrund der hinter den Tatbestandsmerkmalen liegenden Wertungen gelten.

Allerdings ist der *ökonomische Ansatz von der verhaltenssteuernden Funktion des Eigenkapitals* wegen dessen Unvereinbarkeit mit einem der wesentlichen Ziele des MoMiG gleichfalls abzulehnen. Ausweislich der Begründung zum Regierungsentwurf sollte das Recht der Gesellschafterdarlehen vereinfacht und für die Praxis leichter handhabbar gemacht werden.[711] Diesem Ansatz würde der ökonomische Ansatz zuwiderlaufen, wenn man die unterschiedliche

---

708 So aber *Huber* in FS Priester, 259, 276.

709 Im Ergebnis zustimmend u.a. *Kampshoff*, GmbHR 2010, 897, 899, *Kleindiek* in Lutter/Hommelhoff GmbHG, Anh. zu § 64 Rn. 114, und *Schultze de la Cruz*, Der neue Normzweck des Rechts der Gesellschafterdarlehen und seine Auswirkungen auf den persönlichen Anwendungsbereich, S. 204 ff.

710 *K. Schmidt*, GmbHR 2009, 1009, 1014.

711 Vgl. bspw. die Begründung der RegE-MoMiG zu §§ 32a/b GmbHG, BT-Drucks. 16/6140, S. 42, („Auf die Qualifizierung ‚kapitalersetzend' wird künftig verzichtet. Das bedeutet eine erhebliche Vereinfachung des Rechts der GmbH, das sich an die mittelständische Wirtschaft richtet und folglich vor allem einfach und leicht handhabbar sein soll. Grundgedanke der Regelung ist, dass die Organe und Gesellschafter der ‚gesunden' GmbH einen einfachen und klaren Rechtsrahmen vorfinden.") sowie die Begründung der RegE-MoMiG zu § 39 InsO, BT-Drucks. 16/6140, S. 56 („Die Regelung wird dadurch für die Rechtspraxis wesentlich einfacher.").

Risikoanreize der Parteien feststellen und gewichten müsste.[712] Auch dürfte ein zugeschriebener Risikoverringerungsanreiz im Hinblick auf das ausfüllungsbedürftige Tatbestandsmerkmal von der wirtschaftlich gleichgestellten Handlung gemäß § 39 Abs. 1 Nr. 5 Alt. 2 InsO nur beschränkt zu erwarten sein, da ein Kapitalgeber seine Kapitalhingabe im Zeitpunkt derselben – und nicht erst *ex post* betrachtet in der Insolvenz – wohl nicht als eine wirtschaftlich gleichgestellte Handlung von sich aus qualifizieren beziehungsweise zumindest in Gedanken auf ein „Herauswinden" in der Insolvenz vertrauen würde. Denn in der zweiten Alternative des Tatbestandes liegt der zugesprochene Anreiz von der Risikovermeidung nur in einer drohenden Subordination.[713]

Am überzeugendsten ist das Konzept von dem *Vorwurf des widersprüchlichen Gläubigerverhaltens in der Insolvenz*. Übereinstimmend mit dem Konzept von der *Vermeidung des Missbrauchs der Haftungsbeschränkung* knüpft dieses an den Gläubigerschutz – im Sinne eines Schutzes von Insolvenzgläubiger gemäß § 38 InsO und der nachrangigen Insolvenzgläubiger gemäß § 39 Abs. 1 Nrn. 1 - 4 InsO – vor deren Quotenschmälerung in der Insolvenz an.[714] Abweichend von dem Konzept der *Vermeidung des Missbrauchs der Haftungsbeschränkung* wird jedoch nicht an einen Vorwurf inkonsistenter Finanzierung in der Vor-Insolvenz-Phase angeknüpft, das heißt insbesondere nicht an den abstrakten Vorwurf der gleichzeitigen Finanzierung mit Eigen- und Fremdkapital oder dem Vorwurf eines unangemessenen Verhältnisses zwischen Eigen- und Fremdkapital zueinander.[715] Vielmehr wird einem Kapitalgeber mit Doppelrolle sein antizipierbares Verhalten in der Insolvenz zum Vorwurf gemacht und mittels der Subordination automatisch sanktioniert.[716] Dieses antizipierte und sanktionierte Verhalten betrifft das Zurückziehen auf eine einfache Gläubigerrolle in der Insolvenz, obwohl der Kapitalgeber die Insolvenz aufgrund seiner Herrschaftsmacht mit verursachte.[717] Den dahinter stehenden Gedanken vom widersprüchlichen Gläubigerverhalten formuliert *Servatius* angelehnt an eine Entscheidung des Reichsgerichts[718] treffend damit, dass „niemand […] – vermittelt durch einen dazwischen geschalteten Rechtsträger – sein eigener

712 So auch *Servatius*, CFL 2013, 14, 20; zur Gewichtung der Risikoanreize selbst *Engert*, ZGR 2012, 835, 862 f.

713 Ähnlich *Servatius*, CFL 2013, 14, 20.

714 *Huber/Habersack*, BB 2006, 1; *Servatius*, CFL 2013, 14, 21.

715 *Servatius*, CFL 2013, 14, 20 f.

716 *Servatius*, CFL 2013, 14, 20 f.

717 *Servatius*, CFL 2013, 14, 20 f.

718 RG, JW 1938, 862, 864 (zitiert nach *Servatius*, Gläubigereinfluss durch Covenants, S. 484 f.).

Insolvenzgläubiger sein [dürfe]".[719] Ihre Bestätigung findet diese dogmatische Begründung eindrucksvoll in einer Parallele zur „gesetzlichen Risikozuweisung nach Herrschaftsbereichen" wie sie im außerordentlichen Kündigungsrechts des Darlehensgebers gemäß § 490 Abs. 1 BGB zum Ausdruck kommt.[720] Danach wird dem Darlehensgeber ein berechtigtes Interesse an der Rückzahlung seiner noch ausstehenden Darlehensvaluta im Falle der Vermögensverschlechterung bei der Darlehensnehmerin zugebilligt, da der Darlehensnehmer das Risiko der Vermögensverschlechterung eigenverantwortlich und alleine zu beherrschen vermag und folgerichtig dieses Risiko auch selbst tragen muss.[721] Die Ausübung dieses außerordentlichen Kündigungsrechts des Darlehensgebers ist allerdings dann treuwidrig und somit ausnahmsweise ausgeschlossen, wenn der Darlehensgeber das Risiko der Vermögensverschlechterung selbst mit verursacht hat.[722] Übertragen auf den insolvenzrechtlichen Sachverhalt des Rechts der Gesellschafterdarlehen kann im Ergebnis bezüglich der Befriedigungsfunktion des § 1 InsO nichts anderes gelten. Auch steht die antizipierte insolvenzrechtliche Sanktionierung im Einklang mit dem Grundgedanken von § 47 Abs. 4 GmbHG. Diese (dispositive) Norm verbietet das Richten beziehungsweise Entscheiden in eigener Sache aufgrund einer bestehenden Interessenkollision des Gesellschafters nur in eng begrenzten Ausnahmefällen.[723] Denn grundsätzlich ist die Verfolgung von Eigeninteressen durch einen Gesellschafter bei der Stimmrechtsausübung als legitim anzusehen, soweit sein Streben nicht rechtsmissbräuchlich oder treuwidrig ist.[724] Dies ist – wie bereits dargelegt – dem Grunde nach gerade nicht der Fall.[725] Vielmehr greift die Subordination gemäß § 39 Abs. 1 Nrn. 5 InsO zeitlich später erst im Falle einer Insolvenz ein, sodass folgerichtig die rein insolvenzrechtliche Sanktion der Norm die gesellschaftsrechtlich legitime Handlung nur in zeitlicher Hinsicht ergänzt. Zuletzt ist diese dogmatische Begründung auch mit dem finanzökonomischen Gedanken der

---

719 *Servatius*, CFL 2013, 14, 20 f.

720 *Servatius*, CFL 2013, 14, 21.

721 *Servatius*, CFL 2013, 14, 21.

722 *Berger* in MüKo BGB, § 490 Rn. 16; *Mülbert* in Staudinger BGB, § 490 Rn. 42; *Servatius*, CFL 2013, 14, 21; zur allg. „Einschränkung des Lösungsinteresses wegen widersprüchlichen Verhaltens" vgl. *Servatius*, Gläubigerschutz durch Covenants, S. 390 ff.

723 *Drescher* in MüKo GmbHG, § 47 Rn. 130 und 133.

724 *Drescher* in MüKo GmbHG, § 47 Rn. 134.

725 Zur rechtmäßigen Ausnutzung der Finanzierungsfreiheit der Gesellschafter siehe oben § 5 A II. 2. d), S. 179 ff.

Ingangsetzungsfunktion vereinbar,[726] welche – aus den zuvor genannten Gründen – geeigneter als der rein ökonomischen Ansatz von der *verhaltenssteuernden Funktion des Eigenkapitals* ist.

e) Zwischenergebnis

Das neue dogmatische Fundament des Rechts der Gesellschafterdarlehen liegt in dem Vorwurf des widersprüchlichen Gläubigerverhaltens in der Insolvenz begründet. Das Recht der Gesellschafterdarlehen sanktioniert ein antizipiertes widersprüchliches Verhalten des in seiner Doppelrolle als Gesellschafter und Kreditgeber befindlichen Kapitalgebers, indem es dessen Kredite und wirtschaftlich gleichgestellte Handlungen im Falle der Insolvenz zu Gunsten der sonstigen Insolvenzgläubiger im Sinne der §§ 38, 39 Abs. 1 Nr. 1 - 4 InsO pauschal subordiniert. Der Kapitalgeber soll sich in der Insolvenz nicht auf seine Gläubigerrolle zurückziehen dürfen, soweit er die zur Insolvenz führenden Gründe mit beeinflussen kann.

B. Gleichstellung eines Wandeldarlehensgläubigers mit einem Gesellschafter im Recht der Gesellschafterdarlehen

Die Gleichstellung eines Wandeldarlehensgläubiger mit einem Gesellschafter im Recht der Gesellschafterdarlehen könnte aufgrund zwei typischen Elementen des Wandeldarlehens erforderlich sein:

Erstens könnte das Wandlungsrecht des Wandeldarlehensgläubigers eine Art Vorwirkung der zukünftigen Gesellschafterstellung entfalten, sodass das schuldrechtliche Wandeldarlehen bereits vor Ausübung des Wandlungsrechts als „Gesellschafterdarlehen" im Sinne des § 39 Abs. 1 Nr. 5 Alt. 1 InsO zu qualifizieren ist (I.1.). Alternativ könnte das Wandlungsrecht auch zu einer Qualifizierung solcher Wandeldarlehen als „Rechtshandlungen, die einem solchen Darlehen wirtschaftlich entsprechen", im Sinne des § 39 Abs. 1 Nr. 5 Alt. 2 InsO führen (I.2.). Im ersteren Fall erstreckt sich der persönliche Anwendungsbereich von § 39 Abs. 1 Nr. 5 InsO auf den Wandeldarlehensgeber als Gesellschafter und im zweiten Fall auf den Wandeldarlehensgeber als gesellschaftergleicher Dritte.

Zweitens könnten Covenants – letzteren Aspekt unter I.2. aufgreifend – zu einer Qualifizierung solcher Wandeldarlehen als „Rechtshandlungen, die einem solchen Darlehen wirtschaftlich entsprechen", im Sinne des § 39 Abs. 1 Nr. 5 Alt. 2 InsO führen (II.).

726 *Servatius*, CFL 2013, 14, 21.

Drittens könnte im Wege einer Gesamtbetrachtung der beiden typischen Elemente eines Wandeldarlehens bestehend aus Wandlungsrecht und Covenants zusammen – erneut den Aspekt unter I.2. aufgreifend – zu einer Qualifizierung solcher Wandeldarlehen als „Rechtshandlungen, die einem solchen Darlehen wirtschaftlich entsprechen", im Sinne des § 39 Abs. 1 Nr. 5 Alt. 2 InsO führen (III.).

I. Wandlungsrecht

1. Vorliegen eines Gesellschafterdarlehens gemäß § 39 Abs. 1 Nr. 5 Alt. 1 InsO

Fraglich ist, ob das mit einem bislang noch nicht an der Gesellschaft mit Eigenkapital beteiligten Dritten eingegangene Wandeldarlehen bereits im Zeitpunkt des schuldrechtlichen Vertragsabschlusses alleine aufgrund des (noch nicht ausgeübten) Wandlungsrechts einem „Gesellschafterdarlehen" im Sinne von § 39 Abs. 1 Nr. 5 Alt. 1 InsO gleichgestellt ist.

a) Voraussetzungen

Tatbestandlich bedarf es gemäß § 39 Abs. 1 Nr. 5 Alt. 1 InsO einer „Forderung[en] auf Rückgewähr eines Gesellschafterdarlehens". Gesetzlich vorausgesetzt wird mithin, dass ein (formaler) Gesellschafter einer Gesellschaft ein Darlehen gewährt und dieses zumindest noch nicht vollständig zurückgezahlt ist.

b) Maßgeblicher Zeitpunkt der Doppelrolle

Problematisch für die Bestimmung der tatbestandlich vorausgesetzten Doppelrolle des Kapitalgebers als (formaler) Gesellschafter und Kreditgeber in einer Person erscheint das zeitliche Verhältnis derselben Rollen zueinander zu sein. Es gilt der Frage nachzugehen, inwieweit ein Kapitalgeber, welcher zunächst nur einen Kredit gewährt und zeitlich danach erst (formaler) Gesellschafter wird, diese Doppelrolle bereits im früheren Zeitpunkt des schuldrechtlichen Vertragsabschlusses inne haben kann und somit von dem Anwendungsbereich der Norm erfasst wird.

Für die Rechtslage vor Inkrafttreten des MoMiG war grundsätzlich die Gewährung oder das Stehenlassen des Darlehens beziehungsweise der wirtschaftlich entsprechenden Rechtshandlung der maßgebliche Zeitpunkt.[727] Dies folgte bereits aus dem Prinzip der Finanzierungsfolgenverantwortung, welche

---

727 *Lutter/Hommelhoff* in Lutter/Hommelhoff GmbHG, 16. Auflage, §§ 32a/b Rn. 53; *K. Schmidt* in Scholz GmbHG, 10. Auflage, §§ 32a, 32b Rn. 33.

eine Finanzierungsentscheidung des Gesellschafters in Anbetracht der Krise voraussetzte.[728] Ausnahmsweise wurde jedoch auch eine zukünftige Gesellschafterstellung als ausreichend angesehen, wenn ein Darlehen bereits im Hinblick auf die zukünftige Beteiligung gewährt wurde.[729] Für diese zeitliche Vorverlagerung der Gesellschafterstellung auf den Zeitpunkt der Finanzierungsentscheidung war das Vorliegen eines Zurechnungszusammenhangs zwischen dem Kredit und der künftigen Gesellschafterstellung erforderlich.[730] Ausreichend hierfür war die Annahme, dass der Darlehensgeber ohne die Einräumung der künftigen Gesellschafterstellung die Gewährung des Darlehens unterlassen oder zu anderen Konditionen vorgenommen hätte.[731] Überdies musste für die endgültige Verstrickung des Kapitalgebers dieser später auch noch tatsächlich Gesellschafter werden.[732]

Nach Inkrafttreten des MoMiG bietet sich – nicht zuletzt aufgrund der unterschiedlichen dogmatischen Begründungen zum Recht der Gesellschafterdarlehen – ein differenziertes Bild. Aufgrund des Wegfalls des Tatbestandmerkmals der „Krise“ kann es zumindest auf den bisherigen Zeitpunkt der Finanzierungsentscheidung nicht mehr ankommen.[733] Dennoch hält eine Ansicht fälschlicherweise gerade an dem Zeitpunkt der Gewährung oder dem Stehenlassen des Darlehens fest,[734] wobei innerhalb dieser Ansicht teilweise der Anwendungsbereich zumindest auf Darlehensgeber, welche nachträglich innerhalb der Jahresfrist analog § 135 Abs. 1 Nr. 2 InsO Gesellschafter werden, erstreckt werden soll.[735] Dagegen stellt eine andere Ansicht aufgrund der neuen zeitlichen Konzeption des Rechts der Gesellschafterdarlehen zu Recht auf die Inhaberschaft

728 Siehe oben § 5 A I. 2, S. 173 f.

729 *Canaris* in FS Fischer, 31, 32 f.; *v. Einem/Tränkle* in Achleitner/v. Einem/v. Schröder, 169, 177; *K. Schmidt* in Scholz GmbHG, 10. Auflage, §§ 32a, 32b Rn. 35; *Lutter/Hommelhoff* in Lutter/Hommelhoff GmbHG, 16. Auflage, §§ 32a/b Rn. 58; *Traugott*, ZIP 1997, 1690, 1693; *Weitnauer*, BKR 2005, 43, 43; OLG Hamburg, Urt. v. 02.02.1996 – 11 U 192/95, NJW-RR 1997, 416, 417.

730 *K. Schmidt* in Scholz GmbHG, 10. Auflage, §§ 32a, 32b Rn. 35.

731 *Lutter/Hommelhoff* in Lutter/Hommelhoff GmbHG, 16. Auflage, §§ 32a/b Rn. 58.

732 *Traugott*, ZIP 1997, 1690, 1693.

733 Zum Wegfall des Merkmals der „Krise“ siehe oben § 5 A II, S. 174 ff.

734 *Hirte* in Uhlenbruck InsO, § 39 Rn. 45; zustimmend wohl auch *Ehricke* in MüKo InsO, § 39 Rn. 54, und Gehrlein, BB 2008, 846, 850, welche abstrakt auf den Zeitpunkt der „Forderungsentstehung“ abstellen. Berücksichtig man die ehemalige Erweiterung des Tatbestandsmerkmals der „Gewährung“ gemäß § 32a Abs. 1 GmbHG a.F. auch auf das „Stehenlassen“ eines Darlehens, so sind beide Ansichten im Ergebnis identisch.

735 *Altmeppen*, NJW 2008, 3601, 3603; *Dahl/Schmitz*, NZG 2009, 325, 326; *Hirte* in Uhlenbruck InsO, § 39 Rn. 45.

der Rückzahlungsforderung durch einen Gesellschafter innerhalb der Jahresfrist vor oder nach dem Antrag auf Eröffnung des Insolvenzverfahrens analog § 135 Abs. 1 Nr. 2 InsO ab.[736] Vereinfacht ausgedrückt ist hiernach nur das zeitliche Zusammenfallen von Darlehensgläubiger- und Gesellschaftereigenschaft zu irgendeinem Zeitpunkt innerhalb der Jahresfrist entscheidend. Nachfolgende Ereignisse, wie beispielsweise die Abtretung des Rückzahlungsanspruchs an einen Dritten oder das Ausscheiden des Gesellschafters aus der Gesellschaft, sind für die Anwendbarkeit des § 39 Abs. 1 Nr. 5 InsO unbeachtlich, soweit die Doppelrolle nur einmal zuvor zeitgleich begründet wurde.[737] Einhergehend hiermit ist auch der Vorwurf des widersprüchlichen Gläubigerverhaltens in der Insolvenz zu erheben, wenn der Kapitalgeber vor der Eröffnung des Insolvenzverfahrens in seiner Eigenschaft als Gesellschafter eine Herrschaftsposition innehatte, mit der er die Unternehmenssteuerung und folglich auch das Insolvenzrisiko beeinflussen konnte und sich nach Eröffnung des Insolvenzverfahrens auf seine Eigenschaft als Gläubiger zurückzieht.[738]

c) Anwendung der gewonnenen Erkenntnisse

Übertragen auf die Stellung des Kreditgebers bei (noch) nicht ausgeübtem Wandlungsrecht aus dem Wandeldarlehen ergibt dies, dass dieser nicht als (formaler) Gesellschafter im Sinne von § 39 Abs. 1 Nr. 5 Alt. 1 InsO zu qualifizieren ist. Der Wandeldarlehensgläubiger gewährt zunächst nur ein Darlehen und hat letztlich einen schuldrechtlich eingeräumten Anspruch auf den Erwerb von Geschäftsanteilen an der Gesellschaft.[739] Erst wenn der Wandeldarlehensgeber dieses Recht innerhalb der Jahresfrist vor oder nach dem Antrag auf Eröffnung des Insolvenzverfahrens analog § 135 Abs. 1 Nr. 2 InsO ausübt und in Folge dessen Geschäftsanteile erwirbt, ist er Gesellschafter im Sinne von § 39 Abs. 1 Nr. 5 Alt. 1 InsO.

---

736 BGH, Beschl. v. 15.11.2011 – II ZR 6/11, NJW 2012, 682, 683; *Fastrich* in Baumbach/Hueck GmbHG, 20. Auflage, § 30 Anh. Rn. 29; *Kleindiek* in Lutter/Hommelhoff GmbHG, 18. Auflage, § 64 Anh. Rn. 119.

737 *Fastrich* in Baumbach/Hueck GmbHG, 20. Auflage, § 30 Anh. Rn. 30; zur Abtretung des Geschäftsanteils vgl. BGH, Beschl. v. 15. 11. 2011 – II ZR 6/11, NJW, 2012, 682, 683, und zur Abtretung der Darlehensrückzahlungsforderung vgl. BGH, Urt. v. 21.02.2013 – IX ZR 32/12, NJW 2013, 2282, 2284.

738 Siehe oben § 5 A II. 2. b), S. 176 ff.; ggf. vorbehaltlich des Sanierungsprivilegs gemäß § 39 Abs. 4 S. 2 InsO.

739 Zum Anspruch auf Abschluss eines Übernahmevertrags hinsichtlich jungen Geschäftsanteilen resultierend aus der atypischen Ersetzungsbefugnis siehe oben § 3 B II. 3, S. 97, i.V.m. § 3 A I. 1 und § 3 A I. 2, S. 42 ff.

Das vor Inkrafttreten des MoMiG bestehende Konzept zur Vorverlagerung der Gesellschafterstellung auf den Zeitpunkt der (krisenbedingten) Finanzierungsentscheidung ist im reformierten Recht der Gesellschafterdarlehen obsolet geworden.[740] Im Ergebnis hätte dies für die Situation bei einem Wandeldarlehen auch keinen Unterschied gemacht, da auch nach alter Rechtslage eine Gesellschafterstellung zu einem künftigen Zeitpunkt zwingend erforderlich war.[741]

Ergänzend wird noch darauf hingewiesen, dass „Gesellschafter" im Sinne von § 39 Abs. 1 Nr. 5 Alt. 1 InsO nur der formelle Inhaber von Geschäftsanteilen/ Aktien ist.[742] Eine Erweiterung des persönlichen Anwendungsbereichs ist richtigerweise nicht Gegenstand der ersten, sondern der zweiten Alternative von § 39 Abs. 1 Nr. 5 InsO (im Sinne eines wirtschaftlich gleichgestellten Kreditgebers).[743]

d) Zwischenergebnis zum Vorliegen eines Gesellschafterdarlehens gemäß § 39 Abs. 1 Nr. 5 Alt. 1 InsO

Ein nicht ausgeübtes Wandlungsrecht von einem bislang nicht mit Eigenkapital an der Gesellschaft beteiligten Dritten qualifiziert dessen Wandeldarlehen mangels der erforderlichen zeitgleichen Doppelstellung von Kreditgeber und (formalen) Gesellschafter nicht zu einem „Gesellschafterdarlehen" im Sinne von § 39 Abs. 1 Nr. 5 Alt. 1 InsO.

2. Vorliegen einer wirtschaftlich gleichgestellten Rechtshandlung gemäß § 39 Abs. 1 Nr. 5 Alt. 2 InsO

Der Wandeldarlehensgläubiger könnte ein dem Gesellschafter gleichgestellter Dritte sein, wenn alleine das (noch) nicht ausgeübte Wandlungsrecht das Wandeldarlehen als eine wirtschaftlich gleichgestellte Rechtshandlung im Sinne des § 39 Abs. 1 Nr. 5 Alt. 2 InsO qualifiziert.

a) Voraussetzungen

Gemäß § 39 Abs. 1 Nr. 5 Alt. 2 InsO werden „Forderungen aus Rechtshandlungen, die einem solchen Darlehen wirtschaftlich entsprechen", vom Anwendungsbereich der Norm erfasst. Ausweislich der Gesetzesbegründung zum MoMiG

---

740 *Fastrich* in Baumbach/Hueck GmbHG, 20. Auflage, § 30 Anh. Rn. 31.

741 *Traugott*, ZIP 1997, 1690, 1693.

742 *Fastrich* in Baumbach/Hueck GmbHG, 20. Auflage, § 30 Anh. Rn. 28a.

743 *Fastrich* in Baumbach/Hueck GmbHG, 20. Auflage, § 30 Anh. Rn. 34; zum Vorliegen einer wirtschaftlich gleichgestellten Rechtshandlung gemäß § 39 Abs. 1 Nr. 5 Alt. 2 InsO siehe nachfolgend § 5 B I. 2, S. 189 ff.

sollte mit dieser Formulierung „der bisherige § 32a Abs. 3 Satz 1 GmbHG in personeller (Dritte) und sachlicher Hinsicht übernommen" werden.[744] Dementsprechend kann sich nach ganz herrschender Meinung der persönliche Anwendungsbereich der Norm nach altem wie nach neuem Recht grundsätzlich auch auf Dritte erstrecken, welche nicht formale Gesellschafter sind.[745] Folglich kann auch das zuvor bereits für die erste Alternative von § 39 Abs. 1 Nr. 5 InsO dargestellte Erfordernis der Doppelrolle als formaler Gesellschafter und Kreditgeber bei einer wirtschaftlichen Vergleichbarkeit überwunden werden.[746] Denn Sinn und Zweck dieses Auffangtatbestandes ist es, dem Gestaltungsmissbrauch im Einzelfall vorzubeugen.[747]

Allerdings war und ist die Reichweite des persönlichen (und sachlichen) Anwendungsbereichs des Auffangtatbestandes und somit auch die Bestimmung der zwingenden Kriterien für die wirtschaftliche Vergleichbarkeit des gleichgestellten Dritten Gegenstand erheblicher Meinungsstreitigkeiten.[748] Deshalb werden im Folgenden zunächst abstrakt die Rechtsprechung sowie das Schrifttum zur alten und neuen Rechtslage vor beziehungsweise nach Inkrafttreten des MoMiG dargestellt. Die hieraus ableitbaren Erkenntnisse werden danach untersucht und auf das Wandeldarlehen angewandt. Der Fokus liegt hierbei isoliert auf das in diesem Abschnitt zu untersuchende Element des Wandlungsrechts.

b) Anforderungen an gleichgestellte Dritte vor Inkrafttreten des MoMiG

Gemäß § 32a Abs. 3 GmbHG a.F. erstreckte sich der Anwendungsbereich der Norm auch auf „andere Rechtshandlungen […] eines Dritten, die der Darlehensgewährung nach Absatz 1 oder 2 wirtschaftlich entsprechen." Zur Vermeidung von Missbrauchsmöglichkeiten wurden außerhalb der Gesellschaft stehende Dritte Gesellschaftern gleichgestellt, sofern ein von diesen gewährtes Darlehen von einem wirtschaftlichen Standpunkt aus betrachtet wie von einem Gesellschafter

---

744 Begründung der RegE-MoMiG zu § 39 InsO, BT-Drucks. 16/6140, S. 56.

745 BGH, Urt. v. 17.02.2011 – IX ZR 131/10, NJW 2011, 1503, 1504; *Fastrich* in Baumbach/Hueck GmbHG, 20. Auflage, § 30 Anh. Rn. 34; Gehrlein, BB 2008, BB 2008, 846, 850; *Hirte* in Uhlenbruck InsO, § 39 Rn. 40; *Kolmann* in Saenger/Inhester GmbHG, Anh. § 30 Rn. 57; *Kleindiek* in Lutter/Hommelhoff GmbHG, Anh. zu § 64 Rn. 120; *Habersack* in Großkomm. GmbHG, Anh. § 30 Rn. 81; a.A. *Wälzholz*, DStR 2007, 1914, 1918, aufgrund eines Wortlaut-Vergleichs zur Vorgängerregelung des § 32a Abs. 3 S. 1 GmbHG a.F. („Dritte").

746 *Kolmann* in Saenger/Inhester GmbHG, Anh. § 30 Rn. 59.

747 *Kolmann* in Saenger/Inhester GmbHG, Anh. § 30 Rn. 59.

748 Vgl. die Darstellung mit Nachweisen im nachfolgenden § 5 B I. 2. b), S. 190 ff.

stammt.[749] Unterschieden wurden bereits vor Inkrafttreten des MoMiG die folgenden zwei (wesentlichen) Fallgruppen:[750]

Aufzuführen sind erstens die klassischen Umgehungsfälle, in denen der Gesellschafter wirtschaftlich betrachtet zugleich der Darlehensgeber ist und für die Gewährung des Darlehens lediglich einen Fremdkapitalmittler zwischenschaltet. Das somit mittelbar von einem formalen Gesellschafter stammende Darlehen bleibt trotz der Umgehungskonstruktion dem Gesellschafter zuzurechnen. Zu nennen sind hierfür insbesondere die Darlehensgewährung durch nahe Familienangehörige oder verbundene Unternehmen des Gesellschafters im Sinne von §§ 15 ff. AktG.[751]

Für die hiesige Untersuchung einschlägig ist allerdings die zweite Fallgruppe, in welcher der Darlehensgeber wirtschaftlich betrachtet die Stellung eines Gesellschafters einnimmt (ohne formal Gesellschafter zu sein) und ein Zurechnungszusammenhang zu den formalen Gesellschaftern nicht besteht. Typischerweise werden Dritte in mittelbaren Beteiligungsverhältnissen, wie der Treugeber, der Niesbrauchgläubiger, der (atypische) Pfandgläubiger oder der atypisch stille Gesellschafter, in dieser Fallgruppe diskutiert.[752]

Diese zweite Fallgruppe der gesellschaftergleichen Dritten soll im Folgenden näher untersucht werden. Im Hinblick auf die diesbezüglich maßgeblichen Kriterien wird zunächst auf jene, die wissenschaftliche Diskussion um die Erweiterung des persönlichen Anwendungsbereichs von § 32a Abs. 3 S. 1 GmbHG a.F. prägenden, Urteile des BGH zur atypisch stillen Gesellschaft[753] und zur atypisch ausgestalteten Stellung eines Pfandgläubigers[754] eingegangen, bevor anschließend das Schrifttum dargestellt wird.

aa) Rechtsprechung

(1) Atypisch stille Beteiligung

In seiner grundlegenden Entscheidung zur atypisch stillen Gesellschaft im Rahmen des Eigenkapitalersatzrechts setzte der BGH einen stillen Gesellschafter mit einem Gesellschafter gleich, sofern dieser ähnlich einem Gesellschafter

749 *Lutter/Hommelhoff* in Lutter/Hommelhoff GmbHG, 16. Auflage, §§ 32a/b Rn. 61.

750 *Habersack* in Großkomm. GmbHG, 1. Auflage, §§ 32a/b Rn. 141; *Lutter/Hommelhoff* in Lutter/Hommelhoff GmbHG, 16. Auflage, §§ 32a/b Rn. 61.

751 *Habersack* in Großkomm. GmbHG, 1. Auflage, §§ 32a/b Rn. 142 ff.; *Lutter/Hommelhoff* in Lutter/Hommelhoff GmbHG, 16. Auflage, §§ 32a/b Rn. 62 f.

752 *Habersack* in Großkomm. GmbHG, 1. Auflage, §§ 32a/b Rn. 149 ff.; *K. Schmidt* in Scholz GmbHG, 10. Auflage, §§ 32a, 32b Rn. 151 f.

753 BGH, Urt. v. 7.11.1988 – II ZR 46/88, NJW 1989, 982.

754 BGH, Urt. v. 13.7.1992 – II ZR 251/91, NJW 1992, 3035.

„die Geschicke der GmbH bestimmt sowie am Vermögen und Ertrag beteiligt ist."[755] Maßgeblich für die wirtschaftliche Vergleichbarkeit sei die gesellschafterähnliche Einbeziehung des stillen Gesellschafters in den mitgliedschaftlichen Verband der Gesellschaft.[756] Dies wurde bei dem kumulativen Vorliegen einer mittelbaren Beteiligung an der Gesellschaft und der Beeinflussungsmöglichkeit der Geschicke der Gesellschaft angenommen.[757] Dabei bezog sich das Element der mittelbaren Beteiligung auf das Ergebnis (Gewinn und Verlust), das Vermögen und die stillen Reserven der Gesellschaft, wobei der stille Gesellschafter nicht an etwaigen Liquidationserlösen partizipieren musste.[758] Das Element der Einflussnahme bezog sich einerseits auf den Einfluss auf die Geschäftsführung und andererseits auf die mehrheitlichen Stimmrechte an der Gesellschaft.[759]

(2) Atypisches Pfandrecht

Die Rechtsprechung zur atypisch stillen Gesellschaft dem Grunde nach weiterentwickelnd sprach sich der BGH in seinem Leitsatz zum atypischen Pfandgläubiger-Urteil dafür aus, auch einen Pfandgläubiger in den Anwendungsbereich des Eigenkapitalersatzrechts einzubeziehen, „wenn er sich zusätzliche Befugnisse einräumen lässt, die es ihm ermöglichen, die Geschicke der GmbH ähnlich wie ein Gesellschafter (mit) zubestimmen."[760]

Wie bei dem Urteil zur atypisch stillen Gesellschaft bezog sich das Element der Einflussnahme einerseits auf den Einfluss auf die Geschäftsführung und andererseits auf die Gestaltung der Gesellschaft als solcher.[761] Der naheliegende Einwand, dass auch der atypische Pfandgläubiger trotz schuldrechtlich eingeräumten Einflussnahmerechten „keine unternehmerischen, sondern lediglich Sicherungsinteressen" verfolge, sei dagegen nicht zielführend.[762] Maßgeblich sei vielmehr, dass den Gesellschaftern faktisch keine eigenverantwortlichen Grundlagenentscheidungen mehr möglich waren.[763] Die Ausübung von Mitgliedschaftsrechten habe

---

755 Leitsatz von BGH, Urt. v. 07.11.1988 – II ZR 46/88, NJW 1989, 982; zuletzt vor dem Inkrafttreten des MoMiG bestätigt durch BGH, Urt. v. 13.2.2006 – II ZR 62/04 (KG), NJW-RR 2006, 760 ff.

756 BGH, Urt. v. 7.11.1988 – II ZR 46/88, NJW 1989, 982, 983.

757 BGH, Urt. v. 7.11.1988 – II ZR 46/88, NJW 1989, 982, 983.

758 BGH, Urt. v. 7.11.1988 – II ZR 46/88, NJW 1989, 982, 983.

759 BGH, Urt. v. 7.11.1988 – II ZR 46/88, NJW 1989, 982, 983.

760 Leitsatz von BGH, Urt. v. 13.7.1992 – II ZR 251/91, NJW 1992, 3035.

761 BGH, Urt. v. 13.7.1992 – II ZR 251/91, NJW 1992, 3035, 3036.

762 BGH, Urt. v. 13.7.1992 – II ZR 251/91, NJW 1992, 3035, 3036.

763 BGH, Urt. v. 13.7.1992 – II ZR 251/91, NJW 1992, 3035, 3037.

wegen den Zustimmungsvorbehalten „letztlich nur auf dem Papier" bestanden.[764] Auch könne dann keine echte Wahlfreiheit für die Geschäftsführung mehr bestehen, wenn man diese „ultimativ vor die Alternative stellte, entweder das Kreditengagement sofort beendet zu bekommen oder aber eine Unternehmensberatung als Krisenmanager zu beauftragen" und sich hiermit faktisch selbst entmachte.[765] Insofern genügten auch „subtilere[r] Formen der Einflußnahme".[766]

Auf der vermögensrechtlichen Seite verpfändeten die Gesellschafter nicht nur die Geschäftsanteile an der Gesellschaft, sondern auch die Gewinnbezugsrechte aus den verpfändeten Geschäftsanteilen.[767] Überdies erfolgten Sicherungsabtretungen hinsichtlich aller bestehenden und künftigen Ansprüche auf Auszahlung und Entnahme eines Gewinns, der Ansprüche auf Auszahlung von Abfindungsansprüchen im Falle des Austritts, der Ansprüche auf Auszahlung des Liquidationserlöses im Falle der Auflösung sowie von Kaufpreisansprüchen im Falle der Veräußerung von Gesellschaftsanteilen.[768] Hiermit habe sich der Pfandgläubiger alle „sonst nur einem Gesellschafter zustehende vermögenswerte Rechte gesichert".[769]

(3) Fazit zur Rechtsprechung des BGH

Der BGH knüpfte bei beiden Entscheidungen auf zwei für die wirtschaftliche Vergleichbarkeit gemäß § 32a Abs. 3 S. 1 GmbHG a.F. zentrale Elemente an:

Zum einen bedurfte es auf der personenrechtlichen Seite der Gesellschafterstellung des Einflusses auf die Geschicke der Gesellschaft. Hierbei wurde kumulativ ein Einfluss auf die Geschäftsführung wie auch auf die Ausrichtung der Gesellschaft als solche gefordert. Aus der Entscheidung zum atypischen Pfandgläubiger lässt sich darüber hinaus entnehmen, dass erst ein besonders ausgestaltetes personenrechtliches Element den Anwendungsbereich des Eigenkapitalersatzrechts auch auf atypisch stille Gesellschafter beziehungsweise atypische Pfandgläubiger – in Abgrenzung zu typisch stillen Gesellschaftern beziehungsweise typischen Pfandgläubigern (jeweils ohne schuldrechtlich eingeräumte Einflussrechte) – erstrecken kann. Von dem zwingenden Erfordernis eines personenrechtlichen Elements ist der BGH folglich ausgegangen.

---

764 BGH, Urt. v. 13.7.1992 – II ZR 251/91, NJW 1992, 3035, 3036.
765 BGH, Urt. v. 13.7.1992 – II ZR 251/91, NJW 1992, 3035, 3037.
766 BGH, Urt. v. 13.7.1992 – II ZR 251/91, NJW 1992, 3035, 3037.
767 BGH, Urt. v. 13.7.1992 – II ZR 251/91, NJW 1992, 3035, 3036.
768 BGH, Urt. v. 13.7.1992 – II ZR 251/91, NJW 1992, 3035, 3036.
769 BGH, Urt. v. 13.7.1992 – II ZR 251/91, NJW 1992, 3035, 3036.

Zum anderen beinhalteten beide BGH-Entscheidungen eine mittelbare Beteiligung an der Gesellschaft und somit auch einen Bezug zur vermögensrechtlichen Seite der Gesellschafterstellung. In der Entscheidung zum atypisch stillen Gesellschafter bedurfte es hierfür einen Bezug zum Vermögen wie auch zu den Ergebnissen der Gesellschaft. Allerdings rückte der BGH von derart hohen Anforderungen an die vermögensrechtliche Seite in seiner Entscheidung zum atypischen Pfandgläubiger wieder ab, indem er bereits eine (atypische) Verpfändung als ausreichend angesehen hatte. Diese Tatsache ist im Hinblick auf die Voraussetzungen für die wirtschaftliche Vergleichbarkeit gemäß § 32a Abs. 3 S. 1 GmbHG a.F. bemerkenswert. Denn obwohl der Pfandgläubiger aufgrund der Verwertungsbefugnis des Pfandrechts anerkanntermaßen bereits in das mitgliedschaftliche Rechtsverhältnis der Gesellschaft einbezogen ist,[770] zeichnet sich das dingliche Pfandrecht dem Grunde nach dadurch aus, dass es dem Gläubiger gemäß § 1277 BGB lediglich ein Befriedigungsrecht durch die Verwertung des in fremden Eigentum stehenden Pfandgegenstandes gewährt und dieses auch nur im Sicherungsfall dem Grunde und der Höhe nach hinsichtlich der besicherte Forderung besteht.[771] Somit liegt der bedeutende Unterschied beider Entscheidungen in der unbedingten Teilhabe am Vermögen und am Ergebnis der Gesellschaft bei der (atypisch) stillen Beteiligung sowie der nur bedingten Teilhabe im Sicherungsfall an den erzielten Verwertungserlösen beim Pfandrecht. Dieser qualitative Unterschied wurde im zugrunde liegenden Sachverhalt der Pfandgläubiger-Entscheidung des BGH allerdings deshalb in den Hintergrund gedrängt, da praktisch jegliche bestehenden und zukünftigen Rechte an dem Geschäftsanteil und der vermögensrechtlichen Seite der Gesellschafterstellung zusätzlich verpfändet oder sicherungsabgetreten wurden. Bei der gebotenen wirtschaftlichen Betrachtungsweise wurde dem atypischen Pfandgläubiger in diesem extremen Sachverhalt eine Position eingeräumt, welche eine vollwertige vermögensrechtliche Seite der Gesellschafterstellung vergleichbar zu der des am Vermögen und Ertrag beteiligten atypisch stillen Gesellschafters schufen. Allerdings hat sich der BGH zu der Frage, inwiefern es überhaupt einer vermögensrechtlichen Teilhabe bei der wirtschaftlichen Gleichgestellung Dritter bedarf, gerade nicht in seiner Pfandgläubiger-Entscheidung geäußert.[772] Vielmehr lag eine

770 *Habersack*, ZGR 2000, 384, 399; ders., Die Mitgliedschaft – subjektives und „sonstiges“ Recht, S. 109 ff.

771 *Damrau* in MüKo BGB, § 1204 Rn. 1.

772 Zum selben Schluss kommen auch *Breidenstein*, ZinsO 2010, 273, 275, oder *Kästle*, Rechtsfragen zur Verwendung von Covenants, S. 160. Im Übrigen hatte der BGH bereits in einem im Jahre 1984 erlassenen Urteil unabhängig vom Eigenkapitalersatzrecht entschieden, dass die Einlage eines nicht am Verlust der Gesellschaft beteiligten

solche im konkreten Sachverhalt der Pfandgläubiger-Entscheidung – unabhängig vom Pfandrecht – schlechterdings vor. Mit anderen Worten: der Sachverhalt der BGH-Entscheidung zum atypischen Pfandgläubiger entsprach wie derjenige zur BGH-Entscheidung zum atypisch stillen Gesellschafter dem Idealbild eines wirtschaftlich gleichgestellten Dritten.

bb) Schrifttum

Die überwiegende Meinung im Schrifttum knüpfte entsprechend der Rechtsprechung gleichfalls an die (vorgenannten) dualen Anforderungen von Einflussnahme und Vermögensteilhabe für die wirtschaftliche Gleichstellung Dritter im persönlichen Anwendungsbereich von § 32a Abs. 3 S. 1 GmbHG a.F. an.[773]

Allerdings wurde die Entscheidung zum atypischen Pfandrecht auch im Schrifttum kritisch bewertet, weshalb nicht zuletzt verschiedenartige Schlussfolgerungen gezogen wurden. Diese betrafen insbesondere die Überlegung, inwiefern das vermögensrechtliche Element der (mittelbaren) Vermögensteilhabe an der Gesellschaft überhaupt erforderlich sei und dieses gegebenenfalls von dem personenrechtlichen Element der Einflussnahme kompensiert werden könne.[774] Diese zentrale Frage soll jedoch vorerst zurückgestellt und erst in Zusammenhang mit dem neben dem Wandlungsrecht weiteren das Wandeldarlehen prägenden

---

(atypisch) stillen Gesellschafters aufgrund seiner weitreichenden Befugnisse zur Einflussnahme auf die Geschäftsführung und die Gestaltung der Gesellschaft, vergleichbar zu denjenigen eines Kommanditisten, den Charakter von Eigenkapital habe und deswegen Teil der Eigenkapitalgrundlage einer Kommanditgesellschaft wird und den Gläubigern als Haftungsmasse zur Verfügung stehen muss; BGH, Urt. v. 17.12.1984 – II ZR 36/84, NJW 1985, 1079 f.

773 *Dreher*, ZGR 1994, 144, 149 ff.; *v. Gerkan*, GmbHR 1990, 384, 387; *Hueck/Fastrich* in Baumbach/Hueck GmbHG, 18. Auflage, § 32a Rn. 21 f.; *Kästle*, Rechtsfragen der Verwendung von Covenants in Kreditverträgen, S. 187; *Weitnauer*, BKR 2005, 43, 45; dem Grunde nach zustimmend auch *K. Schmidt* in Scholz GmbHG, 10. Auflage, §§ 32a, 32b Rn. 152; teilweise wird zusätzlich noch ein Interessengleichlauf von Drittem und Gesellschafter gefordert, vgl. u.a. *Habersack* in Großkomm. GmbHG, 1. Auflage, §§ 32a/b Rn. 151 und 153; a.A. insb. *Lutter/Hommelhoff* in Lutter/Hommelhoff GmbHG, 16. Auflage, §§ 32a/b Rn. 55, wonach lediglich die Einflussnahmerechte ausreichend seien; zu weiteren Nachweisen zum Streitstand im Schrifttum siehe unten § 5 B II. 1. a), S. 203 ff.

774 Vgl. u.a. *Fleischer*, ZIP 1998, 313, 315 ff.; *Lutter/Hommelhoff* in Lutter/Hommelhoff GmbHG, 16. Auflage, §§ 32a/b Rn. 55; *Priester* in FS Helmrich, 721, 725 ff.; *Reuter*, NZI 2001, 393, 398; *Weitnauer*, BKR 2005, 43, 46 und 48; *Wiedemann* in FS Beusch, 893, 912 f.

Element der Covenants ausführlich nachgegangen werden.[775] Für die in hiesigem Teilabschnitt isolierte Untersuchung der Auswirkungen eines lediglich vermögensmäßigen Elements in Form des Wandlungsrechts ist diese Frage ohne Belang. Die (umgekehrte) Überlegung von einem Verzicht auf das personenrechtliche Element der Einflussnahme auf die Geschäftsführung und die Gesellschaft ist im Schrifttum lediglich von einer Mindermeinung befürwortet worden.[776] Hauptsächlich *Altmeppen* führt hierbei an, dass auch ein typisch stiller Gesellschafter mit Verlustbeteiligung in den Anwendungsbereich des Eigenkapitalersatzrechts einbezogen ist, weil dieser dann bereits mit Risikokapital an der Gesellschaft beteiligt sei und somit vom Kapitalersatzgedanke erfasst werde.[777] Aus Sicht der Gegenmeinung spreche hiergegen allerdings der gesetzliche Wortlaut des § 236 Abs. 1 HGB, wonach ein stiller Gesellschafter seine ihm noch zustehende Einlage gerade als einfacher und nicht nachrangiger Insolvenzgläubiger zu fordern berechtigt sei.[778] Ein typisch stiller Gesellschafter mit der lediglich schuldrechtlich wirkenden Gewinnbeteiligung gemäß § 231 Abs. 1 HS. 2 HGB falle gerade nicht in den Anwendungsbereich des Eigenkapitalersatzrechts.[779] Auch stünde die Zehn-Prozent-Schwelle des Kleinbeteiligungsprivilegs samt Rückausnahme für geschäftsführende Gesellschafter gemäß § 39 Abs. 5 InsO einer solchen Annahme entgegen, da das Kleinbeteiligungsprivileg von seinem Grundgedanken gerade auf einem gewissen Maß an Einflussnahme aufbaue.[780]

c) *Übernahme der alten Anforderungen nach Inkrafttreten des MoMiG*

aa) Rechtsprechung

Der BGH hält auch nach Inkrafttreten des MoMiG an seiner Rechtsprechung zum Eigenkapitalersatzrecht im Hinblick auf die Erstreckung des persönlichen Anwendungsbereichs auf wirtschaftlich gleichgestellte Dritte fest. Dabei

---

775 Siehe unten § 5 B II, S. 203 ff.

776 *Altmeppen*, ZIP 1993, 1677, 1682 und 1683 f.; *ders.* in Roth/Altmeppen GmbHG, 5. Auflage, § 32a Rn. 178; abweichend die h.M. vgl. *Habersack* in Großkomm. GmbHG, 1. Auflage, §§ 32a/b Rn. 150 f.; *Hueck/Fastrich* in Baumbach/Hueck GmbHG, 18. Auflage, § 32a Rn. 21; *Lutter/Hommelhoff* in Lutter/Hommelhoff GmbHG, 16. Auflage, §§ 32a/b Rn. 54; allg. zum diesbezüglichen Meinungsstreit vgl. *Engert*, ZGR 6/2012, 853, 859 f.

777 *Altmeppen*, ZIP 1993, 1677, 1682 und 1683 f.; ders. in Roth/Altmeppen GmbHG, 5. Auflage, § 32a Rn. 177 f.

778 *Engert*, ZGR 6/2012, 853, 860.

779 *Engert*, ZGR 6/2012, 853, 860; *Kästle*, Rechtsfragen zur Verwendung von Covenants, S. 163.

780 *Engert*, ZGR 6/2012, 853, 860.

übernimmt der BGH in seinen Entscheidungen zwar explizit den personellen Anwendungsbereich des Eigenkapitalersatzrechts,[781] jedoch erneut ohne abstrakt die zwingenden Minimalanforderungen einer solchen wirtschaftlichen Vergleichbarkeit des Dritten konkret zu benennen.[782] Wie bei der Rechtsprechung zum Eigenkapitalersatzrecht behilft sich der BGH mit der Begründung, dass jedenfalls bei dem dem Urteil zugrunde liegenden Sachverhalt die Voraussetzungen (insbesondere im Hinblick auf die vermögensrechtliche Teilhabe) für die wirtschaftliche Vergleichbarkeit vorlägen.[783]

bb) Schrifttum

Auch das Schrifttum hält grundsätzlich an den gewonnenen Erkenntnissen zur wirtschaftlichen Vergleichbarkeit im Eigenkapitalersatzrecht nach Inkrafttreten des MoMiG fest.[784] Allerdings werden Korrekturen von den meisten Autoren immer dann gefordert, wenn die Begründung der wirtschaftlichen Vergleichbarkeit auf der teleologischen Auslegung des Auffangtatbestandes beruht, da dem Paradigmenwechsel in der dogmatischen Begründung für § 39 Abs. 1 Nr. 5 InsO Rechnung zu tragen sei.[785]

d) Stellungnahme

Kriterien für die wirtschaftliche Vergleichbarkeit bei der Erstreckung des persönlichen Anwendungsbereichs von § 39 Abs. 1 Nr. 5 Alt. 2 InsO auf gleichgestellte Dritte sind anhand der mitgliedschaftlichen Stellung eines formalen

---

781 Vgl. BGH, Urt. v. 17.02.2011 – IX ZR 131/10, NJW 2011, 1503, 1504, oder BGH, Urt. v. 21.02.2013 – IX ZR 32/12, NJW 2013, 2282.

782 Vgl. beispielshaft den Wortlaut im zweiten Leitsatz bzw. die diesbezüglichen Ausführungen im Urteil selbst („kann jedenfalls dann eintreten, wenn") von BGH, Urt. v. 28.06.2012 – IX ZR 191/11, NJW 2012, 3443, 3444.

783 Zur Rechtslage vor Inkrafttreten des MoMiG siehe bereits oben § 5 B I. 2. b) aa) (3), S. 193 f.

784 *Fastrich* in Baumbach/Hueck GmbHG, 20. Auflage, § 30 Anh. Rn. 34 und 36; *Gehrlein*, BB 2008, 846, 850; *ders., BB 2011, 3, 6; Kolmann* in Saenger/Inhester GmbHG, Anh. § 30 Rn. 59; *Kleindiek* in Lutter/Hommelhoff GmbHG, 18. Auflage, § 64 Anh. Rn. 120 f. und 125 f.; ausführlich zum Streitstand im Schrifttum siehe unten § 5 B II. 1. b), S. 208 ff.

785 *Fastrich* in Baumbach/Hueck GmbHG, 20. Auflage, § 30 Anh. Rn. 34 und 46; *Kleindiek* in Lutter/Hommelhoff GmbHG, 18. Auflage, § 64 Anh. Rn. 121; *Kolmann* in Saenger/Inhester GmbHG, Anh. § 30 Rn. 59; zur neuen dogmatischen Begründung siehe oben § 5 A II. 2, S. 175 ff.

Gesellschafters zu gewinnen. Dies bedeutet, dass der gleichgestellte Dritte bei wertender Betrachtung aller Umstände mit einem formalen Gesellschafter vergleichbar ist.

aa) Grundsätzliche Zustimmung zur Dualität von vermögensrechtlichen und personenrechtlichen Kriterien

Den vom BGH in seinen Entscheidungen zur atypischen stillen Gesellschaft und zum atypischen Pfandrecht gefundenen Kriterien sind dem Grunde nach zuzustimmen, da diese im Rahmen einer Gesamtbetrachtung die vermögensrechtliche und die personenrechtliche Seite der Mitgliedschaft entsprechend wiedergeben.

Auf der vermögensrechtlichen Seite zeichnet sich die Stellung des Gesellschafters durch die Beteiligung mit Eigenkapital an der Gesellschaft aus. Durch diese Risikokapitalbeteiligung an einem Unternehmen wird der Gesellschafter unternehmerisch tätig und partizipiert an dem wirtschaftlichen Erfolg und Misserfolg der Gesellschaft anhand von Wertsteigerungen (insbesondere den stillen Reserven) und Wertverlusten des Unternehmens wie auch an den Ergebnissen (insbesondere den Gewinnen). Da es jedoch nur auf die wirtschaftliche Vergleichbarkeit ankommt, kann die haftende Eigenkapitalbeteiligung eines formalen Gesellschafters nicht maßgeblich sein. Vielmehr kann wirtschaftlich betrachtet allenfalls auf die unternehmerische Teilhabe durch eine mittelbare Vermögensbeteiligung in einer noch näher zu konkretisierenden Form abgestellt werden.

Auf der personenrechtlichen Seite zeichnet sich die Gesellschafterstellung durch wesentliche Einflussrechte zur Lenkung der Geschicke der Gesellschaft, mithin der unternehmensinternen Willensbildung, aus. Da die mitgliedschaftlichen Kernrechte – wie insbesondere das Stimmrecht – aufgrund des Abspaltungsverbots nicht übertragen werden können,[786] kann auch hier nur eine entsprechend den mitgliedschaftlichen Kernrechten ausgestaltete mittelbare Einflussnahme ausreichen.

Ein derart am Vermögen teilhabender und mit Einflussrechten ausgestatteter ideal-typische Dritte im Sinne des Rechts der Gesellschafterdarlehen ist zweifelsohne in den mitgliedschaftlichen Verband der Gesellschaft einbezogen.

bb) Einschränkung durch das Schutzsystem der Mitgliedschaft

Jedoch blieb bei dieser Überlegung bislang unberücksichtigt, dass mitgliedschaftliche Rechtspositionen in bestimmten Grenzen eingeschränkt und abbedungen werden können (sog. absolute und relative Unentziehbarkeit).[787] „Die Mitgliedschaft

---

786 Siehe oben § 4 C III. 3. a), S. 144 ff.

787 Siehe bereits oben § 4 C III. 3. a), S. 144 ff.

als einheitliches Recht ist in ihrer Ausgestaltung [gerade] vielfältigen Variationen zugänglich."[788] Soweit dies rechtlich möglich ist, können auch die maßgeblichen Kriterien für die wirtschaftliche Vergleichbarkeit im Sinne des Rechts der Gesellschafterdarlehen nicht an die gesetzlich vorgesehene oder sogar an eine extensivere Ausgestaltung der Gesellschafterstellung, sondern vielmehr nur anhand deren unabdingbaren und absolut unentziehbaren Kernbestands gemessen werden.[789] Denn eine Gleichstellung kann bereits methodisch betrachtet zwingend nicht alle Merkmale des maßgeblichen Begriffs bedürfen. Alle sonstigen abdingbaren und entziehbaren Mitgliedschaftsrechte können den Idealtypus eines wirtschaftlich gleichgestellten Dritten im Recht der Gesellschafterdarlehen hingegen lediglich vervollständigen. Somit entpuppt sich die Frage nach der wirtschaftlichen Vergleichbarkeit im Recht der Gesellschafterdarlehen im Grunde als eine Frage nach dem zwingenden Kernbestand von Gesellschafterrechten.[790]

Im Ausschlussprinzip soll – dem Untersuchungsgegenstand dieses Unterabschnitts entsprechend – vorerst nur der zwingende Kernbestand der personenrechtlichen Seite der Gesellschafterstellung ermittelt werden.[791] Denn das (rein) vermögensrechtliche Wandlungsrecht alleine kann den Wandeldarlehensgläubiger nur dann als Quasi-Gesellschafter im Sinne des § 39 Abs. 1 Nr. 5 Alt. 2 InsO qualifizieren, soweit die personenrechtliche Seite der Gesellschafterstellung vollständig abdingbar wäre und somit auch ein reines Vermögensrecht für die wirtschaftliche Vergleichbarkeit ausreichend sein könnte.[792]

---

788 *Fleischer*, ZIP 1998, 313, 316; allg. zur Mitgliedschaft vgl. auch *K. Schmidt*, Gesellschaftsrecht, § 19 III 3 c, S. 557 f.

789 So im Ergebnis auch *Fleischer*, ZIP 1998, 313, 316.

790 Im Rahmen der in obigem § 4 dargestellten Kompetenzverteilung sind (aufgrund des Wortlauts der expliziten Kompetenzzuweisung gemäß §§ 53, 55 GmbHG und eines dort nicht vorhandenen auslegungsbedürftigen Begriffs vergleichbar zu demjenigen des Quasi-Gesellschafters im Sinne des § 39 Abs. 1 Nr. 5 Alt. 2 InsO) höhere Anforderungen an die schuldrechtliche Gesellschafterstellung zu stellen; siehe oben § 4 C III. 3, S. 144 ff.

791 Zur isolierten Betrachtung der vermögensrechtlichen Seite im Zuge des Wandeldarlehenselement der Covenants siehe unten § 5 B II, S. 203 ff.

792 Der Begriff der wirtschaftlichen Vergleichbarkeit im Sinne von § 39 Abs. 1 Nr. 5 Alt. 2 InsO intendiert seinem Wortlaut nach nicht, dass es nur auf die vermögensrechtliche Seite der Mitgliedschaft ankommt, da auch die personenrechtliche Seite der Mitgliedschaft wertbildende Rechte beinhaltet. So können Verwaltungsrechte der Absicherung der Vermögensrechte dienen und werden als Sicherungselemente regelmäßig beim Anteilserwerb eingepreist (vgl. bspw. die unterschiedliche Ausgestaltung von Covenants und deren Wechselwirkung zur Höhe des Fremdkapitalzinses).

Das Ergebnis vorweg genommen muss die Frage der vollständigen Abdingbarkeit der personenrechtlichen Seite der Gesellschafterstellung bereits deshalb verneint werden, da diese zumindest in einem Mindestmaß zwingend und absolut unentziehbar ist. Zu diesem zwingend und absolut unentziehbaren Kernbestand der Mitgliedschaft gehören insbesondere das Einberufungs-, Teilnahme- und Rederecht hinsichtlich Gesellschafterversammlungen,[793] das Recht zur Anfechtung beziehungsweise der Geltendmachung der Nichtigkeit von Gesellschafterbeschlüssen, Einsichts-, Auskunfts- und Austrittsrechte aus wichtigem Grund, die *actio pro socio*, die Berechtigung zur Geltendmachung der Auflösungsklage sowie das Antragsrecht zur Bestellung oder Abberufung von Liquidatoren.[794] Hinsichtlich dem Stimmrecht eines formalen Gesellschafters gilt es dagegen zu beachten, dass dieses als solches zwar aufgrund des Abspaltungsverbots nicht unabhängig vom Geschäftsanteil übertragen,[795] jedoch satzungsmäßig im Sinne von stimmrechtslosen Geschäftsanteilen vollständig ausgeschlossen werden kann.[796] Diese zwingenden und absolut unentziehbaren Kernrechte gewährleisten einem Gesellschafter letztlich ein Mindestmaß an Teilhabe am Gesellschaftsleben unabhängig von dessen Beteiligungshöhe an dem Eigenkapital der Gesellschaft.[797]

Im Hinblick auf die lediglich schuldrechtliche Einräumung von vergleichbaren mitgliedschaftsähnlichen Rechten an gesellschaftsfremde Dritte können von diesem für einen formalen Gesellschafter als zwingend aufgezählten Kernbestand weiter eingrenzend nur das Teilnahme- und konsultative Rederecht in Gesellschafterversammlungen sowie das Einsichts- und Auskunftsrecht hinsichtlich anerkennenswerten und die vermögensrechtlichen Belange des Dritten tangierende Gründe übernommen werden. Zudem kann der *actio pro socio*, der Berechtigung zur Geltendmachung der Auflösungsklage sowie dem Antragsrecht zur Bestellung oder Abberufung von Liquidatoren zumindest ein sonstiges Einflussnahmerecht entnommen werden. Denn die sonstigen zwingenden personenrechtlichen Mitgliedschaftsrechte knüpfen von Ihrem Sinn und Zweck

793 Einberufungs- und Teilnahmerecht sind allerdings nur dem Grunde nach gewährleistet und können satzungsmäßig gebündelt werden; *Reichert/Weller* in MüKo GmbHG, § 14 Rn. 86.

794 *Ebbing* in Michalski GmbHG, § 14 Rn. 60; *Reichert/Weller* in MüKo GmbHG, § 14 Rn. 85.

795 Zum Verhältnis von Abspaltungsverbot und Stimmrecht siehe oben § 4 C I. 2. b) dd) (1), S. 117 f.

796 Vgl. zum stimmrechtslosen Geschäftsanteil *Römermann* in Michalski GmbHG, § 47 Rn. 344.

797 *Ebbing* in Michalski GmbHG, § 14 Rn. 60.

unweigerlich an die formale Gesellschafterstellung an. Zusammenfassend wird das erforderliche Mindestmaß an Teilhabe am Gesellschaftsleben durch diese Informations- und Auskunftsrechte über die Geschicke der Gesellschaft sowie Einflussnahmerechte auf die unternehmensinterne Willensbildung der Gesellschaft auch für den Quasi-Gesellschafter verwirklicht. Damit stellen diese Kernelemente der personenrechtlichen Seite der Gesellschafterstellung zwingende – aber nicht notwendigerweise auch ausreichende –[798] Kriterien für die wirtschaftliche Vergleichbarkeit im Sinne von § 39 Abs. 1 Nr. 5 Alt. 2 InsO dar.

Dieses Zwischenergebnis wird auch durch die in dieser Arbeit vertretene dogmatische Begründung der Subordination nach § 39 Abs. 1 Nr. 5 InsO bestätigt. Der Vorwurf des widersprüchlichen Gläubigerverhaltens in der Insolvenz knüpft an ein antizipiertes Verhalten des in seiner Doppelstellung gefangenen Darlehensgläubigers an, welcher sich in der Insolvenz auf seine Gläubigerstellung beruft, obwohl er vor der Insolvenz aufgrund seiner Gesellschafterstellung die zur Insolvenz führenden unternehmerischen Entscheidungen mit beeinflussen konnte. Diese Orientierung der dogmatischen Begründung an einem Verhalten einer Person zeigt, dass die personenrechtliche Seite der Gesellschafterstellung unentbehrlich ist.[799] Schließlich streitet noch die Rückausnahme des Kleinbeteiligungsprivilegs gemäß § 39 Abs. 5 InsO für das Erfordernis eines gewissen Maßes an Einflussnahme, da dieses Privileg gerade nicht für geschäftsführende Gesellschafter gilt.[800]

cc) Fazit

Kriterien für die wirtschaftliche Vergleichbarkeit im Sinne von § 39 Abs. 1 Nr. 5 Alt. 2 InsO sind anhand der mitgliedschaftlichen Stellung eines formalen Gesellschafters zu gewinnen. Im Rahmen einer Gesamtbetrachtung ist sowohl die vermögensrechtliche als auch die personenrechtliche Seite der Mitgliedschaft im jeweiligen Einzelfall zu bewerten. Dabei ist zu beachten, dass

---

798 Siehe unten § 5 B II. 2, S. 219 ff.

799 Im Übrigen sind Gesellschafterpflichten bei den Kriterien zur wirtschaftlichen Vergleichbarkeit außen vor zu lassen, da diese qua Gesetz nur formale Gesellschafter treffen und auch nur von ihnen ausgeübt werden können (vgl. bspw. die Insolvenzantragspflicht gemäß § 15a Abs. 3 InsO). Auch ist erneut dem Paradigmenwechsel zur dogmatischen Begründung des Rechts der Gesellschafterdarlehen Rechnung zu tragen, da der dem alten Eigenkapitalersatzrecht zugrunde liegende Gedanke von der Erstreckung der Kapitalerhaltungspflicht der Gesellschafter auf Dritte, nach neuem gesellschaftsrechtlichen Konzept gerade aufgegeben wurde. Die Berücksichtigung von Gesellschafterpflichten würde der neuen Konzeption geradezu entgegen laufen.

800 *Engert*, ZGR 6/2012, 853, 860.

die Mitgliedschaft bis zur Grenze der absoluten Unentziehbarkeit in ihrer Ausgestaltung mannigfaltig ist. Auf der personenrechtlichen Seite der Mitgliedschaft muss dabei ein Mindestmaß an Teilhabe am Gesellschaftsleben gewährleistet sein. Eine vollständige Abbedingung der personenrechtlichen zu Gunsten der vermögensrechtlichen Seite der Mitgliedschaft ist nicht möglich.

e) Übertragung der gewonnenen Erkenntnisse auf das Wandlungsrecht

Das Wandlungsrecht ist der vermögensrechtlichen Seite der Mitgliedschaft zuzurechnen. Da es für die Erstreckung des persönlichen Anwendungsbereichs des Rechts der Gesellschafterdarlehen auf Dritte zumindest auch ein Mindestmaß an Teilhabe am Gesellschaftsleben und somit des Elements der personenrechtlichen Seite der Mitgliedschaft bedarf, kann das einem Kreditgeber isoliert – ohne sonstige Einflussrechte auf die Schuldnerin – eingeräumte Wandlungsrecht nicht für eine wirtschaftliche Vergleichbarkeit im Sinne von § 39 Abs. 1 Nr. 5 Alt. 2 InsO ausreichen.

f) Zwischenergebnis zum Vorliegen einer wirtschaftlich gleichgestellten Rechtshandlung gemäß § 39 Abs. 1 Nr. 5 Alt. 2 InsO

Das Wandlungsrecht kann das Wandeldarlehen nicht alleine als wirtschaftlich gleichgestellte Rechtshandlung im Sinne von § 39 Abs. 1 Nr. 5 Alt. 2 InsO qualifizieren, weil dieses die zwingend erforderliche personenrechtliche Seite der Gesellschafterstellung nicht beinhaltet.

3. Ergebnis zu der isolierten Betrachtung des Wandlungsrechts

Der Wandeldarlehensgläubiger unterfällt nicht bereits aufgrund des Wandlungsrechts dem persönlichen Anwendungsbereich von § 39 Abs. 1 Nr. 5 InsO, weil dieses isoliert betrachtet das Wandeldarlehen weder als Gesellschafterdarlehen im Sinne der ersten Alternative noch als wirtschaftlich gleichgestellte Rechtshandlung im Sinne der zweiten Alternative qualifiziert. Zunächst ist ein Gesellschafterdarlehen aufgrund des Fehlens der zeitgleichen Doppelrolle von (formalen) Gesellschafter und Kreditgeber zu verneinen. Diesbezüglich entfaltet das Wandlungsrecht keine mitgliedschaftliche Vorwirkung einer künftigen Gesellschafterstellung des Wandeldarlehensgläubigers. Zudem bedarf die wirtschaftliche Gleichstellung Dritter grundsätzlich einer wertenden Gesamtbetrachtung von personen- und vermögensrechtlichen Elementen der formalen Gesellschafterstellung. Dabei gilt, dass die Mitgliedschaft als solche mannigfaltig ausgestaltet werden kann. Allerdings sind die Anforderungen an die wirtschaftliche Vergleichbarkeit zur Gesellschafterstellung aufgrund des gesetzlichen Schutzsystems der Mitgliedschaft einzuschränken, weil im Hinblick auf die

Abdingbarkeit von Gesellschafterrechten nur der zwingende Kernbestand der formalen Gesellschafterstellung – gewissermaßen als Minimalanforderungen – herangezogen werden kann. Aufgrund der nicht vollständigen Abdingbarkeit der personenrechtlichen Seite der Gesellschafterstellung reicht das (vermögensrechtliche) Wandlungsrecht alleine nicht für eine wirtschaftliche Gleichstellung des Kreditgebers mit einem Gesellschafter im Recht der Gesellschafterdarlehen aus.

II. Covenants

Möglicherweise kann alleine die schuldrechtliche Vereinbarung von Covenants im Wandeldarlehensvertrag das Wandeldarlehen als eine wirtschaftlich gleichgestellte Rechtshandlung im Sinne von § 39 Abs. 1 Nr. 5 Alt. 2 InsO qualifizieren, sodass der Kreditgläubiger unabhängig von dem Wandlungsrecht als gesellschaftsähnlicher Dritter in den persönlichen Anwendungsbereich des Rechts der Gesellschafterdarlehen fallen würde.

Parallel zur bereits erfolgten Darstellung zur Erforderlichkeit einer personenrechtlichen Seite der Gesellschafterstellung im Rahmen des Wandlungsrechts[801] soll im Folgenden – erneut dem Ausschlussprinzip entsprechend – die Frage im Mittelpunkt stehen, inwiefern eine vermögensrechtliche Seite der Gesellschafterstellung für die wirtschaftliche Vergleichbarkeit zwingend erforderlich ist. Denn Covenants alleine können einen an der Gesellschaft nicht vermögensmäßig beteiligten Gläubiger nur dann als Quasi-Gesellschafter im Sinne des § 39 Abs. 1 Nr. 5 Alt. 2 InsO qualifizieren, wenn für die diesbezügliche wirtschaftliche Vergleichbarkeit rein personenrechtliche Mitgliedschaftsrechte bei vollständiger Abdingbarkeit der vermögensrechtlichen Seite der Gesellschafterstellung ausreichend wären.

1. *Erfordernis eines vermögensrechtlichen Elements für die wirtschaftliche Vergleichbarkeit gemäß § 39 Abs. 1 Nr. 5 Alt. 2 InsO*

a) *Streitstand im Schrifttum vor dem Inkrafttreten des MoMiG*

aa) Moderner Ansatz: Ausreichend sind lediglich Einflussrechte

Bereits vor dem Inkrafttreten des MoMiG löste insbesondere das zuvor bereits dargestellte Urteil des BGH zum atypischen Pfandgläubiger[802] die weitergehende Überlegung im Schrifttum aus, ob ein nicht vermögensmäßig an der Gesellschaft beteiligter Dritte in den Anwendungsbereich des § 32a Abs. 3 GmbHG a.F. einbezogen

801 Zum Wandlungsrecht siehe oben § 5 B I, S. 186 ff.

802 BGH, Urt. v. 13.7.1992 – II ZR 251/91, NJW 1992, 3035 ff.; siehe oben bereits § 5 B I. 2. b) aa), S. 191 ff.

und somit einem Gesellschafter wirtschaftlich gleichgestellt werden könne, sofern dieser ähnlich zu einem Gesellschafter die Geschicke der Gesellschaft (mit-)bestimmen vermag ohne dabei (auch nur mittelbar) am Vermögen der Gesellschaft beteiligt zu sein. Die Begründung der BGH-Entscheidung wurde in ihrer Kernaussage nämlich teilweise dergestalt verstanden, dass die für den Anwendungsbereich des Eigenkapitalersatzrechts notwendige Finanzierungsfolgenverantwortung lediglich auf den gesellschafterähnlichen Einfluss des Dritten auf die Geschicke der Gesellschaft abstelle. Denn im Pfandgläubiger-Urteil betonte der BGH, dass auch ein atypischer Pfandgläubiger vom Eigenkapitalersatzrecht erfasst werde, soweit seine Stellung „im Einzelfall vergleichbar [zu der eines atypisch stillen Gesellschafters] ausgestaltet [sei] und [...] er insbesondere auch ähnlich weitreichende Befugnisse zur Einflussnahme auf Geschäftsführung und Gestaltung der Gesellschaft“ habe.[803] Dies solle sogar unabhängig davon gelten, dass der atypische Pfandgläubiger „keine unternehmerischen, sondern lediglich Sicherungsinteressen verfolgt“.[804] Neben dem Urteil des BGH zum atypischen Pfandgläubiger wird auch auf eine Entscheidung des BGH aus dem Jahre 1984 verwiesen, obwohl diese nicht zum Eigenkapitalersatzrecht, sondern im Rahmen der Liquidation einer Kommanditgesellschaft gemäß § 149 HGB und die hiernach für die Befriedigung der Gesellschaftsgläubiger grundsätzlich aufzubringenden Kommanditeinlagen erging.[805] In diesem Urteil hatte der BGH entschieden, dass die Einlage eines nicht am Verlust der Gesellschaft beteiligten (atypisch) stillen Gesellschafters aufgrund seiner weitreichenden Befugnisse zur Einflussnahme auf die Geschäftsführung und die Gestaltung der Gesellschaft – vergleichbar zu denjenigen eines Kommanditisten – den Charakter von Eigenkapital habe und deswegen Teil der Eigenkapitalgrundlage einer Kommanditgesellschaft werde sowie den Gläubigern als Haftungsmasse zur Verfügung stehen müsse.[806]

Ein Verfechter dieses modernen Ansatzes war bereits vor Inkrafttreten des MoMiG insbesondere *Fleischer*.[807] *Er* sprach sich für eine Erweiterung des persönlichen

---

803 BGH, Urt. v. 13.7.1992 – II ZR 251/91, NJW 1992, 3035, 3036.

804 BGH, Urt. v. 13.7.1992 – II ZR 251/91, NJW 1992, 3035, 3036.

805 BGH, Urt. v. 17.12.1984 – II ZR 36/84, NJW 1985, 1079 f.

806 BGH, Urt. v. 17.12.1984 – II ZR 36/84, NJW 1985, 1079 f.

807 *Fleischer*, ZIP 1998, 313, 313 ff.; im Ergebnis zustimmend auch: *Dreher*, ZGR 1994, 144, 149 f.; *Fleischer*, ZIP 1998, 313, 315 ff.; *Hofert/Arends*, GmbHR 2005, 1381, 1382; *Lutter/Hommelhoff* in Lutter/Hommelhoff GmbHG, 16. Auflage, §§ 32a/b Rn. 55; *Pentz* in Rowedder/Schmidt-Leithoff GmbHG, 4. Auflage, § 32a Rn. 76; *Priester* in FS Helmrich, 721, 731 ff.; Schwintowski/Dannischewski, ZIP 2005, 840, 843 f.; *Tillmann*, DB 2006, 199, 200; *Traugott*, ZIP 1997, 1690, 1693; *Wiedemann* in FS Beusch, 893, 912 f.; vgl. auch *K. Schmidt* in Scholz GmbHG, 10. Auflage, §§ 32a, 32b Rn. 141,

Anwendungsbereichs des § 32a Abs. 3 GmbHG a.F. auf kontrollierende Dritte aus, welche zwar nicht vermögensrechtlich an der Gesellschaft teilhaben, diese aber mit ihren weitreichenden Einflussrechten auf die Geschäftsführung der Gesellschaft zu kompensieren vermögen.[808] Denn eine solche unternehmerische Betätigung der Quasi-Gesellschafter ziehe gleichzeitig deren Finanzierungs(folgen)verantwortung nach sich, sodass die dogmatische Grundlage für die Einbeziehung Dritter im Anwendungsbereich des § 32a Abs. 3 GmbHG a.F. erfüllt sei.[809] Auch könne die Mitgliedschaft im Verband unterschiedlich ausgestaltet und insbesondere die Gewinn- und Liquidationsbeteiligung einzelner Gesellschafter als zentrale Elemente der Vermögensteilhabe satzungsmäßig ausgeschlossen werden.[810] Maßgeblich sei letztlich die Einbeziehung des Dritten in den Verband, was anhand einer Gesamtbetrachtung der Umstände zu ermitteln sei.[811] Dies zeige, dass für die Einbeziehung Dritter in den Anwendungsbereich des § 32a Abs. 3 GmbHG a.F. auch nur besonders ausgeprägte Verwaltungsrechte ohne eine etwaige Vermögensbeteiligung ausreichend sein können.[812] Überdies könne man auch nicht die dem Grunde nach nur schuldrechtliche Wirkung der kreditvertraglich vereinbarten Einflussnahmerechte entgegenhalten, da bereits die Einwirkung auf die Geschäftsführung der Gesellschaft und auf den gesellschaftsinternen Willensbildungsprozess zu einer „verbandsrechtlichen Einfärbung des Rechtsverhältnisses“ führe.[813] Zudem käme es aus einem ökonomischen Blickwinkel betrachtet zu einer Vermischung der Funktionen zwischen Fremdkapital- und Eigenkapitalgeber, was im Ergebnis einem mit Eigenkapital finanzierten Unternehmen entspräche.[814] Einschränkend sollen laut *Fleischer* allerdings nur solche gesellschaftsfremden Dritte dem Eigenkapitalersatzrecht unterfallen, welche eine „breitflächige[] und besonders intensive[] Einflussnahme“ ausüben können.[815] Hierzu zählten in jedem Falle Entscheidungs-, Zustimmungs- und Widerspruchsrechte hinsichtlich

---

welcher nur ausnahmsweise bei „Einräumung von typischen Gesellschafterrechten (insbesondere mit Einfluss auf Grundlagenentscheidungen)“ einer Erstreckung auf Kreditgeber mit Kontrollrechten zustimmt.

808 *Fleischer*, ZIP 1998, 313, 317; nach Inkrafttreten des MoMiG bestätigend ders. in *Fleischer/Schmolke*, WM 2011, 1009, 1015.

809 *Fleischer*, ZIP 1998, 313, 317.

810 *Fleischer*, ZIP 1998, 313, 316.

811 *Fleischer*, ZIP 1998, 313, 316.

812 *Fleischer*, ZIP 1998, 313, 316.

813 *Fleischer*, ZIP 1998, 313, 317.

814 *Fleischer*, ZIP 1998, 313, 320 f.

815 *Fleischer*, ZIP 1998, 313, 321.

strukturändernden Maßnahmen, wobei auch echte unternehmerische Führungsentscheidungen bereits ausreichend sein sollen.[816]

Dieser Argumentation *Fleischers* stimmten auch *Lutter/Hommelhoff* oder *Priester* im Ergebnis zu.[817] Vergleichbar zu den geringen Voraussetzungen an die Einflussnahme bei *Fleischer* reichten auch *Lutter/Hommelhoff* die über reine Informationsrechte hinausgehenden Einflussnahmerechte aus, welche den Fremdkapitalgeber zur Steuerung der Gesellschaft befähigten.[818] Demgegenüber sah *Priester* die Schwelle erst dann als überschritten an, wenn der Dritte mittels Stimmbindungsverträgen mit den Gesellschaftern einen Liquidationsbeschluss der Gesellschafterversammlung erzwingen könne.[819] Denn nur die Liquidationsentscheidungsmacht im Sinne einer rechtlich gesicherten Herrschaftsposition führe auch zu einer Finanzierungsfolgenverantwortung. Hingegen genüge eine lediglich wirtschaftliche Herrschaftsmacht nach seiner Ansicht nicht.[820]

Dieses Ergebnis bestätigend argumentierte auch *Wiedemann*, der gleichfalls auf die Einflussnahme von Dritten als das zentrale Argument, jedoch resultierend aus einer rechtsvergleichenden Auslegung zum US-amerikanischen Recht, zurückgriff.[821] Im Hinblick auf das Prinzip der Herrschaft für Haftung streite die Einflussnahme eines Dritten auf die Gesellschaft für die Rückstufung und somit für die Anwendung des Eigenkapitalersatzrechts.[822]

bb) Klassischer Ansatz: Kombination von Vermögensteilhabe und Einflussrechten

Gegen eine Erweiterung des Anwendungsbereichs des § 32a Abs. 3 GmbHG a.F. auf reine Fremdkapitalinstrumente mit weitgehenden Einflussrechten sprachen sich bereits vor dem Inkrafttreten des MoMiG bedeutende Teile im Schrifttum aus.[823]

816 *Fleischer*, ZIP 1998, 313, 320 f.

817 *Priester* in FS Helmrich, 721, 729 ff.; *Lutter/Hommelhoff* in Lutter/Hommelhoff GmbHG, 16. Auflage, §§ 32a/b Rn. 55.

818 *Lutter/Hommelhoff* in Lutter/Hommelhoff GmbHG, 16. Auflage, §§ 32a/b Rn. 55.

819 *Priester* in FS Helmrich, 721, 731 ff.

820 *Priester* in FS Helmrich, 721, 733.

821 *Wiedemann* in FS Beusch, 893, 912 f.; *Wiedemann* verweist in seinem Beitrag auf Art. 40 (b) Uniform Partnership Act und die Rechtssache Mobile Steel Co 563 F.2d 692, 703 (5th Cir. 1977).

822 *Wiedemann* in FS Beusch, 893, 912 f.

823 *Altmeppen*, ZIP 1993, 1677, 1682; *Berger*, ZBB 2008, 92, 104 f.; *Cahn*, AG 2005, 217, 226 f.; *Damnitz/Degenhardt*, WM 2005, 588; *Früh*, GmbHR 1999, 842, 843; *Habersack*, ZGR 2000, 384, 393 ff.; *Kästle*, Rechtsfragen der Verwendung von Covenants in Kreditverträgen, S. 178 ff. (insb. S. 187 f.); *Körner*, Institutionelle Kreditgeber

Hiernach seien sowohl eine vermögensrechtliche als auch eine personenrechtliche Komponente für die wirtschaftliche Gleichstellung Dritter im Rahmen des Eigenkapitalersatzrechts notwendig.

Insbesondere *Habersack* argumentierte bereits vor Inkrafttreten des MoMiG, dass es für die Anwendbarkeit des Eigenkapitalersatzrechts auf nicht mitgliedschaftlich beteiligte Dritte eines Gleichlaufs von Gesellschafts- und Gläubigerinteresse bedürfte.[824] Soweit der Dritte in erster Linie ein Kreditsicherungsinteresse und kein mitgliedschaftsähnliches Interesse am Schicksal der Gesellschaft verfolge, sei das Eigenkapitalersatzrecht aufgrund des Interessengegensatzes dagegen nicht anwendbar.[825] Denn nur der Interessengleichlauf und das dann auch gewährleistete Eigeninteresse des Gläubigers an dem Unternehmenserfolg beziehungsweise einem etwaigen Sanierungserfolg der Gesellschaft rechtfertige die Anwendbarkeit des Eigenkapitalersatzrechts.[826] Demgegenüber ist das Interesse eines Kreditgebers – ohne Vermögensbeteiligung und nur mit Einflussrechten wie beispielsweise bei der Vereinbarung von Covenants – lediglich auf die Absicherung seines Fremdkapitals in der Gesellschaft gerichtet.[827] Deshalb gelte, dass Covenants als Ausdruck eines (natürlichen) Interessengegensatzes von Sicherungs- und Wertsteigerungsinteresses gesehen werden müssten und diese folglich auch nicht die mitgliedschaftliche Finanzierungsfolgenverantwortung begründen könnten.[828] Zuletzt streite auch das Kleinbeteiligungsprivileg gemäß § 32a Abs. 3 S. 2 GmbHG a. F. für das Erfordernis einer vermögensmäßigen Beteiligung an der Gesellschaft, da dieses an eine vermögensmäßige Beteiligung an der Gesellschaft anknüpft.[829]

---

als Quasigesellschafter, S. 207 und 278 f.; *Westermann* in FS Odersky, 897, 921 f.; *Weitnauer*, BKR 2005, 43, 46, 48 und 50 f.

824 *Habersack* in Großkomm. GmbHG, 1. Auflage, §§ 32a/b Rn. 151 und 153; ders., ZGR 2000, 384, 396 und 399 f.; zum diesbezüglichen Grundgedanken von dem „der Mitgliedschaft vergleichbare[m] Eigeninteresse an der Gesellschaft" vgl. bereits *Ulmer* in Hachenburg, 8. Auflage, §§ 32a,b Rn. 118 und 126 f.; *Maier-Reimer* in FS Rowedder, 245, 268 ff. (insb. 270).

825 *Habersack* in Großkomm. GmbHG, 1. Auflage, §§ 32a/b Rn. 151 und 154.

826 *Habersack*, ZGR 2000, 384, 396.

827 In diesem Sinne vgl. *Habersack*, ZGR 2000, 384, 397; *ders.* in Großkomm. GmbHG, 1. Auflage, §§ 32a/b Rn. 154.

828 *Habersack*, ZGR 2000, 384, 397.

829 *Habersack* in Großkomm. GmbHG, 1. Auflage, §§ 32a/b Rn. 153.

Gegen eine Erweiterung des Anwendungsbereichs von § 32a Abs. 3 S. 1 GmbHG a.F. auf reine Fremdkapitalinstrumente mit weitgehenden Einflussrechten sprach sich in einem seiner letzten Urteile zum Eigenkapitalersatzrecht auch der BGH aus.[830] In diesem Urteil verneinte er eine wirtschaftliche Gleichstellung Dritter mit einem Gesellschafter bei einer rein wirtschaftlich oder schuldrechtlich, aber nicht gesellschaftsrechtlich, fundierten Machtposition des Dritten.[831] Eine Ausnahme hiervon machte er lediglich für Treuhandverträge.[832]

b) Streitstand im Schrifttum nach dem Inkrafttreten des MoMiG

Nach dem Inkrafttreten des MoMiG stimmt das Schrifttum zumindest darin überein, dass der dogmatische Paradigmenwechsel zwischen dem ehemaligen Eigenkapitalersatzrecht und dem Recht der Gesellschafterdarlehen berücksichtigt werden müsse.[833] Auf den Punkt bringend führt *Karsten Schmidt* hierzu aus, dass die Auslegung neuer Normen anhand der Wertungskriterien zum alten Recht eine „Frage der Kontinuität beziehungsweise Diskontinuität von Normzwecken" ist.[834] Hinsichtlich des Auslegungsergebnisses herrschen entsprechend der unterschiedlichen dogmatischen Begründungen[835] weiterhin Meinungsverschiedenheiten. Allerdings lässt sich ein Trend dahingehend erkennen, dass das Erfordernis einer vermögensrechtlichen Komponente – insbesondere seit dem dogmatischen Paradigmenwechsel – vermehrt in Frage gestellt wird.[836]

---

830 BGH, Urt. v. 6.4.2009 – II ZR 277/07, ZIP 2009, 1273 ff.; wobei die Anwendbarkeit des Eigenkapitalersatzrechts selbst nach Inkrafttreten des MoMiGs aus der Eröffnung des Insolvenzverfahren noch vor dem 1.11.2008 gemäß Art. 103d S. 1 EGInsO folgt.

831 BGH, Urt. v. 6.4.2009 – II ZR 277/07, ZIP 2009, 1273, 1275.

832 BGH, Urt. v. 6.4.2009 – II ZR 277/07, ZIP 2009, 1273, 1275.

833 *Fastrich* in Baumbach/Hueck GmbHG, 20. Auflage, § 30 Anh. Rn. 34 und 46; *Habersack* in Großkomm. GmbHG, Anh. § 30 Rn. 91 f.; *Kleindiek* in Lutter/Hommelhoff GmbHG, 18. Auflage, § 64 Anh. Rn. 121; *Kolmann* in Saenger/Inhester GmbHG, Anh. § 30 Rn. 59. Zur neuen dogmatischen Begründung siehe oben § 5 A II. 2, S. 175 ff. Ein plakatives Beispiel für die Auswirkungen des Paradigmenwechsels ist, dass sich *Fastrich* nach Inkrafttreten des MoMiG der Ansicht *Habersacks* punktuell anschließt und die wirtschaftliche Vergleichbarkeit bei dem atypischen Pfandgläubiger aufgrund der divergierenden Interessenlagen nunmehr gleichfalls verneint; vgl. *Fastrich* in Baumbach/Hueck GmbHG, 20. Auflage, § 30 Anh. Rn. 46, in Abkehr von *Hueck/Fastrich* in Baumbach/Hueck GmbHG, 18. Auflage, § 32a Rn. 21.

834 *K. Schmidt* in Scholz GmbHG, §§ 32a, 32b a.F. Rn. 7.

835 Siehe oben § 5 A II. 2, S. 175 ff.

836 Vgl. im Folgenden § 5 B II. 1. b) bb), S. 211 ff.

aa) Klassischer Ansatz: Kombination von Vermögensteilhabe und Einflussrechten

In der Sache hält ein Großteil der Literatur an dem dualen Erfordernis von Vermögensteilhabe und Einflussrechten fest.[837]

Unter anderem vertritt *Habersack* die Ansicht, dass mit Inkrafttreten des MoMiG sogar eine restriktivere Handhabung bei der Erweiterung des Anwendungsbereichs von § 39 Abs. 1 Nr. 5 Alt. 2 InsO auf Dritte gelten müsse.[838] Denn mit der Aufgabe des Konzepts der Finanzierungsfolgenverantwortung und des Merkmals der „Krise" müsse sich der Kapitalgeber nunmehr erst recht in einer Doppelrolle als Gesellschafter und Gläubiger befinden, damit ihm das Prinzip der Haftungsbeschränkung auch zu Gute komme.[839] Somit hält *Habersack* an seiner bereits vor dem MoMiG vertretenen Forderung nach dem Gleichlauf von Gläubiger- und Gesellschafterinteresse fest.[840] Nur derjenige, welcher ein dem Gesellschafter vergleichbares Interesse an der Finanzierung der Gesellschaft habe, werde vom Anwendungsbereich des Rechts der Gesellschafterdarlehen erfasst.[841] Dementsprechend benötigt es zwingend auch einer Beteiligung am Vermögen, da ansonsten eine Teilhabe an dem Erfolg beziehungsweise Misserfolg der Unternehmung nicht gegeben ist.

Dieser Argumentation vom zwingenden Erfordernis des Gleichlaufs von Gläubiger- und Gesellschafterinteressen stimmen im Ergebnis namhafte Autoren im Schrifttum zu. *Fastrich* und *Kolmann* knüpfen daran an, ob der Einfluss des Dritten unternehmerischen Ursprungs vergleichbar zu dem eines Gesellschafters ist oder ob dieser Einfluss lediglich die Sicherung von Kreditinteressen des Dritten bezweckt.[842] Auch bei der ökonomischen Begründung von *Engert*

---

837 *Engert*, ZGR 6/2012, 853, 858; *Fastrich* in Baumbach/Hueck GmbHG, 20. Auflage, § 30 Anh. Rn. 36; *Freitag* in Staudinger BGB, 14. Auflage, § 488 Rn. 86 ff.; *Görner* in Rowedder/Schmidt-Leithoff GmbHG, § 30 Anh. Rn. 70 f.; *Habersack* in Großkomm. GmbHG, Anh. § 30 Rn. 91 f.; ders., ZIP 2007, 2145, 2148 f.; *Hirte* in Uhlenbruck InsO, § 39 Rn. 41; *Kolmann* in Saenger/Inhester GmbHG, Anh. § 30 Rn. 61; *Krolop*, GmbHR 2009, 397, 400 f.; *Runge*, Covenants in Kreditverträgen, S. 184 i.V.m 157, 185 und 188; *Schultze de la Cruz*, Der neue Normzweck des Rechts der Gesellschafterdarlehen und seine Auswirkungen auf den persönlichen Anwendungsbereich, S. 241.

838 *Habersack* in Großkomm. GmbHG, Anh. § 30 Rn. 91 f.; ders., ZIP 2007, 2145, 2148 f.

839 *Habersack* in Großkomm. GmbHG, Anh. § 30 Rn. 91.

840 Siehe oben § 5 B II. 1. a) bb), S. 206 f.

841 *Habersack* in Großkomm. GmbHG, Anh. § 30 Rn. 91.

842 *Fastrich* in Baumbach/Hueck GmbHG, 20. Auflage, § 30 Anh. Rn. 36; *Kolmann* in Saenger/Inhester GmbHG, Anh. § 30 Rn. 61, 65 und 68.

wird dieser Gedanke wiedergegeben, wenn er aus der ökonomischen Perspektive an den Risikovermeidungsanreiz eines Gläubigers anknüpft.[843] Denn ein nicht vermögensmäßig an einer Gesellschaft beteiligter Gläubiger unterliege mangels Teilhabe an dem unternehmerischen Wertsteigerungspotentials an der Gesellschaft gerade keinem Risikoanreiz vergleichbar zu dem eines Gesellschafters. *Karsten Schmidt* fasst diese Argumentationskette unter der „fehlenden unternehmerischen Finanzierungszuständigkeit" des Gläubigers zusammen.[844]

Diese Argumentationskette führt unweigerlich dazu, dass auch ein Pfandrecht an Gesellschaftsanteilen aufgrund des lediglich vorhandenen Sicherungsinteresses des Pfandnehmers an der Rückzahlung seines begebenen Kredites nicht die vermögensrechtliche Seite der Mitgliedschaft erfüllen kann.[845] Für die Annahme eines unternehmerischen Interesses bedürfe es zusätzlich noch der Abtretung der Gewinnansprüche an den Pfandnehmer.[846] Dagegen spricht sich *Görner* zwar grundsätzlich auch für das zwingende Erfordernis einer Vermögensbeteiligung für die wirtschaftliche Gleichstellung Dritter im Rahmen des Rechts der Gesellschafterdarlehen aus. Allerdings sieht er die notwendige Vermögensbeteiligung bei Vereinbarung eines (typischen) Pfandrechts bereits als gegeben an, weil ein solches Pfandrecht schon einen „Zugriff auf die Vermögenssubstanz" gewähre.[847]

Als weiteres Argument für die Ansicht vom Erfordernis der vermögensmäßigen Beteiligung im Rahmen des Rechts der Gesellschafterdarlehen wird die Regelung des gesetzlichen Kleinbeteiligungsprivilegs gemäß § 39 Abs. 5 InsO angeführt.[848] Auch spräche für diese Ansicht, dass ein nicht an der Gesellschaft vermögensmäßig beteiligter Geschäftsführer beziehungsweise Vorstand nur aufgrund seiner Einflussnahme auf die Gesellschaft nicht unter den Anwendungsbereich des Rechts der Gesellschafterdarlehen als kreditgebender Dritter fallen könne.[849]

---

843 *Engert*, ZGR 6/2012, 853, 858.

844 *K. Schmidt*, GmbHR 2009, 1009, 1019.

845 So auch: *Fastrich* in Baumbach/Hueck GmbHG, 20. Auflage, § 30 Anh. Rn. 46; *Freitag* in Staudinger BGB, 14. Auflage, § 488 Rn. 89; *Habersack* in Großkomm. GmbHG, Anh. § 30 Rn. 92; *Kolmann* in Saenger/Inhester GmbHG, Anh. § 30 Rn. 65; *Runge*, Covenants in Kreditverträgen, S. 186.

846 *Freitag* in Staudinger BGB, 14. Auflage, § 488 Rn. 89; *Habersack* in Großkomm. GmbHG, Anh. § 30 Rn. 92.

847 *Görner* in Rowedder/Schmidt-Leithoff GmbHG, § 30 Anh. Rn. 70 f.

848 *Habersack* in Großkomm. GmbHG, Anh. § 30 Rn. 91; vgl. hierzu bereits oben § 5 B II. 1. a) bb), S. 206 f.

849 *Fastrich* in Baumbach/Hueck GmbHG, 20. Auflage, § 30 Anh. Rn. 36; *Kolmann* in Saenger/Inhester GmbHG, Anh. § 30 Rn. 61.

bb) Moderner Ansatz: Ausreichend sind lediglich Einflussrechte

Eine seit dem Inkrafttreten des MoMiG zunehmend größere Anzahl an Autoren verzichtet auf den dualen Ansatz vom Erfordernis der Vermögensteilhabe und der Einflussnahme und lässt die bloße Einflussnahme auch ohne eine Vermögensteilhabe für die wirtschaftliche Gleichstellung Dritter im Recht der Gesellschafterdarlehen ausreichen.[850]

Besonders hervorgehoben unter den Befürwortern dieses modernen Ansatzes hat sich *Servatius* mit seiner Habilitationsschrift „Gläubigereinfluss durch Covenants".[851] In dieser liefert er eine dogmatische Begründung für das Recht der Gesellschafterdarlehen, nämlich der Inkompatibilität der Doppelrolle aufgrund des (antizipierten) *Vorwurfs des widersprüchlichen Gläubigerverhaltens in der Insolvenz.*[852] Ein im Vorfeld der Insolvenz mit der Möglichkeit der Einflussnahme auf die Geschäftsführung ausgestatteter Fremdkapitalgeber verhielte sich im Falle der Insolvenz widersprüchlich, wenn er sich auf seine Gläubigerrolle zurückziehe und wie die sonstigen Insolvenzgläubiger befriedigt werde.[853] Die Entscheidungsträger müssten auch aufgrund der Ingangsetzungsfunktion des Eigenkapitals vorrangig für Verluste haften.[854] Im Ergebnis sieht *Servatius* die faktisch oder vertraglich eingeräumte Möglichkeit zur Einflussnahme auf die Unternehmensleitung der Gesellschaft grundsätzlich als ausreichend für die Erstreckung des Anwendungsbereichs des Rechts der Gesellschafterdarlehen an.[855] Einschränkend sei dies allerdings nur dann der Fall, wenn der Fremdkapitalgeber aufgrund seiner Möglichkeit der Einflussnahme dem „Lager der Entscheidungsträger zuzurechnen" ist und somit eine „nicht nur untergeordnete Rolle im unternehmensinternen Willensbildungsprozess inne hat."[856] Abgegrenzt werden soll hierbei grundsätzlich zwischen unschädlicher „warning" und schädlicher „guidance" auf die

---

850 *Breidenstein*, ZInsO 2010, 273, 276 f.; *Fleischer/Schmolke*, WM 2011, 1009, 1015; *Hoffmann*, WM 2012, 10, 11; *Kampshoff*, GmbHR 2010, 897, 902; *Kleindiek* in Lutter/Hommelhoff GmbHG, Anh. zu § 64 Rn. 126; *Servatius*, Gläubigereinfluß durch Covenants, S. 481 ff. (insb. 493); ders., CFL 2013, 14, 19 ff.; *Thiessen* in Bork/Schäfer GmbHG, Anh. zu § 30 Rn. 40.

851 *Servatius*, Gläubigereinfluß durch Covenants, S. 1 ff.

852 Vgl. hierzu bereits oben § 5 A II. 2. b), S. 176 ff.

853 *Servatius*, Gläubigereinfluss durch Covenants, S. 426 ff. (insb. S. 459); ders., CFL 2013, 14, 19 ff.

854 *Servatius*, Gläubigereinfluss durch Covenants, S. 302 f.

855 *Servatius*, Gläubigereinfluss durch Covenants, S. 493 und 622.

856 *Servatius*, CFL 2013, 14, 22.

Geschäftsführung der Gesellschaft.[857] Eine unschädliche „warning" läge nur bei Information und Überwachung hinsichtlich der eigenverantwortlichen Unternehmensleitung der Geschäftsführung vor.[858]

Im Ergebnis stimmen *Breidenstein*[859], *Hoffmann*[860] und *Kampshoff*[861] mit *Servatius* dahingehend überein, dass die Subordination gemäß § 39 Abs. 1 Nr. 5 InsO alleinig auf der Möglichkeit zur Einflussnahme vor Insolvenzeröffnung beruhe. Allerdings begründen sie ihre Ansicht im Wesentlichen mit einer erforderlichen Nähebeziehung beziehungsweise Insiderstellung von dem sich in der Doppelrolle befindlichen Kapitalgebers.[862] Wer vor der Insolvenz Verantwortung für den Gesellschaftserfolg übernähme, der müsse auch in der Insolvenz dafür haften.[863] Abweichend zu *Servatius* fordert *Breidenstein* eine restriktivere Handhabung bezüglich der Erweiterung des Anwendungsbereichs des Rechts der Gesellschafterdarlehen auf gleichgestellte Dritte.[864] Zum einen dürften nur massive Einflussnahmerechte im Alltagsgeschäft und bei strukturändernden Maßnahmen ausreichen.[865] Zum anderen bedürfe es zusätzlich einer Ausübungskontrolle nach Insolvenzeröffnung dahingehend, dass eine derart massive Einflussnahme auf die Gesellschaft auch faktisch ausgeübt oder vorhanden war.[866]

Insofern herrscht innerhalb dieser modernen Auffassung noch Uneinigkeit insbesondere hinsichtlich des erforderlichen Maßes der Einflussnahme des Dritten. Mit *Servatius* leitet beispielweise *Thiessen* aus der Zehn-Prozent-Schwelle des Kleinbeteiligungsprivilegs gemäß § 39 Abs. 5 InsO ab, dass nur derart ausgestaltete Einflussrechte des Dritten ausreichend seien, welche normalerweise ein maßgeblich beteiligter Gesellschafter innehalten würde.[867] Dagegen reicht es für *Kleindiek* bereits aus, wenn der Dritte Einfluss auf unternehmerische Entscheidungen in der Gesellschaft hat, sich hierdurch aus dem Kreis der sonstigen

---

857 *Servatius*, Gläubigereinfluss durch Covenants, S. 526 f.

858 *Servatius*, Gläubigereinfluss durch Covenants, S. 623.

859 *Breidenstein*, ZInsO 2010, 273, 275 ff.

860 *Hoffmann*, WM 2012, 10, 11.

861 *Kampshoff*, GmbHR 2010, 897, 902.

862 *Breidenstein*, ZInsO 2010, 273, 275; *Hoffmann*, WM 2012, 10, 11; *Kampshoff*, GmbHR 2010, 897, 899.

863 *Breidenstein*, ZInsO 2010, 273, 275 f.

864 *Breidenstein*, ZInsO 2010, 273, 276.

865 *Breidenstein*, ZInsO 2010, 273, 281.

866 *Breidenstein*, ZInsO 2010, 273, 281 f.; dahingehend verstanden auch *Freitag* in Staudinger BGB, 14. Auflage, § 488 Rn. 86.

867 *Thiessen* in Bork/Schäfer GmbHG, Anh. zu § 30 Rn. 40; vgl. auch *Servatius*, CFL 2013, 14, 22.

Gläubiger in besonderer Weise hervorhebt und er zu Lasten dieser sonstigen Gläubiger Eigeninteressen durchsetzen kann.[868] *Kampshoff* fordert wiederum eine durch die Einflussnahme verursachte Einschränkung des Tagesgeschäft der Gesellschaft „über Gebühr", welche in keinem „angemessenen Verhältnis zum Kreditvolumen und der aufgrund der Maßnahme zu erwartenden Erhöhung des Kreditausfallsrisikos steht".[869]

Als weiteres Argument für die Erstreckung des Anwendungsbereichs des Rechts der Gesellschafterdarlehens auch auf nicht an der Gesellschaft vermögensmäßig beteiligte Dritte wird das Sanierungs- und das Kleinbeteiligungsprivileg gemäß § 39 Abs. 4 S. 2 und Abs. 5 InsO angeführt, da diese insbesondere laut *Breidenstein* maßgeblich auf die Herrschaftsmacht des Dritten abstellten und sich beide Privilegien in die neue Systematik schlüssig einfügten.[870] Dies zeige insbesondere das Kleinbeteiligungsprivileg, welches bei einem geschäftsführenden Gesellschafter unabhängig von der Beteiligungshöhe gerade keine Anwendung finde.[871] Zudem ziehen *Fleischer* und *Schmolke* eine Parallele zum faktischen Geschäftsführer.[872] Demnach würden sowohl der Quasi-Gesellschafter im Rahmen des Rechts der Gesellschafterdarlehen wie auch der faktische Gesellschafter auf dem Gedanken vom Gleichlauf von Herrschaft und Haftung aufbauen, da bei beiden die jeweilige Einflussnahme letztlich zur Haftung des Einflussnehmenden führe.[873]

c) Stellungnahme

Im Ergebnis ist die vermögensmäßige Beteiligung des Kreditgläubigers an der Gesellschaft keine zwingende Voraussetzung für die wirtschaftliche Gleichstellung Dritter im Sinne von § 39 Abs. 1 Nr. 1 Als. 2 InsO. Spätestens seit dem Inkrafttreten des MoMiG sprechen die besseren Argumente gegen den dualen Ansatz vom kumulativen Erfordernis der Vermögensteilhabe und der Einflussnahme im Recht der Gesellschafterdarlehen.

---

868 *Kleindiek* in Lutter/Hommelhoff GmbHG, Anh. zu § 64 Rn. 126.

869 *Kampshoff*, GmbHR 2010, 897, 902.

870 *Breidenstein*, ZInsO 2010, 273, 276 f.; zustimmend zum Sanierungsprivileg auch *Thiessen* in Bork/Schäfer GmbHG, Anh. zu § 30 Rn. 40, und *Servatius*, Gläubigereinfluss durch Covenants, S. 563 ff. und 627.

871 *Breidenstein*, ZInsO 2010, 273, 276 f.

872 *Fleischer/Schmolke*, WM 2011, 1009, 1015.

873 *Fleischer/Schmolke*, WM 2011, 1009, 1015.

aa) Grammatikalische Auslegung

Die Wortlaut-Auslegung von § 39 Abs. 1 Nr. 5 Alt. 2 InsO bringt keinen Erkenntnisgewinn. Die „Forderungen aus Rechtshandlungen, die einem solchen Darlehen wirtschaftlich entsprechen" knüpft an das „Gesellschafterdarlehen" an. Dieses wiederum knüpft an die Doppelrolle von Gesellschafter und Kreditgläubiger an. Diese Dualität mag zwar Grundlage für die dogmatische Wertung des Rechts der Gesellschafterdarlehen sein. Allerdings ist sie nicht mit dem dualen Ansatz vom Erfordernis einer Vermögensteilhabe und einer Einflussnahme auf die unternehmensinterne Willensbildung der Gesellschaft gleichzusetzen. Letztere stellt ausschließlich eine Forderung von Teilen der Literatur dar, welche aus dem Begriff des sich in einer Doppelrolle befindlichen „Gesellschafters" abgeleitet wurde. Ungeklärt bleibt die Frage, was einen formalen „Gesellschafter" auszeichnet, damit ein Dritter diesem unter Wertungsaspekten wirtschaftlich gleichgestellt werden kann.

bb) Historische Auslegung

Auch die historische Auslegung von § 39 Abs. 1 Nr. 5 Alt. 2 InsO führt zu keinem durchbrechenden Erkenntnisgewinn.

Teilweise wird zwar die Ansicht vertreten, dass durch die Nichtberücksichtigung des sich in der Vorgängervorschrift des § 32a Abs. 3 Satz 1 GmbHG a.F. befindlichen Wortlauts „oder eines Dritten" bei sonstiger Übernahme des Auffangtatbestands eine Erstreckung des Rechts der Gesellschafterdarlehen auf Dritte nach neuem Recht ausscheide.[874] Allerdings kann dieser Ansicht bereits deshalb nicht gefolgt werden, weil der historische Gesetzgeber ausweislich seiner Gesetzesbegründung den bisherigen Anwendungsbereich des „§ 32a Abs. 3 Satz 1 GmbHG in personeller (Dritte) und sachlicher Hinsicht übernommen" sehen will.[875] Auch kann dem neuen Wortlaut von § 39 Abs. 1 Nr. 5 Alt. 2 InsO nicht entnommen werden, dass eine Erstreckung des Anwendungsbereichs auf Dritte ausscheidet.

Problematisch an soeben angeführter Gesetzesbegründung des historischen Gesetzgebers ist allerdings, dass erstens bereits vor Inkrafttreten des MoMiG hinsichtlich des persönlichen Anwendungsbereichs des Eigenkapitalersatzrechts Meinungsverschiedenheiten[876] herrschten und zweitens der durch das MoMiG vollzogene Paradigmenwechsel[877] auch im persönlichen Anwendungsbereich des Rechts der Gesellschafterdarlehen berücksichtigt werden muss.

---

874 So etwa *Wälzholz*, DStR 2007, 1914, 1918.

875 Begründung der RegE-MoMiG zu § 39 InsO, BT-Drucks. 16/6140, S. 56.

876 Siehe oben § 5 B II. 1. a), S. 203 ff.

877 Zum Paradigmenwechsel siehe oben § 5 A II. 2. b), S. 176 ff.

cc) Systematische Auslegung

Eine systematische Auslegung von § 39 Abs. 1 Nr. 5 Alt. 2 InsO stützt hingegen die in dieser Arbeit vertretene Ansicht von der fehlenden Erforderlichkeit eines vermögensrechtlichen Elements bei der wirtschaftlichen Gleichstellung Dritter.

Zunächst ist das Kleinbeteiligungsprivilegs gemäß § 39 Abs. 5 InsO anzuführen. Das Kleinbeteiligungsprivileg gewährt eine Ausnahme von der Subordination des Rückzahlungsanspruches gemäß § 39 Abs. 1 Nr. 5 InsO, wenn der Kapitalgeber weder geschäftsführend in der Gesellschaft tätig noch mit über zehn Prozent am Eigenkapital der Gesellschaft beteiligt ist. Einem geschäftsführenden Gesellschafter mit zehn Prozent oder weniger Eigenkapitalbeteiligung kommt das Privileg mithin nicht zu Gute. Unabhängig von der Höhe der Eigenkapitalbeteiligung darf für das Privileg unter keinen Umständen eine Geschäftsführerstellung in der Person des Kapitalgebers vorliegen. Die Norm knüpft folglich primär nicht an die vermögensmäßige Beteiligung an der Gesellschaft, sondern an die Möglichkeit der Einflussnahme auf die Geschicke der Gesellschaft an. Auch bei der zehnprozentigen Eigenkapitalschwelle geht es in erster Linie nicht um die Eigenkapitalbeteiligung selbst, sondern um eine durch das Eigenkapital vermittelte „typisierte […] Wertung des Gesellschaftereinflusses auf die Geschicke der Gesellschaft“.[878] Diese Wertung des Kleinbeteiligungsprivilegs zeigt das für den persönlichen Anwendungsbereich des Rechts der Gesellschafterdarlehen maßgebliche Kriterium: die Möglichkeit der Einflussnahme auf die Geschicke der Gesellschaft.

Entscheidendes Argument gegen das zwingende Erfordernis von Vermögensrechten bei der wirtschaftlichen Gleichstellung Dritter im Rahmen des Rechts der Gesellschafterdarlehen ist jedoch deren relative Entziehbarkeit beziehungsweise deren vollständige Abdingbarkeit. Denn die maßgeblichen Kriterien für die wirtschaftliche Gleichstellung von Dritten mit formalen Gesellschaftern können sich – wie bereits dargelegt – nur anhand des absolut unentziehbaren Kernbestands der Gesellschafterrechte festlegen lassen.[879] Alle sonstigen abdingbaren Mitgliedschaftsrechte können eine Gesellschafterstellung im Rahmen der gebotenen Gesamtbetrachtung lediglich indizieren, jedoch lässt sich anhand dieser nicht

878 *Görner* in Rowedder/Schmidt-Leithoff GmbHG, § 30 Anh. Rn. 118; zustimmend auch *Breidenstein*, ZInsO 2010, 273, 277; a.A. *Habersack* in Großkomm. GmbHG, Anh. § 30 Rn. 98.

879 Zum Begriff der absoluten und relativen Unentziehbarkeit siehe oben § 4 C III. 3. a), S. 144 ff.; zu der parallel verlaufenden Darstellung über die Abdingbarkeit der personenrechtlichen Seite der Mitgliedschaft siehe oben § 5 B I. 2. d) bb), S. 198 ff.

auch zwingend auf eine solche schließen. Letztlich gilt es deshalb die Grenzen für die Abdingbarkeit der vermögensrechtlichen Seite der Mitgliedschaft aufgrund der im GmbHG weit ausgestalteten Privatautonomie festzustellen.

Relativ unentziehbare Vermögensrechte sind der Gewinnanspruch gemäß § 29 Abs. 1 GmbHG und der Anspruch auf den Liquidationserlös gemäß § 72 GmbHG.[880] Teilweise ist für den Entzug eines relativ unentziehbaren Vermögensrecht gegen den Willen des betroffenen Gesellschafters auch ein sachlicher Grund ausreichend, wie dies beispielsweise beim Bezugsrecht analog § 186 Abs. 1 AktG der Fall ist.[881] Absolut unentziehbare Vermögensrechte – anders als absolut unentziehbare Verwaltungsrechte[882] – existieren nach ganz herrschender Meinung dagegen nicht.[883] Lediglich gegen die kumulative Abbedingung des Gewinn- und Liquidationserlösanspruchs sowie des Stimmrechts werden teilweise Einwände erhoben, weil hierdurch der Gesellschafterbegriff sinnentleert werde und dies mit dem Wesen der Gesellschaft mit beschränkter Haftung unvereinbar sei.[884] Dieser Argumentation ist allerdings zu widersprechen,[885] da die im GmbH-Recht vorherrschende Privatautonomie weit auszulegen ist. Ihre Grenzen findet diese nicht in der kumulativen Aufzählung von relativ unentziehbaren Vermögensrechten, sondern – wie zuvor bereits gezeigt[886] – nur in einzelnen absolut unentziehbaren Verwaltungsrechten. Diesen absolut unentziehbaren Verwaltungsrechten ist allesamt die mitgliedschaftliche Teilhabe im Verband im Sinne eines jedem Gesellschafter zwingend zustehenden Minimums der Teilnahme am Gesellschaftsleben gemein.[887] Durch eine lediglich kumulative Abbedingung des Gewinn- und Liquidationserlösanspruchs sowie des Stimmrechts kann ein Gesellschafter indes weiterhin am Gesellschaftsleben teilhaben.

---

880 *Reichert/Weller* in MüKo GmbHG, § 14 Rn. 90; *Seibt* in Scholz GmbHG, § 14 Rn. 32.

881 *Reichert/Weller* in MüKo GmbHG, § 14 Rn. 93; zum gesetzlichen Bezugsrecht auf GmbH Geschäftsanteile siehe oben § 4 E, S. 160 ff.

882 Siehe oben § 5 B I. 2. d) bb), S. 198 ff.

883 Vgl. Aufzählung bei *Fastrich* in Baumbach/Hueck GmbHG, § 14 Rn. 14; *Ebbing* in Michalski GmbHG, § 14 Rn. 60 f.; *Reichert/Weller* in MüKo GmbHG, § 14 Rn. 85; *Seibt* in Scholz GmbHG, § 14 Rn. 32.

884 BGH Urt. v. 14. 7. 1954 – II ZR 342/53, NJW 1954, 1563 f.; zustimmend *Bartl* in HK-GmbHR, § 14 Rn. 2, sowie im Ergebnis auch *Fastrich* in Baumbach/Hueck GmbHG, § 14 Rn. 15.

885 So auch *Ebbing* in Michalski GmbHG, § 14 Rn. 68, und *Reichert/Weller* in MüKo GmbHG, § 14 Rn. 92.

886 Siehe oben § 5 B I. 2. d) bb), S. 198 ff.

887 *Ebbing* in Michalski GmbHG, § 14 Rn. 60; *Raiser* in Großkomm. GmbHG, § 14 Rn. 38; *Reichert/Weller* in MüKo GmbHG, § 14 Rn. 83.

Somit ist festzuhalten, dass die vermögensrechtliche Seite der Mitgliedschaft vollständig abbedungen werden kann.[888] Folglich kann auch kein vermögensrechtliches Element eine zwingende Voraussetzung für die wirtschaftliche Gleichstellung Dritter im Recht der Gesellschafterdarlehen sein.

Entgegenzutreten ist auch der Argumentation von *Fleischer/Schmolke*, welche aufgrund des laut ihrer Ansicht erforderlichen Gleichlaufs von Herrschaft und Haftung eine Parallele zum faktischen Geschäftsführer im Rahmen der systematischen Auslegung ziehen.[889] Diese Parallele ist nicht nur wegen der umstrittenen dogmatischen Begründung des faktischen Geschäftsführers zweifelhaft und somit auch schwerlich begründbar.[890] Viel gewichtiger ist, dass dem GmbHG eine solche Grundwertung vom Gleichlauf von Herrschaft und Haftung fremd ist, da eine solche Pauschalierung unter anderem das Organisations- und Haftungsmodell der GmbH konterkarieren würde.[891] Auch *Servatius* lehnt die Argumentation vom pauschalen Gleichlauf von Herrschaft und Haftung ab und befürwortet in differenzierter Art und Weise lediglich den Gleichlauf von Herrschaft und persönlicher Haftung *oder Haftbeitrag*.[892] Für die Herstellung der Selbstbetroffenheit des einflussreichen Fremdkapitalgebers könne der Haftbeitrag neben der Einlage in Höhe des Stammkapitals auch das Fremdkapital umfassen.[893]

Zuletzt kann auch der Argumentation von *Fastrich* oder *Kolmann* entgegengetreten werden, da richtigerweise der mit Fremdkapital beteiligte Fremdgeschäftsführer als Quasi-Gesellschafter behandelt werden kann.[894] Die gegenteilige Argumentation vom scheinbaren Ausschlusskriterium des Fremdgeschäftsführers stellt bei näherer Betrachtung nichts anderes als eine schlichte Behauptung dar.

---

888 In diesem Punkt noch zustimmend *K. Schmidt*, Gesellschaftsrecht, § 19 III 3 c, S. 557 f.

889 *Fleischer/Schmolke*, WM 2011, 1009, 1015.

890 Zu den dogmatischen Begründungsansätzen vgl. *Fleischer* in MüKo GmbHG, § 43 Rn. 225 f.

891 *Zöllner/Noack* in Baumbach/Hueck GmbHG, § 43 Rn. 3; zur allg. Haftungsverfassung von Verbänden und zum vergleichbaren Problemkreis der unbeschränkten Haftung des Kommanditisten außerhalb von § 176 HGB vgl. *K. Schmidt*, Gesellschaftsrecht, § 18 IV 1 bzw. § 53 IV 3 d).

892 *Servatius*, Gläubigereinfluss durch Covenants, S. 313 ff.; anerkennend Schall, ZHR 2009, 846, 850.

893 *Servatius*, Gläubigereinfluss durch Covenants, S. 315.

894 *Fastrich* in Baumbach/Hueck GmbHG, 20. Auflage, § 30 Anh. Rn. 36; *Kolmann* in Saenger/Inhester GmbHG, Anh. § 30 Rn. 61.

dd) Teleologische Auslegung

Die Auslegung des Begriffs vom wirtschaftlich gleichgestellten Dritten im Sinne von § 39 Abs. 1 Nr. 1 Abs. 2 InsO anhand des Sinn und Zwecks des Rechts der Gesellschafterdarlehen bestätigt das Zwischenergebnis der systematischen Auslegung. Der durch das MoMiG veranlasste Wechsel in der dogmatischen Begründung – weg von der Finanzierungsfolgenverantwortung und hin zu der insolvenzrechtlichen Sanktion des widersprüchlichen Gläubigerverhaltens in der Insolvenz –[895] zeigt deutlich, dass nunmehr an ein antizipiertes Verhalten des Gläubigers in der Insolvenz angeknüpft wird, welches in Widerspruch zu einem Verhalten des Gläubigers vor der Insolvenz stehen muss. Maßgeblich kann somit primär nicht eine vermögensmäßige Beteiligung an der Gesellschaft, sondern vielmehr ein Verhalten in Form des unternehmerischen Handelns sein. Ein solches kann auch ein nicht vermögensmäßig beteiligter Kreditgeber in Form der Einflussnahme auf die Geschicke der Gesellschaft vornehmen.

Auch das vielfach von der Gegenansicht[896] vorgebrachte Argument vom zwingenden Erfordernis des Gleichlaufs von Gesellschafts- und Gläubigerinteresse vermag nicht als zwingendes Ausschlusskriterium zu überzeugen. Dieses geht von der Prämisse aus, dass nur ein „mitgliedschaftsähnliches Eigeninteresse am Schicksal der Gesellschaft" den Anwendungsbereich des Eigenkapitalersatzrechts respektive des Rechts der Gesellschafterdarlehen begründen und ein solches eben nur bei einer vermögensmäßigen Beteiligung an der Gesellschaft bestehen könne.[897] Allerdings hat nicht jeder vermögensmäßig nicht an der Gesellschaft beteiligte Kreditgeber zwingend nur ein Sicherungsinteresse an seinem Kredit und kein mitgliedschaftlich geprägtes Interesse am Unternehmenserfolg der Gesellschaft. Ein Interessengegensatz zwischen gesellschaftsrechtlich einzuordnendem Fremdkapital und Eigenkapital muss also nicht zwingend bestehen. Zwar mag dies zumindest für ein typisches Bankdarlehen gelten. Jedoch gilt die Prämisse nicht zwingendermaßen bei Mezzanine-Finanzierungsinstrumenten, da der Kreditgläubiger bei solchen selbst ohne Einflussnahmerechte durchaus auch ein dem mitgliedschaftlichen Interesse am Unternehmenserfolg vergleichbares Interesse entwickeln kann, sofern er am Unternehmenserfolg partizipiert.

---

895 Siehe oben § 5 A II. 2. d), S. 179 ff.

896 *Engert*, ZGR 6/2012, 853, 858; *Fastrich* in Baumbach/Hueck GmbHG, 20. Auflage, § 30 Anh. Rn. 36; *Habersack*, ZGR 2000, 384, 396; ders. in Großkomm. GmbHG, Anh. § 30 Rn. 91; *Kolmann* in Saenger/Inhester GmbHG, Anh. § 30 Rn. 61.

897 Vgl. *Habersack* in Großkomm. GmbHG, Anh. § 30 Rn. 91 f.; ders. in Großkomm. GmbHG, 1. Auflage, §§ 32a/b Rn. 151.

Als Beispiel angeführt werden kann das partiarische Darlehen aufgrund seines gewinnabhängigen Fremdkapitalzinses.[898] Ein Gläubiger eines partiarischen Darlehens wird – vergleichbar zu dem typisch stillen Gesellschafter – jedoch auch von der Gegenansicht nicht als Quasi-Gesellschafter im Recht der Gesellschafterdarlehen anerkannt.[899] Folglich kann das Argument vom Gleichlauf des Gesellschafts- und Gläubigerinteresse nicht als maßgebliches Abgrenzungskriterium ausschlaggebend für die Anwendung des Eigenkapitalersatzrechts respektive des Rechts der Gesellschafterdarlehen sein.

d) Zwischenergebnis

Die wirtschaftliche Gleichstellung von Kreditgläubigern mit Gesellschaftern im Recht der Gesellschafterdarlehen bedarf keiner vermögensmäßigen Teilhabe an der Gesellschaft. Es kommt nach in dieser Arbeit vertretener Ansicht vielmehr nur auf die Möglichkeit der Einflussnahme des Kreditgläubigers auf die unternehmensinterne Willensbildung der Gesellschaft an. Denn die im Rahmen einer Gesamtbetrachtung – neben der zwingend erforderlichen personenrechtlichen Seite der Mitgliedschaft – zu bewertende vermögensrechtliche Seite der Mitgliedschaft kann vollständig abbedungen werden. Die Grenze der absoluten Unentziehbarkeit ist anders als bei der personenrechtlichen Seite der Mitgliedschaft nicht einschlägig.

2. Erforderliches Maß der Einflussnahme

Offen blieb bislang noch die Bestimmung des erforderlichen Maßes der Einflussnahme auf die unternehmensinterne Willensbildung der Gesellschaft. Wie bereits aufgezeigt reicht die Spannweite von einfachen Einflussnahmerechten auf die alltägliche Unternehmensführung bis hin zu strukturändernden Einflussnahmerechten.[900] Einvernehmen besteht dahingegen, dass die Einflussnahmerechte zumindest über die dem Kreditgeber aufgrund dessen Kreditsicherungsinteresses legitimen Informations- und Überwachungsrechten hinausgehen müssen.

---

898 Gleiches gilt aufgrund dessen Wandlungsrechts auch für das in dieser Untersuchung im Mittelpunkt stehende Wandeldarlehen, wobei dieses selbst nach der hier nicht vertretenen Gegenansicht aufgrund der Kombination von Verwaltungs- und Vermögensrechten gleichfalls dem Anwendungsbereich des Rechts der Gesellschafterdarlehen unterfällt; vgl. hierzu unten § 5 B III, S. 224 ff.

899 U.a. *Habersack* in Großkomm. GmbHG, Anh. § 30 Rn. 94 und 49.

900 Siehe oben § 5 B II. 1. b) bb), S. 211 ff.

Einen gesetzlichen Anhaltspunkt lässt sich mit *Servatius* und *Thiessen* aus der Zehn-Prozent-Schwelle des Kleinbeteiligungsprivilegs gemäß § 39 Abs. 5 InsO gewinnen.[901] Das GmbHG geht im Rahmen des Kleinbeteiligungsprivilegs davon aus, dass ein mit maximal zehn Prozent beteiligter Gesellschafter, welcher auch nicht Geschäftsführer der Gesellschaft ist, von der Subordination gemäß § 39 Abs. 1 Nr. 5 InsO nicht erfasst wird. Die dahinter stehende Wertung des Gesetzes lautet folglich, dass ein nicht bedeutend beteiligter Gesellschafter auch keinen maßgeblichen Einfluss auf die Geschicke der Gesellschaft ausüben könne. Folglich ist nicht nur eine einfache, sondern vielmehr eine bedeutende Einflussnahme auf die Geschicke der Gesellschaft zu fordern.[902]

Bestätigt wird dies von der systematischen Erwägung, dass die wirtschaftliche Gleichstellung gemäß § 39 Abs. 1 Nr. 5 Alt. 2 InsO nur einen Auffangtatbestand darstellt und dieser den gesetzlichen Regelfall des Gesellschafterdarlehens gemäß § 39 Abs. 1 Nr. 5 Alt. 1 InsO nicht aufgrund einer extensiven Auslegung zur Bedeutungslosigkeit degradieren darf. Zweck des Auffangtatbestandes ist es gerade im Einzelfall zielgerichtet dem Gestaltungsmissbrauch vorzubeugen.[903]

Allerdings ist eine zu restriktive Handhabung ebenso wenig angebracht. Aus dem Kleinbeteiligungsprivileg lässt sich nämlich auch entnehmen, dass bereits bei Überschreitung der zehnprozentigen Schwelle eine Subordination gemäß § 39 Abs. 1 Nr. 5 InsO erfolgt. Es bedarf gerade nicht einer einfachen oder qualifizierten Mehrheit der Geschäftsanteile an der Gesellschaft oder sogar einer Alleingesellschaftereigenschaft. Entsprechend kann auch keine Einflussnahme dergestalt gefordert werden, dass der Dritte wie ein Gesellschafter in einer Gesellschafterversammlung einfache – insbesondere im Hinblick auf Weisungen an die Geschäftsführung oder auch (Ab-)Berufung von Geschäftsführern – oder sogar strukturändernde Entscheidungen quasi im Alleingang fassen kann. Die Schwelle

901 Vgl. *Servatius*, CFL 2013, 14, 22, und *Thiessen* in Bork/Schäfer GmbHG, Anh. zu § 30 Rn. 40.

902 Darüber hinaus geht *Breidenstein* fälschlicherweise davon aus, dass vor Inkrafttreten des MoMiG im Rahmen des Kleinbeteiligungsprivilegs nach § 32a Abs. 3 S. 2 GmbHG a.F. immer zwischen unternehmerischer und nicht-unternehmerischer Beteiligung unterschieden wurde, wobei dies nur bei der Anwendung des Eigenkapitalersatzrechts auf die Aktiengesellschaft geschah; vgl. *Breidenstein*, ZInsO 2010, 273, 277, und aufklärend *K. Schmidt* in Scholz GmbHG, 10. Auflage, §§ 32a, 32b Rn. 20 und 197.

903 Zum Zweck des Auffangtatbestands vgl. *Fastrich* in Baumbach/Hueck GmbHG, 20. Auflage, § 30 Anh. Rn. 32.

muss mithin unterhalb einer etwaigen Fremdbestimmung der Geschäftsführung[904] liegen und kann auch keine strukturändernden Maßnahmen[905] erfassen.

Unter Berücksichtigung dieser gegensätzlichen Pole ist somit im Rahmen einer Gesamtbetrachtung aller vertraglichen und außervertraglichen Umstände die Möglichkeit der gewichtigen Einflussnahme auf die Willensbildung innerhalb der Gesellschaft zu fordern. Der Kreditgläubiger muss aus der Perspektive eines unbeteiligten Dritten dem „Lager der Entscheidungsträger"[906] innerhalb der Gesellschaft zugeordnet werden.

Nicht zu folgen ist dagegen der von *Breidenstein* geforderten Ausübungskontrolle nach Insolvenzeröffnung hinsichtlich des tatsächlich ausgeübten oder des auch nur faktisch wirkenden Einflusses des Quasi-Gesellschafters in der Zeit vor Insolvenzeröffnung.[907] Denn die bloße Möglichkeit der entsprechenden Einflussnahme vor Insolvenzeröffnung – das bedeutet letztlich die Macht zur Einflussnahme – des Quasi-Gesellschafters muss bereits ausreichend sein.[908] Andernfalls würde auch der vom Gesetzgeber intendierte[909] Zweck von der Vereinfachung des Rechts der Gesellschafterdarlehen im Rahmen des MoMiGs konterkariert, da insbesondere die faktische Ausübung von Einflussnahme durch den Quasi-Gesellschafter – beispielsweise durch die Errichtung einer „Drohkulisse" der Kreditkündigung bei einem *breach of covenants* und des sich hierdurch

---

904 So aber *Kleindiek*, wenn er die Durchsetzung von Eigeninteressen des Kreditgläubigers zu Lasten der Gläubigergesamtheit fordert; *Kleindiek* in Lutter/Hommelhoff GmbHG, Anh. zu § 64 Rn. 126.

905 So aber *Breidenstein*, ZInsO 2010, 273, 281. Dahingehend auch *Hoffmann*, der die Einflussnahme auch auf „strategische Leitentscheidung" erstreckt sehen will; *Hoffmann*, WM 2012, 10, 11. Vgl. auch *Priester, der* zur Rechtslage vor Inkrafttreten des MoMiG eine Liquidationsentscheidungsmacht des Dritten mittels Stimmbindungsverträgen fordert; *Priester* in FS Helmrich, 721, 731 ff.

906 Denselben Begriff verwendet *Servatius*, welcher die Lagertheorie allerdings noch mit der Ingangsetzungsfunktion verknüpft; *Servatius*, CFL 2013, 14, 22.

907 *Breidenstein*, ZInsO 2010, 273, 281 f.

908 Relativierend bis in sich widersprüchlich im Hinblick auf die Ausübungskontrolle stellt *Breidenstein* selbst auch auf die Einflussnahme*macht* ab; vgl. hierzu bspw. *Breidenstein*, ZInsO 2010, 273, 282: „[…] liegt der Grund für die Einstufung von Darlehen als nachrangig in der Verantwortung des Dritten für das Unternehmen vor der Insolvenz. Diese Verantwortung beruht auf der Möglichkeit der Einflussnahme, nicht aber auf der konkreten Entscheidung."

909 Zu Nachweisen siehe Fn. 711.

vertragskonformen Verhaltens der Geschäftsführung –[910] nur schwer nachweisbar sein wird und folglich eine solche konkrete Ausübungskontrolle mit Rechtsunsicherheit behaftet sein würde.

3. *Übertragung der gewonnenen Erkenntnisse auf Covenants*

Bei der Übertragung der gewonnenen Erkenntnisse verbleibt noch die zentrale Frage, welchen konkreten Umfang Covenants nunmehr in Kreditverträgen haben müssen, um einem Kreditgläubiger die Möglichkeit der gewichtigen Einflussnahme auf die Willensbildung innerhalb der Gesellschaft zu ermöglichen. Wann ist ein solcher Kreditgläubiger in das „Lager der Entscheidungsträger" innerhalb der Gesellschaft einzuordnen?

Nicht näher thematisiert werden müssen reine Informations-, Auskunfts- und Überwachungsrechte – wie beispielsweise ein passives Teilnahmerecht in Gesellschafterversammlungen im Sinne eines Beobachterstatus – des Kreditgläubigers, da diese bereits keine Einflussnahme auf die Willensbildung der Gesellschaft gewähren. Zudem spiegeln diese Rechte lediglich das legitime Interesse des Kreditgläubigers an der Kreditsicherung wieder, um insbesondere im Falle einer Vermögensverschlechterung das dem Kreditgläubiger gesetzlich zustehende außerordentliche Kündigungsrecht gemäß § 490 BGB ausüben zu können. Diese Wertung spiegelt sich auch in § 18 KWG wieder, wonach professionelle Kreditgeber unter bestimmten Voraussetzungen gesetzlich verpflichtet sind, sich über die wirtschaftlichen Verhältnisse des Kreditnehmers zu informieren. Gleichfalls nicht näher thematisiert werden müssen auch einfache Einflussnahmerechte, welche dem Kreditgläubiger lediglich ein Konsultations- und Rede- beziehungsweise Anhörungsrecht zugestehen. Solche Informations- beziehungsweise Auskunftsrechte über die Geschicke der Gesellschaft und einfache Einflussnahmerechte auf die unternehmensinterne Willensbildung der Gesellschaft stellen – wie bereits dargelegt – lediglich das erforderliche Mindestmaß der Teilhabe am Gesellschaftsleben dar.[911]

Erst wenn der Kreditgläubiger in der Sache tatsächlich (unmittelbar) oder faktisch (mittelbar) mitentscheiden kann, wird die Grenze zur gewichtigen Einflussnahme auf die unternehmensinterne Willensbildung der Gesellschaft erreicht sein. Eine unmittelbare Mitentscheidung liegt insbesondere bei der Aufnahme des Dritten in beschließende Ausschüsse – wie beispielsweise einem Beirat oder

---

910 Zu den Rechtsfolgen des sog. „breach of covenants" siehe oben § 4 C I. 2. b) dd) (2), S. 119 ff.

911 Siehe oben § 5 B I. 2. d) bb), S. 198 ff.

einem Aufsichtsrat – oder im Falle von Stimmbindungsvereinbarungen mit den Gesellschaftern vor. Eine mittelbare Mitentscheidung kommt insbesondere bei den vorliegend zu untersuchenden kreditvertraglichen Covenants in Betracht. Denn (schuldrechtlich) vereinbarte Covenants entfalten ihre Rechtswirkung lediglich *inter partes* zwischen dem Kreditgläubiger und der Gesellschaft. Bei Covenants in Form von Zustimmungsvorbehalten hinsichtlich bestimmter Maßnahmen oder pauschalen Verhaltenspflichten der Gesellschaft wird deshalb zudem noch deren faktische Durchsetzbarkeit mittels außerordentlichem Kündigungsrecht des Kreditgebers hinsichtlich dessen Darlehen zu fordern sein, da ansonsten bereits denkbar keine wirksame Beeinflussung der Geschäftsführung durch die Vereinbarung von Covenants möglich ist. Denn die Geschäftsführung könnte sich trotz verweigerter Zustimmung seitens des Kreditgebers oder bei Verstoß gegen pauschale Verhaltenspflichten über das lediglich schuldrechtlich wirkende Vertragswerk hinwegsetzen.[912] Dies könnte auch dann gelten, wenn der aus einem vertragswidrigem Verhalten resultierende Schadensersatz eine derartige Größe hätte, dass allein aufgrund dessen Drohpotentials ein vertragskonformes Verhalten zu erwarten ist. In diesem Falle wäre die faktische Durchsetzbarkeit auch ohne die Einräumung eines außerordentlichen Kündigungsrechts gewährleistet. In umgekehrter Weise muss das Kreditvolumen des Kreditgläubigers auch derart signifikant für die kreditnehmende Gesellschaft sein, dass überhaupt ein Drohpotential von der Kreditkündigung zu erwarten ist. Letztlich läuft es bei der mittelbaren Mitentscheidung des Kreditgebers auf die faktische Einschränkung der Entscheidungsspielräume und Handlungsoptionen der Geschäftsführung aufgrund eines faktisch abschreckend wirkenden Sanktionsmechanismus bei vertragswidrigem Verhalten hinaus.[913]

Im Ergebnis kommt es somit für das erforderliche Maß der gewichtigen Einflussnahme auf die unternehmensinterne Willensbildung auf die Einräumung von unmittelbaren oder mittelbaren (Mit-)Entscheidungsrechten des Kreditgläubigers an, wobei letztere mittels einem faktisch abschreckend wirkenden Sanktionsmechanismus abgesichert sein müssen. Für kreditvertragliche Covenants kommt nur letztere Alternative aufgrund deren rechtlichen Unverbindlichkeit für die Geschäftsführung in Betracht. Forderungen nach darüber hinaus gehenden Anforderungen an Art und Umfang der Einflussnahme sind dagegen abzulehnen.[914]

---

912 Zu den Rechtsfolgen des sog. „breach of covenants" siehe oben § 4 C I. 2. b) dd) (2), S. 119 ff.

913 Ähnlich *Hoffmann*, WM 2012, 10, 11.

914 Siehe oben Fn. 904 und 905 bezüglich der Ansichten von *Breidenstein*, ZInsO 2010, 273, 281; *Hoffmann*, WM 2012, 10, 11; *Kleindiek* in Lutter/Hommelhoff GmbHG,

4. *Ergebnis zu der isolierten Betrachtung von Covenants*

Allein die schuldrechtliche Vereinbarung von Covenants vermag nach der in dieser Arbeit vertretenen Ansicht ein Wandeldarlehen wirtschaftlich als eine mit einem Gesellschafterdarlehen gleichgestellte Rechtshandlung im Sinne von § 39 Abs. 1 Nr. 5 Alt. 2 InsO zu qualifizieren, da es für die wirtschaftliche Gleichstellung von Kreditgläubigern mit Gesellschaftern im Recht der Gesellschafterdarlehen nicht zwingend einer vermögensmäßigen Beteiligung an der Gesellschaft bedarf und es vielmehr maßgeblich auf die potentielle Einflussnahme auf die Geschicke der Gesellschaft ankommt. Hierfür müssen die schuldrechtlich vereinbarten Covenants dem Kreditgläubiger die Möglichkeit der gewichtigen Einflussnahme auf die Willensbildung innerhalb der Gesellschaft ermöglichen. Dies ist anhand einer Gesamtbetrachtung von allen vertraglichen und außervertraglichen Umständen festzustellen. Als Leitgedanke kann die Frage gestellt werden, ob ein unbeteiligter Dritte den Wandeldarlehensgläubiger in das Lager der Entscheidungsträger innerhalb der Gesellschaft einordnen würde. Dies ist insbesondere dann anzunehmen, wenn durch die Vereinbarung von Covenants die Entscheidungsspielräume der Geschäftsführung der Gesellschaft faktisch eingeschränkt werden. Regelmäßig ist dies dann der Fall, wenn der Kreditgläubiger sich ein außerordentliches Kündigungsrecht hinsichtlich seines Kredites für den Fall der Missachtung eines ihm zustehenden Zustimmungsvorbehalts oder der Nichteinhaltung von vertraglichen Verpflichtungen hat einräumen lassen. Hingegen sind reine Informations-, Auskunfts- und Überwachungsrechte des Kreditgläubigers nicht ausreichend.

III. Kombination von Wandlungsrecht und Covenants

Entgegen dem in vorherigem Abschnitt gefundenen Ergebnis[915] sollen im Folgenden – zur erschöpfenden Abhandlung der Fragestellung – noch hilfsweise die Auswirkungen der Kombination von Wandlungsrecht und Covenants auf die wirtschaftliche Gleichstellung Dritter im Recht der Gesellschafterdarlehen nach der in dieser Arbeit nicht vertretenen Ansicht vom dualen Erfordernis von Vermögensteilhabe und Einflussrechten untersucht werden. Ist hiernach ein nicht mit gesellschaftsrechtlichem Eigenkapital beteiligter Kreditgeber einem formalen Gesellschafter wirtschaftlich gleichzustellen, wenn ihm das Wandeldarlehen

---

Anh. zu § 64 Rn. 126; zur alten Rechtslage vor Inkrafttreten des MoMiG auch *Priester* in FS Helmrich, 721, 731 ff.

915 Vgl. vorherigen § 5 B II. 4, S. 224 f.

zu seinen Gunsten sowohl ein Wandlungsrecht als auch Covenants einräumt? Spiegeln diese beiden Elemente im Wege der erforderlichen Gesamtbetrachtung die Anforderungen an die vermögensrechtliche und die personenrechtliche Seite der Mitgliedschaft entsprechend wieder?

1. Meinungsstand im Schrifttum

Unter den Vertretern[916] des dualen Erfordernisses von Vermögensteilhabe und Einflussrechten herrscht weitgehende Uneinigkeit über die konkreten Anforderungen an die personenrechtlichen und vermögensrechtlichen Elemente für die wirtschaftliche Gleichstellung Dritter im Sinne von § 39 Abs. 1 Nr. 5 Alt. 2 InsO. Auf die verschiedenen Ausprägungen und möglichen Anforderungen an die personenrechtliche Seite ist im Rahmen des vorherigen Abschnittes zu der isolierten Betrachtung von Covenants bereits ausführlich eingegangen worden.[917] Insbesondere wurde dargestellt, dass Covenants dem Kreditgläubiger bei entsprechender Ausgestaltung mitgliedschaftsähnliche Einflussrechte auf die unternehmensinterne Willensbildung gewähren und somit den Anforderungen an die personenrechtliche Seite der Mitgliedschaft auch entsprechen können. Offen blieb bislang, ob das Wandlungsrecht die Anforderungen an die vermögensmäßige Beteiligung erfüllt.[918]

a) Restriktiver Ansatz

Eine Strömung innerhalb der Vertreter des dualen Erfordernisses von Vermögensteilhabe und Einflussrechten stellt hohe Anforderungen an die vermögensrechtliche Seite, indem regelmäßig eine Vermögens- und Ergebnisteilhabe sowie zusätzlich ein Interessengleichlauf von Kapitalgeber und Gesellschafter gefordert werden.[919]

Bereits die Forderung nach einer restriktiven Handhabung verdeutlicht diese hohen Anforderungen, welche insbesondere *Habersack* an die Einbeziehung von gesellschaftergleichen Dritten im Recht der Gesellschafterdarlehen setzt.[920] Auf

---

916 Zu Nachweisen siehe Fn. 823 und 837.

917 Siehe oben § 5 B II. 2 und 3, S. 219 ff.

918 Erneut sei darauf hingewiesen, dass dies unter der Prämisse vom dualen Erfordernis von Vermögensrechten und Einflussrechten für die wirtschaftliche Gleichstellung Dritter gemäß § 39 Abs. 1 Nr. 5 Alt. 2 InsO erfolgt.

919 *Habersack* in Großkomm. GmbHG, Anh. § 30 Rn. 91 ff.; *Runge*, Covenants in Kreditverträgen, S. 168 ff.; wohl auch *Fastrich* in Baumbach/Hueck GmbHG, 20. Auflage, § 30 Anh. Rn. 36, oder *Kolmann* in Saenger/Inhester GmbHG, Anh. § 30 Rn. 60 f.

920 Siehe oben § 5 B II. 1. b) aa), S. 209 ff.

der vermögensrechtlichen Seite bedürfe es einer „der Beteiligung am Kapital vergleichbare[n], gesellschaftsrechtlich fundierte[n] Beteiligung am Vermögen der finanzierten Gesellschaft".[921] Darüber hinaus muss als zusätzliches Korrektiv ein dem „mitgliedschaftlichem Interesse vergleichbares Interesse an der Finanzierung der GmbH" vorliegen, denn nur dann werde ein gesellschaftergleicher Dritter auch von dem Prinzip der Haftungsbeschränkung begünstigt.[922] Exemplarisch aufgezählt werden hierfür der Treugeber sowie gegebenenfalls, bei entsprechender Ausgestaltung, der Unterbeteiligte, der atypische Nießbraucher und der atypisch stille Gesellschafter.[923] Dagegen könne der atypische Pfandgläubiger trotz seiner grundsätzlichen Einbeziehung in das mitgliedschaftliche Rechtsverhältnis aufgrund seiner Verwertungsbefugnis aus dem dinglichen Pfandrecht nicht vom persönlichen Anwendungsbereich erfasst werden, weil dieser kein Interesse am Schicksal der Gesellschaft, sondern lediglich sein eigenes Sicherungsinteresse verfolge.[924] Auch der Inhaber eines Options- und Wandlungsrecht stehe vor der Wandlung in „keinem mitgliedschaftlichen oder mitgliedschaftsähnlichen Rechtsverhältnis".[925] Verwiesen wird in diesem Zusammenhang auf die aktienrechtliche Kommentierung zu § 221 AktG, wonach der Gläubiger einer Wandel- oder Optionsanleihe keine Stellung als „aufschiebend bedingte[r]" Aktionär oder „Anwartschaftsberechtigte[r] auf Aktien" einnehme.[926]

Dieser restriktiven Ansicht dem Grunde nach zustimmend, bejaht auch *Runge* die vermögensrechtliche Seite nur, wenn „ein durch eine zumindest mittelbare Beteiligung am Vermögen und Ertrag der kreditnehmenden Gesellschaft vermitteltes unternehmerisches Interesse des Kreditgebers am Schicksal der kreditnehmenden Gesellschaft" vorliege.[927] Dies sei insbesondere bei erfolgsabhängigen Vergütungsstrukturen nicht der Fall, da keine Beteiligung am „Ergebnis, Vermögen und an den stillen Reserven" vorliege.[928] Somit fehle auch die einem Gesellschafter typische Teilhabe an sämtlichen Vermögensveränderung an der Gesellschaft und es läge stattdessen nur die Teilhabe an den

921 *Habersack* in Großkomm. GmbHG, Anh. § 30 Rn. 91.
922 *Habersack* in Großkomm. GmbHG, Anh. § 30 Rn. 91.
923 *Habersack* in Großkomm. GmbHG, Anh. § 30 Rn. 91 ff.
924 *Habersack*, ZGR 2000, 384, 399; ders., Die Mitgliedschaft – subjektives und „sonstiges" Recht, S. 109 ff.
925 *Habersack* in Großkomm. GmbHG, Anh. § 30 Rn. 95.
926 *Habersack* in MüKo AktG, § 221 Rn. 27 f., i.V.m *Habersack* in Großkomm. GmbHG, Anh. § 30 Rn. 95 (Fn. 310).
927 *Runge*, Covenants in Kreditverträgen, S. 171 i.V.m. 187.
928 *Runge*, Covenants in Kreditverträgen, S. 185 und 187.

(positiven) Vermögensveränderungen, welche lediglich während der Kreditlaufzeit durch eine Ertrags- oder Unternehmenswertsteigerung eintreten würden, vor.[929] Konkret zählt *Runge* auch das Options- oder Wandlungsrecht zu dem Typus einer erfolgsabhängigen Vergütung.[930] Aufgrund der (aktiv) zu treffenden Entscheidung des Berechtigten für die Ausübung des Options- oder Wandlungsrechts bestünde „noch keine gesicherte Basis für den Rechtserwerb", sodass das „Mezzanine-Darlehen nicht im Hinblick auf eine künftige Gesellschafterstellung gewährt" werden würde.[931] Vielmehr stelle die Gewährung des Options- oder Wandlungsrechts lediglich die „Gegenleistung für die risikoreiche Überlassung von Fremdkapital" dar.[932] Dies sei jedoch Ausdruck eines typischen Interesses eines Fremdkapitalgebers an dessen Renditesteigerung und „nicht Ausdruck eines unternehmerischen, mit dem Schicksal der Gesellschaft verbundenen und auf eine dauerhafte Fortführung der Gesellschaft und Gewinnerzielung aus dem Unternehmen gerichteten Interesses".[933]

Auch *Fastrich, v. Jeinsen* oder *Kolmann stellen* maßgeblich auf das verfolgte Interesse des Kreditgebers ab.[934] Hierzu stellte *v. Jeinsen* bereits vor dem Inkrafttreten des MoMiG fest, dass eine wirtschaftliche Gleichstellung des Kapitalgebers nur gerechtfertigt sei, wenn dessen verfolgtes Eigeninteresse ein der „Gesellschaft vergleichbares Eigeninteresse" darstelle.[935] Im Hinblick auf einen Equity Kicker läge ein solches allerdings nicht vor, da der Kreditgeber trotz Equity Kicker kein mitgliedschaftlich geprägtes unternehmerisches Interesse, sondern nur dasjenige eines Fremdkapitalgebers an Renditesteigerung verfolge.[936] Denn auch ein (dinglicher) Equity Kicker sei – wirtschaftlich betrachtet – nichts anderes als eine Bonusvereinbarung und gewähre dem Kreditgeber lediglich eine zusätzliche Vergütung.[937]

---

929 *Runge*, Covenants in Kreditverträgen, S. 185 und 187.

930 *Runge*, Covenants in Kreditverträgen, S. 174 ff.

931 *Runge*, Covenants in Kreditverträgen, S. 187 i.V.m. 176.

932 *Runge*, Covenants in Kreditverträgen, S. 187 i.V.m. 176.

933 *Runge*, Covenants in Kreditverträgen, S. 187.

934 *Fastrich* in Baumbach/Hueck GmbHG, 20. Auflage, § 30 Anh. Rn. 36; *v. Jeinsen*, BB 1992, 1149, 1151 f.; *Kolmann* in Saenger/Inhester GmbHG, Anh. § 30 Rn. 61.

935 *v. Jeinsen*, BB 1992, 1149, 1151 f.; wobei sich *v. Jeinsen* teilweise bei dem Vergleichspaar nicht konsequent verhält, wenn er einerseits auf die Gesellschaft und andererseits auf einen Gesellschafter abstellt.

936 *v. Jeinsen*, BB 1992, 1149, 1151 f.

937 *v. Jeinsen*, BB 1992, 1149, 1152.

b) Extensiver Ansatz

Eine andere Strömung innerhalb der Vertreter des dualen Erfordernisses von Vermögensteilhabe und Einflussrechten lässt dagegen bereits die Teilhabe am Unternehmenserfolg für die vermögensrechtliche Seite ausreichen.[938] Eine solche lasse sich hiernach unter anderem durch eine (mittelbare) Beteiligung an den laufenden Gewinnen, Umsätzen oder der Wertentwicklung des Unternehmens realisieren.

Diese Ansicht vertritt unter anderem *Engert*, welcher aus einer ökonomischen Perspektive mit dem durch die Subordination gemäß § 39 InsO bezweckten Verringerung des Risikoanreizes argumentiert.[939] Nur derjenige könne vom Anwendungsbereich der Norm erfasst werden, der überhaupt einem Risikoanreiz unterliege.[940] Einem solchen Risikoanreiz unterliege wiederum nur derjenige, der auch an einer positiven Wertentwicklung der Gesellschaft teilhabe.[941] Die aus seiner Sicht hierfür erforderliche Eigenkapitalbeteiligung (im materiellen Sinne) könne dabei aus formellem Eigenkapital, Gesellschafter- und Nachrangdarlehen im Sinne von § 39 Abs. 1 Nr. 5 und Abs. 2 InsO sowie abgeleiteten Rechten bestehen, „deren Umfang oder Entstehen vom wirtschaftlichen Erfolg des Unternehmens [...] abhängen."[942] Als Unterfall letzterer Kategorie zählt er explizit das „Bezugsrecht auf Anteile (etwa eine[n] equity kicker)" auf.[943]

Gleichfalls nur als Mittel zum Zweck stellen *Maesch/Voß* auf eine „Vermögensbeteiligung" ab, welche die aus ihrer Sicht maßgebliche Beteiligung am Unternehmensergebnis gewährleiste.[944] Allerdings scheinen sie mit dem Begriff des Unternehmensergebnisses nur das positive Unternehmensergebnis zu verstehen, was sich aus ihrer Forderung nach einer „vom Unternehmensergebnis abhängigen Gegenleistung"[945] für die Hingabe des (Fremd-)Kapitals zeigt. Denn eine solche Gegenleistung kann schon begrifflich nicht negativ ausfallen. Zudem

---

938 *Berger*, ZBB 2008, 92, 103 f.; *Engert*, ZGR 6/2012, 853, 861 f.; *Kästle*, Rechtsfragen der Verwendung von Covenants in Kreditverträgen, S. 188; *Maesch/Voß*, FB 2007, 1, 7 und 11; im Ergebnis zustimmend wohl auch: *Freitag* in Staudinger BGB, 14. Auflage, § 488 Rn. 89; *Görner* in Rowedder/Schmidt-Leithoff GmbHG, § 30 Anh. Rn. 70 f.

939 *Engert*, ZGR 6/2012, 853, 858 ff.

940 *Engert*, ZGR 6/2012, 853, 858.

941 *Engert*, ZGR 6/2012, 853, 858.

942 *Engert*, ZGR 6/2012, 853, 861 f.

943 *Engert*, ZGR 6/2012, 853, 862.

944 *Maesch/Voß*, FB 2007, 1, 7 und 11.

945 *Maesch/Voß*, FB 2007, 1, 11.

ziehen sie eine Parallele zu der Pfandgläubiger-Entscheidung des BGH.[946] Auch *Traugott* zieht für eine Kaufoption auf Geschäftsanteile die Parallele zu der Pfandgläubiger-Entscheidung des BGH und bejaht daraufhin die mitgliedschaftliche Prägung des Rechtsverhältnisses des Berechtigten zur Gesellschaft.[947] Diesen Ansatz verfolgt wohl auch *Görner*, wenn er gleichfalls im Hinblick auf die Pfandgläubiger-Entscheidung des BGH feststellt, dass das „Pfandrecht einen Zugriff auf die Vermögenssubstanz der Beteiligung eröffnet und dies in Kombination mit entsprechenden umfangreichen Einflussmöglichkeiten den Pfandgläubiger einem Gesellschafter entscheidend annähert."[948] Denn einen solchen „Zugriff auf die Vermögenssubstanz" wird nur derjenige ausüben, der hierdurch einen positiven Wertzuwachs in seinem Vermögen erzielen kann.

Im Ergebnis vergleichbar äußern sich auch *Berger* oder *Kästle*, welche die schuldrechtliche „Option auf den zukünftigen Erwerb eines Anteils"[949] beziehungsweise die „Option auf künftigen Erwerb eines Anteils zu bereits festgelegten Bedingungen"[950] als eine „Chance auf Teilhabe an [der] Vermögensmehrung"[951] der Gesellschaft sehen.

Gemein ist diesen Ansichten allesamt, dass ihnen eine (mögliche) Teilhabe an dem (positiven) Unternehmenserfolg – sei es am Ergebnis- oder durch sonstige Vermögensmehrung der Gesellschaft – bereits als mittelbares Vermögensrecht ausreicht. Eine Verlustteilhabe an einem potentiellen Unternehmensmisserfolg ist hingegen nicht erforderlich. Ein zusätzliches Korrektiv im Sinne eines erforderlichen Interessengleichlaufs von Gesellschafter und Kreditgeber ist zudem nicht erforderlich.

---

946 Zur Pfandgläubiger-Entscheidung des BGH vgl. allg. § 5 B I. 2. b) aa) (2), S. 192 ff.

947 *Traugott*, ZIP 1997, 1690, 1693. Allerdings setzt *Traugott* bereits das vermögensrechtliche Element nicht als notwendig voraus und lässt Einflussrechte ausreichen; siehe oben § 5 B II. 1. a) aa), S. 203 ff.

948 *Görner* in Rowedder/Schmidt-Leithoff GmbHG, § 30 Anh. Rn. 70. Auch *Hirte* lässt das reine Pfandrecht für die vermögensmäßige Beteiligung ausreichen; *Hirte* in Uhlenbruck InsO, § 39 Rn. 41. Einschränkend wiederum *Freitag*, welche die vermögensrechtliche Beteiligung des Pfandgläubigers nur bei zusätzlicher Abtretung der Gewinnansprüche als erfüllt anerkennen; *Freitag* in Staudinger BGB, 14. Auflage, § 488 Rn. 89.

949 *Berger*, ZBB 2008, 92, 103 f.

950 *Kästle*, Rechtsfragen der Verwendung von Covenants in Kreditverträgen, S. 188.

951 *Kästle*, Rechtsfragen der Verwendung von Covenants in Kreditverträgen, S. 188.

c) *Sonstige Ansichten konkret im Hinblick auf die Kombination von Covenants und Equity Kicker*

Explizit zu der Kombination von Covenants und Equity Kicker – in Form einer in einem Projektfinanzierungsvertrag eingeräumten Option zum späteren Gesellschaftsbeitritt – äußert sich *Klein.*[952] Er verneint eine Parallele zur Entscheidung des BGH zum atypischen Pfandgläubiger aufgrund der fehlenden Vergleichbarkeit der Sachverhalte. Denn anders als der Pfandgläubiger sei der Optionsberechtigte aufgrund der lediglich schuldrechtlich wirkenden Rechtsbeziehung zur Gesellschaft noch nicht in den mitgliedschaftlichen Verband einbezogen.[953]

2. *Stellungnahme und Anwendung der gewonnenen Erkenntnisse auf das Wandeldarlehen*

Die restriktive Auffassung des dualen Erfordernisses von Vermögensteilhabe und Einflussrechten entspricht weitestgehend den vom BGH in seiner Entscheidung zum atypisch stillen Gesellschafter aufgestellten Anforderungen an die wirtschaftliche Gleichstellung Dritter im Rahmen des Eigenkapitalersatzrechts.[954] In dieser wurde auf der vermögensrechtlichen Seite bereits die zumindest mittelbare Beteiligung des atypisch stillen Gesellschafters am Vermögen, dem Ergebnis (Gewinn und Verlust) sowie den stillen Reserven der Gesellschaft gefordert. Denn bei Abbedingung der Verlustpartizipation gemäß §§ 231 Abs. 2, 236 HGB wurde der stille Gesellschafter – selbst bei zusätzlicher Einräumung von Einflussrechten auf die Geschicke der GmbH – wirtschaftlich als nicht in den mitgliedschaftlichen Verband der Gesellschaft im Sinne des Eigenkapitalersatzrechts einbezogen angesehen. Dagegen wurde und wird der atypisch stille Gesellschafter (mit Verlustteilhabe und Einflussrechten) neben dem Treugeber als typischer Fall der Erweiterung des persönlichen Anwendungsbereichs des Eigenkapitalersatzrechts beziehungsweise des Rechts der Gesellschafterdarlehen betrachtet. Allerdings endet hier die weitgehende Parallelität der wesentlichen Anforderungen von dem BGH und der restriktiven Auffassung im Schrifttum,

---

952 *Klein*, Projektfinanzierung, S. 350 f.

953 *Klein*, Projektfinanzierung, S. 351; zur Einbeziehung des Pfandrechtsgläubigers in das mitgliedschaftliche Rechtsverhältnis siehe oben § 5 B I. 2. b) aa) (3), S. 193 f.

954 Zur BGH-Entscheidung zum atypisch stillen Gesellschafter im Rahmen des Eigenkapitalersatzrechts (BGH, Urt. v. 07.11.1988 – II ZR 46/88, NJW 1989, 982 ff.) siehe oben § 5 B I. 2. b) aa) (1), S. 191.

da der BGH in seiner Entscheidung zum atypischen Pfandgläubiger insbesondere einen zusätzlichen Interessengleichlauf ausdrücklich abgelehnt hatte.[955]

Dieser von dem restriktiven Schrifttum zusätzlich geforderte Interessengleichlauf wirft aus Sicht der extensiven Auffassung Fragen auf: Warum soll ein (atypischer) Pfandgläubiger, der – wie selbst von den Befürwortern der restriktiven Auffassung eingeräumt wird –[956] bereits in einem mitgliedschaftlichen Rechtsverhältnis zur Gesellschaft und den Gesellschaftern steht, aus wirtschaftlicher Sichtweise nur wegen seines unterschiedlich gerichteten Interesses nicht einem formalen Gesellschafter gleichgestellt sein? Warum soll nur eine mittelbare Beteiligung am Vermögen und den Ergebnissen der Gesellschaft ein unternehmerisches Interesse am Schicksal der Gesellschaft vergleichbar zu dem eines formalen Gesellschafters gewährleisten können? Und ist dies insbesondere bei einer erfolgsabhängigen Vergütungsstruktur mit einem echten Equity Kicker zwingend zu verneinen?[957]

Zunächst muss sämtlichen Argumenten entgegengetreten werden, welche an den noch nicht gesicherten Rechtserwerb bei einem Equity Kicker anknüpfen. Denn weder bedarf es für die wirtschaftliche Gleichstellung Dritter im Rahmen des Rechts der Gesellschafterdarlehen einer juristischen Annäherung an oder sogar einer Gleichstellung mit dem Anwartschaftsrecht.[958] Noch sind Ausführungen zu einer künftigen Gesellschafterstellung basierend auf der Vorverlagerung der Krisenentscheidung im Recht der Gesellschafterdarlehen zielführend,

---

955 BGH, Urt. v. 13.07.1992 – II ZR 251/91, NJW 1992, 3035 ff.; ausführlich zur BGH-Entscheidung zum atypischen Pfandgläubiger im Rahmen des Eigenkapitalersatzrechts siehe bereits oben § 5 B I. 2. b) aa) (2), S. 192 ff.

956 Siehe oben § 5 B III. 1. a), S. 225 ff.

957 Siehe oben § 5 B III. 1. a), S. 225 ff.

958 So im Ergebnis wohl auch *Habersack*, wenn er in Bezug auf Options- und Wandlungsrechte das mitgliedschaftliche oder mitgliedschaftsähnliche Rechtsverhältnis für das GmbH-Recht im Rahmen des Rechts der Gesellschafterdarlehen verneint und diesbezüglich zur Begründung pauschal auf die Kommentierung zur Rechtsnatur der aktienrechtlichen Wandel- und Optionsanleihen verweist, gemäß welcher rechtliche Vorwirkungen mitgliedschaftlicher Natur im Aktienrecht nicht vorliegen sollen und „Wandel- oder Optionsgläubiger nicht die Stellung eines ‚aufschiebend bedingten' Aktionärs oder eines ‚Anwartschaftsberechtigten auf Aktien'" inne hätten; *Habersack* in Großkomm. GmbHG, Anh. § 30 Rn. 95 (Fn. 310) i.V.m. *Habersack* in MüKo AktG, § 221 Rn. 27 f. Zur fehlenden Vergleichbarkeit von Wandeldarlehen und Wandel-/ Optionsanleihen siehe oben § 4 C I. 2. a), S. 110 ff.

da solche noch auf dem Gedanken der Finanzierungsfolgenverantwortung zur Rechtslage vor Inkrafttreten des MoMiG beruhen.[959]

Für den von der restriktiven Auffassung zusätzlich geforderten Interessengleichlauf spricht zunächst die von dieser Auffassung regelmäßig vertretene dogmatische Begründung von der *Vermeidung des Missbrauchs der Haftungsbeschränkung*.[960] Hiernach könne der persönliche Anwendungsbereich des Rechts der Gesellschafterdarlehen nur diejenigen erfassen, welche auch von der Haftungsbeschränkung profitierten.[961] Allerdings erscheint es zweifelhaft, warum nicht auch ein Wandeldarlehensgeber aufgrund seines Wandlungsrechts ein unternehmerisches Interesse an dem Schicksal der Gesellschaft vergleichbar zu demjenigen eines formalen Gesellschafters haben kann.[962] Das Wandlungsrecht ermöglicht es dem Kreditgeber an einer seit dem schuldrechtlichen Vertragsabschluss zwischenzeitlich eingetretenen Wertsteigerung der Gesellschaft zu partizipieren, da er die Geschäftsanteile zu einer für ihn vorteilhafteren Bewertung der Gesellschaft und somit zu einem günstigeren Preis als dem aktuellen Verkehrswert übernehmen kann (beziehungsweise im Falle einer Wandlungsverpflichtung muss).[963] Denn für den Preis pro Geschäftsanteil ist typischerweise entweder die niedrigere Unternehmensbewertung aus der letzten Eigenkapital-Finanzierungsrunde oder die Unternehmensbewertung der nächsten Eigenkapital-Finanzierungsrunde einschließlich eines für den Kreditgeber günstigen Bewertungsabschlags maßgeblich.[964] Nach der eigenen Zulassung übernimmt er Geschäftsanteile an der Gesellschaft und mit der Eintragung der Kapitalerhöhung im Handelsregister wird er formaler Gesellschafter der Gesellschaft. Aus diesem Grund hat der Kreditgeber ein unternehmerisches Interesse am Schicksal der Gesellschaft. Dies gilt umso mehr, wenn

---

959 So aber *Runge*, Covenants in Kreditverträgen, S. 187 i.V.m. 176, welcher diese Problematik zwar auf Seite 175 selbst problematisiert und im Ergebnis dennoch verkennt. Zur Vorverlagerung der Krisenentscheidung im Eigenkapitalersatzrecht siehe bereits oben § 5 B I. 1. b), S. 186 ff.

960 Zur dogmatische Begründung des Rechts der Gesellschafterdarlehen siehe oben § 5 A II. 2, S. 175 ff.

961 *Habersack* in Großkomm. GmbHG, Anh. § 30 Rn. 91; *Runge*, Covenants in Kreditverträgen, S. 187.

962 So aber ausdrücklich u.a. *v. Jeinsen*, BB 1992, 1149, 1151 f.; *Runge*, Covenants in Kreditverträgen, S. 187 i.V.m. 175; *Schultze de la Cruz*, Der neue Normzweck des Rechts der Gesellschafterdarlehen und seine Auswirkungen auf den persönlichen Anwendungsbereich, S. 240 f.; implizit auch *Habersack* in Großkomm. GmbHG, Anh. § 30 Rn. 95 i.V.m. 91.

963 Siehe oben § 2 B II. 1, S. 35 f.

964 Siehe oben § 2 B II. 1, S. 35 f.

die Parteien eine Wandlungsverpflichtung des Gläubigers bei dem Eintritt von gewissen Wandlungsereignissen, wie typischerweise einer Finanzierungsrunde oder dem Laufzeitende des Wandeldarlehens, vereinbart haben. Denn ein solches (bedingtes) Pflichtwandeldarlehen ist faktisch mit einer aufschiebend bedingten Kapitalerhöhung vergleichbar. Darüber hinaus ist zu bedenken, dass insbesondere im Bereich von Venture Capital-Finanzierungen eine gesellschaftsrechtliche Beteiligung an der Gesellschaft bis zum Exit mangels Fungibilität der Geschäftsanteile nur in Ausnahmefällen am freien Markt veräußerbar ist (sofern dies aufgrund einer regelmäßig vorhandenen satzungsmäßigen Vinkulierung rechtlich überhaupt frei möglich ist). Letztlich ist das Interesse eines Wandeldarlehensgebers somit bereits im Zeitpunkt des Vertragsabschlusses auf die Übernahme von Geschäftsanteilen gerichtet, welche er erst im Falle eines zukünftigen Exits gewinnbringend in seiner Eigenschaft als formaler Gesellschafter veräußern kann. Folglich ist ein solches Interesse auch weniger an der Renditesteigerung oder der Sicherung des Fremdkapitals für die Dauer des Wandeldarlehens, als vielmehr an der künftigen Erzielung einer Eigenkapitalrendite aufgrund der (vorübergehenden) Gesellschafterstellung und der finalen Veräußerung der Beteiligung geprägt. Aus diesem Gesichtspunkt ist zudem die teilweise vertretene wirtschaftliche Gleichstellung eines (echten) Equity Kickers mit einer schuldrechtlichen Bonusvereinbarung beziehungsweise allgemein einer erfolgsabhängigen Vergütung nicht gerechtfertigt.[965] Zusammengefasst hat der Wandeldarlehensgeber zumindest in einer Venture Capital-Finanzierung bereits im Zeitpunkt des schuldrechtlichen Vertragsabschlusses ein unternehmerisches Interesse am Schicksal der Gesellschaft. Ein Interessengleichlauf von Wandeldarlehensgeber und formalem Gesellschafter liegt damit bei der Vereinbarung eines Wandeldarlehens in Venture Capital-Finanzierungen vor.

Inwiefern es des Weiteren einer Ergebnis- und Vermögensteilhabe – insbesondere auch einer Teilhabe an negativen Vermögensveränderungen – vergleichbar eines atypisch stillen Gesellschafters nach der Ansicht vom dualen Erfordernis von Vermögensteilhabe und Einflussrechten bedarf, ist in erster Linie eine Frage der dogmatischen Begründung des Rechts der Gesellschafterdarlehen. Auf die Darstellung des diesbezüglichen Meinungsstreits in § 5 A II. 2 darf an dieser Stelle verwiesen werden.[966]

---

965 So aber *v. Jeinsen*, BB 1992, 1149, 1152, und *Runge*, Covenants in Kreditverträgen, S. 174 ff.

966 Zur umstrittenen dogmatischen Begründung des Rechts der Gesellschafterdarlehen siehe oben § 5 A II. 2, S. 175 ff.; zur diesbezüglich eigenen Stellungnahme siehe oben § 5 A II. 2. d), S. 179 ff.

3. *Ergebnis zur Kombination von Wandlungsrecht und Covenants*

Je nachdem welcher Maßstab an die vermögensmäßige Beteiligung angelegt wird, kann nach der Ansicht, die eine Vermögensteilhabe und Einflussrechten einfordert, auch die Kombination von Wandlungsrecht und kreditvertraglichen Covenants für die wirtschaftliche Gleichstellung des Kreditgebers im Recht der Gesellschafterdarlehen ausreichen. Dies ist insbesondere dann der Fall, wenn mit den moderateren Auffassungen innerhalb dieser Ansicht lediglich die Teilhabe am Unternehmenserfolg für das Element der Vermögensteilhabe gefordert wird. Das Wandlungsrecht ermöglicht es dem berechtigten Kreditgeber an der Wertentwicklung der Gesellschaft für den Zeitraum seit dem schuldrechtlichen Vertragsabschluss durch die Ausübung des schuldrechtlich eingeräumten Bezugsrechts auf Geschäftsanteile zu partizipieren. Dagegen erfüllt das Wandlungsrecht nach der restriktiven Auffassung nicht die Anforderungen an die vermögensmäßige Beteiligung. Nach dieser bedarf es zwingend einer wirtschaftlichen Teilhabe an dem Ergebnis und dem Vermögen der Gesellschaft, da auch nur hierdurch der zusätzlich geforderte Interessengleichlauf von kreditgebenden Dritten und Gesellschafter am Schicksal der Gesellschaft gewährleistet sei. Allerdings konnte dargelegt werden, dass entgegen dieser Ansicht auch der Wandeldarlehensgläubiger zumindest in Venture Capital-Finanzierungen ein mitgliedschaftlich geprägtes unternehmerisches Interesse verfolgt.

C. Ergebnis

Die in § 5 der vorliegenden Abhandlung aufgestellte These von der Gleichstellung eines Wandeldarlehensgläubigers mit einem Gesellschafter im Recht der Gesellschafterdarlehen konnte bei Erfüllung bestimmter Anforderungen an die materielle Ausgestaltung des Wandeldarlehens bestätigt werden.

Zwar stellt das Wandeldarlehen nicht bereits ein Gesellschafterdarlehen im Sinne der ersten Alternative von § 39 Abs. 1 Nr. 5 InsO dar, weil das Wandlungsrecht noch keine mitgliedschaftliche Vorwirkung einer zukünftigen Gesellschafterstellung des Wandeldarlehensgläubiger entfaltet. Der Wandeldarlehensgläubiger ist vor der Übernahme von Geschäftsanteilen resultierend aus einer Wandlung schlichtweg noch nicht (formaler) Gesellschafter.

Allerdings kann das Wandeldarlehen bei entsprechend materieller Ausgestaltung die Kriterien der wirtschaftlich gleichgestellten Rechtshandlung im Sinne der zweiten Alternative von § 39 Abs. 1 Nr. 5 InsO erfüllen. Im Rahmen einer wertenden Gesamtbetrachtung aller vertraglichen und außervertraglichen Umstände kommt es hierbei maßgeblich auf die Möglichkeit der gewichtigen

Einflussnahme des Kreditgebers auf die Willensbildung innerhalb der Gesellschaft an. Als Leitgedanke kann die Frage gestellt werden, ob ein unbeteiligter Dritte den Wandeldarlehensgläubiger in das Lager der Entscheidungsträger innerhalb der Gesellschaft einordnen würde. Dagegen kommt es gerade nicht auf eine (zusätzliche) vermögensmäßige Beteiligung des Kreditgebers an der Gesellschaft an, weil im Rahmen des Schutzsystems der Mitgliedschaft die vermögensrechtliche Seite vollständig abdingbar beziehungsweise entziehbar ist. Nur auf der personenrechtlichen Seite der Mitgliedschaft muss ein Mindestmaß an Teilhabe am Gesellschaftsleben gewährleistet bleiben.

Diese Anforderungen an die wirtschaftliche Gleichstellung Dritter gemäß § 39 Abs. 1 Nr. 5 Alt. 2 InsO auf das Wandeldarlehen angewandt, sind insbesondere die vermögensrechtlichen Elemente des Wandlungsrechts oder eines regelmäßig vereinbarten Nachrangs unbeachtlich. Vielmehr ist die konkrete Ausgestaltung der vertraglich vereinbarten Covenants entscheidend, da hierdurch dem Kreditgeber mittelbare (Mit-)Entscheidungsrechte eingeräumt und die Entscheidungsspielräume der Geschäftsführung der Gesellschaft (rechtlich oder faktisch) eingeschränkt werden können. Regelmäßig wird eine wirtschaftliche Gleichstellung zu bejahen sein, wenn der Kreditgläubiger sich ein außerordentliches Kündigungsrecht hinsichtlich seines Kredites für den Fall der Missachtung eines ihm zustehenden Zustimmungsvorbehalts oder der Nichteinhaltung von vertraglichen Verhaltenspflichten hat einräumen lassen. Reine Informations-, Auskunfts- und Überwachungsrechte des Kreditgläubigers sind hingegen nicht ausreichend.

Zudem wurde hilfsweise dargestellt, dass nach der in dieser Arbeit nicht vertretenen Ansicht vom dualen Erfordernis von Vermögensteilhabe und Einflussrechten die Kombination von Wandlungsrecht und kreditvertraglichen Covenants für die wirtschaftliche Gleichstellung Dritter mit einem Gesellschafter gemäß § 39 Abs. 1 Nr. 5 Alt. 2 InsO ausreichen kann. Dies ist zumindest dann der Fall, wenn mit den moderateren Auffassungen innerhalb dieser Ansicht lediglich die Teilhabe am Unternehmenserfolg für das Element der vermögensmäßigen Beteiligung gefordert wird. Denn das Wandlungsrecht ermöglicht es dem Kreditgeber durch die Ausübung des schuldrechtlich eingeräumten Bezugsrechts auf Geschäftsanteile an der Wertentwicklung der Gesellschaft für den Zeitraum seit dem schuldrechtlichen Vertragsabschluss wirtschaftlich teilzuhaben. Auch konnte dargelegt werden, dass der Wandeldarlehensgeber zumindest in einer Venture Capital-Finanzierung bereits im Zeitpunkt des Vertragsabschlusses ein unternehmerisches Interesse am Schicksal der Gesellschaft inne hält.

§ 6 Zusammenfassung der Ergebnisse

A. Erster Hauptteil: Die juristische Konstruktion des Wandlungsmechanismus beim Finanzierungsinstrument des Wandeldarlehens im GmbH-Recht

Die These von der sinngemäßen Anwendbarkeit und der zwingenden Anwendung des Konstrukts des Wandlungsrechts aus der aktienrechtlichen Wandelanleihe als (atypische) Ersetzungsbefugnis auf ein gegen Barzahlung vereinbartes Wandeldarlehen im GmbH-Recht konnte bestätigt werden. Die Anerkennung des Wandeldarlehens auch im GmbH-Recht bezieht sich entgegen der herrschenden Meinung nicht nur auf die Existenz des einheitlichen Finanzierungsinstruments als solchem, sondern auch auf dessen Kernelement des Wandlungsmechanismus mitsamt dessen sich unmittelbar aus dem GmbHG ergebenden Rechtsfolgen. Dementsprechend bedarf es wie im Aktienrecht auch im GmbH-Recht keiner diesbezüglichen schuldrechtlichen Hilfskonstruktionen.

Im Zuge der Bestätigung der These wurde dargelegt, dass im Aktienrecht die Rechtsnatur des Konstrukts des Wandlungsrechts aus der aktienrechtlichen Wandelanleihe eine atypische Ausprägung der Ersetzungsbefugnis (sog. „*facultas alternativa*") darstellt. Neben der Ersetzung des Rückzahlungsanspruchs aus der Anleihe durch einen Anspruch auf Abschluss eines Zeichnungsvertrags bezogen auf junge Aktien, liegt zugleich eine Rechtsgrundänderung des zugrundeliegenden Rechtsverhältnisses und eine Umwidmung der ursprünglichen Barzahlung auf die Anleihe in eine Bareinlage auf junge Aktien vor. Damit liegt diesem Wandlungsmechanismus von Gesetzes wegen eine Barkapitalerhöhung zugrunde, sodass es (im Gegensatz zur Sachkapitalerhöhung) insbesondere keiner Werthaltigkeitsprüfung des Rückzahlungsanspruchs im Zeitpunkt der Ausübung des Wandlungsrechts bedarf.

Weiterhin konnte für das Aktienrecht dargelegt werden, dass das Konstrukt des Wandlungsrechts aus der aktienrechtlichen Wandelanleihe als (atypische) Ersetzungsbefugnis mitsamt seinen dem Gesetz immanenten Rechtsfolgen unabhängig von der gewählten Form der Kapitalmaßnahme auf gegen Barzahlung ausgegebene Finanzierungsinstrumente mit realen Aktienerwerbsrechten, welche entweder konzeptionell oder sogar nur im wirtschaftlichen Ergebnis vergleichbar zur aktienrechtlichen Wandelanleihe strukturiert sind, anzuwenden ist. Dies gilt insbesondere unabhängig von der Schaffung eines bedingten oder genehmigten Kapitals für die Befriedigung von Aktienerwerbsrechten aus gegen

Barzahlung ausgegebene Wandelgenussrechten, (bedingten) Pflichtwandelanleihen, Anleihen mit Tilgungswahlrecht des Emittenten, Optionsanleihen mit Inzahlungnahme und Optionsanleihen zur Verrechnung.

Zuletzt wurde dargelegt, dass diese vorgenannten Feststellungen im Aktienrecht sinngemäß auch für das GmbH-Recht gelten.

B. Zweiter Hauptteil: Die Kompetenzverteilung beim Abschluss eines Wandeldarlehensvertrags im GmbH-Recht

Die These von dem Erfordernis eines zustimmenden Gesellschafterbeschlusses innerhalb der Kapital aufnehmenden Gesellschaft bei der Vereinbarung eines GmbH-rechtlichen Wandeldarlehens konnte bestätigt werden. Die Vereinbarung eines GmbH-rechtlichen Wandeldarlehens stellt ein mitwirkungsbedürftiges Rechtsgeschäft dar. Zum einen ergibt sich dies unmittelbar aus der Einräumung des Wandlungsrechts, da die (freie) Satzungsautonomie der Gesellschafter vor der, mit dem Wandlungsrecht einhergehenden, Verpflichtung der Gesellschaft zur Satzungsänderung geschützt werden muss. Letztlich entfaltet die zwingende Kompetenzzuweisung an die Gesellschaftergesamtheit hinsichtlich der erforderlichen Kapitalerhöhung gemäß §§ 55, 53 Abs. 1 GmbHG bereits im früheren Zeitpunkt des schuldrechtlichen Vertragsabschlusses eine Art Vorwirkung. Zum anderen kann sich dies aus der spezifischen Ausgestaltung eines Wandeldarlehens mit – wie in Venture Capital-Finanzierungen üblich – einer rechtsgeschäftlichen Nachrangabrede und mit durch effektive Sanktionsmechanismen abgesicherte Financial-Covenants ergeben. Denn eine solche Ausgestaltung des Finanzierungsinstruments mit Vermögens- und Verwaltungsrechten vergleichbar zu denjenigen eines formalen Gesellschafters stellt faktisch eine Kapitalerhöhung zu Gunsten eines schuldrechtlichen Mitgesellschafters dar und beeinträchtigt damit die mitgliedschaftlichen Interessen der Gesellschafter in erheblicher Art und Weise. Rechtsfolgenseitig beinhaltet die Annahme eines mitwirkungsbedürftigen Rechtsgeschäfts (insbesondere im Hinblick auf und im Unterschied zur Rechtslage bei der aktienrechtlichen Wandelanleihe), dass ein durch die Geschäftsführung der GmbH vereinbartes Wandeldarlehen bis zur Fassung eines zustimmenden Gesellschafterbeschlusses insgesamt schwebend unwirksam ist. Es liegt gerade nicht nur eine sich lediglich im Innenverhältnis auswirkende außergewöhnliche Geschäftsführungsmaßnahme gemäß § 49 Abs. 2 GmbHG vor.

Im Zuge der Bestätigung der These wurde zunächst dargelegt, dass das GmbHG keine explizite Norm zur Kompetenzverteilung bei der Vereinbarung von Mezzanine-Finanzierungsinstrumenten enthält und in Bezug auf die Kompetenzverteilung bei der Unternehmensfinanzierung grundsätzlich schematisch zwischen der Finanzierung der Gesellschaft mit Eigenkapital und der Finanzierung der Gesellschaft mit Fremdkapital unterscheidet. Im Hinblick auf die Geschäftsführungsbefugnis der Geschäftsführung gibt es eine Durchbrechung dieser Dichotomie bei außergewöhnlichen Geschäftsführungsmaßnahmen gemäß § 49 Abs. 2 GmbHG, wonach ein Gesellschafterbeschluss im Innenverhältnis einzuholen ist. Im Außenverhältnis gilt, mit wenigen Einschränkungen insbesondere bei Kapitalerhöhungen, der Grundsatz der unbeschränkten und unbeschränkbaren Vertretungsmacht der Geschäftsführung gemäß §§ 35 Abs. 1 S. 1, 37 Abs. 2 S. 1 GmbHG.

Weiterhin konnte im Hinblick auf die Kompetenzverteilung dargelegt werden, dass bei der Vereinbarung eines GmbH-rechtlichen Wandeldarlehens § 221 Abs. 3, Abs. 1 S. 1 AktG nicht analog anwendbar ist. Eine planwidrige Regelungslücke liegt diesbezüglich im GmbHG nicht vor, da die Vereinbarung eines Wandeldarlehens ein außergewöhnliches Rechtsgeschäft im Sinne des § 49 Abs. 2 GmbHG darstellt und somit die von § 221 Abs. 3, Abs. 1 S. 1 AktG intendierte Rechtsfolge vom zustimmungsbedürftigen Gesellschafterbeschluss mit reiner Innenwirkung bereits im GmbHG vorgesehen ist. Zudem bestehen strukturelle Unterschiede zwischen der GmbH und der Aktiengesellschaft konkret im Hinblick auf die Kompetenzverteilung der Gesellschaftsorgane. Darüber hinaus war ein Analogieschluss zur aktienrechtlichen Norm des § 292 Abs. 1 Nr. 2 AktG insbesondere aufgrund des nicht einschlägigen Anwendungsbereichs gleichfalls zu verneinen.

Zuletzt konnte noch dargestellt werden, dass im GmbH-Recht nicht nur ein gesetzliches Bezugsrecht der Gesellschafter auf junge Geschäftsanteile in Folge einer Kapitalerhöhung analog § 186 Abs. 1 S. 1 AktG, sondern darüber hinaus auch ein gesetzliches Bezugsrecht auf Wandeldarlehen beziehungsweise Genussrechte analog §§ 221 Abs. 4 S. 1, 186 Abs. 1 S. 1 AktG existiert. Allgemein stellt das gesetzliche Bezugsrecht ein das Kapitalgesellschaftsrecht übergreifenden Ausfluss von der verbandsrechtlichen Maxime der Besitzstandswahrung dar, wonach Gesellschafter keine schleichende Verwässerung ihrer Mitgliedschaft durch sukzessive Kapitalerhöhungen zu dulden brauchen. Aufgrund des gesetzlichen Bezugsrechts kann jeder Gesellschafter entsprechend seiner Beteiligungshöhe an der Gesellschaft das gegenständliche Genussrecht beziehungsweise Wandeldarlehen (mit)abschließen, um selbstbestimmt auf Mehrheitsentscheidungen des Verbands reagieren und eine Verwässerung seiner Mitgliedschaft vermeiden zu können.

C. Dritter Hauptteil: Der Wandeldarlehensgläubiger als Quasi-Gesellschafter im Recht der Gesellschafterdarlehen

Die These von der Gleichstellung eines Wandeldarlehensgläubigers mit einem Gesellschafter im Recht der Gesellschafterdarlehen konnte bei Erfüllung bestimmter Anforderungen an die materielle Ausgestaltung des Wandeldarlehens bestätigt werden.

Zwar stellt das Wandeldarlehen nicht bereits ein Gesellschafterdarlehen im Sinne der ersten Alternative von § 39 Abs. 1 Nr. 5 InsO dar, weil das Wandlungsrecht keine mitgliedschaftliche Vorwirkung einer zukünftigen Gesellschafterstellung des Wandeldarlehensgläubiger entfaltet. Der Wandeldarlehensgläubiger ist vor der Übernahme von Geschäftsanteilen resultierend aus einer Wandlung schlichtweg noch nicht (formaler) Gesellschafter. Allerdings kann das Wandeldarlehen bei entsprechend materieller Ausgestaltung die Kriterien der wirtschaftlich gleichgestellten Rechtshandlung im Sinne der zweiten Alternative von § 39 Abs. 1 Nr. 5 InsO erfüllen. Im Rahmen einer wertenden Gesamtbetrachtung aller vertraglichen und außervertraglichen Umstände kommt es hierbei maßgeblich auf die Möglichkeit der gewichtigen Einflussnahme des Kreditgebers auf die Willensbildung innerhalb der Gesellschaft an. Als Leitgedanke kann die Frage gestellt werden, ob ein unbeteiligter Dritte den Wandeldarlehensgläubiger in das Lager der Entscheidungsträger innerhalb der Gesellschaft einordnen würde. Dagegen kommt es gerade nicht auf eine (zusätzliche) vermögensmäßige Beteiligung des Kreditgebers an der Gesellschaft an, weil im Rahmen des Schutzsystems der Mitgliedschaft deren vermögensrechtliche Seite vollständig abdingbar beziehungsweise entziehbar ist. Nur auf der personenrechtlichen Seite der Mitgliedschaft muss ein Mindestmaß an Teilhabe am Gesellschaftsleben gewährleistet sein.

Diese Anforderungen an die wirtschaftliche Gleichstellung Dritter gemäß § 39 Abs. 1 Nr. 5 Alt. 2 InsO auf das Wandeldarlehen im GmbH-Recht angewandt, sind insbesondere die vermögensrechtlichen Elemente des Wandlungsrechts oder eines regelmäßig vereinbarten Nachrangs unbeachtlich. Vielmehr ist die konkrete Ausgestaltung der vertraglich vereinbarten Covenants entscheidend, da hierdurch dem Kreditgeber mittelbare (Mit-)Entscheidungsrechte eingeräumt und die Entscheidungsspielräume der Geschäftsführung der Gesellschaft (rechtlich oder faktisch) eingeschränkt werden können. Regelmäßig wird eine wirtschaftliche Gleichstellung zu bejahen sein, wenn der Kreditgläubiger sich ein außerordentliches Kündigungsrecht hinsichtlich seines Kredites für den Fall der Missachtung eines ihm zustehenden Zustimmungsvorbehalts oder der Nichteinhaltung von vertraglichen Verpflichtungen hat einräumen lassen. Reine Informations-, Auskunfts- und Überwachungsrechte des Kreditgläubigers sind hierfür hingegen nicht ausreichend.

Hilfsweise wurde zudem dargestellt, dass nach der in dieser Arbeit nicht vertretenen Ansicht vom dualen Erfordernis von Vermögensteilhabe und Einflussrechten die Kombination von Wandlungsrecht und kreditvertraglichen Covenants für die wirtschaftliche Gleichstellung Dritter gemäß § 39 Abs. 1 Nr. 5 Alt. 2 InsO ausreichen kann. Zumindest ist dies dann der Fall, wenn mit den moderateren

Auffassungen innerhalb dieser Ansicht lediglich die Teilhabe am Unternehmenserfolg für das Element der vermögensmäßigen Beteiligung gefordert wird. Denn das Wandlungsrecht ermöglicht es dem Kreditgeber durch die Ausübung des schuldrechtlichen Bezugsrechts auf Geschäftsanteile an der Wertentwicklung der Gesellschaft für den Zeitraum seit dem schuldrechtlichen Vertragsabschluss wirtschaftlich zu partizipieren. Auch konnte dargelegt werden, dass der Wandeldarlehensgeber zumindest in einer Venture Capital-Finanzierung bereits im Zeitpunkt des Vertragsabschlusses ein unternehmerisches Interesse am Schicksal der Gesellschaft inne hält.

Abkürzungen

In dieser Arbeit wurden nur solche Abkürzungen verwendet, die allgemein bekannt sind, die in eingefügter Fußnote erläutert werden oder die sich aus *Hildebert Kirchner* (Begr.), Abkürzungsverzeichnis der Rechtssprache, 8. Auflage, Berlin 2015, ergeben.

Literaturverzeichnis

Achleitner, Ann-Kristin: Start-up-Unternehmen: Bewertung mit der Venture-Capital-Methode, BB 2001, S. 927–933.

Achleitner, Ann-Kristin / von Einem, Christoph / von Schröder, Benedikt (Hrsg.): Private Debt-alternative Finanzierung für den Mittelstand: Finanzmanagement, Rekapitalisierung, Institutionelles Fremdkapital, Stuttgart 2004 (zit.: *Bearbeiter* in Achleitner/v. Einem/v. Schröder).

Altmeppen, Holger: Der „atypische Pfandgläubiger" – ein neuer Fall des kapitalersetzenden Darlehens?, ZIP 1993, S. 1677–1684.

Altmeppen, Holger: Das neue Recht der Gesellschafterdarlehen in der Praxis, NJW 2008, S. 3601–3607.

Apfelbacher, Gabriele / Kopp, Thomas: Pflichtwandelanleihen als sonstiges (hybrides) Kernkapital, CFL 2011, S. 21–30.

Bader, Hermann: Contingent Convertible, Wandelanleihe und Pflichtwandelanleihe im Aktienrecht, AG 2014, S. 472–488.

Bartl, Harald / Bartl, Angela / Fichtelmann, Helmar / Koch, Detlef / Schlarb, Eberhard / Schmitt, Michaela C. (Hrsg.): Heidelberger Kommentar zum GmbH-Recht, 7. Auflage, Heidelberg (u.a.) 2013 (zit.: *Bearbeiter* in HK-GmbHR).

Baumbach, Adolf / Hueck, Alfred (Hrsg.): Beck'scher Kurzkommentar GmbHG, 21. Auflage, München 2017 (zit.: *Bearbeiter* in Baumbach/Hueck GmbHG).

Baumbach, Adolf / Hueck, Alfred / Hueck, Götz (Hrsg.): Beck'scher Kurzkommentar Aktiengesetz, 13. Auflage, München 1968 (zit.: *Bearbeiter* in Baumbach/Hueck/Hueck AktG, 13. Auflage 1968).

Baums, Theodor: Aktienoptionen für Vorstandsmitglieder, in: Festschrift für Carsten Peter Claussen, Zum 70. Geburtstag, Köln (u.a.) 1997, S. 3–48 (zit.: *Baums* in FS Claussen).

Becker, Bernhard / Böttger, Peter / Ergün, Ismail / Müller, Stefan: Basel III und die möglichen Auswirkungen auf die Unternehmensfinanzierung, DStR 2011, S. 375–380.

Berger, Klaus Peter: Fremdkapitalnahe Mezzanine-Finanzierungen: Vertragsrechtliche Risiken, Rating, Finanzierungsfolgenverantwortung, ZBB 2008, S. 92–106.

Bitter, Georg: Die Nutzungsüberlassung in der Insolvenz nach dem MoMiG (§ 135 Abs. 3 InsO): Dogmatische Grundlagen und Einzelfragen der Praxis, ZIP 2010, S. 1–15.

Boesebeck, Ernst: Aufnahme von Wandeldarlehen durch eine GmbH, GmbH-Rdsch. 1962, S. 2–5.

Bork, Reinhard: Abschaffung des Eigenkapitalersatzrechts zugunsten des Insolvenzrechts?, ZGR 2007, S. 250–270.

Bork, Reinhard / Schäfer, Carsten (Hrsg.): GmbHG Kommentar, 3. Auflage, Köln 2015 (zit.: *Bearbeiter* in Bork/Schäfer, GmbHG).

Bormann, Michael / Kauka, Ralf / Ockelmann, Jan (Hrsg.): Handbuch GmbH-Recht, Gestaltungspraxis, Rechtsgrundlagen Steuern, 3. Auflage, Münster 2015 (zit.: *Bearbeiter* in Bormann/Kauka/Ockelmann).

Bösl, Konrad / Sommer, Michael (Hrsg.): Mezzanine Finanzierung, Betriebswirtschaft – Zivilrecht – Steuerrecht – Bilanzrecht, München 2006 (zit.: *Bearbeiter* in Mezzanine Finanzierung).

Breidenstein, Matthias: Covenantgestützte Bankdarlehen in der Insolvenz, ZInsO 2010, S. 273–283.

Breithaupt, Joachim / Ottersbach, Jörg H. (Hrsg.): Kompendium Gesellschaftsrecht, 1. Auflage, München 2010 (zit.: *Bearbeiter* in Kompendium Gesellschaftsrecht).

Breithecker, Volker: Beratereinfluß auf die Rechtsformwahlentscheidung für Existenzgründer, DStR 1998, S. 219–224.

Broichhausen, Thomas N.: Zusammengesetzte Finanzierungsinstrumente der Aktiengesellschaft: Untersuchung aktienrechtlicher Fragestellungen bei der Ausgabe von Anleihen mit Aktienerwerbsrechten auf Anteile eines anderen Unternehmens, Berlin 2010.

Bydlinski, Franz: Juristische Methodenlehre und Rechtsbegriff, Wien-New York 1982.

Cahn, Andreas: Gesellschafterfremdfinanzierung und Eigenkapitalersatz, AG 2005, S. 217–227.

Canaris, Claus-Wilhelm: Die Rückgewähr von Gesellschaftereinlagen, in: Festschrift für Robert Fischer, Berlin (u.a.) 1979, S. 31–64 (zit.: *Canaris* in FS Fischer).

Canaris, Claus-Wilhelm: Die Feststellung von Lücken im Gesetz: Eine methodologische Studie über Voraussetzungen und Grenzen der richterlichen Rechtsfortbildung praeter legem, 2. Auflage, 1983 Berlin.

Casper, Matthias: Der Optionsvertrag, Tübingen 2005.

Dahl, Michael / Schmitz, Jan: Eigenkapitalersatz nach dem MoMiG aus insolvenzrechtlicher Sicht, NZG 2009, S. 325–331.

Damnitz, Michael / Degenhardt, Joerg: Faktische Geschäftsführung und kapitalersetzende (Bank-)Darlehen bei der AG, WM 2005, S. 583–591.

Dreher, Meinrad: Pfandrechtsgläubiger von Geschäftsanteilen als gesellschafterähnliche Dritte im Sinne von § 32a Abs. 3 GmbHG, ZGR 1994, S. 144–152.

Drygala, Tim: Wandelanleihen mit Wandlungsrecht des Anleiheschuldners nach dem Entwurf für eine Aktienrechtsnovelle 2011, WM 2011, S. 1637–1684.

Ebenroth, Carsten Thomas / Boujong, Karlheinz / Joost, Detlev (Begr.) / Joost, Detlev / Strohn, Lutz (Hrsg.): Kommentar zum Handelsgesetzbuch, Band 1, §§ 1–342e, 3. Auflage, München 2014 (zit.: *Bearbeiter* in Ebenroth/Boujong/Joost/Strohn HGB).

Ebert, Tim: Stille Gesellschaft, Genussrecht und partiarisches Darlehen als Mezzanine Kapitaltitel zur Finanzierung einer GmbH, Frankfurt am Main 2010.

Eidenmüller, Horst: Gesellschafterdarlehen in der Insolvenz, in: Festschrift für Claus-Wilhelm Canaris, Zum 70. Geburtstag, Band II, München 2007 (zit.: *Eidenmüller* in FS Canaris).

Eilers, Stephan / Rödding, Adalbert / Schmalenbach, Dirk (Hrsg.): Unternehmensfinanzierung, Gesellschaftsrecht-Steuerrecht-Rechnungslegung, 2. Auflage, München 2014 (zit.: *Bearbeiter* in Eilers/Rödding/Schmalenbach).

von Einem, Christoph / Schmid, Stefanie / Pütz, Silke: Mittelstandsfinanzierung mittels Private Debt: Welche Form ist die richtige aus rechtlicher, steuerlicher und bilanzrechtlicher Sicht?, BB Beilage 2005, Nr. 15, S. 9–15.

Emmerich, Volker / Habersack, Mathias / Schürnbrand, Jan: Aktien- und GmbH-Konzernrecht, 8. Auflage, München 2016 (zit.: *Bearbeiter* in Aktien- und GmbH-Konzernrecht).

Engert, Andreas: Drohende Subordination als Schranke einer Unternehmenskontrolle durch Kreditgeber, ZGR 2012, S. 835–874.

Ernst, Tassilo: Der Genußschein im deutschen und schweizerischen Aktienrecht, Zürich 1963.

Fischer, Nico: Convertible Bonds und Exchangeables: Die ertragsteuerliche Behandlung von Fremdkapitalinstrumenten mit erwerbsrechten auf Gesellschaftsanteile am Beispiel von Wandelschuldverschreibungen und Umtauschanleihen, Aachen 2012.

Fleck, Hans-Joachim: Schuldrechtliche Verpflichtungen einer GmbH im Entscheidungsbereich der Gesellschafter, ZGR 1/1988, S. 104–139.

Fleischer, Holger: Covenants und Kapitalersatz, ZIP 1998, S. 313–321.

Fleischer, Holger: Zur ergänzenden Anwendung von Aktienrecht auf die GmbH, GmbHR 2008, S. 673–682.

Fleischer, Holger / Goette, Wulf (Hrsg.): Münchener Kommentar zum GmbHG, Band 1, §§ 1–34 GmbHG, 2. Auflage, München 2015; Band 2, §§ 35–52 GmbHG, 2. Auflage, München 2016; Band 3, §§ 53–85 GmbHG, 2. Auflage, München 2016 (zit.: *Bearbeiter* in MüKo GmbHG).

Fleischer, Holger / Hüttemann, Rainer (Hrsg.): Rechtshandbuch Unternehmensbewertung, Köln 2015 (zit.: *Bearbeiter* in Rechtshandbuch Unternehmensbewertung).

Fleischer, Holger / Schmolke, Ulrich: Faktische Geschäftsführung in der Sanierungssituation, WM 2011, S. 1009–1016.

Fox, Thomas / Hüttche, Tobias / Lechner, Florian: Aktuelle Entwicklung, steuerliche Aspekte, Gestaltungsmöglichkeiten, GmbHR 2000, S. 521–534.

Frantzen, Christopher: Genußscheine: zugleich eine Analyse der Genußscheinbedingungen deutscher Unternehmen, Köln (u.a.) 1993.

Friel, Arne: Wandelanleihen mit Pflichtwandlung: im deutschen und US-amerikanischen Recht, Frankfurt am Main (u.a.) 2000.

Früh, Andreas: Eigenkapitalersetzende Gesellschafterkredite: Eine kurze Bestandsaufnahme nach Inkrafttreten des KapAEG, des KonTraG und der InsO, GmbHR 1999, S. 842–847.

Fuchs, Andreas: Selbständige Optionsscheine als Finanzierungsinstrument der Aktiengesellschaft, AG 1995, S. 433–451.

Fuchs, Andreas: Aktienoptionen für Führungskräfte und bedingte Kapitalerhöhung, DB 1997, S. 661–668.

Ganter, Hans Gerhard: Rechtliche Risiken der Mezzanine-Finanzierung, WM 2011, S. 1585–1587.

Gehling, Christian: „Obligationsähnliche Genussrechte“: Genussrechte oder Obligation?, WM 1992, S. 1093–1100.

Gehrlein, Markus: Das Eigenkapitalersatzrecht im Wandel seiner gesetzlichen Kodifikation, BB 2011, S. 3–11.

Gehrlein, Markus: Die Behandlung von Gesellschafterdarlehen durch das MoMiG, BB 2008, S. 846–854.

Georgakopoulos, Leonidas N.: Zur Problematik der Wandelschuldverschreibungen, ZHR 120 (1957), S. 84–182.

von Gerkan, Hartwin: Zum Stand der Rechtsentwicklung bei den kapitalersetzenden Gesellschafterleistungen, GmbHR 1990, S. 384–389.

Gleske, Christoph L. / Ströbele, Christian: Bedingte Pflichtwandelanleihen – aktuelle bankaufsichtsrechtliche Anforderungen und Aktienrechtsnovelle 2012, CFL 2012, S. 49–56.

Goette, Wulf / Habersack, Mathias (Hrsg.): Münchener Kommentar zum Aktiengesetzt, Band 1, §§ 1–75 AktG, 4. Auflage, München 2016; Band 4, §§ 179–277 AktG, 4. Auflage, München 2016; Band 5, §§ 278–328 AktG, SpruchG, Österreich, 4. Auflage, München 2015; (zit.: *Bearbeiter* in MüKo AktG).

Golland, Frank / Gehlhaar, Lars / Grossmann, Klaus / Eickhoff-Kley, Xenia / Jänisch, Christian: Mezzanine-Kapital, BB-Special 4/2005, S. 1–32.

Görtz, Claudia: Die aktien- und steuerrechtliche Qualifikation von Hybrid-Anleihen-oder der Genussrechtstest, Baden-Baden 2008.

Gosch, Dietmar (Hrsg.): Kommentar zum Körperschaftssteuergesetz, 3. Auflage, München 2015 (zit.: *Bearbeiter* in Gosch KStG).

Großfeld, Bernhard / Stöver, Rüdiger: Ermittlung des Betafaktors in der Unternehmensbewertung: Anleitung zum „Do it yourself", BB 2004, S. 2799–2810.

Gummert, Hans / Weipert, Lutz (Hrsg.): Münchener Handbuch des Gesellschaftsrechts, Band 2, Kommanditgesellschaft-GmbH & Co. KG-Publikums-KG-Stille Gesellschaft, 4. Auflage, München 2014 (zit.: *Bearbeiter* in Münch Hdb GftR PersGft).

Haas, Ulrich: Das neue Kapitalersatzrecht nach dem RegE-MoMiG, ZInsO 2007, S. 617–629.

Habersack, Mathias: Grundfragen der freiwilligen oder erzwungenen Subordination von Gesellschafterkrediten, ZGR 2000, S. 384–419.

Habersack, Mathias: Gesellschafterdarlehen nach MoMiG: Anwendungsbereich, Tatbestand und Rechtsfolgen der Neuregelung, ZIP 2007, S. 2145–2153.

Habersack, Mathias: Festvergütung des stillen Gesellschafters – ein Problem des § 301 AktG?, in: Liber amicorum Wilhelm Happ, Festschrift zum 70. Geburtstag am 30. April 2006, Köln (u.a.) 2006, S. 49–63 (zit.: *Habersack* in FS Happ) .

Habersack, Mathias: Die Mitgliedschaft – subjektives und „sonstiges" Recht, Tübingen 1996.

Habersack, Mathias: Anwendungsvoraussetzungen und -grenzen des § 221 AktG, dargestellt am Beispiel von Pflichtwandelanleihen, Aktienanleihen und „warrants", in: Entwicklungslinien im Bank- und Kapitalmarktrecht, Festschrift für Gerd Nobbe, Köln 2009, S. 539–563 (zit.: *Habersack* in FS Nobbe).

Habersack, Mathias / Mülbert, Peter O. / Schlitt, Michael (Hrsg.): Unternehmensfinanzierung am Kapitalmarkt, 3. Auflage, Köln 2013 (zit.: *Bearbeiter* in Habersack/Mülbert/Schlitt).

Habersack, Mathias / Verse, Dirk A.: Europäisches Gesellschaftsrecht, 4. Auflage, München 2011 (zit.: *Habersack/Verse*, EuGesR).

Häger, Michael / Elkemann-Reusch, Manfred: Mezzanine Finanzierungsinstrumente: Stille Gesellschaft-Nachrangdarlehen-Genussrechte-Wandelanleihen, 2. Auflage, Berlin 2007 (zit.: *Häger/Elkemann-Reusch*).

Heckschen, Heribert: Agio und Bezugsrechtsausschluss bei der GmbH, DStR 2001, S. 1437–1445.

Heinrich, Stefan: Covenants als Alternative zum institutionellen Gläubigerschutz: Eine rechtsvergleichende und ökonomische Analyse, Berlin 2009.

Henn, Günter (Begr.) / Frodermann, Jürgen / Jannott, Dirk (Hrsg.): Handbuch des Aktienrecht, 8. Auflage, Heidelberg 2009 (zit.: *Bearbeiter* in Handbuch des Aktienrechts).

Henssler, Martin / Strohn, Lutz (Hrsg.): Beck'scher Kurzkommentar Gesellschaftsrecht, 3. Auflage, München 2016 (zit.: *Bearbeiter* in Henssler/Strohn).

Hergeth, Armin / Mingau, Katja: Beteiligungsverträge bei der GmbH, DStR 2001, S. 1217–1220.

Hirte, Heribert: Bezugsrechtsfragen bei Optionsanleihen, WM 1994, S. 321–329.

Hirte, Heribert: Bezugsrechtsausschluß und Konzernbildung: Minderheitenschutz bei Eingriffen in die Beteiligungsstruktur der Aktiengesellschaft, Köln (u.a.) 1986.

Hoffmann, Guido: Grenzen der Einflussnahme auf Unternehmensleitungsentscheidungen durch Kreditgläubiger, WM 2012, S. 1–19.

Hoffmann-Becking, Michael (Hrsg.): Münchener Handbuch des Gesellschaftsrechts, Band 4, Aktiengesellschaft, 4. Auflage, München 2015 (zit. *Bearbeiter* in Münch Hdb GftR AG).

Holland, Björn / Goslar, Sebastian: Die Bedienung von Wandelanleihen aus genehmigten Kapital, NZG 2006, S. 892–896.

Hölters, Wolfgang (Hrsg.): Kommentar zum Aktiengesetz, 2. Auflage, München 2014 (zit.: *Bearbeiter* in Hölters AktG).

Hölzle, Gerrit: Gibt es noch eine Finanzierungsfolgenverantwortung im MoMiG?, ZIP 2009, S. 1939–1948.

Hölzle, Gerrit: Die Legitimation des Gesellschaftersonderopfers in der insolvenzrechtlichen Finanzierungsverstrickung: Zur Vermeidung von missbräuchlichen Finanzierungspraktiken im MoMiG, ZIP 2010, S. 913–918.

Hopt, Klaus / Wiedemann, Herbert (Hrsg.): Großkommentar zum Aktiengesetz, Band 7 / Teil 1, §§ 221–240, 4. Auflage, Berlin 2012; Band 8, §§ 278–310, 4. Auflage, Berlin 2013; (zit.: *Bearbeiter* in Großkomm. AktG).

Huber, Ulrich: Finanzierungsfolgenverantwortung de lege lata und de lege ferenda, in: Festschrift für Hans Joachim Priester, Köln 2007, S. 259–283 (zit.: *Huber* in FS Priester).

Huber, Ulrich / Habersack, Mathias: GmbH-Reform: Zwölf Thesen zu einer möglichen Reform des Rechts der kapitalersetzenden Gesellschafterdarlehen, BB 2006, S. 1–7.

Huber, Ulrich / Habersack, Mathias: Zur Reform des Rechts der kapitalersetzenden Gesellschafterdarlehen, in: Das Kapital der Aktiengesellschaft in Europa, Berlin 2006, S. 370–433 (zit.: Huber/Habersack in Das Kapital der Aktiengesellschaft in Europa).

Hueck, Alfred: Die Behandlung von Wandelschuldverschreibungen bei Änderung des Grundkapitals, DB 1963, S. 1347–1351.

Hüffer, Uwe / Koch, Jens: Beck'scher Kurzkommentar zum Aktiengesetz, 12. Auflage, München 2016 (zit.: *Bearbeiter* in Hüffer/Koch AktG).

Jauernig, Othmar (Hrsg.): Kommentar zum Bürgerlichen Gesetzbuch, 16. Auflage, München 2015 (zit.: *Bearbeiter* in Jauernig BGB).

von Jeinsen, Henning: Die besondere Problematik der kapitalersetzenden Gesellschafterdarlehen bei Management Buyouts in den neuen Bundesländern, BB 1992, S. 1149–1152.

Kalisch, Hans: Convertible bonds, JW 1925, S. 573–575.

Kamp, Andreas / Solmecke, Henrik: Mezzanine-Kapital: Ein Eigenkapitalsubstitut für den Mittelstand?, Finanz Betrieb 10/2005, S. 618–625.

Kampshoff, Matthias: Behandlung von Bankdarlehen in der Krise der GmbH, GmbHR 2010, S. 897–904.

Kästle, Martina: Rechtsfragen der Verwendung von Covenants in Kreditverträgen, Berlin 2003.

Kiethe, Kurt: Mezzanine-Finanzierung und Insolvenzrisiko, DStR 2006, S. 1763–1768.

Kirchhof, Hans-Peter / Eidenmüller, Horst / Stürner, Rolf (Hrsg.): Münchener Kommentar zur Insolvenzordnung, Band 1, §§ 1–79, Insolvenzrechtliche Vergütungsverordnung (InsVV), 3. Auflage, München 2013; Band 2, §§ 80–216, 3. Auflage, München 2013 (zit.: *Bearbeiter* in MüKo InsO).

Klausing, Friedrich (Hrsg.): Gesetz über Aktiengesellschaften und Kommanditgesellschaften auf Aktien Aktien-Gesetz: nebst Einführungsgesetz und „amtlicher Begründung", Berlin 1937.

Klein, Martin: Projektfinanzierung: Ertragsorientierte Kredite und Kreditsicherungspflichten (Covenants) unter deutschem Recht, Baden-Baden 2004.

Klingberg, Dietgard: GmbH-Organzuständigkeit bei Mezzanine-Finanzierungen, in: Festschrift für Harm Peter Westermann, Zum 70. Geburtstag, Köln 2008, S. 1087–1132 (zit.: *Klingberg* in FS Westermann).

Körner, Christoph Johannes: Institutionelle Kreditgeber als Quasigesellschafter: Kreditsicherungsgestaltungen aus dem Blickwinkel des geltenden und künftigen Eigenkapitalersatzrechts unter besonderer Berücksichtigung der Projektfinanzierung, Frankfurt a.M. (u.a.) 2008.

Kramer, Dirk: Praxisfragen und Gestaltungshinweise zur Nutzung des genehmigten Kapitals bei der GmbH, GmbHR 2015, S. 1073–1076.

Krolop, Kaspar: Zur Anwendung der MoMiG-Regelungen zu Gesellschafterdarlehen auf gesellschaftsfremde Dritte: Von der Finanzierungsfolgenverantwortung des Gesellschafters zur Risikoübernahmeverantwortung des Risikokapitalgebers?, GmbHR 2009, S. 397–405.

Kuntz, Thilo: Die Zulässigkeit selbstständiger Aktienoptionen („naked warrants"), AG 2004, S. 480–486.

Kusserow, Berthold / Dittrich, Kurt: Die Begebung von High Yield-Anleihen unter deutschem Recht, WM 2000, S. 745–796.

Larenz, Karl: Methodenlehre der Rechtswissenschaft, 6. Auflage, Berlin (u.a.) 1991.

Lörsch, Florian: Kompetenzfragen der Mezzanine-Finanzierung, Baden-Baden 2013.

Lutter, Marcus: Kapital, Sicherung der Kapitalaufbringung und Kapitalerhaltung in den Aktien- und GmbH-Rechten der EWG, Karlsruhe 1964.

Lutter, Marcus: Gescheiterte Kapitalerhöhungen, in: Gesellschaftsrecht und Unternehmensrecht, Festschrift für Wolfgang Schilling zum 65. Geburtstag am 5. Juni 1973, Berlin 1973, S. 207–233 (zit.: *Lutter* in FS Schilling).

Lutter, Marcus: Genußrechtsfragen – Besprechung der Entscheidungen BGH ZIP 1992, 1542 (Klöckner) und BGH ZIP 1992, 1728 (Bremer Bankverein) -, ZGR 2003, S. 291–311.

Lutter, Marcus: Ausgabe von Genußrechten und Jahresabschluss, in: Handelsrecht und Steuerrecht, Festschrift für Dr. Dr. h. c. Georg Döllerer, Düsseldorf 1988, S. 383–395 (zit.: *Lutter* in FS Döllerer).

Lutter, Marcus / Hommelhoff, Peter (Hrsg.): GmbH-Gesetz Kommentar, 19. Auflage, Köln 2016 (zit.: *Bearbeiter* in Lutter/Hommelhoff GmbHG).

Lux, Sabrina: Die Dogmatik des Umtausches von Wandelanleihen in Aktien, Jena 2014.

Maesch, Scott C. / Voß, Andreas: Second Lien, Covenants und Eigenkapitalersatz, FB 2007, S. 1–11.

Maidl, Johannes: Die Wandelschuldverschreibung bei der GmbH, NZG 2006, S. 787–780.

Maier-Reimer, Georg: Kreditsicherung und Kapitalersatz in der GmbH, in: Festschrift für Heinz Rowedder zum 75. Geburtstag, München 1994, S. 245–275 (zit.: *Maier-Reimer* in FS Rowedder).

Maier-Reimer, Georg: Bedingtes Kapital für Wandelanleihen, in: Kapitalmarkt – Recht und Praxis, Gedächtnisschrift für Ulrich Bosch, Recklinghausen 2006, S. 85–98 (zit.: *Maier-Reimer* in GS Bosch).

Marsch-Barner, Reinhard / Schäfer, Frank (Hrsg.): Handbuch börsennotierte AG: Aktien- und Kapitalmarktrecht, 3. Auflage, Köln 2014 (zit.: *Bearbeiter* in Marsch-Barner/Schäfer).

Meilicke, Heinz: Inwiefern können Verluste aus Genußscheinen steuerlich geltend gemacht werden?, BB 1989, S. 465–466.

Meilicke, Wienand: Umgehung der Sacheinlagevorschriften durch Wandelschuldverschreibungen und Wandelgenußrechte?, DB 1995, S. 1061–1062.

Meyer, F.: Wandelschuldverschreibungen, BB 1955, S. 549–551.

Michalski, Lutz (Begr.): Kommentar zum Gesetz betreffend die Gesellschaften mit beschränkter Haftung (GmbH-Gesetz), 3. Auflage, München 2017 (zit.: *Bearbeiter* in Michalski GmbHG).

Milch, Patricia: Venture-Capital-Beratung: der Wandeldarlehensvertrag bei der GmBH, BB 2016, S. 1538–1542.

Möllmann, Jean-Claude / Möllmann, Jean-Philip: Gestaltung der GmbH-Satzung bei Venture Capital-Finanzierung (Privat Equity), BWNotZ 2013, S. 74–87.

Müller, Welf / Rödder, Thomas (Hrsg.): Beck'sches Handbuch der AG, Gesellschaftsrecht-Steuerrecht-Börsengang, 2. Auflage, München 2009 (zit.: *Bearbeiter* in Beck'sches Hdb. AG).

Mülsch, Hanns-William / Penzel, Cornelia: Optionen auf Beteiligungen an Personenhandelsgesellschaften und GmbH, ZIP 2004, S. 1987–1996.

Palandt, Otto (Begr.): Palandt, Kurzkommentar zum Bürgerliches Gesetzbuch, 76. Auflage, München 2017 (zit.: *Bearbeiter* in Palandt).

Paul, Stephan / Stein, Stefan / Kaltofen, Daniel: Auf die Größe kommt es an: Mittelstandsprivilegien im Rahmen von Basel III und die Auswirkungen auf die Kosten von Unternehmenskrediten, DStR 2013, S. 1805–1860.

Priester, Hans-Joachim: Eigenkapitalersetzende Finanzierung durch Quasigesellschafter, in: Für Recht und Staat, Festschrift für Herbert Helmrich zum 60. Geburtstag, München 1994, S. 721–735 (zit.: *Priester* in FS Helmrich).

Priester, Hans-Joachim: Pflicht zur Quotenwahrung als Pendant des Bezugsrechts bei der GmbH?, GmbHR 2005, S. 1013–1017.

Priester, Hans-Joachim / Mayer, Dieter / Hartmut Wicke (Hrsg.): Münchener Handbuch des Gesellschaftsrechts, Band 3, Gesellschaft mit beschränkter Haftung, 4. Auflage, München 2012 (zit. *Bearbeiter* in Münch Hdb GftR GmbH).

Prinz, Ulrich / Winkeljohann, Norbert (Hrsg.): Beck'sches Handbuch der GmbH, Gesellschaftsrecht-Steuerrecht, 5. Auflage, München 2014 (zit.: *Bearbeiter* in Beck'sches Hdb. GmbH).

Raiser, Thomas / Veil, Rüdiger: Recht der Kapitalgesellschaften: ein Handbuch für Praxis und Wissenschaft; Aktiengesellschaft, Societas Europea, Kommanditgesellschaft auf Aktien, Gesellschaft mit beschränkter Haftung, Kapitalgesellschaft & Co., Insolvenzrecht, Konzernrecht, Umwandlungsrecht, Übernahmerecht, Kapitalmarktrecht, 6. Auflage, München 2015 (zit.: Raiser/Veil, Recht der Kapitalgesellschaften).

Rasch, Harold: Wandel- Schuldverschreibungen (Covertible Bonds) nach nordamerikanischem und deutschem Recht, Mannheim-Berlin-Leipzig 1929.

Reuter, Alexander: Kreditgewährung und Kreditsicherheiten in Gesellschafts- und Zivilrecht: Der Stand der Rechtsprechung und die Folgen für Holding-, Akquisitions-, leveraged loan- und Projektfinanzierung, NZI 2001, S. 393–403.

Rid-Niebler, Eva-Maria: Genussrechte als Instrument zur Eigenkapitalbeschaffung über den organisierten Kapitalmarkt für die GmbH, Köln 1989.

Römermann, Volker (Hrsg.): Münchener Anwaltshandbuch GmbH-Recht, 3. Auflage, München 2014 (zit.: *Bearbeiter* in MAH GmbH-Recht).

Roth, Günter / Altmeppen, Holger (Hrsg.): Kommentar zum Gesetz betreffend die Gesellschaften mit beschränkter Haftung (GmbHG), 8. Auflage, München 2015 (zit.: *Bearbeiter* in Roth/Altmeppen GmbHG).

Rottnauer, Achim E.: Ausgabebetragsbemessung bei effektiver Kapitalerhöhung in einer personalistischen Kapitalerhöhung, ZGR 2007, S. 401–439.

Rowedder, Heinz (Begr.) / Schmidt-Leithoff, Christian (Hrsg.): GmbHG Kommentar, 5. Auflage, München 2013 (zit.: *Bearbeiter* in Rowedder/Schmidt-Leithoff GmbHG).

Runge, Julia C.: Covenants in Kreditverträgen: Grenzen der Einflussnahme von Kreditgebers, Köln 2010.

Rusch, Horst: Die Wandelschuldverschreibung, Berlin 1956.

Säcker, Franz Jürgen / Rixecker, Roland / Oetker, Hartmut / Limperg, Bettina (Hrsg.): Münchener Kommentar zum Bürgerlichen Gesetzbuch, Band 1, Allgemeiner Teil, §§ 1–240, ProstG, AGG, 7. Auflage, München 2015; Band 2, Schuldrecht-Allgemeiner Teil, §§ 241–432, 7. Auflage, München 2016; Band 3, Schuldrecht-Besonderer Teil I, §§ 433–534, Finanzierungsleasing, CISG, 7. Auflage, München 2016; Band 6, §§ 854–1296, WEG, ErbbauRG, 7. Auflage, München 2017 (zit.: *Bearbeiter* in MüKo BGB).

Saenger, Ingo: Gesellschaftsrecht, 3. Auflage, München 2015.

Saenger, Ingo / Inhester, Michael (Hrsg.): Handkommentar GmbHG, 3. Auflage, Baden-Baden 2016 (zit.: *Bearbeiter* in Saenger/Inhester GmbHG).

Schäfer, Frank A.: Wandel und Optionsanleihen in Deutschland: Praxisprobleme von Equity-linked-Emissionen, ZGR Sonderheft 16/2000, S. 62–86.

Schall, Alexander: Rezension der Habilitationsschrift von Wolfgang Servatius „Gläubigerschutz durch Convenants", ZHR 173 (2009), S. 846–855.

Schimansky, Herbert / Bunte, Hermann-Josef / Lwowski, Hans-Jürgen (Hrsg.): Bankrechts-Handbuch, 5. Auflage, München 2017 (*Bearbeiter* in Schimansky/Bunte/Lwowski).

Schlitt, Michael / Löschner, Ramin: Abgetrennte Optionsrechte und Naked Warrants, BKR 2002, S. 150–157.

Schmidt, Karsten: Normzwecke und Zurechnungsfragen im Recht der Gesellschafter-Fremdfinanzierung, GmbHR 2009, S. 1009–1019.

Schmidt, Karsten: Gesellschafterdarlehen im GmbH- und Insolvenzrecht: Was hat sich geändert?, in: Liber amicorum für Martin Winter, Köln 2011, S. 601–626 (zit.: *K. Schmidt* in FS Winter).

Schmidt, Karsten: Gesellschaftsrecht, 4. Auflage, München 2002.

Schmidt, Karsten / Lutter, Marcus (Hrsg.): Kommentar zum AktG, Band II, §§ 150–410, SpruchG, 3. Auflage Köln 2015 (zit.: *Bearbeiter* in K. Schmidt/Lutter AktG).

Schmidt, Ludwig (Begr.) / Weber-Grellet, Heinrich (Hrsg.): Kommentar zum Einkommensteuergesetz, 36. Auflage, München 2017 (zit.: *Bearbeiter* in Schmidt EStG).

Scholz, Franz (Begr.): Scholz, Kommentar zum GmbH-Gesetz, Band I, §§ 1–34, 11. Auflage, Köln 2012; Band II, §§ 35–52, 11. Auflage, Köln 2014; Band III, §§ 53–85, 11. Auflage, Köln 2015 (zit.: *Bearbeiter* in Scholz GmbHG).

Schön, Wolfgang: Ein Allgemeiner Teil der Genussrechte, JZ 1993, S. 925–934.

Schönhaar, Tobias: Wandeldarlehen als Finanzierungsinstrument, GWR 2016, S. 6–8.

Schubert, Werner (Hrsg.): Quellen zur Aktienrechtsreform der Weimarer Republik (1926–1931): mit einem Vorwort von Peter Hommelhof und Werner Schubert, Band 2, Frankfurt am Main (u.a.) 1999.

Schubert, Werner / Hommelhoff, Peter (Hrsg.): Die Aktienrechtsreform am Ende der Weimarer Republik: Die Protokolle d. Verhandlungen im Aktienrechtsausschuss d. vorläufigen Reichswirtschaftsrats unter d. Vorsitz von Max Hachenburg, Berlin (u.a.) 1987.

Schulze De la Cruz, Julian: Der neue Normzweck des Rechts der Gesellschafterdarlehen und seine Auswirkungen auf den persönlichen Anwendungsbereich: Gesellschafterfremdfinanzierung im Spannungsfeld zwischen Haftungsbeschränkung und Gläubigerschutz, 1. Auflage, Berlin 2015.

Schumann, Günter: Optionsanleihen: rechtliche Grundlagen und aktuelle Probleme, Köln (u.a.) 1990.

Schüppen, Matthias / Tretter, Alexandra: Aktienrechtsnovelle 2012 – Aschenputtel oder graue Maus? Weiterentwicklung des Aktienrechts bringt Änderungen der Finanzverfassung und praktisch wichtiger Details, WPg 2012, S. 338–346.

Schüppen, Matthias/ Schaub, Bernhard: Münchener Anwaltshandbuch Aktienrecht, 2. Auflage, München 2010 (zit.: *Bearbeiter* in Schüppen/Schaub).

Schwintowski, Hans-Peter / Dannischewski, Johannes: Eigenkapitalersetzende Darlehen durch den gesellschaftergleichen Dritten nach § 32a Abs. 3 GmbHG, ZIP 2005, S. 840–846.

Seibt, Christoph H.: Beck'sches Formularbuch Mergers & Acquisitions, 2. Auflage, München 2011 (zit.: *Bearbeiter* in Beck'sches Formularbuch M&A).

Servatius, Wolfgang: Covenants in der Restrukturierung, CFL 2013, S. 14–22.

Servatius, Wolfgang: Gläubigereinfluß durch Covenants: hybride Finanzierungsinstrumente im Spannungsfeld von Fremd- und Eigenfinanzierung, Tübingen 2008.

Sethe, Rolf: Genussrechte: Rechtliche Rahmenbedingungen und Anlegerschutz, Teil 1: AG 1993, S. 293–315, Teil 2: AG 1993, S. 351–371.

Sieger, Jürgen / Schulte, Norbert: Vereinbarungen über Satzungsänderungen, GmbHR 2002, S. 1050–1054.

Singhof, Bernd: Ausgabe von Aktien aus bedingtem Kapital, in: Festschrift für Michael Hoffmann-Becking zum 70. Geburtstag, München 2013, S. 1163–1183 (zit.: *Singhof* in FS Hoffmann-Becking).

Soergel, Hans Theodor (Begr.): Kommentar zum Bürgerlichen Gesetzbuch mit Einführungsgesetz und Nebengesetzen, Band 3/2, Schuldrecht 1/2, §§ 243–304, 13. Auflage, Stuttgart 2014 (zit.: *Bearbeiter* in Soergel BGB).

Spindler, Gerald / Stilz, Eberhard (Hrsg.): Kommentar zum Aktiengesetz, Band 2, §§ 150–410, SpruchG, SE-VO, 3. Auflage, München 2015 (zit.: *Bearbeiter* in Spindler/Stilz AktG).

Spliedt, Jürgen D.: MoMiG in der Insolvenz – ein Sanierungsversuch, ZIP 2009, S. 149–161.

Stadler, Markus: Die Sanierung von Aktiengesellschaften unter Einsatz von Wandelgenussrechten, NZI 2003, S. 579–588.

Staub, Hermann (Begr.) / Canaris, Claus-Wilhelm / Habersack, Mathias / Schäfer, Carsten (Hrsg.): Großkommentar zum Handelsgesetzbuch, 4. Band, §§ 161–236, 5. Auflage, Berlin (u.a.) 2015; 10/2 Band, Bankvertragsrecht, Zahlungs- und Kreditgeschäft, 5. Auflage, Berlin (u.a.) 2015 (zit.: *Bearbeiter* in Großkomm. HGB).

von Staudinger, Julius (Begr.): Staudinger, Kommentar zum Bürgerlichen Gesetzbuch mit Einführungsgesetz und Nebengesetzen, Buch 2, Recht der Schuldverhältnisse: Einleitung zum Schuldrecht, §§ 241–243 (Treu und Glauben), 15. Auflage, Berlin 2015; §§ 255–304 (Leistungsstörungsrecht I), 15. Auflage, Berlin 2014; §§ 488–490, 607–609 (Darlehensrecht), 15. Auflage, Berlin 2015 (zit.: *Bearbeiter* in Staudinger BGB).

Steiner, Michael: Isoliert begebene Optionsscheine mit Finanzierungsfunktion, Berlin 2012.

Thum, Oliver / Timmreck, Christian / Keul, Thomas: Private Equity, Leitfaden zur erfolgreichen Unternehmensfinanzierung, München 2008 (zit.: Thum/Timmreck/Keul, Private Equity).

Tillmann, Tobias: Kreditinstitute als gesellschafterähnliche Darlehensgeber: Anwendbarkeit des Sanierungsprivilegs des § 32a Abs. 3 Satz 3 GmbHG?, DB 2006, S. 199–204.

Traugott, Rainer: Venture Capital: Verstrickung von Vorabdarlehen?, ZIP 1997, S. 1690–1993.

Uhlenbruck, Wilhelm / Hirte, Heribert / Vallender, Heinz (Hrsg.): Kommentar zur Insolvenzordnung, 14. Auflage, München 2015 (zit.: *Bearbeiter* in Uhlenbruck InsO).

Ulmer, Peter: Begründung von Rechten für Dritte in der Satzung einer GmbH?, in: Festschrift für Winfried Werner zum 65. Geburtstag am 17. Oktober 1984, Handelsrecht und Wirtschaftsrecht in der Bankpraxis, Berlin (u.a.) 1984, S. 911–931 (zit.: *Ulmer* in FS Werner).

Ulmer, Peter (Hrsg.): Hachenburg, Großkommentar zum Gesetz betreffend die Gesellschaften mit beschränkter Haftung (GmbHG), Band I, Allgemeine Einleitung, §§ 1–34, 8. Auflage, Berlin (u.a.) 1992 (zit.: *Bearbeiter* in Hachenburg).

Ulmer, Peter / Habersack, Mathias / Löbbe, Marc (Hrsg.): GmbHG Großkommentar, Band I, Einleitung, §§ 1–28, 2. Auflage, München 2013; Band II, §§ 29–52, 2. Auflage, Tübingen 2014; Band III, §§ 53–88 (sowie EGGmbHG), 2. Auflage, Tübingen 2016; (zit.: *Bearbeiter* in Großkomm. GmbHG).

Wälzholz, Eckhardt: Die insolvenzrechtliche Behandlung haftungsbeschränkter Gesellschaften nach der Reform durch das MoMiG, DStR 2007, S. 1914–1921.

Weber, Christoph: Privatautonomie und Außeneinfluß im Gesellschaftsrecht, Tübingen 2000.

Wehrhahn, Torsten: Finanzierungsinstrumente mit Aktienerwerbsrechten, Berlin 2004.

Weitnauer, Wolfgang: Der Gau der Unternehmensfinanzierung durch Dritte: Die Umqualifizierung in Eigenkapital, BKR 2005, S. 43–51.

Weitnauer, Wolfgang: Handbuch Venture Capital, Von der Innovation zum Börsengang, 5. Auflage, München 2016.

Weitnauer, Wolfgang: Die „Wandlung“ von Mezzanine- in Eigenkapital, ZIP 2007, S. 1932–1936.

Westermann, Harm Peter: Gesellschaftsrechtliche Risiken bei der bankmäßigen Projektfinanzierung, in: Festschrift für Walter Odersky zum 65. Geburtstag am 17. Juli 1996, Berlin (u.a.) 1996, S. 897–923 (zit.: *Westermann* in FS Odersky).

Wiedemann, Herbert: Eigenkapital und Fremdkapital-Eine gesellschaftsrechtliche Zwischenbilanz, in: Festschrift für Karl Beusch zum 68. Geburtstag am 31. Oktober 1993, Berlin (u.a.) 1993, S. 893–913 (zit.: *Wiedemann* in FS Beusch).

Wilker, Wolf-Dieter: Kann das Umtauschrecht der Wandelschuldverschreibungsgläubiger durch Kapitalverwässerungen oder strukturelle Veränderungen der Gesellschaft wirtschaftlich beeinträchtigt werden? – eine rechtvergleichende Darstellung unter besonderer Berücksichtigung des amerikanischen Aktienrechtes, 1958.

Witteler, Hermann: Wandeldarlehen bei der GmbH, Heidelberg 1966.

Wittig, Arne: Financial Covenants im inländischen Kreditgeschäft, WM 1996, S. 1381–1424.

Zöllner, Wolfgang: Zu Schranken und Wirkung von Stimmbindungsverträgen, insbesondere bei der GmbH, ZHR 155 (1991), S. 168–189.

Zöllner, Wolfgang / Noack, Ulrich (Hrsg.): Kölner Kommentar zum Aktiengesetz, Band 5/1, §§ 179–240 AktG, 2. Auflage, Köln (u.a.) 1995; Band 6, §§ 291–328 und §§ 15–22 AktG, 3. Auflage, Köln (u.a.) 2004 (zit.: *Bearbeiter* in KK-AktG).

Etwaige Referenzen zu Fundstellen aus Altauflagen wurden unmittelbar in der jeweiligen Fußnote ausgewiesen.

www.ingramcontent.com/pod-product-compliance
Ingram Content Group UK Ltd.
Pitfield, Milton Keynes, MK11 3LW, UK
UKHW021910290926
8980IPUK00015B/1163